Neuer Stuttgarter Kommentar
– Altes Testament 16 –

W0466635

Neuer Stuttgarter Kommentar
– Altes Testament 16 –

Herausgegeben von
Christoph Dohmen

Helmut Engel

Das Buch der Weisheit

Verlag Katholisches Bibelwerk GmbH, Stuttgart

Die Deutsche Bibliothek – CIP-Einheitsaufnahme

Neuer Stuttgarter Kommentar. – Stuttgart: Verl. Kath. Bibelwerk
Altes Testament / hrsg. von Christoph Dohmen.

16. Engel, Helmut: Das Buch der Weisheit. – 1998

Engel, Helmut:
Das Buch der Weisheit / Helmut Engel. – Stuttgart :
Verl. Kath. Bibelwerk, 1998
(Neuer Stuttgarter Kommentar : Altes Testament ; 16)
ISBN 3-460-07161-3

ISBN 3-460-07161-3
Alle Rechte vorbehalten
© 1998 Verlag Katholisches Bibelwerk GmbH, Stuttgart
Druck: Druckerei Neubert, Bayreuth

Inhaltsverzeichnis

DRITTER TEIL: ANHANG

EXKURSE

TEXTE aus der Umwelt des Buches der Weisheit

Vorwort

Ein alttestamentliches Buch aus der Zeit Jesu Leserinnen und Lesern zu erschließen, die nur die Einheitsübersetzung zur Verfügung haben, das war die Aufgabe. Der Kommentar sollte ihnen helfen, sich, von Verständnisschwierigkeiten unbehindert, durch dieses Buch treffen, in ihrem Glauben stärken und zur Hoffnung ermutigen zu lassen.

Ich merkte bald: Um dieser Aufgabe gerecht zu werden, mußte ich zuerst selber möglichst jedes Wort darin verstanden haben und dazu den ganzen Gedankengang.

Wie dachte ein schriftkundiger, tiefreligiöser, gebildeter Jude griechischer Muttersprache im Alexandrien der frühen römischen Kaiserzeit? Welche Mittel sprachlicher Gestaltung verwendete er? Was setzte er bei den Lesern als bekannt voraus, und was erschien ihm argumentativ plausibel?

Um den poetisch-rhetorischen Stil und die Kompositionstechnik, die benutzten literarischen Formen und die Gattung dieses Buches zu erfassen, waren die Regeln hellenistischer Rhetorik zu beachten. Wir befinden uns immerhin in Alexandrien, dem Zentrum griechischer Bildung und Wissenschaft.

Ebenso war zu bedenken, daß die Sprache der Gebildeten am Ende des 1. Jahrhunderts v.Chr. sich nicht nur an der klassischen und hellenistischen Literatur orientierte, sondern auch Begriffe und Wendungen aus der Naturphilosophie, der Lehre vom Menschen (Anthropologie) und der Psychologie aus verschiedenen philosophischen Schulen aufgenommen hatte.

Dazu kamen die dem Verfasser vertrauten Umgangsweisen mit der Heiligen Schrift. Die damals lebendigen jüdischen Auslegungstraditionen sind uns nur noch indirekt zugänglich. Wir können sie nur teilweise noch aus den alten Übersetzungen ins Aramäische (Targumim) und ins Griechische (Septuaginta), aus dem diasporajüdischen Schrifttum (z.B. Philon von Alexandrien, Flavius Josephus) und aus der späteren rabbinischen Literatur erschließen.

Die gesellschaftliche und wirtschaftliche Situation der Juden in Ägypten in der ptolemäischen und römischen Zeit spiegelt sich im Buch der Weisheit ebenso wie die Mysterienkulte und magischen Praktiken, die tief in die eigenen jüdischen Kreise eingedrungen waren.

Da außerbiblische Texte mir selber vieles in diesem Buch verdeutlicht haben, habe ich einige davon an den entsprechenden Stellen eingefügt. Durch Ähnlichkeit und Kontrast erhellen sie manche Ausführungen des Buches der Weisheit.

Der erste Buchteil (Kapitel 1 – 6) ist in deutschsprachigen Veröffentlichungen, besonders durch die Beiträge von Armin Schmitt, bereits gut erhellt worden. Dasselbe läßt sich noch nicht im gleichen Ausmaß vom mittleren Buchteil (Kapitel 7 – 10) und noch weniger von der zweiten Buchhälfte (Kapitel 11 – 19) sagen. Die Forschung dazu fand in den letzten Jahrzehnten vor allem im französischen, italienischen, englischen und spanischen Sprachraum statt. Die Arbeiten, von denen ich am meisten gelernt habe, sind im Literaturverzeichnis genannt. Darunter möchte ich hervorheben die Studien von C. Larcher, J.M. Reese, M. Gilbert, L. Mazzinghi und die Kommentare von D. Winston, J. Vílchez und G. Scarpat.

Als Schlüssel zum Verstehen der gedanklichen Logik erwies sich die Beachtung der Erzählstruktur und der im Text selbst gegebenen Signale zu Aufbau und Gliederung. Dabei hat sich eine beeindruckende Geschlossenheit des Gesamtbuches gezeigt. Andere zeitgenössische Autoren wählten für einen *lógos protreptikós*, eine Werbeschrift, mit der für eine bestimmte Philosophie und ganzheitliche Lebensführung geworben wurde, die Form der argumentierenden Abhandlung oder eines fingierten Dialogs. Der Verfasser des Buches der Weisheit, der selbst immer im Hintergrund bleibt, wirbt für die »Gerechtigkeit«, d.h. eine Gott vertrauende, trotz aller Schwierigkeiten und Infragestellungen treu jüdische Lebensweise, in einer originellen anderen Form: Er erzählt eine fiktive Mahnrede des alten, weisen Salomo an die Maßgeblichen der Welt. Innerhalb dieser Rede blickt Salomo auf seine Jugend zurück und erzählt nun selbst wieder, wie er seine sprichwörtliche Weisheit als Geschenk von Gott durch das Gebet erlangt hat. Er zitiert sein Gebet vom Anfang seiner Regierungszeit und verbleibt in dieser betenden Sprachform bis zum Ende des Buches. Diese Form der Werbung nötigt die Lesenden nicht, sondern läßt ihnen die Freiheit der Zustimmung. Wollen sie sich für den *Tod* als letzt-maßgebliche Wirklichkeit oder für den zu unvergänglichem *Leben* berufenden Gott entscheiden? Das Buch mit seinem offenen Schluß muß durch die Reaktion derer, die es lesen, »fertiggestellt« werden.

Besonders danke ich Norbert Lohfink SJ, der durch wertvolle Hinweise und vor allem seine unerbittliche Frage nach der Einheit des *ganzen* Buches der Weisheit diesen Kommentar wesentlich gefördert hat. Auch Herrn Wilhelm Knaup und Frau Ulrike Hoffmann danke ich herzlich für ihre kritische Durchsicht großer Teile des Manuskripts.

Frankfurt, den 17. Oktober 1997 *Helmut Engel SJ*

ERSTER TEIL

Einleitung

1. Titel und Text

»Weisheit Salomos« ist der vorangestellte oder am Schluß angefügte Titel dieses Buches in den griechischen Handschriften des Alten Testaments wie auch in den Handschriften der altlateinischen Übersetzung. In der griechischen Überlieferung wurde dieser Titel manchmal erweitert zu »Die allvorzügliche (*panáretos*) Weisheit Salomos« (die gleiche Bezeichnung *panáretos* findet sich gelegentlich auch beim Buch der Sprichwörter und beim Sirachbuch). Bereits Hieronymus* und Augustinus waren der Auffassung, dieses ursprünglich griechisch geschriebene Buch habe nicht den historischen Salomo, König von Juda und Israel, zum Verfasser. Die spätere lateinische Überlieferung bezeichnete deswegen das Buch oft als *liber sapientiae* »Buch der Weisheit« anstelle von *liber sapientiae salomonis*.

In den griechischen Bibelhandschriften steht das Buch der Weisheit in der Regel bei den auf die Psalmen und das Ijob-Buch folgenden fünf »Salomo- (= Weisheits-)Büchern«, und zwar als vierte Schrift: Sprichwörter, Kohelet, Hoheslied, Weisheit, Sirach. Eine etwas andere Reihenfolge bieten zwei wichtige aus dem 4. Jh. stammende Gesamtbibelhandschriften: der Kodex B »Vaticanus« (Ijob steht dort unmittelbar vor Weish-Sir) und der Kodex S »Sinaiticus« (Ijob nach Weish-Sir). Die *Einheitsübersetzung* folgt mit ihrer Bücheranordnung insgesamt der altkirchlichen Reihung, der sich auch die Vulgata*, die in der römischen Kirche lange verwendete lateinische Bibelübersetzung des Hieronymus*, anschloß: Ijob, Psalmen, 5 Salomo-Bücher (Spr-Koh-Hld-Weish-Sir).

Für die 1962 veröffentlichte kritische Edition zog Joseph Ziegler die damals erreichbaren griechischen Handschriften, die Zitate aus dem Buch der Weisheit bei den altchristlichen Schriftstellern und die alten Übersetzungen heran. Zur Erstellung des Textes dienten ihm außer den schon genannten frühen Handschriften B und S noch A (Kodex »Alexandrinus« aus dem 5. Jh.), C (Kodex Ephraemi Syri rescriptus, ein Palimpsest, d.h. auf «wiederabgeschabtem« Pergament erneut beschriftet: die verblichene Schrift dieses Gesamtbibel-Pergamentkodex aus dem 5. Jh. war im 12. Jh. mit einer griechischen Übersetzung von Abhandlungen Ephräms des Syrers überschrieben worden; der alte Bibeltext darunter kann aber noch gelesen werden; allerdings sind nur Teile des Kodex mit ca. einem Drittel des Textes von Weisheit erhalten), und V (Kodex »Venetus« aus dem 9. Jh.), dazu noch 45 Minuskel-Handschriften aus dem 10.-16. Jahrhundert. Vom 9. Jh. an setzte sich eine neue Buchschrift »mit Kleinbuchstaben« gegenüber den Majuskeln, d.h. mit Großbuchstaben oder Unzialen, die bis ins 12. Jh. weiterverwendet wurden, immer mehr durch.

Auch in der 2. durchgesehenen Auflage von 1980 hat J. Ziegler folgende Handschriften noch nicht berücksichtigt:
* Ein 1966 durch Kurt Treu veröffentlichtes Palimpsestblatt eines Pergamentkodex aus *Damaskus* mit *Weish 10,19 – 11,11*. Bei letzterem handelt es sich um die Edition eines nur in einer Fotografie von B. Violet (1901) erhaltenen Blattes einer Unzialhandschrift des 5./6. Jh. aus der Omajaden-Moschee in Damaskus. Das Blatt war im 10. Jh. abgeschabt und in Minuskelschrift mit Aristoteles, *De Interpretatione* 6-8, neubeschrieben worden; es ist jetzt verschollen.
* Das 1972 durch I.A. Sparks edierte Blatt eines Pergamentkodex des 4. Jh. aus Oxyrhynchos in Oberägypten (P. Oxy. Inv. 8, 1B. 199/K3) mit dem Text von *Weish 4,17b – 5,1b*.
* Das erst 1982 von Cornelia Römer veröffentlichte Kölner Pergamentblatt (*P. Köln* 167, Inv. 5849) aus einem Kodex des frühen 4. Jh. n.Chr. ungewisser Herkunft mit dem Text von *Weish 17,5-20b*.

Diese Handschriften bestätigen im Wesentlichen den von J. Ziegler edierten Text.

Ein hoher Wert wird der lateinischen Übersetzung zuerkannt, die ins 2. Jh. zurückreicht und z.T. einen Text erkennen läßt, der älter ist als die ältesten erhaltenen griechischen Handschriften. Die kritische Edition der lateinischen handschriftlichen Überlieferung durch Walter Thiele wurde 1985 veröffentlicht.

Die Edition des griechischen Textes von J. Ziegler ist Grundlage der Einheitsübersetzung (EÜ) und dieses Kommentars.

2. Sprachliche Gestalt und strukturelle Merkmale

Das *ganze* Buch der Weisheit ist in poetischer, gebundener Sprache gestaltet, aber nicht in durchgehendem griechischem Versmaß (also nicht in Hexametern, Jamben, Spondäen, Elegischen Distichen o.ä.). Wohl sind zum Teil die Kola-Enden paarweise oder in Dreiergruppen im gleichen Metrum gestaltet; vgl. z.B. L. Mazzinghi zu 17,16-20. Ein *Kolon* (Mehrzahl: *Kola*) bezeichnet eine Zeile, die eine Sinneinheit bildet, im Unterschied zum *Stichos*, der Zeile eines fortlaufend geschriebenen Textes; viele Autoren gebrauchen jedoch Stichos im gleichen Sinn wie Kolon.

Anstelle durchgehender griechischer Metrik verwendet das Buch der Weisheit meist parallele Verszeilen, wie es in semitischer Poesie üblich war. Dieser am häufigsten zwei-, gelegentlich auch drei- (und mehr-)gliedrige *Parallelismus membrorum* ist ein Hauptmerkmal dichterischer Sprache im Alten Orient und in der Bibel (bes. Spr, Ps, Prophetentexte, Ijob). Dabei bilden zwei bzw. drei (oder mehr) Zeilen zusammen einen ›Gedankenreim‹ oder eine Bildentsprechung derart, daß sie das Gleiche mit jeweils anderen Wörtern ausdrücken und als eine Aussage verstanden werden wollen.

Als Grundformen unterscheidet man den *synonymen* Parallelismus, in dem die zweite (und gegebenenfalls dritte) Zeile die erste durch andere Wörter inhaltlich mit leichten Veränderungen wiederholt (z.B. 1,2 oder 1,4); den *antithetischen* Parallelismus, bei dem die zweite Zeile einen Kontrast zur ersten formuliert und so eine spannungsreiche Gesamtaussage gewonnen wird (z.B. 2,11), und den *synthetischen* Parallelismus, einen uneigentlichen Parallelismus, bei dem die zweite (und dritte) Zeile die erste gedanklich fortführt oder ergänzt (z.B. 2,1b-d oder 2,8-9b).
(Teil-)synonym parallel können auch zwei *Verse* sein, die je zwei *Kola* umfassen, z.B. 11,9-10:

»[9]denn als sie versucht wurden, indem sie, wenn auch mit Liebe, gezüchtigt wurden, / erkannten sie, wie Frevler, die im Zorn gerichtet wurden, gepeinigt wurden;
[10] denn diese hast du, wie ein Vater erziehend, erprobt, / jene aber, wie ein strenger König verurteilend, (gerichtlich) untersucht.«

In diesem Beispiel sind zudem die Kola jedes Verses noch *antithetisch parallel* formuliert, d.h. wichtige Stichworte des ersten Kolons haben eine

Gegensatzentsprechung im zweiten (11,9: »versucht« gg. »gepeinigt«; »mit Liebe gezüchtigt« gg. »im Zorn gerichtet«), und zwar in der Anordnung als *Chiasmus* (»über Kreuz«: a-b-b'-a'). Die Textanordnung in Kola ist darum eine wichtige Verstehenshilfe, die auch in der zweiten Buchhälfte dem Leser oder Hörer nicht unkenntlich gemacht werden darf (zur EÜ s.u.).
Die großen griechischen Handschriften (z.B. B und S) bieten den Text des gesamten Weisheitsbuches wie auch den der anderen poetischen Bücher des AT (Ps, Spr, Koh, Hld, Sir, Ijob) in *Kola*. Daß das ganze Buch der Weisheit *einschließlich des dritten Buchteils so* gelesen wurde und werden sollte, zeigen ebenso die zu den ältesten Handschriften gehörenden Pergamentblätter P. Köln 167 und P. Oxy.: Da viele Kola länger sind als die Zeilen dieser Kodizes, haben die Schreiber den jeweiligen Rest eines Kolons *eingerückt* in die folgende Zeile geschrieben, der Zeilenanfang ist aber immer der Beginn eines Kolons.

Wenn der Text anstelle von zwei, drei oder mehr parallelen Kola *Einzeiler* verwendet, ist das auffällig: Solche Einzeiler (Monostichoi, richtiger: Monokola) haben in der Regel zusammenfassende oder hervorhebende Funktion, z.B. 1,15; 6,20; 7,28; 10,9; 11,26; 12,1; 14,7 u.ö.

Einzel*sprüche* kommen nur ganz selten vor (z.B. 4,12 zweizeilig; 11,16 zitatartig – beide sind jeweils in einen größeren Kontext als »Merkwort« oder »Schlüsselprinzip« einbezogen). Das Buch der Weisheit ist weder eine Sammlung von Sprichwörtern noch eine Komposition von Spruchsammlungen, sondern als thematisch zusammenhängende Schrift, als Buch, konzipiert.

Die kunstvolle Formung des Textes läßt sich in der deutschen Übersetzung oft nicht nachahmen. Als *Stilmittel* seien beispielhaft genannt:

Litótes: In der griechischen Rhetorik bedeutet diese Redefigur (»Schlichtheit«), daß weniger gesagt wird als gemeint ist. Zum Beispiel 1,2 »nicht mißtrauen« = fest vertrauen; 11,17 »nicht in Ausweglosigkeit sein« = sehr wohl in der Lage sein, Wissen und Mittel besitzen; 12,9 »nicht nichtkönnen« = durchaus können; 12,10 »nicht in Unkenntnis sein« = genau kennen, wissen.
Paronomasien (Wortspiele): z.B 12,25f. »Kindern ... ›Verkinderung‹ ... Kinderspielzeug« (mit *Alliteration:* die bedeutungtragenden Wort[teil]e beginnen mit demselben Konsonanten) oder 14,5a *argá* ... *érga*: (nicht) »un-*wirkend*« sollen sein die »*Werke*« der Schöpfung.
Hypérbaton (gespreizte Wortstellung: Attribute werden durch andere Wörter von ihrem Bezugswort getrennt): z.B. 14,1 wörtlich »und wilde beabsichtigend zu durchfahren Wellen«.

Da die ältesten Handschriften die uns geläufigen Gestaltungsmöglichkeiten zur Aufgliederung eines Textes nicht kannten (Absätze, Vergrößerung des Zeilenabstands, Einrückungen, Fett- oder Kursivschrift u.ä.), mußte man den Text auf andere Weise übersichtlich machen und in Abschnitte einteilen, diese mußten dann thematisch gekennzeichnet werden. Dazu dienten folgende *literarische Signale*:

Inklusionen: Gleiche Wörter oder Wendungen am Anfang und am Ende eines Absatzes »schließen ihn ein« und markieren ihn so als Einheit, z.B. 1,1a[...]15 »Gerechtigkeit« oder 1,16d[...]2,24b »zum Anteil von jenem gehören«.

Stichwortverkettungen: Ein am Ende des vorhergehenden Abschnitts vorkommendes Wort wird in den ersten Kola des folgenden wiederaufgenommen. Stichwortverkettungen verknüpfen den Text über Abschnittsgrenzen hinweg, z.B. 1,10_11; 6,9-11_12-13; 4,16_17; 11,1_2.

Themawörter (Leitwörter) wiederholen ein sinnbestimmendes Wort eines Abschnitts mehrfach und markieren so einen Abschnitt, z.B.in 11,4-14: »Durst / dürsten« kommen im ganzen Buch nur hier vor: 11,4[2x].8.14).

Themenvorankündigungen können mehrere Kola umfassen und nennen Leitgedanken des jeweils folgenden Abschnitts *am Ende des vorhergehenden:* z.B. 1,11-15; 2,22-24; 3,12; 4,20; 5,23; 8,21; 9,18; 11,1.

Seltener ist die *Einleitung* zu einem Abschnitt oder Buchteil: z.B. 6,22-25.

Modus- und Subjektwechsel dienen zur Abschnittskennzeichnung: z.B. 1,11-15 in Bezug auf 1,6-10; 6,1-11 gegenüber Kap. 5 und 6,12-20.

Verschränkungen zeigen kleinere Unterabschnitte als zusammengehörig an, z.B. 12,8b-11: 8c »nach und nach« – 10a »nach und nach (richtend) gabst du« – 11b »du gabst«.

Anaphern dienen zur Bildung eindrücklicher Reihen: z.B. *Kap. 10* oder 13,17-19. Dabei beginnen mehrere Kola oder Absätze jeweils mit einem oder mehreren gleichen Wörtern.

Der *Kettenschluß* (*Sorites, climax:* Aus A folgt B, aus B folgt C ... also folgt aus A ...X) ist nur einmal verwendet, s.u. zu *6,17-20*. Daß das Buch der Weisheit auch diese Form anwendet, ist einer der vielen Hinweise darauf, daß es ihm nicht um streng logische Aufweise, sondern mehr um rhetorisch einprägsame »werbende« Darstellung geht.

Katalogartige Aufzählungen finden sich zweimal: Die 21 (3 x 7 = ganz vollkommen) Eigenschaften des »Geistes in der Weisheit« (s.u. zu 7,22-23) und die 22 Laster und Vergehen, die sich aus dem Götzendienst ergeben, d.h. alle möglichen Verkehrtheiten von Z bis A, denn das hebräische Alphabet hatte 22 Buchstaben (s.u. zu 14,23-26).

Diese Aufzählungen sind eine Steigerung der im Text gern verwendeten *Siebenerreihen (accumulatio)* z.B. 7,8-10 (7 Dinge, denen der Sprecher die Weisheit vorgezogen hat); 7,17b-20 (7 Kola als Ausdruck der *Gesamt-*

heit, die in der »Erkenntnis des Seienden« erfaßt wird); 10,1-21 (Beispielreihe mit 7 Gliedern); 17,18b-19d [EÜ 17,17b-18d] (7 lähmende Furcht auslösende Elemente); in 11,2 – 19,22 sieben Gegenüberstellungen.

Auch die *Textanordnung* bietet Hilfen dazu an, wie der Text gelesen und verstanden werden sollte:

Kola oder Verse in der *Mitte* eines größeren oder kleineren Abschnitts scheinen dort öfters bewußt als Höhepunkte plaziert zu sein (z.B. 11,10 in 11,6-14; 11,20c in 11,15 – 12,2; 12,12 in 12,3-21; 14,21 in 13 – 15). Paolo Bizzeti hat hierzu zahlreiche wichtige Beobachtungen beigetragen.
Ringkompositionen (konzentrisch symmetrische Textanordnung) sind ein Gestaltungsmittel sowohl in der hebräischen Bibel wie auch in griechischen Texten *(Kyklos, Palindromie)*: Ein kürzerer (z.B. 1,1-5; 9,7-12; 9,13-17a) oder längerer Text (z.B. 1,1 – 6,21 oder 7,1 – 8,21 oder 9,1-18 oder 13,10 – 15,13) sind nach dem Schema A-B-A' oder A-B-C-B'-A' aufgebaut, d.h. Anfang und Ende, zweiter und vorletzter Absatz entsprechen sich inhaltlich oder durch Wiederaufnahme von Wörtern oder formal und erläutern sich gegenseitig. Dabei liegt meist ein besonderer Akzent auf dem mittleren Glied, das Schlußglied hat oft zusammenfassende Funktion (Achterlast).
Übergangs- / Binde-Perikopen am Ende eines Abschnitts oder Buchteils haben ähnliche Funktion wie in kleinerem Rahmen die *Themenankündigung.* Zum Beispiel gehört 6,1-21 als ganzes noch zum ersten Buchteil (6,1-11[-21] bildet in der Ringkomposition eine *inclusio* mit 1,1-15); zugleich ist 6,12-20.21 schon Übergang zum Thema des zweiten Buchteils »Weisheit«. Vor Kap. 6 kommt »Weisheit« nur in 1,4.5.6; 3,11 vor; von der Bindeperikope an und im zweiten Buchteil jedoch sehr häufig: 6,9.12.20.21.22.23; 7,7.12.15.22.24.28.30; 8,5.17; 9,2.4.6.9.17.18; 10,4.8.9.21; im letzten Buchteil nur noch in 14,2.5.
Ein anderes Beispiel einer Bindeperikope ist *Kap. 10.* Es bildet formal und inhaltlich in sich eine Einheit. Im Blick auf die Enkómion-Struktur von 6,22 – 11,1 (s. den Kommentar) und wegen des durchgehenden Subjekts »(die) Weisheit«, das immer wieder durch *Anaphern* »sie« aufgenommen wird, gehört Kap. 10 zu diesem zweiten Buchteil. Dem Vokabular nach und von 10,15 an auch thematisch erscheint Kap. 10 jedoch bereits den Erzählungen zugewandt, die im dritten Buchteil (Kap. 11 – 19) meditiert werden. In 10,20 wird die in Kap. 9 begonnene Gebetsform wieder ausdrücklich gemacht, die das Buch weiterhin bis zum Ende prägt. Der zusammenfassende Schlußabschnitt des dritten Buchteils greift in 19,9 deutlich auf dieses in 10,20 genannte betende Lob zurück.

Wichtig für das Verständnis des Buches der Weisheit ist die Darstellungsweise der *Gegenüberstellungen* in den verschiedensten Formen: das Gegensatzpaar Gerechte(r) – Frevler (mit Teil-Synonymen) prägt das Buch besonders in Teil I und III (im Enkómion-Teil II gattungsentsprechend nur in der *Synkrisis* Kap. 10); s. dazu im besonderen unten den Abschnitt »Gerechte-Frevler in der EÜ«. Solche Gegenüberstellungen geben den Gedanken scharfe Konturen und machen sie einprägsam (z.B. Anschein – Wirklichkeit; richtig – falsch; gut – böse ...).

Bei der Gliederung des Textes in größere und kleinere Abschnitte und bei der Formulierung seiner Zwischenüberschriften hat der Übersetzer der EÜ mehrfach die durch Wortwiederholungen, Entsprechungen, oder Partikel (denn, also, jedoch u.ä.) im griechischen Text gegebenen Signale unbeachtet gelassen. Wo dies zum Verständnis erforderlich ist, gibt der Kommentar die nötigen Hinweise.

Die Begründungen für die Abgrenzung der Einzelabschnitte von den Textsignalen her stehen im Kommentar jeweils der Auslegung voran. Für alle großen, mittleren und kleinen Absätze wurden dem Text entsprechende *Überschriften* formuliert.

3. Aufbau, verwendete Gattungen und theologische Grundgedanken

a. Die drei Buchteile

Der *erste Buchteil* (1,1 – 6,21) ist als große Ringkomposition gestaltet: Mahnungen und Warnungen (Imperative mit Begründungen) in Kap. 1 und 6 bilden den äußeren Ring. Reden der »Frevler« mit Kommentierungen durch den Sprecher in Kap. 2 (ihre Einstellung und ihre Vorhaben) und Kap. 5 (ihre veränderte Selbstbeurteilung bei der »Zusammenrechnung« angesichts des ewigen Lebens der »Gerechten« und dem in den Endsieg Gottes einbezogenen Kosmos) stellen einen inneren Ring dar. In der Mitte erwägen Kap. 3 und 4 die Infragestellungen einer »gerechten«, sich vorbehaltlos Gott anvertrauenden Lebensweise (Unterdrückung, Leiden und Entehrung; Kinderlosigkeit; früher Tod), die die Menschen seit je bewegen. Wer den Tod als einzige letzte Gewißheit wählt, schließt sich von der Wahrnehmung aus, daß trotz und in all dem der *Leben* schaffende und verheißende *Gott* die einzige auf Dauer machtvolle *Wirklichkeit* ist. Der Schöpfer und Retter läßt die genannten Infragestellungen nicht zu einer Katastrophe des »Gerechten« werden, ihre Erfahrung ist zeitlich begrenzt, der *Anschein* des Endgültigen besteht nur in den Augen der »Frevler«.

Armin Schmitt (1996) hat deutlich gemacht, wie sehr auch Elemente des griechischen *Dramas* den Aufbau dieses Buchteils mitbestimmen. Dadurch erhalten Kap. 1 – 6 innerhalb der Ringkomposition zusätzlich eine starke *Längsspannung*.

Das 1. Kap. bildet zugleich das *Proömium* (Einleitung mit Vorblick auf das ganze Buch). Darin klingen viele im Buch wichtige Themen in ihrer Verbindung mit der »Gerechtigkeit« an: richtige Gottesvorstellung; Geist und Weisheit als Vermittlung der Nähe Gottes und der Gemeinschaft mit ihm; Bildung und Zucht; Menschenfreundlichkeit der Weisheit (und damit Gottes selbst); unrechtes und richtiges Denken-Reden-Handeln; Leben-Tod-Unsterblichkeit; Heil für alle als Ziel des Schöpfers von Anfang an.

In der Form (Parallelismen) und in den verwendeten Motiven lehnt sich die Mahnrede weitgehend an mehrere Bücher der Heiligen Schrift, besonders an die Psalmen (z.B. Ps 2; 89; 94; 148-149), an Jesaja (bes. Jes 40 – 66) und an das Sprichwörterbuch an, ohne sie aber je ausdrücklich zu zitieren.

Wie die kynisch-stoischen Philosophen der hellenistischen Zeit, jüdische Schriftsteller (z.B. im Aristeasbrief) und wohl auch Redner in den Synagogen und Lehrer verwendet der Sprecher die rhetorischen Mittel der *Diatribé:* Formulierung von Reden und Einwänden fingierter Gegner und deren Widerlegung, rhetorische Anreden, Imperative, Scheltworte, rhetorische Fragen, Anführung von Beispielen aus Natur, Technik und Geschichte, Zitate, literarische Personifikationen, Vergleiche und profilierende Gegenüberstellungen.

Auch in der Apokalyptik verwendete Motive, vor allem ein Endgericht (»Heimsuchung«), das den ganzen Kosmos in die Belohnung und Bestrafung einbezieht, stellt der Sprecher ganz in den Dienst seiner Mahnung. Dabei wahrt er aber die größte Zurückhaltung, konkrete Vorstellungen vom »Jenseits des Todes« auszumalen, wie es z.B. in Dan 12 oder in 2 Makk 7 für die leibliche Auferstehung der Gerechten geschieht. Ebenso stehen im Dienst seiner Werbung und Mahnung die Verheißungen für die Gerechten, die eine Hoffnung »voll Unsterblichkeit« haben dürfen. Diese Hoffnung wird beschrieben als Ende der Diskriminierung und der Leiden, als Frieden, Ruhe, in der Hand Gottes sein, bei ihm bleiben, in Ewigkeit leben (s. zu 3,1-9; 5,15-16). Die »Frevler« dagegen (s.u.) haben ein Bündnis mit dem *Tod* geschlossen und halten ihn für die einzig sichere Realität – er wird ihnen auch zuteil (s. zu 1,16; 2,21-24; 3,10-12; 4,19 – 5,14).

Der *zweite Buchteil* (6,22 – 11,1) ist ein kunstvoll gestaltetes *Lob auf die Weisheit* in drei Abschnitten: Nach einer Einleitung (6,22-25) legt der nunmehr in der Ich-Form Redende, der für den Leser immer deutlicher als *der* weise König, nämlich Salomo, erkennbar wird, seinen Umgang und seine Erfahrungen mit der Weisheit dar (7,1 – 8,21). Die Salomo-Überlieferungen in 1 Kön und 1 Chron, vielleicht auch das Hohelied, dienen dabei als Schrifthintergrund, auf den aber nicht ausdrücklich verwiesen wird. Die Darstellung wird aktualisiert durch die Verwendung von Begriffen aus dem mittelplatonisch-stoischen Allgemeinwissen der hellenistischen Zeit. Zugleich ist dieser Abschnitt eine begründende Hinführung zur Mitte des zweiten Buchteils, dem großen *Gebet* um die Weisheit 9,1-18 (in der EÜ 9,1-19), das die Herkunft der Weisheit aus Gott als reines Geschenk erkennen läßt. Der dritte Abschnitt (10,1 – 11,1), zu dem der Schluß des Gebets in 9,18 schon überleitet, skizziert Erzählungen über *Gottes* Wirken aus den Büchern Genesis und Exodus in Form einer *Beispielreihe* für die Rettungs- und Erlösungstaten der *Weisheit.*

Die feierliche Einleitung in 6,22-25 nennt einige wesentliche Stichworte, die nach den zeitgenössischen Rhetoriklehrbüchern die Gattung *Enkómion* (Preisgedicht, Lob, Hymnus) kennzeichnen. Für sein Lob der Weisheit schöpft der Sprecher aus zwei Überlieferungszusammenhängen. Einerseits greift er Texte zum Lob der Weisheit aus der Heiligen Schrift auf, vor allem die große Selbstempfehlung und Selbstvorstellung der Weisheit in Spr 8 und das »Lob der Weisheit« in Sir 24; eher im Hintergrund bleibt das Lied auf die verborgene, dem Menschen unzugängliche Weisheit, deren ›Ort‹ Gott allein kennt, in Ijob 28. Andererseits stehen ihm die von den Rhetorikern in der Schule gelehrten Regeln für ein kunstfertiges Lob zur Verfügung und nach diesen Regeln verfaßte Enkómien und Götterhymnen, darunter besonders die überall im östlichen Mittelmeerraum verbreiteten Preisungen der Göttin Isis und Gebete zu ihr *(»Isis-Aretalogien«).* Ähnliche Hymnen auf Sarapis, Harpokrates und viele andere Götter sind auf Papyrus, als Steininschriften oder als Zitate in literarischen Werken erhalten. Der Kommentar wird zeigen, daß der Sprecher das Enkómion-Schema zwar aufgreift, es aber in origineller Weise variiert und beträchtlich erweitert.

Besonders die ungewöhnlich breite typisierend-idealisierend-»biographische« Darstellung des Verhältnisses »Salomo« – Weisheit fällt auf. Der Grund dafür ist einerseits die *Textpragmatik,* also das, was der Text bei seinen Hörern und Lesern bewirken will: Wenn junge Juden innerhalb einer hellenistischen Umwelt in ihrer jüdischen Identität gestärkt werden sollen, muß das ihnen vorgestellte Ideal attraktiv (ein »weiser König«, anderen auf allen nur denkbaren Gebieten gewachsen und überlegen) und zugleich für *alle,* die sich darum bemühen (lernen, suchen), *erreichbar* sein (von Zeugung und Geburt an bis zum Tod war auch dieser allerweiseste König ein Mensch wie jeder andere). Andererseits ist die Ausführlichkeit der Darstellung inhaltlich begründet: Der Anfang der Weisheit ist, sie zu begehren (6,12-16). Weisheit ist nicht als gegenständliches Ziel vorzustellen, vielmehr ist der Weg zu ihr, die Suche nach ihr, bereits ihr Besitz: daher in Kap. 7 – 8 die breite »autobiographische« Ausfaltung des Enkómion-Proömiums.

Zu den Enkómion-Elementen *Wesen, Herkunft und Wirken* der Weisheit wird bereits vieles in 7,7-22a (EÜ 7,7-21) ausgeführt. Ausdrücklich zu erwähnen sind die Verweise darauf, daß die Weisheit Geschenk Gottes ist, um das man *ihn* bitten muß, und darauf, daß sie zur Freundschaft mit Gott hinführt. Auch wenn dann in 7,22 – 8,1 von der Weisheit hymnisch wie sonst von Göttern gesprochen wird (was die Weisheit ist, ihre *Natur:* 6,22; 7,22f.24; wie sie entstand, ihre *Herkunft* 7,25f.; ihr *Wirken* 7,27 – 8,1), bleibt doch nicht einmal der Schatten einer Frage, ob sie nicht auch (wie Isis) etwa eine »Göttin« sei. Es gibt nur *einen* Gott und Schöpfer von allem, der auch die Weisheit schenkt, die als sein Geschöpf (Spr 8,22; Sir 1,4.9) an *seinen* Eigenschaften und Titeln teilhat (8,2-9). Zur literarischen Personifikation der Weisheit und deren Bedeutung für die Gottesvorstellung s. den EXKURS nach 11,1 »Die Gestalt der Weisheit«. Daß in 8,2-21 wieder die »autobiographische« Darstellung in den Vordergrund tritt, ist sowohl durch die Ringkomposition (als solche sind die Kap. 7 – 8 gestaltet), als auch durch die genannte

Textpragmatik bedingt. Der Text schaut betont auf den *jungen* Salomo zurück und erzählt von ihm.

Die Punkte *Wirken, Wunder* und *Vergleich* des Enkómion-Schemas und das im *Epilog* zu erwartende *Gebet* werden in der Reihenfolge vertauscht. Das Gebet richtet sich nicht an die hymnisch gepriesene Weisheit, sondern selbstverständlich an Gott, der allein sie schenken kann. Innerhalb des Enkómions hat das Gebet 9,1-18 (EÜ 9,1-19), auf das schon 7,1 – 8,21 hingeführt hatten, die Funktion, indirekt weiter Herkunft, Wesen und Fähigkeit der Weisheit zu preisen. Ihre Rettungstaten in der Geschichte werden dann in Kap. 10 vor Augen gestellt, wobei das Element »Vergleich« eigenständig umgestaltet erscheint.

Der *dritte Buchteil* (11,2 – 19,22), der umfangmäßig die Hälfte des Buches ausmacht, ist in Aufbau und Vorgehen originell und läßt sich keiner geläufigen literarischen *Gattung* von damals einfach zuordnen. Der *aktualisierend auslegende Umgang mit der Heiligen Schrift* hat manche dazu veranlaßt, diesen Buchteil als *»Midrasch«* zu bezeichnen. Aber ein Midrasch kann recht verschiedene literarische Formen annehmen und ist keine »Gattung« im eigentlichen Sinne (wie z.B. Brief, Sentenzensammlung, Lehrerzählung, Bußgebet, Hymnus, Abschiedsrede, Klagelied).

Die in *vergleichenden Gegenüberstellungen* fortschreitende Darstellung trägt Züge der rhetorischen Figur der *Synkrisis.* Der »Vergleich« ist oft das Schlußelement eines Enkómions. Wie in einer Synkrisis steht auch in Weish 11 – 19 der schwächere Teil in der Regel voran. Eine einfache Zuordnung zu dieser rhetorischen Form würde aber sowohl die ständige, jedoch nie ausdrückliche Bezugnahme auf die Heilige Schrift (bes. Ex, Num, Dtn), die für Weish 11 – 19 so charakteristisch ist, als auch den eigentümlichen Wechsel zwischen Darlegung und direkter Anrede Gottes außer acht lassen. Außerdem haben die Gegenüberstellungen nicht die in einer Synkrisis zu erwartende Absicht, die Überlegenheit einer Person, Eigenschaft oder Leistung gegenüber den zum Vergleich herangezogenen Taten oder Personen hervorzukehren, sondern es geht um den Lobpreis der Macht Gottes, der beim Exodus und während der Führung seines Volkes in der Wüste alle Elemente seiner Schöpfung zur *Bestrafung* (der »Frevler«) oder aber als *Wohltat* (an seinem Volk, seinen Söhnen und Töchtern, den »Gerechten«) wirken lassen konnte.

Der dritte Buchteil ist in *fünf Abschnitte* mit *sieben Gegenüberstellungen* gegliedert. Dabei schließen sich an den ersten Abschnitt *zwei grundsätzliche Darlegungen* an und leiten den zweiten ein. Der fünfte Abschnitt mündet in eine Art *Summarium* (19,6-21) mit einem hymnischen Schlußvers (19,22). *Zwei Prinzipien* leiten die Darstellung im dritten Buchteil: a. Die gleichen Naturkräfte können nach dem Plan Gottes entgegengesetzte Wirkungen haben; dieselben Elemente, durch die die Feinde bestraft werden, wirken bei den Gerechten als Wohltat *11,5.* b. »Wodurch jemand sündigt, dadurch wird er bestraft« *11,16.*

Durch die *erste Gegenüberstellung* (11,4-14: wohltuende und strafende Wirkung von *Wasser*) hatte sich für den Gedankengang des Buches ein doppeltes *Problem* ergeben: (1) Was kann »Strafe / strafen«, wenn es von Gott ausgesagt wird, überhaupt bedeuten? Er ist doch der Schöpfer und Retter / Erlöser, der alles zum *Sein* und zu *unvergänglichem Leben* geschaffen hat (1,13-15; 2,22-24)! Wozu ist Gottes Strafen gut oder sinnvoll? Diese Frage behandelt die theologische Überlegung I (11,15 – 12,27): »Über die Milde Gottes« oder »Über die Liebe Gottes zu seiner Schöpfung, seine Gerechtigkeit und seine Menschenfreundlichkeit«. (2) Das andere Problem: Weshalb, für welche Vergehen, straft Gott diejenigen, ›die in Lebenstorheit unrecht leben‹ (12,23)? Hierauf antwortet die ausführliche Überlegung II (13,1 – 15,19): »Über die Verweigerung der Anerkennung des wahren Gottes« oder »Über die ›Torheit‹ des Götzendienstes«. Durch rahmende Hinweise (11,15-16; 12,23-27 und 15,18-19) sind die beiden Überlegungen I und II als Einleitung zu den Gegenüberstellungen 2 und 3 gekennzeichnet (16,1-4. 5-14: die strafenden und heilsamen Wirkungen von Tieren) und unlöslich mit ihnen verknüpft.

Bei den ausführlichen *theologischen Überlegungen I* und *II* handelt es sich also nicht um beliebige Einschübe oder um »Exkurse«, die Nebenthemen behandeln, sondern um prinzipielle theologische Begründungen für die Darstellungsweise im dritten Buchteil, ja sogar im ganzen Buch der Weisheit.

In 16,15 – 19,5 folgen vier weitere Gegenüberstellungen: *4. Vom Himmel Geschicktes*: Hagel-Regen-Feuer *oder* Manna; 5. Nacht: Finsternis und Angst *oder* Feuersäule, Führung und Licht; 6. und 7. Tod: Gericht, Untergang *oder* Rettung. Der Schlußabschnitt 19,6-

21.22 blickt zusammenfassend betend auf die Geschichte zurück, in der der Kosmos immer wieder den Befehlen des Schöpfers zur Rettung seiner Söhne und Töchter diente. Deren Feinde aber zogen sich Sehunfähigkeit zu und gerieten in tiefe Finsternis, den Tod.

Auch im dritten Buchteil läßt der Sprecher den Bezug zu dem, wovon die *Leser* abgehalten werden sollen, immer wieder durchscheinen: Ablehnung der Geltung und Wirksamkeit des Wortes Gottes; Teilnahme an magischen Praktiken und Mysterienreligionen, Aufkündigung der Gemeinschaft mit dem Volk Gottes (Feste, Gebete, Beschneidung) und der Solidarität mit ihm, kurz: Er warnt vor »Apostasie« (3,10).

b. Die erzählerische Einheit und die Gattung des Buches

Das Buch als ganzes hat einen einzigen Sprecher, der in der 1. Person spricht. Er stellt sich aber am Anfang nicht vor, sondern redet sofort andere an. Dadurch allein macht er sich als Ich erkennbar. Irritierend ist allerdings, daß die »Richter der Erde« angesprochen werden. Dadurch entsteht eine Fantasie-Situation und eine Ideal-Rede, eine Fiktion. Nur langsam fließen Elemente in die Rede ein, die dem Leser helfen, in seiner Vorstellung die fiktionale Situation aufzubauen. Vom 6. Kapitel an wird durch die wiederkehrende Anrede die Kommunikationssituation »unbekannter Redner spricht zu allen als anwesend zu denkenden Königen der Welt« verstärkt deutlich.

Als nächstes kündigt der Sprecher ein Preisgedicht auf die Weisheit an. Zu einem solchen Enkómion gehört, daß sein Dichter sich im Einleitungsteil vorstellt. Erst jetzt enthüllt der Redner, und zwar durch erzählende Rückblicke, wer er ist. Er ist der König Salomo. Er ist jetzt, wo er redet, ein reifer, vielleicht sogar alter Mensch. In seinen Ich-Charakterisierungen blickt er auf seine Jugend als etwas Vergangenes zurück. Die Szene baut sich vor dem Leser allmählich auf. Er stellt sich vor, nicht nur die Königin von Saba sei gekommen, sondern alle Könige der Welt stünden vor Salomo, und jetzt halte er ihnen seine Werberede für die Gerechtigkeit und stimme sein Lob auf die Weisheit an. Im Enkómion erzählt er, wie er zur Weisheit und allem, was sie ihm an Wissen, Gütern und Ansehen vermittelt hat, gelangt ist: Er hat sie von Gott erbetet. Höhepunkt der Erzählung innerhalb des Preisgedichts ist das ausführliche Zitat dieses Gebets. Üblicherweise wird am Ende eines Enkómions das Gepriesene (eine Göttin oder ein Gott, eine Person, eine Tugend oder eine Tätigkeit) mit anderem Gleichartigem verglichen, um seine Überlegenheit oder Besonderheit zu erweisen. Eine solche *Synkrisis* fügt auch Salomo an, aber in ganz eigenständiger Art. Dabei führt er die Sprechweise des Gebets durch immer wiederkehrende Gottesanreden weiter und verläßt sie nicht mehr bis zum Ende des Buches. Salomo erzählt, was er in jungen Jahren betend meditiert und erkannt hat.

Man würde erwarten, daß Salomo die Rückschau auf seine betende Meditation der Geschichte am Ende schließt und daß dann wieder der alte Salomo die immer noch vor ihm stehenden Könige der Welt anredet. Doch das ist nicht der Fall. Was bewirkt diese Kommunikationsstruktur?

Der Leser bleibt zunächst auf Distanz. Er oder sie zählt sich nicht zu den »Richtern der Erde«. Aber auch eine Identifikation mit dem Sprecher erscheint kaum möglich. Dafür sind seine Mahnungen, begründenden Behauptungen und Urteile zu entschieden und feierlich ernst. Was er sagt, klingt vertraut. Aber die Themen und Motive aus den Psalmen, den Prophetenbüchern und dem Buch der Sprichwörter sind zugleich verfremdet. Der Sprecher redet wie die kynisch-stoischen Philosophen der hellenistischen Gegenwart und beherrscht deren rhetorische Kunstfertigkeit. In dramatisch angeordneten Ausführungen mit Gegenreden und mit einer Endgerichtsszene erörtert er Grundinfragestellungen einer an Gott glaubenden Ausrichtung des Lebens. Exemplarisch greift er dabei Verspottetwerden und Erleiden gewaltätiger Unterdrückung, Kinderlosigkeit und frühen Tod heraus.

Der innerhalb des Enkómions vor Augen tretende junge, rundum gebildete, lebenstüchtige, in allem vorbildliche Salomo macht es dann den Lesern leicht, sich mit ihm zu identifizieren, so werden zu wollen wie er und beim Lesen des Preisgedichts sich seiner Bitte an Gott um die Weisheit auch selbst anzuschließen.

Im dritten Buchteil erzählt Salomo, wie er in seiner Jugend die Geschichte Gottes mit seinem Volk beim Auszug aus Ägypten und während der Führung durch die Wüste betend meditiert hat. Dabei berichtet er aber nicht *über* sein Betrachten der Geschichte und daraus gezogene Lehren, sondern bleibt in der Sprechweise der betenden Anrede an Gott. Der aufmerksame Leser kann an Wort- und Gedankenübereinstimmungen erkennen, daß der *junge* Salomo bei diesem betenden Nachsinnen mit Hilfe der Weisheit, die ihm auf seine Bitte hin geschenkt wurde, die Einsichten und Gewißheiten gewonnen hat, die der hochgeachtete alte Salomo im ersten Buchteil als Summe seiner Lebenserfahrung den Königen der Welt und damit *jedem*, der *wirklich* ein König ist, mahnend, warnend und zur Hoffnung ermutigend vorgetragen hat.

Der Leser fühlt sich immer mehr miteinbezogen, vor allem wenn Salomo in der Wir-Uns-Form (12,6.18.22; 15,1-3.4; 18,8) Erfahrungen Israels (»dein Volk, deine Söhne und Töchter«) seit den Anfängen in Gebetsform benennt, und kann am Ende in den Gott preisenden Schlußruf miteinstimmen. Was zunächst als das »Unvollendete« an diesem Buch erschien, sein offener Schluß, zeigt sich in der Wirkung als sein Ziel: die Leser ins dankbar Gott anerkennende, hoffnungsvolle Gebet hineinzugeleiten.

Das ganze Buch ist also die *Erzählung* einer Rede. Der erzählende Verfasser läßt den alten Salomo die Könige der Welt anreden, dann von seiner Jugend berichten, sein Bittgebet um Weisheit und schließlich seine betende Rückschau auf die Geschichte wiedergeben, bleibt jedoch selbst völlig im Hintergrund und spricht nirgends mit eigener Stimme.

James M. Reese (1970) hat im Anschluß an andere Forscher zusammenfassend dargelegt, daß das Buch der Weisheit als Ganzes der Gattung *lógos protreptikós* (Lehr- und Mahnrede, Werbeschrift) zuzuordnen ist. Mit Schriften dieser Art wurde in hellenistischer Zeit jeweils für eine bestimmte Philosophie geworben, aber nicht im Sinne eines bloßen Denksystems, sondern der konkreten Lebensführung. Sie zeigen eine umfassende Bildung und nehmen verschiedene Literatursorten in Dienst, um ihre Leser für die Auseinandersetzung mit konkurrierenden Sinnangeboten auszurüsten. Statt den Leser direkt anzureden und damit zur Stellungnahme zu nötigen, kann auch ein fiktiver Dialog mitgeteilt werden. Diese Form erleichtert die freie Zustimmung des Lesers zu der Auffassung, die ihn im Hin und Her des Dialogs mehr überzeugt hat, und erhöht dadurch seine Bereitschaft, für das eigene Leben Konsequenzen zu ziehen. Der Verfasser des Buches der Weisheit verwendet eine ähnlich subtile indirekte Werbeform. Auf einer phantastischen Bühne in tiefer Vergangenheit läßt er den weisen Salomo die Könige der Welt warnen und mahnen und zur Begründung die eigene Praxis und die in betender Geschichtsbetrachtung gewonnenen Erkenntnisse anführen. Dabei spricht Salomo in biblischen Wendungen und zugleich in rhetorischen Figuren, Begriffen und Schlagworten der hellenistischen Gegenwart. Sowohl Salomo als auch die griechische Umwelt erscheinen herausfordernd verfremdet.

Was der Text beim Leser erreichen soll *(Textpragmatik)*, wird nicht in direkten Handlungsanweisungen ausgedrückt, wohl aber in dem »offenen« Buchende angezeigt: Werden die Leser sich dem Gott lobpreisenden Schlußruf anschließen und als Glieder des Volkes Gottes, als Gottes Söhne und Töchter, als »Gerechte« reden, denken und handeln?

c. *Das Werbeziel »Gerechtigkeit«: Eine Lebensgestaltung, die von dankbarer Anerkennung des wahren Gottes geprägt ist*

Die Einladung »Liebt die Gerechtigkeit!« (1,1) eröffnet programmatisch das Buch. Auf den »Weg der Gerechtigkeit«, der im ersten Buchteil in mehrfachen Gegenüberstellungen zum Denken und Verhalten der »Frevler« ausgeleuchtet wird, führt die im zweiten Buchteil besungene und erbetete *Weisheit:* Sie ist die »Innenseite« der Gerechtigkeit. Jeder Mensch kann sie lernen, soll sie begehren, mit ihr zusammenleben und sie als Geschenk von Gott erbitten. Dann wird er die konkrete Gegenwart und seine Aufgaben darin verstehen und wird Gott nahe kommen – das ist es, was »Königsein« eigentlich bedeutet. Innerhalb des Buches als *Lógos protreptikós* hat der dritte Teil die Aufgabe, das Werbeziel in der Form einer dankbar Gott preisenden Erinnerung an den Exodus und an die Führung in der Wüste durch den Rückgriff auf die Erzählungen des Pentateuch zu begründen und damit zugleich die Berechtigung der Hoffnung für alle, die der Einladung zur Gerechtigkeit in ihrer Lebensführung nachkommen, zu veranschaulichen. Wie einst beim Exodus und in der Wüste die Natur und der Kosmos den »Gerechten«, dem Volk Gottes, zur Wohltat wurden, während dieselbe Natur den »Feinden« Strafe, Qual und Untergang gebracht hatte, so wird auch *einst* (vgl. 5,1) der von Gott in Dienst genommene Kosmos je verschieden auf die Gerechten und die Frevler wirken – zur Rettung oder zur Bestrafung.

Die in allen Buchteilen durchgehaltene, im dritten besonders auffällige *Vermeidung aller Namen* (außer »Rotes Meer« in 10,18; 19,7) soll es ermöglichen, daß Erfahrungen, die an Einzelpersonen und Ereignissen der biblischen Erzählungen abgelesen und illustriert wurden, verallgemeinert werden können. Die Personen der heiligen Geschichte werden so zu Typen und Charakteren; an ihnen wird aufgezeigt, was für jeden Menschen (»Gerechte« oder »Frevler«), also auch in der Gegenwart, gilt.

Für das Verständnis ist wichtig, daß der Sprecher seine hymnische Vergegenwärtigung des Exodus und der Führung in der Wüste in der Form eines Gott anredenden *Gebetes* vorträgt. Er drückt seine die ganze Welt und die Menschheit umfassende Hoffnung nicht als Lehre, behauptend und »beweisend«, sondern meditierend, theologisch reflektierend und lobpreisend aus. So gipfelt dieses zur »Gerechtigkeit« einladende Buch nicht in Lehrsätzen oder Imperativen, vielmehr in betend-dankendem Blick auf die Geschichte als Ermutigung für die Gegenwart.

Die »Gerechtigkeit«, zu der durch das ganze Buch hindurch auf so vielerlei Weise eingeladen wird, zeigt sich in einem treuen und hoffnungsvoll auf Gott vertrauendes Leben nach den 10 Geboten und konkret in einem gläubig praktizierten Judentum. In der ägyptischen *Diaspora*, in einer kulturell herausfordernden Umwelt, stehen die priesterlichen, tempelorientierten Reinheitsbestimmungen bezüglich Essen und Kleidung und die Sabbat- und Festvorschriften, wie sie im rabbinischen Zweig des Judentums später aufgegriffen und bis heute weiterentwickelt wurden, weniger im Vordergrund. Abgesehen von der Zentralstellung des großen Gebets Salomos und der durchgehenden Gebetsform in der zweiten Buchhälfte, erwähnt der Sprecher nur wenige Einzelheiten jüdischer religiöser Praxis, z.B. das Dankgebet vor Sonnenaufgang in 16,24, die Pascha-Liturgie in 18,6-9 (mit dem »Gesetz der Gottheit« sind dort wohl die Pascha-Vorschriften nach Ex 12 und damit die bei allen männlichen Teilnehmern geforderte Beschneidung als Bundeszeichen gemeint), Gebet, Räucheropfer und Kleidung des Hohenpriesters Aaron in 18,21-24. Die Hauptaufmerksamkeit richtet sich auf die Verehrung des einen wahren Gottes, der sich in der Geschichte seinem Volk geoffenbart und ihm seinen Willen mitgeteilt hat. Er will das Heil aller Menschen und hat sie dazu berufen, am *Leben* und an seiner eigenen Unvergänglichkeit teilzuhaben. Aber die Menschen können sich der Anerkennung dieses einen wahren Gottes verschließen und sich stattdessen für Gottlosigkeit, für Genuß auch auf Kosten von Schwächeren, für Geltung und Macht entscheiden. Damit erkennen sie letztlich den *Tod* als die einzig verläßliche Wirklichkeit an. In diesen selbstgewählten Tod werden sie dann auch endgültig versinken.

4. Der Verfasser und seine Adressaten

Über den Verfasser oder den angezielten Leserkreis gibt es keinerlei Informationen von außerhalb des Buches. Alle Auskünfte sind nur durch eine aufmerksame Lektüre des Werkes selbst zu gewinnen.

Obwohl die drei Buchteile in Redeweise und Stil, Anordnung und Argumentation recht unterschiedlich sind und der Redende auf biblische und auf hellenistische philosophische und religiöse Texte, auf jüdische Auslegungstraditionen und auf Zustände und Vorgänge in einer ägyptisch-hellenistischen Umwelt vielfältig Bezug nimmt, wird heute nicht mehr ernsthaft in Frage gestellt, daß das Buch der Weisheit als *ein* Werk *einem* Verfasser zuzuschreiben ist. Der sich durch alle Buchteile hindurchziehende eigentümliche *Wortgebrauch,* die variiert wiederkehrenden theologischen *Grundgedanken,* die Technik der *Gegenüberstellungen,* die gegenseitigen *Verzahnungen der Buchteile und Abschnitte* und die besonders im dritten Buchteil zahlreichen inhaltlichen und wörtlichen *Rückbezüge* auf den ersten und zweiten Teil erweisen das Buch als komplexe, von einem Verfasser zu einem *lógos protreptikós* gestalteten Einheit.

Der Verfasser war ein jüdischer Schriftgelehrter, der auch in hellenistischer Rhetorik geschult war. Kunstfertig und bewußt setzt er seine umfassende Bildung (*enkyklios paideía*) in seinem Werk ein. Persönlich war er ein überzeugter, tieffrommer Jude, dem alles daran lag, seine Leser in einem für die Werte der hellenistischen Literatur und Gelehrsamkeit offenen, in Denken und Verhalten an den 10 Geboten orientierten, selbstbewußten Judentum zu bestärken. Er zeigt einen angstfreien Umgang mit hellenistischen Errungenschaften und verteufelt sie nirgends. Wie er selber gehören auch seine Adressaten zwei Kulturen an. Deren Verbindung ist existentiell nur möglich, wenn jüdische religiöse Überzeugung, Weltsicht und Ethos nicht nur den hellenistischen philosophischen und naturwissenschaftlichen Plausibilitätsanforderungen genügen, sondern gezeigt werden kann, daß eine gebildete und religiös treue jüdische Lebensweise anderen in der hellenistischen Welt vertretenen Sinnangeboten und Religionsformen, der Verehrung kosmischer Mächte, der Anfertigung und Anbetung von Götterstatuen und -bildern, der ägyptischen Tierverehrung, dem Herrscherkult, den Mysterienreligionen und der Magie, überlegen ist.

Der *lógos protreptikós* richtet sich »nach innen«, er wirbt bei jungen Juden. Das Alte Testament hat selbstverständliche Autorität, und zwar in einer griechischen Übersetzung, die gelegentlich vom Text der uns bekannten Septuaginta-Handschriften abweicht. Jüdische Auslegungstraditionen, die auch in anderen Schriften erkennbar sind (z.B. bei PHILON oder Flavius JOSEPHUS, im Neuen Testament oder in rabbinischen Schriften) sind als bekannt vorausgesetzt. Für seine Beispiele aus der Vergangenheit genügen dem Sprecher häufig knappste Anspielungen auf Erzählungen im Pentateuch, für die Verheißungen und die Begründung der Hoffnung bezieht er sich auf die Prophetenbücher, darunter besonders auf das Jesajabuch, und vor allem auf die Psalmen, aber immer in eigener Wiedergabe ohne längere Zitate – im Unterschied z.B. zu den langen kommentierten Schriftzitaten im Hebräerbrief, der wenige Jahrzehnte später im gleichen Raum und Milieu verfaßt sein dürfte.

Die Argumentation ist durchgängig nur für Insider schlüssig, sie will bestätigen und stärken. Ziel ist nirgends das verstehenwollende und klärende Gespräch mit jemandem, der von anderen Voraussetzungen und Plausibilitäten herkommt oder in einer anderen echten Religiosität lebt. Daher liegen dem Verfasser auch alle endgültigen Be- und Verurteilungen von Nichtjuden *als solchen* fern. Er legt eine Werbeschrift, keinen dogmatischen Lehrtraktat vor. Wohl könnte das Verhalten der griechischen Bürger (s.u.) und der Apostaten gegenüber den Juden in ihrer schwächeren Position, besonders seit der Machtübernahme des Augustus, die Kennzeichnung z.B. der »Frevler« in 2,10-20 und der »Sünder« in 19,13-17 mitbeeinflußt haben.

Alle dem Judentum fremden Religionsformen werden im Grunde nur unter der Rücksicht betrachtet: Was würde es bedeuten, wenn ein *Jude* sie übernähme? Er würde Überzeugung und Lebensweise eines »Gerechten« mißachten und zum »Apostaten« vom HERRN (3,10), zum »Frevler« werden; seine Hoffnung wäre leer, seine Mühen unnütz, seine Leistungen sinnlos, er würde sogar seinen Angehörigen und Nachkommen den Zugang zum erfüllten, auch durch den Tod nicht begrenzten Leben unerschlossen lassen (3,11-12). Vor solchem Elend eines Menschen, der Weisheit, Zucht und Bildung »für nichts« hält, will der Verfasser seine Leser in jeder ihm möglichen Weise warnen und wirbt mit seinem *lógos protreptikós* dafür, die »Gerechtigkeit zu lieben«.

Es geht ihm also weder um Apologetik gegenüber Außenstehenden noch um direkte Polemik gegen tatsächliche Apostaten. Der Verfasser diskutiert oder argumentiert in seinem Buch auch nirgends unmittelbar mit einer gegnerischen Auffassung oder mit konkreten Personen. Vielmehr möchte er seinen jungen Lesern die Erfahrung vermitteln, daß es sich »lohnt«, das eigene jüdische geistige und religiöse Erbe mit Hilfe der in der hellenistisch-römischen Gegenwart verbreiteten Philosophie, Psychologie, Literatur, Naturerkenntnis und Rhetorik neu zu betrachten und sogar tiefer zu verstehen. Er zeigt ihnen, daß die auch von den Zeitgenossen höchstgeschätzten Werte, z.B. Gerechtigkeit, Weisheit, Bildung, Freimut, Recht, Tugend, Freundschaft, in der eigenen jüdischen Religion seit je grundlegende Bedeutung hatten.

Als *Entstehungsraum* kommt von Sprache, Stil und bevorzugten Themen her am ehesten die auch zahlenmäßig große jüdische Diaspora in Ägypten und darin als Ort die Großstadt Alexandria in Betracht. Die Juden bewohnten dort schon lange (seit dem 3. Jh. v.Chr.) einen eigenen Stadtteil mit zahlreichen Synagogen und Lehrhäusern und bildeten ein eigenes *políteuma,* d.h. eine staatlich anerkannte Vereinigung von Ausländern zu religiösen, sozialen und kulturellen Zwecken mit eigener Verwaltung, Schulrecht und Gerichtsbarkeit innerhalb der staatlich verbindlichen Gesetze. Dadurch waren sie zwar privilegiert gegenüber den einheimischen Ägyptern, aber benachteiligt gegenüber den griechischen Vollbürgern. Nach der Machtübernahme (s. zu 6,3) Octavians (des späteren Kaisers Augustus) in Alexandria im Jahre 30 v.Chr. wurden den griechischen Vollbürgern noch die römischen vorgeordnet. Wegen der mit dem Besuch des Gymnasiums verbundenen Verpflichtung, an der üblichen Götterverehrung teilzunehmen, war gesetzestreuen Juden der Zugang dazu verwehrt; außerdem widersetzten sich die Griechen jeder Änderung der Zulassungsbeschränkung auf Vollbürger. Juden waren damit von einer akademischen oder politischen Karriere und aus den führenden gesellschaftlichen Kreisen ausgeschlossen. Wie die zahlreichen noch namentlich oder sogar durch ihre Werke bekannten jüdischen Schriftsteller zeigen (Historiker, Dichter, Exegeten, Philosophen – unter ihnen herausragend PHILON, dessen Familie allerdings durch seinen Großvater bereits von Julius Caesar römisches Bürgerrecht erhalten hatte), war es dem *políteuma* der Juden in Alexandrien dennoch gelungen, ein Bildungssystem auf höchstem Niveau aufzubauen. Als dann Augustus ca. 24/23 v.Chr. noch die Kopfsteuer einführte, von der jedoch die römischen und griechischen Bürger Alexandrias ausgenommen waren, begann eine sich immer mehr verschärfende Auseinandersetzung besonders mit den Griechen, die ihren Höhepunkt zur Zeit des Kaisers Caligula (37-41 n.Chr.) erreichte und nur vorläufig durch den Brief des Kaisers Claudius an die Alexandriner im Jahre 41 n.Chr. beendet wurde. Es untersagte darin zwar eine Fortführung des »Krieges« gegen die Juden, verbot diesen aber zugleich weitere Versuche, ihre Kinder aufs Gymnasium zu schicken, und machte damit alle Hoffnungen auf das volle Bürgerrecht zunichte (s. den Text bei 19,13-17).

Die *Abfassungszeit* läßt sich ebenfalls nur durch eine Konvergenz von Beobachtungen vermutungsweise bestimmen. Die Makkabäerzeit und das Entstehen apokalyptischer Literatur (Buch Daniel, Henochliteratur) liegen schon weit zurück, ebenso die Übersetzungen des Pentateuch, der Prophetenbücher und der meisten übrigen Schriften des Alten Testaments ins Griechische. Bemerkenswert viele griechische Wörter, die in der datierbaren übrigen hellenistischen Literatur erst vom 1. Jh. n.Chr. an verwendet werden, kommen im Buch der Weisheit vor (Belege bei D. Winston und in den Veröffentlichungen von G. Scarpat); 6,3 dürfte die im Jahre 30 v.Chr. erfolgte »Machtübernahme« des Octavian in Alexandria und Ägypten schon voraussetzen (ein erhaltener ägyptischer Papyrus ist nach dieser Ära der *krátesis* datiert). Falls 19,13-17 die Situation durchscheinen läßt, die seit der *laographía* 24/23 v.Chr. (Erhebung der Kopfsteuer; Gleichbehandlung der Juden mit der ägyptischen Untertanenbevölkerung) immer feindseliger und gewalttätiger wurde, ergibt sich ein weiterer Anhaltspunkt. Ebenso passen die Bemerkungen in 14,16-20 über den Herrscherkult, wobei der Herrscher selbst weit entfernt wohnt, gut zu einer Datierung in die *römische Zeit zwischen Augustus und Caligula*, vor dem Brief des Claudius 41 n.Chr. Der jüdisch-römische Krieg 66-70 n.Chr. ist jedenfalls noch nicht im Blick, und erst recht ist die Ausmordung des alexandrinischen Judentums nach den diasporajüdischen Aufständen in Ägypten und der Cyrenaika, auf Zypern und in Mesopotamien unter Trajan in den Jahren 115-117 n.Chr. noch nicht geschehen.

Weitere Hinweise ergeben sich aus der Nähe, die der Verfasser in Vorstellungen, Ausdrucksweise und Kenntnis von Auslegungstraditionen zu seinem Zeitgenossen zeigt, dem jüdischen Exegeten und Philosophen PHILON von Alexandrien (zwischen ca. 10 v.Chr. und 40 n.Chr.), der methodisch ganz anders als der Verfasser des Weisheitsbuches versuchte, durch Allegorien den Sinn der Tora zugänglich und verständlich zu machen (ausführliche Nachweise bei D. Winston und G. Scarpat). Zitate oder Anspielungen vom einen zum anderen gibt es jedoch nicht, sie sind aber angesichts der verschiedenen sozialen Position auch kaum zu erwarten. PHILON stammte aus einer der reichsten jüdischen Familien in Ägypten; sein Bruder war *alabárches* (Steuerpächter der Römer), dessen Sohn Tiberius Julius Alexander, ein Apostat vom Judentum, wurde unter Kaiser Claudius sogar römischer *procurator* (Statthalter, Repräsentant des Kaisers) über ganz Palästina (46-48 n.Chr.). PHILON selbst besaß das römische Bürgerrecht, das sein Großvater unter Caesar erhalten hatte. Er gehörte der höchsten gesellschaftlichen und politischen Schicht an und war Leiter der jüdischen Delegation an Kaiser Caligula. Der Verfasser des Buches der Weisheit war demgegenüber »nur« ein Schriftgelehrter, der möglicherweise an einem Lehrhaus bei einer der zahlreichen Synagogen in Alexandria wirkte.

Der Verfasser hat sein Werk wohl nicht in einem Zuge niedergeschrieben, eher ist es Frucht einer längeren nachsinnenden Beschäftigung mit der Heiligen Schrift oder einer Lehrtätigkeit, ohne daß sich aber die Buchteile der Frühzeit oder dem Alter des Verfassers zuordnen lassen.

Bei der Frage nach den *Adressaten* des Buches ist grundsätzlich zu unterscheiden zwischen denen, die *literarisch ausdrücklich* angesprochen werden, und den *tatsächlich angezielten* Lesern. Ausdrücklich angeredet werden die »Richter der Erde, Könige, Herrscher über Völker«. Diese literarischen Adressaten für die tatsächlichen zu halten, wäre zunächst und vor allem ein arges Mißverständnis der Buchgattung, aber es wäre auch sachlich unwahrscheinlich und würde dem Verfasser eine kaum überbietbare Naivität zuschreiben: Gegenüber nichtjüdischen Herrschern und Königen wäre die Argumentation des Verfasser und seine Darstellung der kritisierten Auffassungen und Verhaltensweisen weder für eine politische noch für eine philosophische Diskussion geeignet; die fraglose Autorität der Bibel kann dort auch nicht einfach vorausgesetzt werden. Ebensowenig werden Apostaten selbst unmittelbar angesprochen; sie sind nur eine dunkle Hintergrundfolie, vor ihrem Schicksal wird gewarnt (2,12; 3,10 u.ö.). Durch die literarischen Adressaten wird vielmehr der *Geltungsbereich,* den die Sentenzen, Weisungen und Mahnungen des Weisen beanspruchen, als alle Welt umfassend umschrieben.

Zu den *tatsächlichen Adressaten* führt eine andere Überlegung: Wer war überhaupt in der Lage, die Feinheiten des Stils und der Komposition und die vielseitigen Anspielungen auf die Heilige Schrift, auf klassische griechische Literatur und auf hellenistische philosophische Diskussionen in diesem Buch wahrzunehmen und zu würdigen? Wer konnte den komplizierten und beziehungsreichen Ausführungen mit Verständnis und Zustimmung folgen? Dafür in Frage kommen nur Juden griechischer Muttersprache, die sowohl in der griechischen Bibel und in jüdischen Auslegungstraditionen als auch in griechischer Literatur und in der zeitgenössischen Popularphilosophie, bei der die Stoa eine führende Rolle spielte, in Rhetorik und in naturwissenschaftlichem Allgemeinwissen bewandert waren.

Es ist gut vorstellbar, daß ein solches Buch, dessen Lektüre als erbauend und fruchtbar empfunden wurde und das sich als zuverlässiger Ausdruck von jüdischem Denken erwies, wegen seiner Eigenart und Qualität dann auch in jüdischen Schulen Verwendung fand – wenn es nicht überhaupt schon im Blick auf die Schulsituation geschaffen worden war. Vor dem Studium der klassischen griechischen Texte (Homer, Sophokles, Euripides, u.a.) oder zusätzlich dazu konnten die jungen Leute anhand dieses *jüdischen* »Lesebuchs« Lesen, Schreiben und Formulieren lernen. Hier wurde ihr Judesein nicht ständig in Frage gestellt, entschiedene religiöse Praxis und die »modernen« Werte bilden in diesem Buch keine unüberbrückbaren Gegensätze. Es zeigte, wie mit Hilfe klassischer Literatur und moderner Philosophie und Naturwissenschaft der biblische Glaube neu zur Sprache gebracht werden kann.

5. Stellung im Kanon

Zur Begrifflichkeit: Im Blick auf die *Verbindlichkeit in der Kirche* ist zwischen *kanonisch* und *nichtkanonisch = apokryph* zu unterscheiden. Apokryphe Bücher sind entweder ausdrücklich abgelehnte Schriften oder solche von nur regionaler Bedeutung und Überlieferung. Kanonisch heißen die Bücher, die in der Kirche als autoritativ verlesen werden. Dabei bedeutet »Kanon« (gerades Rohr, Meßlatte, Maßstab) eine *Liste* von Büchern, durch die eine religiöse Gruppierung die darin nicht aufgeführten Schriften ausdrücklich ausschließt und sich in dieser Weise von anderen Gruppen abgrenzt. Die positive Bezeichnung »(Heilige) Schrift(en)«, die für Leben und Lehre als maßgeblich betrachtet wurden, hatte es im frühen Judentum und in der Kirche je nach Gruppierung in unterschiedlichem Umfang schon lange gegeben; die Notwendigkeit von *ausschließenden* Kanonlisten scheint sich in der Kirche aber erst nach den Auseinandersetzungen des 2. Jh. n.Chr. seit dem 4. Jh. n.Chr. ergeben zu haben.

Die rabbinische Wendung »Bücher, die die Hände unrein machen« ist nach neueren Autoren nicht eine genau entsprechende Bezeichnung für das, was später in der Kirche »kanonisch« heißt; es gehe vielmehr nur um die Frage der Behandlung von Handschriften, und zwar konkret bei den Büchern Kohelet und Hoheslied, weil in beiden der Gottesname JHWH nicht vorkomme.
Seit SIXTUS von SIENA OP (1520-1569) ist in der Kirche innerhalb der kanonischen Schriften noch folgende Unterscheidung eingeführt, die die Anliegen einer jahrhundertelangen Diskussion wahrt: *protokanonisch* werden die Bücher genannt, die bei der Kirche *und* den rabbinischen Juden gleichermaßen in Geltung stehen (= *hebraica veritas* des Hieronymus*, der *t^enaḵ* = Pentateuch + ›Vordere‹ und ›Hintere‹ Prophe-

ten + Schriften); deuterokanonisch heißen die übrigen kanonischen Bücher des Alten Testaments, die in der Kirche vorgelesen (frühere Bezeichnung: *libri ecclesiastici*, kirchliche Bücher), aber in der rabbinischen Synagoge nicht überliefert werden: *Tobit, Judit, Baruch, Weisheit, Sirach*, die Septuaginta-Fassung des Buches Daniel (das *Gebet des Asarja*, der *Hymnus der drei Jünglinge im Feuerofen, Susanna, Bel und der Drache* sind im masoretischen Buch Daniel nicht enthalten); *1. und 2. Makkabäerbuch.* In Veröffentlichungen von Autoren, die von der Reformation herkommen, werden die deuterokanonischen Bücher oft als »Apokryphen« angeführt.

Im Blick auf die *Verfasserangaben* ist zu unterscheiden zwischen *orthonym* (der im Buchtitel oder anderswo genannte Verfasser ist der tatsächliche), *anonym* (das Buch enthält *keinen Verfassernamen*) und *pseudonym* = *pseudepigraph* (die als Verfasser genannte Persönlichkeit, z.B. Henoch, Abraham, Mose, Esra, ist nicht der tatsächliche Verfasser). Einige Autoren verwenden für die apokryphen (= nicht*kanonischen*) Schriften die *verfasser*orientierte Bezeichnung »pseudepigraph«. Dieser Sprachgebrauch ist irreführend und sinnwidrig, da auch einige der kanonischen Bücher des Alten und des Neuen Testaments Pseudepigraphen sind und ›richtige‹ Verfasserangaben auch von diesen Autoren nicht als Unterscheidungsmerkmal für die Zugehörigkeit zum Kanon angenommen werden.

Das Buch der Weisheit ist nur in der Kirche überliefert worden. Niemand bezweifelt, daß es eine jüdische, vorchristliche Schrift ist; jedoch wird es im rabbinischen Schrifttum nie zitiert oder auch nur erwähnt (im Unterschied z.B. zum Buch Jesus Sirach, das ebenfalls von den Rabbinen nicht zu den für Leben und Lehre maßgeblichen Büchern gezählt wurde). Der nächstliegende Grund für die Nichtbeachtung bei den Rabbinen dürfte darin zu suchen sein, daß es sich um ein *ursprünglich griechisch* und in Ägypten geschriebenes Werk handelt, das nicht zum Traditionsgut der nichtchristlichen jüdischen Gruppierungen gehörte, die bei der Reorganisation der Synagoge nach der Tempelzerstörung im Jahre 70 n.Chr. und dem Bar-Kochba-Aufstand 132-135 n.Chr. maßgeblich beteiligt waren.

Clemens von Rom hat möglicherweise das Buch der Weisheit bereits gekannt und in seinem Brief an die Korinther aus dem Jahre 96 n.Chr. schon vorausgesetzt. Mit Sicherheit wurde es seit dem Ende des 2. Jh. n.Chr. in verschiedenen Gebieten der Kirche benutzt, so bei Irenäus von Lyon (um 180 n.Chr.; Kleinasien und Gallien), Clemens von Alexandrien (um 200 n.Chr.), Hippolyt (Rom und Kleinasien), Tertullian (Nordafrika) und später bei vielen anderen Theologen und kirchlichen Autoritäten in Ost und West in verschiedenartigen Zusammenhängen (Schriftkommentare, Predigten, antihäretische Darlegungen u.a.). Dabei wird das Buch der Weisheit in gleicher Weise wie andere Bücher des Alten und Neuen Testaments zitiert und argumentativ verwendet. Ausführliche Nachweise sind in den Studien von C. Larcher 1969, 36-63, zusammengestellt.

Die früheste namentliche Erwähnung geschieht im *Canon Muratori*, einem 1740 veröffentlichten Mailänder Handschrift-Fragment des 7. oder 8. Jh. n.Chr. aus Bobbio; dabei handelt es sich um eine schlechte Abschrift der lateinischen Übersetzung eines griechischen Originals wahrscheinlich aus Italien vom Ende des 2. oder Anfang des 3. Jh. n.Chr. (gegen eine spätere Ansetzung werden starke Gegengründe genannt). Das Buch der Weisheit wird dort *nach* einigen Schriften des Neuen Testaments (dem Judasbrief und zwei Johannes-Briefen) *vor* der Johannes- und der Petrusapokalypse genannt. Die seltsame Reihenfolge erklärt sich aus dem Brauch, die bezüglich ihrer Kanonizität strittigen Schriften *nach* den allgemein anerkannten kanonischen Schriften zusammenzustellen. Hieronymus* dagegen nennt die von ihm nicht als kanonisch betrachteten »Apokryphen« des Alten *und* des Neuen Testaments *zwischen* AT und NT. Dann wäre das Buch der Weisheit im Canon Muratori als einzige von den strittigen AT-Schriften überhaupt aufgeführt. Die Erläuterung *ab amicis Solomonis* (»von Freunden Salomos«) könnte ein Hinweis auf Diskussionen über die Verfasserschaft sein; einige Forscher haben vermutet, es handle sich um eine Fehllesung von griech. *hypò phílonos* (»von Philon«), der tatsächlich manchmal als Verfasser angenommen wurde, zu *hypò phílon so*, wobei das *so* als Abkürzung für »Salomo« gelesen und übersetzt worden sei.

Daß sich die Bücher des Alten Testaments in griechischen Übersetzungen (Septuaginta, abgekürzt LXX), wie sie in der *Kirche* verwendet wurden, von den Büchern, wie sie in der rabbinisch geprägten Synagoge gelesen wurden, nach Anzahl und Umfang unterschieden, war der Alten Kirche deutlich bewußt. Origenes erörtert diese Frage ausführlich in seinem Brief an Julius Africanus (um 245 n.Chr.): Selbstverständlich sei es richtig, im Gespräch mit (rabbinischen) Juden nur die bei diesen anerkannten Bücher der Bibel heranzuziehen; aber die der rabbinischen Synagoge mindestens gleichaltrige Kirche könne sich doch von dieser Gesprächssituation nicht vorgeben lassen, welche Schriften sie in ihrem Gottesdienst verlesen dürfe.

Gegenüber dem umfassenderen kirchlichen Kanon wollten einige Theologen, darunter Hieronymus*, der durch seine lateinische Bibelübersetzung, die *Vulgata** mit ihren Prologen, das ganze Mittelalter hindurch bis zur Reformation in der Kanonfrage überaus einflußreich blieb, nur die Bücher als kanonisch betrachten, die auch in der rabbinischen Synagoge anerkannt waren. Kirchliche Synoden seit dem Ende des 4. Jh., Augustinus, viele andere Theologen und die späteren Konzilien sind jedoch der Linie des Hieronymus nicht gefolgt. Von Hieronymus stammt der Ausdruck *hebraica veritas*. Damit meinte er, daß nur ursprünglich hebräisch verfaßte Bücher zum ›wahren‹ Alten Testament gehörten. Daß dies kein Kanonkriterium ist, zeigen z.B. die Bücher Jesus Sirach, 1 Makk und Tobit, die hebräisch bzw. aramäisch verfaßt worden waren und dennoch von den Rabbinen nicht zu den maßgeblichen Schriften gezählt wurden. Zweifel bezüglich der Übereinstimmung des Buches der Weisheit mit dem Glaubensbekenntnis sind aber auch von den Theologen und den Kirchen, die dieses Buch nicht zu ihrem Kanon zählten, nie geäußert worden.

Eine Antwort auf die Frage, wie dieses der rabbinischen palästinischen und babylonischen Synagoge unbekannt gebliebene Buch denn in der Kirche zu so hohem Ansehen gelangt sei, könnte eine Vermutung geben, die Maurice Gilbert einmal eher nebenbei geäußert hat: Möglicherweise brachte eine alexandrinische Synagoge, deren Mitglieder schon früh Christen wurden, diese Schrift mit, die vielleicht auch schon in anderen griechischsprechenden Synagogen Anklang gefunden hatte. Es ist verständlich, daß die frühe Kirche, die aus dem Diasporajudentum und dem Kreis der mit ihnen verbundenen »Gottesfürchtigen« (Nichtjuden) den größten Zulauf erfuhr, dieses kostbare Buch gern in ihr jüdisches Erbe mitübernahm.

6. Das Buch der Weisheit in der Einheitsübersetzung

a. Zur Textanordnung

In der Einheitsübersetzung (EÜ) sind bis zum 9. Kapitel (außer in 8,19-21) die zusammengehörenden Parallelkola jeweils als Absatz gedruckt und voneinander durch einen Schrägstrich / getrennt. Einige Ausgaben haben auch noch den Schrägstrich weggelassen. Den Text von Kap. 10 – 19 dagegen bieten alle Ausgaben der Einheitsübersetzung bedauerlicherweise im Druckbild als Fließtext und erwecken dadurch den irreführenden Eindruck, die zweite Buchhälfte sei in Prosa verfaßt. Das ist nicht der Fall. Die tatsächlich beobachtbare Veränderung der Ausdrucksweise ist durch die aufgenommenen Texte und Stoffe bedingt: In der ersten Buchhälfte sind die Bezugstexte vor allem poetische (Ps, Spr, Jes), in der zweiten aber vornehmlich erzählende Bücher (Ex, Num). Für den Leser, der nicht zugleich den griechischen Urtext liest, sollte auch im Druckbild die poetische Gestaltung des *gesamten* Buches unübersehbar sein und dürfte nicht bis zur Unkenntlichkeit verwischt werden. Ein sachgemäßes Verständnis ist deshalb vielfach sehr erschwert.

Im Kommentar werden innerhalb eines Verses die Kola nach der Edition des griechischen Textes von J. Ziegler mit Kleinbuchstaben gekennzeichnet, z.B. 1,5a-c oder 1,6c.e; in der ersten Buchhälfte läßt die EÜ diese Einteilung durch » / « oder Einrückung leicht erkennen. In den ganz wenigen Ausnahmefällen, in denen der Kolaaufteilung von J. Ziegler eine andere vorzuziehen ist (z.B. 9,17), wird diese im Kommentar eigens begründet und kenntlich gemacht.

Abweichungen von der Vers- und Kolaeinteilung der Edition J. Zieglers kommen in der EÜ ungerechtfertigt häufig vor, z.B. in 2,12.18; 3,9.11.13; 4,19; 5,15.16.21.22; 6,13.25; 7,12.21.22; 8,14.16; 9,18; 14,16-17; 17,9-20. Solche Änderungen sind ebenso wie die Abgrenzung von Abschnitten und vor allem das wenig glückliche Überschriftensystem nicht Teil des biblischen Textes, sondern Deutungen und Hinzufügungen der Übersetzung. Der Kommentar wird an den betreffenden Textstellen die erforderlichen Korrekturen zur Kola- und Abschnittseinteilung sowie zu den Haupt- und Zwischenüberschriften in der EÜ begründen.

b. Zur Übersetzung »Gerechte(r) – Frevler«

Wie im Buch der Sprichwörter (bes. Spr 10 – 15) und in vielen Psalmen werden auch im Buch der Weisheit richtiges und falsches, gutes und böses Verhalten und Denken in einer Art Schwarz-Weiß-Malerei zur Profilierung dessen, was positiv gemeint ist bzw. wovor gewarnt wird, einander gegenübergestellt. Derartige pointierte Schwarz-Weiß-Gegenüberstellungen sind kennzeichnend für Erziehungsliteratur. Sie beabsichtigen nicht, psychologisch differenzierte, Einzelpersonen in ihrer je verschiedenen Situation gerechtwerdende Urteile abzugeben.

Spr und Ps verwenden zur Bezeichnung der Kontrastfiguren in der Regel die Ausdrücke *ṣaddīq* »Gerechter« (LXX: *díkaios*) und *rāšāʿ* »Rechtsbrecher, Verbrecher, Gewalttäter, Feind, Böser« (LXX meist: *asebés*). Das Buch der Weisheit schließt sich, anders als Sir, dem Sprachgebrauch von Ps^{LXX} und Spr^{LXX} an.
Weder in 2,12-20 noch sonstwo im Buch der Weisheit ist ein bestimmter Gerechter oder eine historische Person gemeint. *Díkaios* steht in Weish (wie in Ps und Spr) im Sing. *mit* 2,12.18; 3,10; 5,1; 12,19 oder *ohne* Artikel 2,10; 4,7.16 in verallgemeinernder Bedeutung (kollektiver oder genereller Singular) und kann mit dem Plural wechseln. Andere Bezeichnungen für die mit den »Gerechten« (als Einzelne und als Gruppe: 2,10.12.16.18; 3,1.10; 4,7.16; 5,1.15; 10,4.5.6.10.13.20; 11,14; 12,9.19; 16,17.23; 18,7.20; 19,16-17) Gemeinten sind: »Sohn Gottes« (2,18; 18,13); »Kind (Gottes / des HERRN / dein)« (2,13; 9,4; 12,7.20; 19,6); »deine (Gottes) Söhne / Kinder« (5,5; 9,7; 12,19c.21a; 16,10.26; 18,4); »dein Volk« (9,7.12; 12,19; 15,14; 16,2.20; 18,7; 19,5.22); »die Heiligen« (*hósioi* 3,9; 4,15; 10,17; 18,1.5.9; *hágioi* 5,5; 18,9); »die Auserwählten« (3,9; 4,15); »heiliges Volk« (10,15); »heilige Nation« (17,2); »heiliger Same (Nachkommenschaft)« (10,15); »wir / uns« (12,22; 15,1.4; 16,8).
Die Gegenseite, vor deren Denken, Reden und Verhalten »Salomo« eindringlich warnt, wird meistens als *asebeîs* »(die Götter nicht ehrend) gottlos, frevelhaft« (im verallgemeinernden Sing., häufiger im Plural) bezeichnet (1,9.16; 3,10; 4,3.16; 5,14; 10,6.20; 11,9; 12,9; 14,9.16; 16,16.18; 19,1). Andere Benennungen sind: »Toren; unverständig« (1,3; 3,2.12; 5,4.20; 12,24; 14,11; 15,5.14); *ádikos* »rechtbrechend, ungerecht« (3,19; 4,16; 10,3; 12,12.23; 14,31; 16,19.24); »gesetzlos« (4,6; 15,17; 17,2); »Sünder« (4,10; [14,31]; 19,13); »Feinde« (5,17; 10,12.19; 11,3.5; 12,20.22.24; 15,14; 16,4.8.22; 18,5.7.10); »Gegner« (11,8; 18,8).
Um genauer zu erfassen, was von Gerechtigkeit geprägtes Verhalten konkret bedeutet, sind die vorkommenden Gegenbegriffe (semantische Oppositionen) zu beachten. Gegensätze zur Gerechtigkeit im umfassendsten Sinn sind, wie auch sonst in der Septuaginta, *adikía* »Unrecht-

tun« (1,5; 11,15; vgl. *ádika* »Unrechtes« 1,8), *aphrosyne* »Torheit, Verstandlosigkeit« (10,8; 12,23), *anomía* »Gesetzlosigkeit, Tora-Widrigkeit« (5,7.23) und *hamartía* »Sünde, Fehlverhalten« (1,4; 10,13). Die von den gleichen Stämmen gebildeten Wörter *anómema* »Gesetzesverstoß« (1,9; 3,14; 4,20) und *hamártema* »Verfehlung« (2,12; 4,20; 11,23; 12,19; 17,3) betonen eher die Einzeltat, das Einzelvergehen, ebenso wie *paráptoma* »Übertretung« (3,13; 10,2). Im Kontext der rechten Gottesverehrung steht der Gegenbegriff *asébeia* »Gottlosigkeit« (14,9).

In der gegenwärtigen deutschen Alltagssprache kommt allenfalls noch »Wald*frevel*« vor, sonst ist »Frevler« ein ungebräuchliches Wort, »frevelhaft« weckt Assoziationen an Tabuverletzung oder an archaisch-religiöse Vorstellungen; bei der Bezeichnung »Gerechter« denken manche leicht an »selbstgerecht«. Dem in Ps, Spr und Weish mit »Gerechter – Frevler« Gemeinten kommen sehr viel näher die Literatur-, Theater- und Filmrollen »der Gute – der Böse« (Held und Gegenspieler, u.ä.). Ein Kommentar muß sich jedoch in so wichtigen Dingen an die zugrundegelegte Übersetzung halten. Im ganzen folgenden Kommentar ist also der aus der EÜ übernommene Sprachgebrauch »Gerechter« – »Frevler« im Sinne derartiger Gegenüberstellungen zu verstehen.

Leider ist die Einheitsübersetzung jedoch nicht konsistent: Dieselbe und mit dem gleichen Wort *asebeîs* bezeichnete Gruppe wird z.B. in Weish 16,16 mit »Frevler«, in 16,18 jedoch mit »Ruchlose« übersetzt. Ein weiteres Problem ist, daß die EÜ in anderen Büchern, z.B. Jes 57,20-21 das hebräische Wort *r^{e}šāʿîm* beidemale mit »Ruchlose« und nicht mit »Frevler« übersetzt (Jes^{LXX} 57 hat in V. 20 *ádikoi*, in V. 21 dagegen *asebeîs* für dasselbe hebräische Wort). Der Leser kann im Deutschen also weder die Bezugnahmen auf den *r^{e}šāʿîm* unmittelbaren Kontext noch auf andere Bücher der Heiligen Schrift sicher erkennen.

c. *Besondere Schwierigkeiten der Übersetzung*

Jedes Wort eines Textes hat von seinen bedeutungtragenden Elementen (*Seme*) her ein gewisses (oft sogar sehr weites) Bedeutungsspektrum, innerhalb dessen erst der jeweilige Kontext des Wortes die tatsächliche aktuelle Bedeutung bestimmt (*absetzen* kann man z.B. einen Rucksack oder eine Aufwendung vom steuerpflichtigen Einkommen oder einen Gedankengang durch vergrößerten Abstand und Einrückung vom nächsten; man kann einen *Hahn* krähen hören, auf dem Kirchturm sehen oder abdrehen [Gas, Wasser]). Die Wiederaufnahme eines Wortes in anderem Kontext schafft Verknüpfungen, auch wenn im veränderten Kontext

andere Bereiche des Bedeutungsspektrums aufgerufen werden. Je weiter Sprachen geschichtlich und kulturell voneinander entfernt sind, um so unterschiedlicher sind die Bedeutungsspektren ihrer Wörter und Wendungen. Der Übersetzer gerät bei der Übertragung eines Textes in eine andere Sprache, zumal wenn es sich um einen poetischen Text handelt, bei dem die sprachliche Gestalt besonders wichtig zur Erfassung des Textsinns ist, immer in eine Schere: Entweder versucht er, die aktuelle Bedeutung eines Wortes oder einer Wendung im jeweiligen Kontext in der anderen Sprache gut zu erfassen, dann wird er dasselbe Wort (in manchen Fällen) bei jedem Vorkommen anders übersetzen und so die Verknüpfung mit anderen Kontexten und manchmal sogar die literarische Gestalt des Textes unerkennbar werden lassen; oder er bemüht sich um eine konkordante Übersetzung (d.h. dasselbe Wort wird möglichst durch denselben Ausdruck wiedergegeben), dann wird er zwar der literarischen Form des zu übersetzenden Textes näher bleiben (z.B. sind Inklusionen, Themaworte, Stichwortverkettungen u.a. dann erkennbar), aber gelegentlich nur auf Kosten der Verständlichkeit oder der Eleganz seiner Übersetzung. Die EÜ ist beim Buch der Weisheit in der Regel nicht um eine konkordante Übersetzung bemüht.
Bei den folgenden *Beispielen* wird zunächst kursiv das griechische Wort und in Klammern der wichtigste Teil seines Bedeutungsspektrums angegeben, danach in Anführungszeichen die Wiedergabe dieses Wortes in der EÜ an verschiedenen Stellen im Buch der Weisheit:

- *génesis* (Zeugung, Entstehung, Hervorbringung): 1,14b »Geschöpfe«; 3,12c »Geschlecht«; 6,22c »Schöpfung«; 7,5 »Dasein«; 7,12 »Ursprung« (entschied sich der Übersetzer hier für *génesin*, die Lesart der meisten Handschriften, gegen *genétin* »Erzeugerin, Hervorbringerin« bei J. Ziegler?); 12,10 »Ursprung«; 14,6 »Geschlecht«; 14,26 »(widernatürliche) Unzucht«; 16,26 »Früchte«; 18,12 »Nachkommen«; 19,10 »von ... (hervorgebracht)«; 19,11 »entstehen (sehen)«.
- *episkopé* (Beaufsichtigung; Heimsuchung aus Fürsorge und zur Rettung oder zur Bestrafung): 2,20 »Hilfe«; 3,7 »Endgericht«; (3,9 ist in der EÜ ausgelassen); 3,13 »Lohn«; 4,15 »Belohnung«; 14,11 »Gericht«; 19,15 »Strafe«.
- *apótomos* (abgeschnitten, schroff, steil, hart, scharf; in der Septuaginta nur in Weish; im NT: 2 Kor 13,10; Tit 1,13): 5,20.22 »grimmig«; 6,5; 11,10 »streng«; 12,9 »unerbittlich«; 18,15 »hart«.
- *paideía* (Zucht, Erziehung, Bildung): 1,5 »der Lehrmeister«; 2,12 »Erziehung«; 3,11 »Belehrung«; 6,17f. »Bildung«; 7,14 »Unterweisung«.
- *enthyméomai* (beherzigen, überlegen, erwägen, wahrnehmen): 3,14 »planen«; 6,15 »nachsinnen«; 7,15 »denken«; 9,13 »begreifen«.
- *kríno* (unterscheiden, Recht sprechen, urteilen, das Urteil vollstrecken, strafen; Hebraismus in der Septuaginta für *schafáṭ* »regieren, verwalten, richten«): 1,1 »Herrscher«; 2,22 »erwarten«; 3,8; 11,9; 12,18 »richten«; 6,4 »Urteil fällen«; 8,9 »beschließen«; 9,3 »Gericht

halten«; 12,10 »Strafe vollziehen«; 12,13 »urteilen«; 12,21 »bestrafen«; 12,22 »Richter sein (akt.) – vor dem Gericht stehen (pass.)«.

- *áxios* (würdig, entsprechend; kommt in Weish häufiger als in jedem anderen Buch der Bibel vor): 1,16; 16,9; 18,4 »(weil sie es) verdienen«; 3,5; 6,16; 9,12; 12,7; 13,15; 15,6 »würdig«; 7,15 »(sie sind es) wert«; 12,26 »(die) ... entspricht«; 16,1 »mit Recht«; 19,4 »selbstverschuldet«.

Wo es erforderlich ist, erläutert der Kommentar die aus der Übersetzungsweise der EÜ für das Textverständnis entstandenen Probleme.

Mit » * « versehene Namen und Begriffe werden im Anhang 3 erläutert.

ZWEITER TEIL

Kommentar

I. Liebt die Gerechtigkeit! (1,1 – 6,21)

A 1,1-15 *Ermahnung* mit begründenden Ausführungen
1-5. 6-10. 11-15 → 6,1-21

B 1,16 – 2,24 Denken und Planen der »Frevler« mit Beurteilung
1,16 – 2,1a; 2,1b-20. 21-24 → 5,1-23

C 3,1 – 4,20 Gegenüberstellungen: »Gerechter« ↔ »Frevler«
3,1-9 trotz leidvollem Tod erfüllte Hoffnung
↔ 3,10-12 Leere
3,13-15; 4,1-2 fruchtbare Kinderlosigkeit
↔ 3,16-19; 4,3-6 nichtsnutziger Kinderreichtum
4, 7-16 Vollendung in frühem Tod
↔ 4,17-20 verständnisloses, schmerzliches Weggerissenwerden

B' 5,1-23 Erkenntnis und Selbstbeurteilung der Frevler bei der »Zusammenrechnung«; das ewige Leben der Gerechten bei Gott und der den Kosmos einbeziehende Endsieg Gottes
5,1-2. 3.4-13.14. 15-23 → 1,16 – 2,24

A' 6,1-21 *Ermahnung:* Zusammenfassung und Vorblick auf Buchteil II.
6,1-11. 12-21 → 1,1-15

Der erste Buchteil bildet eine große Ringkomposition. Die einander entsprechenden Abschnitte ergänzen und erläutern sich gegenseitig. Die *Mahnungen* am Anfang A (1,1-15) und die am Ende A' (6,1-21) sind zusammen zu lesen. Die *Rede* der »Frevler« während ihres Lebens B (Kap. 2) wird durch die Rede »dann« beim Endgericht B' (Kap. 5) korrigierend gespiegelt. In der Mitte, und damit besonders hervorgehoben, stehen drei bzw. vier *Gegenüberstellungen* »Gerechter« – »Frevler« C (3,1 – 4,20). Jeweils am Schluß eines Abschnitts (1,11-15; 2,21-24; 4,20; 5,23) werden die *Themen angekündigt,* die der folgende Abschnitt behandelt. Der zweite Teil des Schlußabschnitts (6,12-21) bildet eine *Übergangs- oder Bindeperikope,* die den ersten Buchteil zusammenfaßt und überleitend das Thema des zweiten Buchteils ankündigt.

1. Das *Proömium* (= Einleitung zum Buch) 1,1-15

Das Buchproömium *1,1-15* wird durch die Inklusionen »Erde« (1,1a.14d) und »Gerechtigkeit« (1,1a.15) als Einheit markiert. Es ist in drei Abschnitte (1,1-5. 6-10. 11-15) gegliedert: Der erste und der dritte beginnen mit Imperativen (drei in 1,1 und vier, davon zwei verneint, in 1,11-12). Der mittlere Abschnitt faltet in *Gerichtsterminologie* aus, welchen Gegensatz zur Gerechtigkeit und zum menschenfreundlichen Wesen der Weisheit (1,6) ›unrechtes‹ Denken und Reden darstellen. Als Form ist das *Mahnwort mit ausführlicher Begründung* gewählt: An die drei Imperative in 1,1 schließen sich mit »weil« (5x), »denn« (4x) und »darum« untereinander verknüpfte Erläuterungen an (1,2-10; in EÜ nur zum Teil erkennbar). Die beiden schlußfolgernden Imperative in 1,11 werden durch einen »weil«-Satz begründet (EÜ »denn«), die beiden verneinten Imperative (Prohibitive) 1,12 durch eine ebenfalls verneinte, mit »weil« beginnende Erläuterung 1,13 und zwei ungleich lange, mit »denn« eingeleitete Darlegungen 1,14.15.

Die programmatische Breite der Ausführungen über die Macht und die Konsequenzen von Gedanken und Worten ist in Erziehungsliteratur verständlich. Bei jungen Menschen beschränkt sich die *Praxis* ja weithin auf Denken und Reden. Die Bemühung des Schriftstellers oder Lehrers geschieht in der Hoffnung, daß sich das erlernte ›richtige‹ Denken und Reden auf das spätere Verhalten auswirken wird. Der Folge-Zusammenhang von ›unrechtem‹ Denken-Reden mit schließlich sogar mörderischem Tun wird im Schlußabsatz in Form einer warnenden Mahnung aufgezeigt.

Innerhalb der Ringkomposition des ersten Buchteils (1,1 – 6,21) entspricht dem Proömium (A) der Abschnitt 6,1-21 (A') und ist für das richtige Verständnis mit heranzuziehen. Im ganzen Buch der Weisheit kommen nur in diesen beiden Abschnitten *Imperative* vor (1,1.11-12; 6,1-2.9-11.21). Die einzige Ausnahme ist in der Einleitung zum zweiten Buchteil in 6,25 der letzte Imperativ des Buches überhaupt als verkettender Rückverweis auf den ersten Buchteil. Erst 6,1-21 macht eindeutig, wer in 1,1 mit *»Herrscher der Erde«* eigentlich gemeint ist: nicht die ihre Macht sich selbst zuschreibenden und mißbrauchenden Richter, Könige und Gewalthaber, sondern alle, die sich um jene Weisheit bemühen, wie sie im zweiten Buchteil 6,22 – 11,1 hymnisch vor Augen gestellt wird. Allein die Weisheit läßt Menschen auf Dauer »gerecht« und König sein. Durch die Entsprechung von 6,1-21 zu 1,1-15 wird auch das *Verhältnis der Gerechtigkeit zur Weisheit* geklärt: Sie sind verschiedene, innerlich verbundene Aspekte der Nähe zu Gott und der von ihm geschenkten Gemeinschaft mit ihm.

Im Proömium klingen viele dem Verfasser wichtige Themen des Buches an: richtige Gottesvorstellung; Geist und Weisheit als Medium der Nähe Gottes; Bildung und Zucht; Menschenfreundlichkeit der Weisheit (und damit Gottes selbst); unrechtes und richtiges Denken-Reden-Handeln; Leben-Tod-Unsterblichkeit; Heil für alle als Ziel des Schöpfers von Anfang an.

Auch die Vielfalt der Gottesbezeichnungen fällt im Proömium und seiner Entsprechung 6,1-21 auf: HERR (*kyrios* 1,1b.7a.9b; 6,3a; um daran zu erinnern, daß dieser Titel in der Septuaginta den Gottes*namen* JHWH des hebräischen Textes, das Tetragramm, ersetzt, wenn er auch darüberhinaus seine Bedeutung als Titel behält, wird in diesem Kommentar HERR als Gottesbezeichnung in Kapitälchen geschrieben); Gott (1,3a.6c.13a; 6,4c.19); Macht (1,3b), Weisheit (1,4a.6a), heiliger Geist der *paideía* Zucht, Bildung [EÜ »der Lehrmeister«] (1,5a); Zeuge (1,6c); Aufseher / Überblickender des Herzens (1,6d; EÜ »er durchschaut«), Hörer der Zunge / Sprache (1,6e;

EÜ »hört seine Worte«); »eifersüchtiges Ohr« (1,10a; hier klingt das Motiv des liebenden und deshalb »eifernden« Gottes an, s.u.); Höchster (6,3b); Gebieter [EÜ: Herrscher] (6,7a).

Die Eingangsaufforderung und ihre Begründung 1,1-5

1,1-5 sind eng miteinander verwoben. Einerseits werden die drei Kola von 1,1 in chiastischer Reihenfolge in 1,2-4 entfaltet: 1,1a.4 (Gerechtigkeit und Gegenverhalten), 1,1b.3 (richtiges Denken über den HERRN), 1,1c.2 (suchen – finden). Andererseits bilden 1,1-5 in sich eine kleine Ringkomposition (A-B-C-B'-A'): Die je drei Verszeilen von 1,1 und 1,5 (A und A') entsprechen einander in chiastischer Folge (1 a-b-c / 5 c'-b'-a') und erläutern sich positiv und negativ gegenseitig:

Gerechtigkeit <—> Unrecht;
richtig über den Herrn denken <—> unverständige Gedanken;
Vorbehaltlosigkeit [reines Herz] <—> Falschheit, Tücke, Hinterlist.

Ebenso erläutern sich die je zwei synonym parallelen Verszeilen der jeweils mit *hóti* »weil« beginnenden VV. 2 und 4 (B und B'; die EÜ hat nur in V. 2 ein »denn«): Die Wörter »läßt sich finden, zeigt sich« (V. 2) drücken einen ähnlichen Gedanken aus wie »kehrt ein, wohnt in« (V. 4). In der Mitte enthält 1,3 (C: »von Gott getrennt sein und von ihm [im Gericht] zurückgewiesen werden«) das warnende Gegenstück zu dem, wozu der Sprecher einlädt und was er zusagt.

1,1 In der Heiligen Schrift wird sonst nur von Gott gesagt, daß er Gerechtigkeit liebt. Als Repräsentanten Gottes kennzeichnet nach Ps 45,8 auch den (idealen) König diese Eigenschaft. Die Mahnung »Liebt Gerechtigkeit!« findet sich jedoch auch zweimal in den Mahnreden am Ende des Henochbuches (91,3; 94,1). Der Sprecher verknüpft in eigener Weise biblische Begriffe, wie sie z.B. in Davids Rede an Salomo begegnen (»den Gott der Väter erkennen, ihm mit ganzem Herzen dienen; ihn suchen, er läßt sich finden« 1 Chr 28,9); in Davids Gebet (1 Chr 29,17^{LXX}) stehen nebeneinander »Gerechtigkeit lieben« (Gott) und »Ganzheit des Herzens« (Beter). Vgl. auch Jes 51,1 (»der Gerechtigkeit nachjagen, den HERRN suchen«); zu »Gerechtigkeit« s.u. 1,15.

Anstelle von »denkt an...« (EÜ) ist in 1,1b gemeint: »denkt über...«. Es geht um eine sowohl begrifflich-theoretisch als auch lebenspraktisch gute, richtige Vorstellung vom Herrn. Dieselbe griechische Wendung ist in der EÜ in 14,30 zutreffend übersetzt mit »sich eine (in 14,30: falsche) Vorstellung machen von (Gott)«. Statt »in Frömmigkeit« EÜ wäre die wörtliche Übersetzung »in Güte« besser. d.h. denkt gut, wohlwollend und richtig über Gott, nämlich daß er gut ist und Gutes will. Solches Gutsein ist nach 7,26 und 12,22 eine Wesenseigenschaft Gottes.

Die in 1,1c von der EÜ durch »mit reinem Herzen« wiedergegebene Wendung lautet wörtlich: »in Einfachheit des Herzens«: Das Herz gilt in den biblischen Texten als Sitz von Gemüt, Emotion, innerer Beteiligung, Wille *und* Verstand, Interesse. Die Einfalt / Einfachheit des Herzens (hebräisch *tmm* »Ganzheit«) bezeichnet ein Religiositätsideal, wie es im AT an herausragenden Gestalten veranschaulicht wird: *Noach* »war ein Mann, gerecht, ganz, unter seinen Zeitgenossen; mit Gott ging Noach seinen Weg« (Gen 6,9; vgl. Sir 44,17); *Abraham* wurde von Gott aufgefordert: »Gehe deinen Weg vor mir und sei ganz!« (Gen 17,1). Von *Ijob* wird gesagt: »Dieser Mann war ganz und gerade (rechtschaffen) und gottesfürchtig und Böses meidend« (Ijob 1,1). In den Psalmen, im Buch der Sprichwörter und bei Jesus Sirach wird dieses Verhaltensideal reich ausgefaltet.

Während die Septuaginta den hebräischen Wortstamm *tmm* mit verschiedenen griechischen Wörtern wiedergibt (*téleios* vollkommen, *ámemptos* untadelig, *ámōmos* makellos, *athôos* unschuldig, *ákakos* arglos, *alēthinós* wahrhaftig, *hósios* heilig, fromm, *díkaios* gerecht), wird vom 2. Jh. v.Chr. an in griechischen jüdischen Schriften für das mit *tmm* Gemeinte *haplótes, haplûs* »Einfachheit, einfach« eingesetzt. Bezeichnend dafür ist das Buch der *Testamente der Zwölf Patriarchen* (aus dem 2. Jh. v.Chr., später noch mehrfach bearbeitet), insbesondere darin das Testament Issachars »Über die Einfachheit«. »Einfachheit, Ganzheit« bedeutet die ›Integrität‹ des religiösen Menschen, der in ungeteilter Aufmerksamkeit auf den Willen Gottes und in entschiedener Bereitschaft, an ihm orientiert zu leben, ganz und vorbehaltlos Gott gehört; vgl. Dan^{LXX} Sus 62a. Auch im NT gilt dieses Ideal weiter, z.B. 2 Kor 11,3 »Ganzheit auf Christus hin« (EÜ: aufrichtige und reine Hingabe an Christus); vor dem Gegenverhalten, der inneren Gespaltenheit wird eindringlich gewarnt: Jak 1,8; 4,8. Vgl. Röm 12,8; 2 Kor 8,2; 9,11.13; Kol 3,22 par. Eph 6,5; Mt 6,22 par. Lk 11,34. Daneben verwendet das NT auch die

Übersetzungstradition der Septuaginta, besonders häufig »vollkommen«, z.B. Mt 5,48; Jak 1,4; 3,2.

»Gott suchen« bezeichnet das Suchen nach Äußerungen seines Wesens und Willens, das Forschen nach Spuren Seines Wirkens in der Schöpfung und in der Volks- und persönlichen Geschichte. 1,1c.2a verwendet die auch sonst in der Bibel häufige Fügung »Gott suchen (mit ganzem Herzen) – er läßt sich finden«: vgl. Jes 55,6; 65,1; Dtn 4,29; Jer 29,13; 2 Chr 15,2.4.15. »Er läßt sich finden«: der nahe Gott, sein nahes Wort. Als Medium der Nähe werden in 1,5 genannt: »Weisheit« und »heiliger Geist der Zucht/Bildung«.

Angeredet werden in 1,1a die »Herrscher (wörtlich: Richter) der Erde«: In Ps 2,10 und 148,11 werden *Könige* so bezeichnet. Die Anrede stellt den Text also in die Tradition der Königsunterweisungen, wie sie als »Lebenslehren« aus dem alten Ägypten bekannt und in hellenistischer Zeit zu neuer Blüte gelangt waren. In 6,1-21, das innerhalb der Ringkomposition des ersten Buchteils dem Kap. 1 entspricht und es erläutert, werden die so Angesprochenen durch weitere Titel umschrieben. Bei der Auslegung von 6,1-21 wird deutlicher werden, warum für die einleitende Mahnrede das Modell der Königsunterweisung gewählt wurde.

1,2 Der Sprecher kennzeichnet diejenigen, von denen der HERR sich finden läßt und denen er sich zeigt (vgl. Gen 17,1; Ex 33,13.18), mit Hilfe einer *Litotes:* In der griechischen Rhetorik bedeutet diese Redefigur (»Schlichtheit«), daß weniger gesagt wird als gemeint ist. Die Wendungen »die ihn nicht versuchen« und »die ihm nicht mißtrauen« beschreiben nicht ein bloßes Unterlassen, sondern ein intensives Bemühen und ein positives Verhalten. Beim Wort »versuchen, prüfen« wird im biblischen Sprachgebrauch deutlich unterschieden, ob *Gott* Menschen versucht, d.h. prüft (z.B. den Abraham Gen 22,1; Israel Ex 16,4) oder ob *Menschen* Gott versuchen (z.B. in der Wüste Ex 17,2; Ps 78,18.41; 95,8-9). Letzteres ist Anmaßung: Wer überprüft, um zu bewerten und zu beurteilen, beansprucht, der Überlegene zu sein. Eine theologische Reflexion über das Thema »versuchen/prüfen« (von Menschen Gott gegenüber) enthält z.B. die Rede der Judit in Jdt 8,11-27.

1,3 Den Gegensatz zu »richtig denken über den HERRN« (1,1c) nennt der Sprecher »verkehrte Gedanken«, verkrümmte Erwägungen. Sie und das daraus folgende Handeln trennen Menschen von

Gott (vgl. Jes 59,2). Da Gott aber nicht etwas nur Erdachtes, sondern der kraftvolle Schöpfer (»Macht«) ist, kann der Versuch, ihn in Frage zu stellen und zu überprüfen (EÜ: »herauszufordern«), nicht gelingen. Er bewirkt aber Trennung von der Gemeinschaft mit Gott. Das »verkrümmte Denken« erkennt jedoch die schmerzlichen Folgen dieser Trennung, nämlich den Selbstausschluß aus Sinn, Hoffnung und Leben, nicht als selbstverursacht, sondern erfährt sie als Strafe. Die EÜ läßt mit »weist zurück« den Gerichtszusammenhang kaum erkennen; sachgemäßer wäre die Übersetzung »überführt und straft«. In Übernahme des Sprachgebrauchs der Psalmen und der Sprichwörter werden die Träger solcher Erwägungen und solchen Verhaltens »Toren« genannt. Sie sind durch den engeren (1,1-5) und den weiteren Kontext (1,1-15) charakterisiert und werden in 1,9 mit dem »Frevler« gleichgesetzt; diese Bezeichnung steht sonst in Weish (außer in 1,9; 5,14 und 14,16) immer in der Mehrzahl (s. dazu den Abschnitt »Gerechte und Frevler« in der Einleitung).

1,4 Innerhalb der Ringkomposition 1,1-5 entsprechen dem Sichfindenlassen und Sichzeigen Gottes (1,2) hier das »Eintreten in eine Seele« und »in einem Leib Wohnung nehmen« als anschauliche Bilder für die Realität der den Glaubenden gewährten Gemeinschaft mit Gott. Zum ersten Mal wird jetzt die »Weisheit« erwähnt: hier im Proömium nur anklingend, großartig ausgeführt dann im Übergangskapitel am Ende des ersten (6,12-21) und vor allem im zweiten Buchteil, der ein kunstvolles Loblied auf diese Weisheit vorträgt (6,22 – 11,1). Im Kontext von 1,4 ist offensichtlich, daß nicht nur die griechische Bedeutung von *sophía* (Weisheit als menschliche Eigenschaft, als vollendetes und außergewöhnliches Können, Wissen und ethisches Verhalten) gemeint ist, sondern vor allem die von Gott geschenkte Nähe und Verbundenheit mit ihm. In viel späterer theologischer Sprache wird dies mit »Selbst-Mitteilung Gottes, Gnade« bezeichnet; s. dazu den zweiten Buchteil.

Was in 1,4b mit »Sünde« gemeint ist, läßt sich ebenfalls dem in der Ringkomposition entsprechenden V. 2 entnehmen: Sie bedeutet »Gott versuchen« und die Gegenhaltung zu »glauben«. Aus dem synonymen Parallelismus in 1,4 wird deutlich, daß der Sprecher, auch wo er von Seele und Leib spricht, damit immer Aspekte des *ganzen* Menschen meint. Ebensowenig wie bei dem Beter von

Ps 63,2 »Gott, du mein Gott, dich suche ich, meine *Seele* dürstet nach dir, nach dir schmachtet mein *Leib* wie dürres, lechzendes Land ohne Wasser«, darf beim Sprecher hier ein Leib-Seele-Dualismus bestimmter griechischer Philosophenschulen vermutet werden (s. auch zu 3,1 und 9,15).

1,5 Was geschieht, wenn jemand den Aufforderungen von 1,1 nicht folgt, entfaltet 1,5 in spiegelbildlicher Reihenfolge (chiastisch): Treten bei der Gottsuche des Lebens Hintergedanken und Falschheit an die Stelle der ›Ganzheit, Vorbehaltlosigkeit des Herzens‹ und eine unverständige Theologie und Praxis an die Stelle guten und richtigen Denkens über den Herrn und des entsprechenden Verhaltens, dann wird aus der angebotenen Nähe zu ihm Ferne. Unaufrichtigkeit ist unvereinbar mit Gottes Heiligkeit und bildet einen Gegensatz zu der auf ihn hinführenden Zucht und Bildung. Der »heilige Geist der Zucht« ist eine erläuternde Ausfaltung des mit »Weisheit« in 1,4 Gemeinten. Die Zusammengehörigkeit von »Geist des HERRN« und Weisheit war dem Sprecher von biblischen Aussagen wie Jes 11,2 her vertraut, ebenso die Rede vom »heiligen Geist«, wenn es um die liebevolle Zuwendung Gottes zu seinem Volk und den Einzelnen darin ging (vgl. Jes 63,7-14; Ps 51,13). Die EÜ deutet mit der Übersetzung »der heilige Geist, der Lehrmeister« hier gut die »Zucht« als Tätigkeit und Wirkung des Geistes. In *paideía* »Erziehung, Bildung, Kultur« (1,5a; 2,12; 3,11; 6,17; 7,14) greift der Sprecher (wie bereits mit *sophía* in 1,4.6) einen griechischen Idealbegriff auf, der die Vervollkommnung von Körper, Geist, individuellem und politischem Ethos umfaßt. Er war auch schon in der Septuaginta zur Übertragung eines wichtigen biblischen Begriffs gewählt worden: *paideía* übersetzt in der Regel das hebräische *mûsár* »Züchtigung, Zucht« (s.u. zu 3,5), mit der Eltern, Lehrer und Gott selbst einen Menschen prägen, damit er in Ehrfurcht und Aufmerksamkeit gegenüber Gott sein Leben verantwortungsvoll gestalten kann.

Die Bedeutung des dritten Kolons 1,5c ist zwar aus dem Kontext ausreichend klar (in Negativentsprechung zu 1,1a geht es um das eigene Unrechttun, das als Gericht-Schuldfeststellung-Strafe auf Gott projiziert und als von ihm her ergehend erfahren wird) – alle Übersetzungsversuche aber sind schwierig und strittig.

Die Gedankenfolge in 1,1-5 läßt sich demnach folgendermaßen nachzeichnen:

1 Buchanliegen und »Adresse«: werbende Aufforderung zur Gerechtigkeit, d.h. zu richtiger Theologie (Denken und Reden von Gott) und dem ihr entsprechenden Verhalten.
2 Diese Aufforderung hat als Grund die Glaubensüberzeugung: Gott läßt sich finden und erfahren von ihm Nicht-Mißtrauenden,
3 d.h. von solchen, die nicht »verkehrte« Gedanken und eine diesen entsprechende Praxis haben.
4 Medium seiner Nähe, ja diese selbst, ist die Weisheit, die jedoch durch Fehlverhalten und Sünde vom Eintreten und Wohnen im Menschen abgehalten wird.
5 Die Weisheit als von Gott ausgehende Verbundenheit mit ihm, als heiliger Geist, der Bildung-Erziehung-Zucht bewirkt, zieht sich von Menschen mit inneren Vorbehalten, die falsche Gottesvorstellungen hegen und Unrecht tun, zurück.

Dem allgegenwärtigen Geist des HERRN ist kein Gedanke, Wort oder Tun verborgen: 1,6-10

Durch Stichwortverkettung ist der Mittelteil des Buchproömiums (1,6-10) mit dem vorausgehenden (1,6a/5a »Geist«) und dem folgenden Abschnitt (1,10b/11a »Murren«) jeweils verbunden und zugleich davon abgesetzt. Formal setzt er die Begründungen zu den Mahnungen in 1,1 fort (»denn-weil-weil-darum-denn-weil«, in der EÜ nicht erkennbar).

1,6 In hellenistisch-römischer Zeit nähern sich die Bedeutungen von »Menschenfreundlichkeit« (Philanthropie, schon früh verbunden mit den Ideen von Gerechtigkeit und Milde) und »Bildung« (*paideía*, lat. *eruditio, institutio*) einander so an, daß lat. *humanitas* für beides stehen kann. Die Kennzeichnung der Weisheit (und damit Gottes selbst) als »freundlich, menschenliebend« hier im Proömium (vgl. 7,23) weist schon voraus auf die für das Buch grundlegende Erörterung in 11,15 – 12,27: »Über die Milde Gottes« bzw. »Über die Liebe Gottes zu seiner Schöpfung, seine Gerechtigkeit und seine Menschenfreundlichkeit«. Die bereits in 1,3-5 erkennbare Verbindung Gott-Weisheit-Geist wird nunmehr zur deutlichen Gleichung. Geist-Weisheit meint Gott selbst, insofern er sich den Menschen mitteilt; Aussagen der Schrift über Gott können deshalb auch über die Weisheit gemacht werden. Wie in Ex 34,6-7 (Kurzformel der Selbstoffenbarung Gottes am Sinai) der barmherzig-liebende, sogar Schuld vergebende treue Gott Sünden dennoch nicht für belanglos und folgenfrei erklärt (»er spricht den Schuldigen nicht unschuldig«, »er läßt nicht straflos«), wird dasselbe hier von der Weisheit bezüglich der Reden des »Lästerers« gesagt. Als »Lästerer« bezeichnet der Sprecher Menschen mit einer unrichtigen Theologie (vgl. 1,1-5), die zu entsprechendem Planen (1,9a), Reden (1,8a.10b.11) und Handeln (1,9c.11b.d) führt. In dem vor Augen gestellten Gerichtsszenario 1,6-10 (vgl. schon 1,3b und die Überleitung in 1,5c, wonach der Geist »sich zur Strafe entzieht«) ist Gott zugleich allwissender Zeuge, Beweisführender und Urteilsprechender. Die Plastizität der in 1,6b-e verwendeten »geistigen Anatomie« des Menschen geht in der EÜ notgedrungen verloren: *Lippen* (EÜ: Reden), *Nieren* (die innersten, verborgensten Empfindungen, EÜ: heimliche Gedanken), *Herz* (Einsicht, Wille, Absicht, Gedanke), *Zunge* (Sprache, worthafte Äußerung, EÜ: Worte). Das Motiv vom alles überschauenden und wissenden Gott ist jüdischer wie griechischer Religiosität lange wohlvertraut.

1,7 Bei der Erläuterung, wie solche Allwissenheit möglich ist, mag der Sprecher Schriftstellen wie Jer 23,24b »Bin nicht ich es, der Himmel und Erde erfüllt? Spruch des HERRN« oder Ps 139,7 »Wohin könnte ich gehen weg von deinem Geist?« oder Ps 104,30 »Du sendest deinen Geist aus, sie (deine Werke) werden geschaffen« aufgreifen, zugleich aber kleidet er durch den Ausdruck »(der Geist,) der das All zusammenhält« seinen biblischen Gedanken in Begriffe, wie sie die stoische Philosophie seiner Zeit benutzt. Dieses Anliegen, biblische Inhalte in der gebildeten Sprache seiner Zeit auszudrücken und so erkennbar zu machen, daß treues Festhalten am biblischen Glauben keinen Gegensatz und keine Rückständigkeit gegenüber griechischer Kultur bedeutet, durchzieht das ganze Buch der Weisheit.

Ohne Bezugnahme auf den umgebenden Gerichtskontext wird 1,7 in freudiger und dankbarer Bejahung als Eröffnungsvers in der Eucharistiefeier am Pfingstsonntag verwendet. Der Grund dafür ist 1,7b »der das All zusammenhaltende (Geist) hat Erkenntnis jeder Stimme« gedeutet als

»versteht jede Sprache«. Das Sprachenwunder des Pfingstfestes nach Apg 2,1-13 ist Wirkung des Geistes Gottes.

1,8 Das Wortspiel ist zu beachten: »Darum bleibt keiner verborgen, der Un*rechtes* (vgl. Unrecht in 1,5c; EÜ: Böses) verlauten läßt, und das schuldaufdeckend-strafende *Recht* (EÜ: Strafurteil; EÜ übersetzt alle Vorkommen dieses Wortes verschieden: 11,20 Strafgericht, 14,31 Strafe, 18,11 Urteil) geht an ihm nicht vorüber.« Das Recht erscheint hier wie eine handelnde Person (vgl. auch 11,20). Anders als in der griechischen Literatur ist *díke* (Recht) in Weish jedoch keine Göttin (Tochter des Zeus), sondern eine Wirkung des HERRN selbst (vgl. 1,9; zum Verhältnis Gott-Strafe s.o. zu 1,3.6 und unten zu 11,15 – 12,27).

1,9 Auch im Vorangehenden war immer der untrennbare Zusammenhang von Denken-Reden-Handeln im Blick. Das wird an den drei synonym parallelen Kola in 1,9 nochmals deutlich: Ränke, hinterhältige Absichten des Frevlers – seine Reden – seine Gesetzesverfehlungen, Verbrechen, auf all dies wird sich die (gerichtliche) Untersuchung richten, es wird vor den HERRN (als Richter) gelangen zur Überführung und Bestrafung. Der Gerichtsrahmen hebt die Bedeutung und Nicht-Gleichgültigkeit auch schon von Gedanken und Worten, nicht erst der tatsächlichen Ausführung, eindrücklich hervor. In 1,9a wird zum ersten Mal als Inbegriff all dessen, wovor das Buch der Weisheit warnt, der »Frevler« genannt (s.o. zu 1,3).

1,10 Die aufmerksam an allem teilnehmende Allgegenwart des Geistes Gottes (vgl. 1,7) wird durch ein Bild (»Ohr«) und eine Passivformulierung (»bleibt verborgen«) beschrieben. Die in der Heiligen Schrift einmalige Metapher »Ohr von Eifersucht« ist möglicherweise von Num 5,14.30 her gebildet: Dort wird geregelt, wie im Fall des tatsächlichen oder vermuteten Ehebruchs einer Frau, für den es aber keine Zeugen und keine Beweise gibt, zu verfahren ist, wenn den Ehemann ein »Geist der Eifersucht« (Verdacht) befällt. Die gewagte Metapher könnte im Blick auf die besonders geschärfte Wahrnehmung in solcher Situation gewählt sein. Mitzuhören ist sicher auch das biblische Motiv des sein Volk liebenden und deshalb »eifersüchtigen« einzigen Gottes (vgl. Ex 20,5; 34,14; Dtn 4,24; 5,9; 6,15; Jos 24,19; Nah 1,2; Ez).

Das »Murren« ist unlöslich mit der Modellsituation der Israeliten in der Wüste (vgl. Ex 16 – 17; Num 11; 14; 16 – 17) verbunden: Es ist *die* Sünde des Volkes Gottes auf seinem Weg zwischen der zurückliegenden Befreiung aus dem Sklavenhaus Ägypten und dem Erreichen des verheißenen Landes: Unzufriedenheit mit der Gegenwart (Überdruß am geschenkten Manna), Vergoldung der unfreien Vergangenheit, Unglaube gegenüber der Verheißung, Ablehnung der Erwählung zum Volk Gottes. Die Folgen des Murrens und des damit verbundenen Verhaltens (Auflehnung gegen Mose, der den Willen Gottes weitergab und auslegte) stehen jedem vor Augen: der Untergang dieser ganzen Generation in der Wüste, ohne das verheißene Land auch nur gesehen zu haben (so vor allem Num 14).

Murren-verleumden-töten oder Leben-Unsterblichkeit-Gerechtigkeit 1,11-15

1,11-15 bildet den *zusammenfassenden Abschluß* des Buchproömiums (»also« 1,11a) und zugleich die *Themenankündigung* des darauf folgenden Abschnitts 1,16 – 2,24.

1,11 fordert auf, sich vor lügnerischem Reden-Denken über Gott (»Murren«) und über andere Menschen (»Verleumdung«) zu hüten, weil dies nie wirkungslos bleibt und Unschuldigen (anderen) sogar das Leben rauben kann. Das »Murren« wird wohl wegen seiner aktuellen Bedeutung in der »Wüste« der Diaspora, in der Situation der von außen und von innen angefochtenen Minderheit, hervorgehoben. »Unnütz« ist eine *Litótes*, d.h. eine Untertreibung; gemeint ist »unheilbringend« (so schon C.L.W. Grimm). Gott Gleichgültigkeit oder sogar böse Absichten bei seiner Führung durch die Wüste zu unterstellen, ist der Gegensatz zum »Gut-denken« (1,1b) über den HERRN und hat katastrophale Folgen auch für den sozialen Bereich. Viele Kommentare übersetzen 1,11d ähnlich wie EÜ »und ein Mund, der lügt, tötet die Seele« und beziehen Tod und Verderben in 1,12 auf den Lügner selbst. Diese Deutung erforderte dann mühsame Erklärungen, welche Art von Tod und Verderben denn die Lügenden erstrebten und sich zuzögen, wo sie doch in Kap. 2 fröhlich, aggressiv und lange Jahre weiterlebten. Eine genaue wörtliche Übersetzung von 1,11c-d lautet jedoch: »Eine heimliche

Äußerung wird nicht wirkungslos dahingehen, ein verleumdender Mund aber nimmt Leben.« Verleumdung (1,11b) geschieht immer zu Lasten Dritter. »Heimliche Äußerung« in 11c und »zum Schaden eines anderen lügend« in 11d bezeichnen ebenfalls die Verleumdung. Der schon in 1,9 genannte Dreischritt (Pläne-Worte-Verbrechen) wird hier wieder aufgegriffen.

1,12 warnt davor, irrig-eifrig (›theoretisch‹ in Überlegungen und Einstellungen) und durch auch Mord nicht scheuende Gewaltanwendung (›praktisch‹) für den Tod Partei zu ergreifen (anstatt für Gerechtigkeit-Leben-Gott), s.u. zu 1,16.

In 1,11-12 (und ausführlich dann in der »Frevler«-Rede 2,1-20 mit der beurteilenden Rahmung 1,16; 2,21-24) geht es nicht so sehr um Warnungen vor Gesinnungen und Worten, die schließlich auf den, der sie hegt und äußert, selbst todbewirkend zurückschlagen, etwa im Sinne des Sprichworts: »Wer (andern) eine Grube gräbt, fällt selbst hinein« (Spr 26,27f.; Ps 7,16), die Verse decken vielmehr warnend den Zusammenhang zwischen ›verkrümmter‹ Einstellung zu Gott und bis zum Mord fortschreitender Selbstdurchsetzungs- und Gewaltbereitschaft gegen Mitmenschen auf. Zugleich erhellen sie die innere Logik des nächsten Abschnitts 1,16 – 2,24.

Durch Verwendung des seltenen Wortes »herbeiziehen« spielt der Sprecher möglicherweise auf einen der Weherufe in Jes 5 an: »Wehe denen, die die Verfehlungen herbeiziehen wie mit einem langen Strick und wie mit einem Rinderjochriemen die Gesetzwidrigkeiten« (Jes 5,18^{LXX}); vom Kontext dieses Weherufes (die Ohren des HERRN Jes 5,8; Tod und Hades/Totenwelt 5,13f.; Gericht Gottes und Gerechtigkeit, Heiligkeit Gottes 5,16) ließ der Verfasser sich offenbar einige Stichworte für die Formulierung seines Buch-Proömiums vorgeben.

1,13-14 Zur Begründung seiner Warnung greift der Sprecher auf die Schöpfungserzählungen (Gen 1 – 2) zurück. Auch Texte wie Ez 18,23.32 zieht er heran, um die uneingeschränkt positive, auf Leben und Hilfe zu diesem Leben (»heilbringend«) zielende Absicht des Schöpfers bei allem Geschaffenen von seinem Ursprung an auszudrücken. Dieser Schöpfungsabsicht entgegen steht das mit der Wortgruppe Mord-Tod-Verderben-Untergang-Gift Bezeichnete. Offensichtlich ist nicht gemeint, ursprünglich habe es das natürliche Ableben, wenn sich jemand ›lebenssatt zu seinen Vätern legt‹, nicht geben sollen, vielmehr ist der durch Gewaltanwendung erlittene, zu frühe Tod im Blick (vgl. Gen 4 Kain-Abel und unten zu Weish 2,21-24). Die Verantwortung für solchen Tod läßt sich auf kein Geschöpf, auch auf keine unterweltliche Macht (Hades; EÜ »Reich des Todes«) abschieben – sie liegt ausschließlich beim Menschen, nur ihm ist ›Inbesitznehmen und Herrschen auf der Erde‹ als Auftrag seit der Schöpfung gegeben (Gen 1,28).

1,15 Während in 1,1-14 der Verfasser in parallelen Zwei-, Drei- oder Vierzeilern formuliert, besteht der Schlußvers des Proömiums aus nur einer Zeile und ist schon dadurch hervorgehoben. Dem unrechten Denken, Reden und Handeln, das zur Vergiftung der guten Schöpfung und zu Lebensvernichtung führt, wird als wählbare Alternative die »Gerechtigkeit« (1,1) entgegengestellt. Sie befindet sich auf der Seite Gottes und ist deshalb der Unvergänglichkeit und dem Leben zugeordnet, der Gegenseite von Tod und Sinnlosigkeit.

»Gerechtigkeit« in der hellenistisch-ägyptischen Umwelt und im Buch der Weisheit

Das Buch der Weisheit ist eine Empfehlungs- und Werbeschrift (*lógos protreptikós*) für die »Gerechtigkeit« (*dikaiosyne*). Es knüpft darin, wie schon bei »Weisheit« und »Bildung« (s.o. zu 1,4 und 1,5), an einen Idealbegriff seiner »modernen«, ägyptisch-hellenistischen Umwelt an, der besonders im Zusammenhang mit der Tugendethik, dem Rechtswesen und der Staatslehre (Königtum) viel diskutiert wurde. Kultur, Bildungsgut, Religion und Wertesystem dieser Umwelt wirkten sicher auch auf junge Juden faszinierend. »Gerechtigkeit« war aber zugleich ein theologischer Zentralbegriff der jüdischen heiligen Schriften und der überlieferten Lehre, mit dem ein Leben nach dem Willen und der Weisung Gottes bezeichnet wurde. Indem das Buch die ganze Bibel (vor allem Pentateuch, Propheten, Psalmen, Sprichwörter) heranzieht, möchte diese »Werbeschrift« jungen, in ihrer Tradition und Identität verunsicherten Juden zeigen, daß die »modernen« Werte sich ungetrübter und sogar umfassender schon in der eigenen Überlieferung finden.

1. Dikaiosyne nach griechischem Verständnis

In *griechischen und hellenistischen* Darlegungen seit Platon hat die Gerechtigkeit eine herausragende Stellung in der Lehre von den *Tugenden:* a. Das Verhalten der Individuen zueinander und zur Polis (Stadt, Gesellschaft, Staat) muß an ihr orientiert sein (Rechtlichkeit, Pflichterfüllung). b. In den Zweier-, Dreier- oder Viererlisten der Tugenden fehlt die Gerechtigkeit nie und kann verschiedene Plätze in der Reihenfolge einnehmen, während die übrigen Tugenden (*phrónesis* Klugheit, *sophrosyne* Zucht und Maß, *andreía* Tapferkeit) in den Listen einen festen Platz haben und gelegentlich ausgelassen oder durch andere ersetzt werden können. c. Die Gerechtigkeit wird als Inbegriff und Summe aller Tugenden betrachtet und umfaßt dann auch die Frömmigkeit und Ehrfurcht vor den Göttern (*eusébeia, theosébeia, hosiótes*) bzw. hat sie zur natürlichen Folge, oder sie wird neben der Frömmigkeit/Gottesfurcht behandelt als die eigentliche Tugend des menschlichen Miteinanderlebens.

Wegen der Wort- und Sachzugehörigkeit zum »Recht« (zu *díke* s.o. bei 1,8) ist die Gerechtigkeit ein beherrschender Begriff im *Rechtswesen,* in der Gesetzgebung ebenso wie in der Rechtsprechung und -durchsetzung: Gerechtigkeit bedeutet, daß Jedem das ihm Zustehende zugeteilt wird (*iustitia distributiva, commutativa, vindicativa:* Verteilungs-, Tausch-, Strafgerechtigkeit). Über die Herleitung von der *díke* war immer ein innerer Zusammenhang des ethischen, des juridischen und des religiösen Bereichs gegeben.

2. Die Ma'at nach ägyptischem Verständnis

In der ptolemäischen und römischen Zeit ist im »kulturellen Gedächtnis« zumindest noch ein wirksamer Nachhall der in den Jahrtausenden und Jahrhunderten davor in Ägypten gewachsenen Auffassung von der Ma›at anzunehmen.

Ma'at ist ein sehr gefüllter Begriff, der sich in anderen Sprachen nur umschreiben läßt: Wahrheit, Gerechtigkeit, Recht, Ordnung, Weisheit, Echtheit, Aufrichtigkeit. Er bezieht sich auf Moral und Manieren im menschlichen Zusammenleben, auf die göttliche Gerechtigkeit des

Totengerichts, auf die tägliche Überwindung des Chaos durch den kosmosschaffenden Sonnengott und die kosmosschaffende Gesetzgebung seines irdischen Abbilds, des Königs. Mit dem Konzept Ma'at hat eine vergleichsweise sehr frühe Kultur auf höchster Abstraktionsstufe einen Begriff geprägt, der menschliches Handeln und kosmische Ordnung miteinander verknüpft und damit Recht, Moral, Staat, Kult und religiöses Weltbild auf eine gemeinsame Grundlage stellt. Als Zentralbegriff des ägyptischen Denkens ist das Wort unübersetzbar. Der Begriff steht und fällt mit dem ägyptischen Weltbild. Im Begriff der Ma'at liegt ungeschieden beieinander, was später in Staatslehre, Ethik, Naturphilosophie und Theologie auseinandertreten wird. Die ägyptische Ma'at-Lehre bezieht sich auf den Ort des Individuums in der Gesellschaft, den Ort der Gesellschaft im pharaonischen Staat und den Ort des Staates im Kosmos. Als der Oberbegriff aller Bindungen und Verpflichtungen – gegenüber dem Mitmenschen, dem Staat und dem »Heiligen« – und als Oberbegriff aller das Denken und das Handeln steuernden Axiome entspricht sie dem, was am angemessensten als »ägyptische Religion« zu bezeichnen wäre. Das setzt aber einen Religionsbegriff voraus, der in scharfem Gegensatz zu dem uns aus der jüdisch-christlichen Tradition vertrauten Religionsbegriff steht. Am Leitfaden einer Analyse des Ma'at-Begriffs gewinnen wir Einblick in eine Form von Religion, die nicht nur anders ist als das, was sich in Israel in einem ganz neuen Sinne als Religion entwickelt – so wie sich alle Religionen voneinander unterscheiden -, sondern die in vieler Hinsicht das genaue Gegenteil zu Religion in diesem neuen Sinne darstellt und von deren Standpunkt dementsprechend als »Heidentum« abgelehnt wurde. Die Ma'at-Lehre ist eine »Religion«, aber eine heidnische, sie ist weltbezogen, innerweltlich und umfassend; als In- und Oberbegriff aller Normen, Verpflichtungen und Axiome, die das menschliche Leben in den sozialen und politischen Ordnungen des Zusammenlebens steuern, deckt sie sich mit dem, was auch »Kultur« genannt werden könnte, sie ist eine »symbolische Sinnwelt«, die alles Handeln und alle Ordnungen und Institutionen fundiert. Religion im Sinne Israels dagegen deckt sich keineswegs mit »Kultur«; sie wirkt im Gegenteil als eine kultur- und herrschaftskritische Instanz.

Ma'at bewirkt einen Zustand geordneter Verhältnisse, zu dessen vielen Aspekten auch die harmonische Beziehung zu den Göttern gehört. Religionen dagegen sind um eine harmonische Gottesbeziehung bemüht, zu deren vielen Aspekten dann auch geordnete politische und soziale Verhältnisse gehören. Die Gottesbeziehung kann aber immer auch Loyalitätskonflikte erzeugen, wenn im Einzelfall die Forderungen gegenüber Gott, Staat oder Mitmensch auseinandergehen.

Fragt man nach dem Kern und Ursprung des Ma'at-Begriffs, so zeigt sich: Die Idee der Ma'at ist im Sozialen und Ethischen verankert, und als Kernbedeutung ist nicht »Weltordnung«, sondern vielmehr

»Gerechtigkeit« anzusetzen. Im Rahmen des mythischen Denkens wird die kosmische Sphäre in den Begriff Gerechtigkeit einbezogen: Weltordnung als Gerechtigkeit. Der Begriff der Ma'at bezeichnet das Programm einer politischen Ordnung, die nicht nur unter den Menschen soziale Gerechtigkeit herstellen, sondern dadurch Menschen- und Götterwelt in Einklang bringen und die Welt insgesamt in Gang halten will.

Das ägyptische Modell liegt in der Mitte zwischen dem griechischen und dem israelitischen. Von dem griechischen Kosmosbegriff unterscheidet es sich durch seine Dynamik. Nach ägyptischer Vorstellung geht es bei dem, was wir »Kosmos« nennen, um einen *Prozeß,* dessen Gelingen fortwährend auf dem Spiel steht und der unausgesetzten in-Gang-haltenden Willensanstrengung der Götter entspringt. Aber die Götter können auch gar nichts anderes wollen als die In-Gang-Haltung der Welt. Darin unterscheidet sich dieses Modell vom israelitischen Monotheismus. Die ägyptischen Götter sind nicht nur in der Welt, sondern sie *sind* die Welt. Ihr Zusammenwirken bringt die Welt, d.h. den Prozeß, den wir »Kosmos« nennen, fortwährend hervor. Dazu bedarf es der Ma'at. Sie sorgt für den Einklang des Zusammenwirkens, der aus dem Widerspiel der Kräfte und der Überwindung gegenstrebiger Energien den Kosmos resultieren läßt.

Nach: Jan ASSMANN, MA'AT. Gerechtigkeit und Unsterblichkeit im Alten Ägypten, München: C.H. Beck 1990, 9-35.

Einem Nachhall dieser herausragenden Bedeutung der Ma'at im altägyptischen Denken sind der Verfasser des Buchs der Weisheit und seine Adressaten z.B. in der Gestalt der Isis begegnet, die zu dieser Zeit als »vielnamige Isis« außer den Funktionen und Attributen der übrigen Götter auch die der Ma'at an sich gezogen hatte: siehe dazu unten nach 8,1 den Text der Isisaretalogie von Kyme, in der Ma'at-Funktionen fünfmal kehrversartig eine Gruppe von Selbstprädikationen abschließen.

3. »Gerechtigkeit« im Buch der Weisheit

a. Der biblische Verständnisrahmen

Die Ausführungen über die Ma›at haben schon deutlich werden lassen, daß insbesondere von der Gottesvorstellung her in der Bibel eine im Prinzip andere Konzeption von »Gerechtigkeit« (hebr. *ṣædæq* als Inbegriff, *ṣ^{e}dāqā* als jeweilige Realisierung; griech. *dikaiosyne* ohne solche Differenzierung) zu erwarten ist. Der Unterschied zeigt sich jedoch nicht so sehr im sozialen und politischen Bereich, sondern in der Auffassung über die Herkunft. Die Gerechtigkeit kann und soll von den Menschen verwirklicht werden (besonders vom König – wenn es einen gibt, notwendig ist er nicht), weil sie bei und in Gott wirklich ist und von ihm her angeboten und geschenkt wird. In der Bibel werden durch Parallelaussagen (und in der Septuaginta noch zusätzlich dadurch, daß dikaiosyne verschiedene hebräische Wörter übersetzt) als Konnotationen und Bedeutungselemente von »Gerechtigkeit« erkennbar (neben der juridischen und ethischen Bedeutung): Verbundenheit, Solidarität, Liebe (hebr. *ḥæsæd*), Verläßlichkeit, Treue, Wahrheit (hebr. ᾽ᵆmæt), Rettung, Hilfe, Heil, Friede, Freude (oft in den Psalmen und im Jesajabuch).

Durch die Verwendung von *dikaiosyne* in verschiedenen Kontexten zeigt sich, daß »Gerechtigkeit« in allen drei Teilen des Buches der Weisheit in der genannten biblischen Perspektive betrachtet wird, auch wo sie die in der griechischen und der ägyptischen Begriffsbedeutung erfaßten Bereiche mitumgreift.

b. Die *dikaiosyne*-Stellen im Buch der Weisheit

Programmatisch der Sphäre Gottes zugeordnet, umrahmt die Gerechtigkeit das Proömium in *1,1.15* (s. dazu oben den Kommentar). Wenn im Zusammenhang mit der Tyrannei und als Ausdruck menschlicher Selbstüberhebung jedoch die Macht zur Norm der Gerechtigkeit wird (*2,11*), hat diese Perversion des Rechts und Ablehnung der von Gott ausgehenden Gerechtigkeit katastrophale soziale und politische Auswirkungen. In Anlehnung an Ps 37,6 und Mal 3,20 formuliert Weish *5,6* als zu späte Einsicht der »Frevler« beim Gericht, ihnen habe das Licht der Gerechtigkeit nicht geleuchtet und die Sonne sei ihnen nicht aufgegangen. Daß die Gerechtigkeit zu den Eigenschaften (bildlich: zur »Rüstung«) Gottes gehört, übernimmt Weish *5,18* aus dem Jesajabuch (59,17). In *8,7* wird mit Rückverweis auf 1,1 ganz ausdrücklich das griechische Verständnis von Gerechtigkeit (als eine der vier Kardinaltugenden) in das biblische miteinbezogen: Auch die Gerechtigkeit entsteht nur durch das mühevolle Wirken der von Gott geschenkten Weisheit, die alle Tugenden lehrt. Ebenso werden im großen Gebet *9,3* die griechischen Inbegriffe von Tugend *dikaiosyne kaì hosiótes* (Gerechtigkeit und Gottesfurcht; s.o. 1.) als Richtschnur genannt für den bei der Schöpfung dem Menschen gegebenen Auftrag, die Welt zu verwalten. Den korrigierenden Gegensatz zur Haltung der Hybris in 2,11 drückt *12,16* in bekennender Anrede aus: »Deine Macht (EÜ: Stärke) ist Anfang (EÜ: Grundlage) von Gerechtigkeit«. Von der griechischen Wortbedeutung her ist *dikaiosyne* in *14,7* nicht verständlich (»Denn gesegnet ist ein Holz, mittels dessen Gerechtigkeit geschieht«), wohl aber von den biblischen Konnotationen zu »Gerechtigkeit (Gottes)« her (s.o.): Gerechtigkeit bezeichnet hier das rettende Heilshandeln Gottes, veranschaulicht am Überlebenlassen Noachs und mit ihm der Menschheit mit Hilfe der Arche aus Holz. Gewiß nicht zufällig bietet schließlich das letzte Vorkommen des Begriffs »Gerechtigkeit« im Buch der Weisheit eine Art zusammenfassender »Definition«. Einem Gebetssatz, der die Spitzenformulierung der Selbstoffenbarung Gottes am Sinai aufgreift (Weish 15,1-2 formuliert Ex 34,6-7 neu), wird als begründende Erläuterung in *15,3* hinzugefügt: »Denn dich kennen ist vollkommene Gerechtigkeit, / und deine Kraft erkannt haben ist Wurzel der Unsterblichkeit.« Die nur andeutende Kürze von 1,15 ist hier voll entfaltet. »Gerechtigkeit« bezeichnet für den Verfasser die innigste Gemeinschaft des Menschen mit Gott, der einzigen Quelle und dem Spender von Sinn, Leben und Dauer über alle Erfahrungsgrenzen wie Leid, Unrecht und Tod hinaus. Für Gerechtigkeit in diesem Sinne und eine ihr entsprechende Lebensführung wirbt der Verfasser mit seinem Buch in allen seinen Teilen.

Vgl. auch den Abschnitt »Gerechte(r) – Frevler« in der Einleitung!

2. Die Abkehr von der Gerechtigkeit ist Pakt mit dem Tod 1,16 - 2,24

Wer nur den Tod als verläßliche Wirklichkeit betrachtet, steht theoretisch und praktisch, im Reden und Tun, gegen Gerechtigkeit und Leben, also bei der Partei des Todes. Daraus folgt die Abwertung des Gegebenen, des Lebens; bleibend ist ja nur der Tod; man muß sich also nehmen, was man erreichen kann. Beim Starren auf den Tod wird das Genießen unersättlich. Die schwächsten Glieder der Gesellschaft (Armer, Witwe, Greis) werden Opfer gewalttätiger Willkür. Die unbegrenzten Genußwünsche setzen sich fort im maßlosen Machtanspruch. Die Anstößigkeit des »Gerechten« liegt darin, daß er den Allmachtswahn der »Frevler« relativiert und durch sein bloßes Dasein entlarvt. In Frivolität und Brutalität bis zu Entehrung und Mord zeigen sich deren im Grunde hilflosen Abwehrversuche. Die Abkehr von der Gerechtigkeit macht blind und gegenüber dem unvergängliches Leben verheißenden Gott verständnislos, sie ist Hinwendung zu Sinnlosigkeit und Tod.

Der Sprecher stilisiert die psychologische Logik des Verhaltens der »Frevler« zu einer »Rede« (2,1b-20), die er durch seine theologischen Beurteilungen (1,16 – 2,1a und 2,21-24) rahmt. Er verwendet hier eine in der *Diatribe* übliche Technik, die Gegner durch eine Rede sich selber charakterisieren zu lassen (vgl. ähnlich schon Ps 10,4-11; 14,1 = 53,1 u.ö.). Diese Rede und das entsprechende Verhalten ist natürlich keine Selbstbeschreibung Einzelner oder einer bestimmten Gruppe von Menschen, die man tatsächlich zu hören bekommen könnte, sondern ein Negativ-Spiegel zur Glaubensüberzeugung des Verfassers, eine Skizzierung der »Versuchungen« alttestamentlich-jüdischen Glaubens.

Wenn der Tod für das einzige noch absolut Geltende gehalten wird, verbinden sich materialistische Deutung des Menschen und Atheismus, und anstelle aller sittlichen Werte tritt als einziger Maßstab die Macht. Alle Hoffnungen auf eine ausgleichende Gerechtigkeit Gottes (im AT mehrfach im Zusammenhang mit dem Motiv des verfolgten oder leidenden Gerechten bedacht: vgl. Ijob, Ps, Jes 52 – 59) gelten als illusorisch und absurd und sollen zynisch als leer erwiesen werden.

Innerhalb der Ringkomposition des ersten Buchteils entspricht dem Kap. 2 das Kap. 5, das deshalb für das Verständnis mit zu berücksichtigen ist. »Dann«, nach ihrem Tod, läßt der Sprecher die »Frevler« nochmals eine (stumme, innerliche) »Rede« halten (5,3-13), die die erste Rede reuevoll korrigiert und die der Sprecher ebenfalls einrahmt durch Beurteilungen der »Frevler«-Existenz und Glaubensaussagen über das ewige königliche Leben der »Gerechten«, das Gott ihnen bei sich bereitet (5,1-2.14.15-23).

Mit *1,16 – 2,1a* leitet der Sprecher die in 2,1b-20 folgende Rede ein und beurteilt sie. Wovor in 1,11-12 gewarnt wird, dafür haben sich die »Frevler« bereits entschieden und praktizieren es in Taten und Worten (1,16a) mit starker emotionaler Beteiligung: 1,16b verwendet erotische Sprache »sie schmelzen dahin« (EÜ »sehnen sich«); vgl. Spr 8,36: »Alle, die mich (die Weisheit) hassen, lieben den Tod«. Der Tod ist für sie das einzig Sichere, ein verläßlicher Vertragspartner (1,16c). »Bund mit dem Tod« (Jes 28,15.18) meint als Bild einerseits, daß der Tod als Alliierter hilft, die eigenen Gegner zu Tode zu bringen, andererseits, daß er einen selbst vor dem Tod bewahrt. Bei Jesaja steht die Bewahrung vor dem eigenen Tod im Vordergrund, hier zunächst die Tötung derer, die die eigene Existenz stören (2,12-20). Wörtlich übersetzt lautet 1,16d: »Denn sie sind würdig, zum Anteil von jenem zu gehören.« Der Doppelaspekt von »Bund« wirkt bei »Anteil« weiter: Der Tod ist ihr »Anteil«, d.h. sie stehen auf seiner Seite und arbeiten mit ihm; er ist andererseits ihr »Anteil«, d.h. ihr eigenes Schicksal. Hier hat nun »Tod-Verderben-Untergang« eine weitere Bedeutung, die in 1,12-13 und in der schroffen Gegenüberstellung von 1,15 zu 1,11-14 nur hintergründig anklang: Der Tod der Frevler macht endgültig, wofür sie sich während ihres Lebens entschieden haben: den Selbstausschluß von Gerechtigkeit, Leben und Unvergänglichkeit in der Gemeinschaft mit Gott (s.u. zu 2,21-24). 2,1a lautet wörtlich: »Denn sie sprachen miteinander nicht richtig denkend«, EÜ stellt durch die Übertragung »ihre verkehrten Gedanken« einen (sachlich richtigen) Rückbezug auf 1,3 her.

Die drei ungleich langen Abschnitte der nun folgenden »Frevler«-Gedanken und -Rede folgen einer klaren Logik: Wenn man nur auf die Kürze, Unverfügbarkeit und Flüchtigkeit des Lebens schaut und den Tod als unentrinnbar und letztgültig und damit als einzig Sicheres betrachtet (2,1-5), bleibt nur, möglichst viel und intensiv und ungehemmt zu genießen: Essen und Trinken, Luxus in

Kosmetik und Kleidung, Ausleben der Sexualität (2,6-9). Der rücksichtslose Genuß wächst sich aus zu Machtanspruch und Gewaltbereitschaft: Macht ist Recht (2,10-11)! Der Allmachtswahn wird durch die bloße Existenz des Gerechten in Frage gestellt und entlarvt; dieser wird dafür zum Opfer von Zynismus und Spott, Vergewaltigung, Entehrung und Mordlust (2,12-16.17-20). So werden die in 2,10-11 benannten »Prinzipien« in Handeln umgesetzt.

Die Kürze und Nichtigkeit des Lebens 2,1-5 (vgl. 5,8-13.14)

Der Gedankenaustausch zur gegenseitigen Plausibilitätsvergewisserung greift auf Wendungen und Bilder zurück, die oft in Anklang an und ausdrücklichem Gegensatz zu biblischen Texten formuliert sind: vgl. z.B. 2,1c-d mit Ps 30,3-4 (Gott hat geheilt und aus der Welt des Todes heraufgeführt); 2,2a.c mit Gen 2,7 (Gott blies in seine Nase den Lebensatem; so wurde der Mensch zu einem lebendigen Wesen). So eindrücklich wie in 2,1-5 und in der Wiederaufnahme des Themas in 5,8-13.14 wird selten in der Heiligen Schrift die Sinn- und Bedeutungslosigkeit menschlichen Lebens, wenn der Tod das Letzte und Mächtigste wäre, vor Augen gestellt (vgl. Koh 9,5-6). Da der den Menschen ins Leben berufende Gott ausgeblendet wird, bleibt zur Beschreibung des eigenen Daseins nur ein Geflecht von Vergleichen und Metaphern über die Zufälligkeit der Existenz, die Flüchtigkeit und endgültige Spurlosigkeit des Lebens.

Carpe diem! 2,6-9 (vgl. 5,6-7)

In 2,6, das überschriftartig 2,7-9 zusammenfaßt, wird deutlich, daß der Verfasser besonders an *junge* Menschen als wirkliche Leser und Adressaten denkt. Die in 2,6 mit einer Einladung (2,6a »*Also* kommt!« EÜ: Auf!) beginnende Reihe von Kohortativen setzt sich, nur in 2,12b-16 für eine vorwurfsvolle Beschreibung des »Gerechten« unterbrochen, immer eindringlicher werdend bis 2,20 fort und mag Stellen wie Spr 1,11-14 zum entfernten Vorbild haben. Wie einst Jesaja (22,13; 28,1) und später Kohelet (9,7-10; 11,9 – 12,7) verwendet der Sprecher zur Darstellung der gegenseitigen Aufforderung zu ungehemmtem Genuß angesichts des Todes Motive, wie sie seit langem international verbreitet waren (s.u. TEXTE).

Das *Carpe-diem*-Motiv war im Rahmen von Festgelagen Ausdruck gemeinschaftlicher Lebensfreude und rief zum *Genuß* des Lebens angesichts der kurzen Jugendzeit, des oft nicht mehr zum Genießen fähigen Alters und des unaufschiebbaren Todes auf. Von Grabinschriften her mahnte es, sich zu freuen am *heute* Geschenkten und Möglichen und nicht achtlos daran vorüberzugehen, da ein *Morgen* immer ungewiß ist. Durch die Einbeziehung in die »Frevler«-Rede wird dieses Motiv stark verfremdet und erfährt eine neue Verwendung. Nirgendwo in den Texten, in denen es sonst begegnet, beschreibt es die Vorstufe eines Aufrufs zur Gewalttätigkeit gegen andere oder bildet es den Einstieg in eine schrankenlose Unmoral (s.u. 2,11).

In 2,9a folgt die EÜ mit dem Text »keine Wiese...« im Anschluß an J. Ziegler der altlateinischen Überlieferung gegen alle griechischen Handschriften, die stattdessen »keiner von uns (euch)...« haben. Möglicherweise hat die erotische Bedeutung von »Wiese« in diesem Kontext (Umschreibung der weiblichen Scham) schon bald die Verlesung von *leimon* zu *hemon* in der griechischen Überlieferung gefördert.

Teurer Wein und Salböl (Mittel zur Körperpflege und Parfüm) in Mengen und Frühlingsblumen werden als Beispiele eines verschwenderischen Luxus genannt. Nach den beiden Zweizeilern *2,6-7* gipfelt die Einladung in einem doppelsinnig zu verstehenden Dreizeiler *2,8.9a.b*, der sich assoziativ an die Frühlingsblume in 2,7b anfügt. 2,9c schließt zusammenfassend den ersten Teil der Rede 2,1b-9 ab; dabei ist in der EÜ der Bezug auf Jes $57{,}6^{LXX}$ nicht erkennbar; die Septuaginta weicht hier vom hebräischen Text ab: »Jenes ist dein Anteil, dies ist dein Los« (in 2,9c wörtlich aufgenommen: »Denn dies ist unser Anteil und dies das Los«). Durch 1,16d und 2,24b ist dieser »Anteil« als Tod-orientiert gekennzeichnet. Noch schärfer und biblische Überzeugungen verspottend mag diese Zeile von jemandem gehört werden, der sich an Stellen wie Dtn^{LXX} 10,9 erinnert: »Deshalb gibt es nicht für die Leviten Anteil und Los(besitz) bei ihren Brüdern; der HERR selbst ist sein Los(besitz), wie er ihm gesagt hat.«

Aus der altbabylonischen Fassung des Gilgamesch-Epos

Die Schenkin spricht zu ihm, zu Gilgamesch:
Gilgamesch, wohin läufst du?
Das Leben, das du suchst, wirst du nicht finden!
Als die Götter die Menschheit erschufen,
wiesen sie der Menschheit den Tod zu,
nahmen das Leben in ihre eigene Hand.
Du, Gilgamesch, voll sei dein Bauch,
Tag und Nacht sei andauernd froh, du!
Täglich mache ein Freudenfest,
Tag und Nacht tanze und spiele!
Gereinigt seien deine Kleider,
dein Haupt sei gewaschen und du mit Wasser gebadet!
Sieh auf das Kind, das deine Hand gefaßt hält,
die Gattin freue sich auf deinem Schoß!
So ist das Tun der Menschen!

Fragmente aus Babylonien um 1800 vor Chr. Daß diese Fassung im 1. Jtsd. im Mittelmeerraum bekannt gewesen sei, ist bisher nicht nachgewiesen. Die Übersetzung ist entnommen aus: Karl Hecker, Das akkadische Gilgamesch-Epos, TUAT III/4, Gütersloh 1994, 646-744, zit. 665f.

Lied des Harfenspielers

Laß dein Herz nimmer überdrüssig werden
des Essens, Trinkens und der Lust!
Feiere den frohen Tag!
Folge deinem Herzen bei Tag und bei Nacht!
Laß die Sorge nicht ein in dein Herz,
verbringe deine Jahre froh auf Erden:
Der Westen ist ein Land des Schlafes, drückender Finsternis,
wo die verehrungswürdigen Toten sitzen,
schlummernd in ihren Gestalten.
Nicht erwachen sie, ihre Brüder zu sehen,
nicht erblicken sie ihren Vater, ihre Mutter,
ihre Herzen entbehren ihrer Frauen, ihrer Kinder.
Was Lebenswasser der Erde für jeden Mund auf ihr ist,
für mich ist es Schlamm.
Das Wasser fließt neben mir,
und doch weiß ich nicht den Platz, wo es fließt,
seit ich diesem Totenreich genaht bin.
O hätt' ich Wasser, das zum Trinken rinnt, sage ich zu mir,
dann trennte ich micht nicht von dem Krug, von dem Wasser.
O wäre mein Antlitz dem Nordwind zugewendet am Ufer des Wassers!

Vielleicht kühlte er mein Herz in seiner Qual.
Der Alltod, »Kommt!« ist sein Name;
wen er zu sich ruft, die kommen zu ihm sofort,
ihre Herzen zagen in Furcht vor ihm,
nicht einer lebt von den Göttern und Menschen, den er anschaut.
Die Großen sind vor ihm wie die Kleinen,
seine Hand kann nicht abgewehrt werden
von irgendeinem, den er begehrt.
Er raubt das Kind von seiner Mutter
samt dem Greis, wenn er auf seinem Wege umhergeht.
Alle flehen zu ihm voller Furcht,
aber er wendet ihnen sein Gesicht nicht zu.
Nicht kommt er zu dem, der ihn erbittet,
nicht hört er auf den, der ihn preist,
nicht blickt er den an,
der ihm allen Besitz zum Lohn anbietet.

Seit dem Neuen Reich, d.h. ab Mitte des 2. Jts. v.Chr., finden sich in vielen ägyptischen Gräbern »Harfnerlieder« in verschiedenen Fassungen; der vorstehende Text gibt die Inschrift einer Stele vom 10. Jahr der Kleopatra VII. [um 40 v.Chr.] wieder; Übersetzung von F.W. von Bissing, Altägyptische Lebensweisheit, Zürich 1955, 143.

Griechische Grabgedichte

Einen festen Schlaf schläft Eros; im Totenreich
gibt es kein Sehnen mehr und keine Liebe bei den Abgeschiedenen,
sondern der Tote liegt da wie ein Stein, der fest in der Erde steht,
wenn sein Blut und sein zarter Leib sich aufgelöst haben.
Deswegen, solange du dies beides noch besitzt, greife du selber nach des Lebens edlem Ruhm, / genieße alle Güter dieser Zeit, solange du noch Liebe und Verlangen in dir verspürst.
Aus Wasser und Erde und Luft bestand ich dereinst.
Aber jetzt, wo ich tot daliege, gab ich ein jedes einem jeden zurück.
Allen steht dies bevor. Was soll ich mehr noch sagen?
Woher er kam, darein löste sich der Leib wieder auf,
wie er dahinschwand.

Grabinschrift aus Thrakien 2./3. Jh. v.Chr., aus: Werner Peek, Griechische Grabgedichte, Darmstadt: WBG 1960, Nr. 452.

»Für Sardanapal«

Sterblich bist du. Bedenk's und mach dir das Leben vergnüglich;
freu dich am festlichen Mahl, dem Toten blühn keine Genüsse.
Ich auch wurde zu Staub, ich, König des mächtigen Ninos [Ninive].
Mein ist, was ich gespeist, was ich dreist mir genommen und wonnig
in der Liebe erfuhr; zerstoben, was sonst mich beglückte.
Das ist der weiseste Rat für das Leben der Menschen auf Erden.

In griechischen Handschriften des 9. bis 15. Jh. n.Chr., die auf hellenistische, besonders alexandrinische Sammlungen vorwiegend von Weih- und Grabpoesie sowie Trink- und Liebesdichtung zurückgehen, ist dieses dem Assyrerkönig Assurbanipal [669-631 v.Chr.] zugeordnete Gedicht in verschiedenen Fassungen ohne Autorennamen überliefert; es wurde bereits von dem Stoiker Chrysippos [ca. 280-207 v.Chr.] kritisch parodiert. Hier zitiert nach: Anthologia Graeca (4 Bde. griech.-dt.), ed. Hermann Beckby, München 1957-58, Bd. 4, 316f.541f. [XVI,27]; vgl. Bd. 2, 190f. [VII,325].

Jetzt mußt du trinken und lieben! Nicht ewig, Demokrates, klingen
froh uns die Becher, nicht stets lacht uns von Knaben ein Kreis.
Komm, wir salben den Leib und drücken ins Haar uns die Kränze,
ehe die andern am Grab Blumen und Düfte uns weihn.
Jetzt noch soll mein Gebein den Strom dieses Weines genießen:
Ist es gestorben und tot, spül' es Deukalion weg!

Straton von Sardes, um 130-150 n.Chr., der in seine Gedichtsammlung Muse paidiké *wohl auch schon ältere Sammlungen aufgenommen hat. Deukalion war der Held der Sintflutsage. Zitiert nach:* Anthologia Graeca (s.o.) Bd. 3, 554f. [XI,19].

Wenn Macht und Gewalt Maßstab der Gerechtigkeit werden 2,10-20 (vgl. 5,4-5)

2,10-11 bilden die überschriftartige Einleitung zu 2,12-20. Als Opfer der willkürlichen Gewaltanwendung werden die Schwächsten innerhalb der zeitgenössischen Gesellschaft genannt: Arme – Witwen – Alte (jeweils im kollektiven Singular). Der Leser soll an sie als Beispiele des (leidenden) Gerechten beim folgenden Teil der Rede denken. In 2,10 begegnet zum ersten Mal im Buch der Weish *díkaios* »gerecht«, der positive Gegenbegriff zu den »Frevlern« (zur Bedeutung dieser Wörter s. den betreffenden Abschnitt in der Einleitung). 2,10a lautet wörtlich übersetzt: »Laßt uns unterdrücken (den) Armen(, obwohl er) gerecht (= unschuldig ist)«; die EÜ macht mit ihrer Übersetzung und Aufgliederung »Laßt uns den Gerechten unterdrücken, / der in Armut lebt« unkenntlich, daß mit »Armer, Witwe, Greis« in 2,10 drei konkretisierende Beispiele dafür angeführt werden, welche Menschen der kollektive Begriff »der Gerechte« in 2,12 mitumfaßt (als weitere Beispiele kommen hinzu: in 3,13 »(die) Unfruchtbare, die unbefleckt blieb«; in 3,14

»(der) Zeugungsunfähige, der keinen Gesetzesverstoß beging«; in 4,7-16 der jung Sterbende, der Gott wohlgefällig lebte; in 4,17 der Weise). Daß ab 2,12 *der* Gerechte nicht eine historische Person, sondern einen Typos, eine unterschiedliche Menschen umfassende Gruppe bezeichnet, zeigt sich auch in Kap. 3, wo von dem in der »Frevler«-Rede 2,10-20 gespiegelten »Gerechten« zunächst in der Mehrzahl (3,1-9), dann wieder in der Einzahl (3,10) gesprochen wird. 2,11a formuliert das Prinzip der Selbstüberhebung (Hybris) und der Tyrannei aller Zeiten, wie es in damaligen philosophischen Erörterungen zum Königtum diskutiert und bis zu den totalitären Systemen der jüngsten Vergangenheit und Gegenwart verwirklicht wurde. Auch die Einschätzung von Schwachen und Kranken als nutzlos, »lebensunwert«, entspringt dieser Grundhaltung (2,11b). Ein ausgesprochener Gegentext zu 2,11b findet sich in 1 Kor 1,25.27. In der Kirche wurde die zweite Hälfte der »Frevler-Rede« immer auch als prophetischer Text über Schicksal und Passion Jesu gehört, in dem die Christen in einzigartiger Weise den Gottesknecht und Sohn Gottes (2,13.16.18) erkannten.

2,12-16 beschreibt, weshalb die »Frevler« Äußerungen und Verhalten des »Gerechten« als ärgerliche Infragestellung ihrer Auffassungen, als Entlarvung und als Provokation empfinden. Dabei umrahmen *Worte* des Gerechten in 2,12c-13 und 2,16c-d, auf die dann in 2,17a.20b zurückverwiesen wird, eine Charakteristik seiner Lebensweise in 2,14-16b. Kernpunkt der Auseinandersetzung ist die Gottesbeziehung des Gerechten, die er sich nach Meinung der Redenden zu Unrecht anmaßt: »Er verkündet öffentlich und feierlich [EÜ: rühmt sich], Gotteserkenntnis zu haben und nennt sich selbst ›Kind des HERRN‹« 2,13; »er preist glücklich das Ende (der) Gerechten und prahlt, Gott (sei sein) Vater« 2,16c-d. Dieser Vorwurf verrät gute Kenntnis der Heiligen Schrift. Das Vater-Sohn-Verhältnis zwischen JHWH und Menschen, das Zuneigung, Beistand, Schutz, Rettung, Erziehung, Verläßlichkeit und Dauer beinhaltet, begegnet vor allem in zwei Kontexten, auf die auch das Buch der Weisheit unablässig zurückgreift: einerseits in Bezug auf den *König* (in eigentümlich-kritischer Aufnahme der altorientalischen Königsideologie) und andererseits in Bezug auf das *Volk Israel*, besonders im Zusammenhang mit dem Exodus. So wird in der Natan-Verheißung David für seine Nachfolger zugesichert: »Ich will für ihn Vater sein, und er wird für mich Sohn sein ... Dein Haus und dein Königtum sollen durch mich auf ewig bestehen bleiben; dein Thron soll auf ewig Bestand haben« (2 Sam 7,14-16; vgl. Ps 89,27-30), und bei der Inthronisation wird einem König jeweils erneut zugesprochen: »Mein Sohn bist du, hiermit zeuge ich dich« (Ps 2,7; vgl. Ps 110,3). Über *Israel* heißt es: (Mose soll zum Pharao sagen): »So spricht JHWH: Mein Sohn, mein Erstgeborener ist Israel. Ich sage dir: Laß meinen Sohn ziehen, damit er mir dienen kann« (Ex 4,22-23). Im hebr. Text stehen in nächster Nähe »Sohn« und »dienen«, anders in der Septuaginta: »... Mein erstgeborener Sohn (ist) Israel. Ich habe dir aber gesagt: Entlaß mein *Volk*, damit es mir dient«. Die Wendung »mein Sohn« für Israel begegnet noch in Hos 11,1 und Jer 31,9.20; im gleichen Sinne wird die Mehrzahl »Söhne / Kinder« verwendet in Jes 1,2; Dtn 14,1; 32,5-6. Sowohl von dem Königs- als auch von dem Israel-Kontext her hat die Vateranrede Gottes in der *Gebetssprache* eine herausragende Bedeutung (Jes 63,16; 64,7; Tob 13,4; Sir 51,10). Elemente der genannten Kontexte finden sich vereint in den sog. Gottesknechtliedern des Jesajabuches, den vornehmlichen Bezugstexten von Weish 2. Die als »mein Knecht/Diener« bezeichnete Gestalt in Jes 42 – 53 hat Züge eines Königs, eines Propheten und Zeugen für Recht und Gerechtigkeit ungeachtet aller Widerstände und gewalttätigen Ablehnung, Züge einer Einzelperson, die den Völkern gegenübersteht und an ihnen eine Aufgabe hat, und zugleich wird diese Gestalt ausdrücklich (Jes 49,3) und mehrfach im umgebenden Text als Jakob-Israel identifiziert. Die Septuaginta übersetzt dasselbe hebräische Wort *'æbæd* ohne erkennbaren Unterschied mit *doûlos* »Knecht / Diener« (z.B. Jes 48,20; 49,3.5) und mit *paîs* »Kind; Knecht / Diener« (z.B. Jes 41,8.9; 42,1.19.; 43,10; 44,1.2.21.26; 49,6; 52,13). Die Bedeutungsbreite von griech. *paîs* erlaubt es dem Sprecher, alle Aussagen der Schrift, in denen von der Vaterschaft Gottes, von Gottes Knecht(en), Gottes Sohn oder Söhnen (und Töchtern) die Rede ist, auf den »Gerechten« zu beziehen. Daß *paîs* in Weish 2,13b im Sinne von »Kind« zu verstehen ist, machen 2,16d (Gott als Vater) und 2,18a (Sohn Gottes) eindeutig (dasselbe gilt für die Pluralform in 9,4; 12,7.20; 19,6). Überhaupt ist die Bezeichnung des Volkes (Israel) als »Sohn Gottes« (18,13) bzw. der Gerechten als »deine Söhne (und Töchter)« (5,5; 9,7; 12,19.21;

16,10.26; 18,4) und »Kinder« (16,21) eine Leitidee im Buch der Weisheit.

2,12 ist eine der Beweisstellen dafür, daß der Verfasser nicht den hebräischen Text des Jesajabuches, sondern eine griechische Übersetzung verwendete: Zu dem *áchreston* (nutzlos, unnütz) in 2,11b assoziierte er *dys-chrestos* (unnütz, lästig, schwer erträglich) aus Jes 3,10^{LXX}: »indem sie sagen: Wir wollen den Gerechten fesseln, denn er ist uns lästig ...« Der hebr. Text lautet ganz anders: »Sagt: Der Gerechte, ihm geht es gut...« (die EÜ u.a. korrigieren: Wohl dem Gerechten, denn ihm geht es gut...). Das Wort »fesseln« in dem Jesaja^{LXX}-Zitat ist in Weish 2,12a ersetzt durch »auflauern, belagern«, das hier besser in den Kontext paßt. Daß zumindest einige der in der Gruppe »Gerechter« Mitumfaßten der gleichen Herkunft und Erziehung zugehören wie die Frevler der Rede, wird daran deutlich, daß ihre Beurteilungen der Frevler und ihre Argumentationen als Vorwurf empfunden werden. Da die EÜ das gleiche Wort »Verfehlungen« in 2,12c und 2,12d je anders übersetzt (»*Vergehen* gegen das Gesetz – Verrat an unserer Erziehung«) ist nicht mehr so deutlich, wie eng verbunden der Sprecher toratreues jüdisches Leben und die Werte hellenistischer Bildung sieht (zu *paideía* Bildung s.o. bei 1,5). Diese Verknüpfung oder sogar Ineinssetzung von Tora-Beobachtung und Weisheit-Wissen-Bildung brauchte der Sprecher nicht neu einzuführen, sie war z.B. in Dtn 4,6-8 bereits vorgegeben.

2,13 Die Beschreibung des Gerechten erfolgt zwar im verhöhnend-ablehnenden Tonfall der »Frevler«, aber unter Verwendung von Formulierungen der Psalmen und des Jesajabuches. Daß das »Kind (EÜ: Knecht, s.o. zu *paîs*) des HERRN Gotteserkenntnis besitzt«, dürfte der Sprecher in Anlehnung an den Beginn des vierten Gottesknechtliedes formulieren: »Siehe, *verstehen* wird mein *paîs* (Knecht/Kind/Sohn), und er wird sehr erhöht und verherrlicht werden« (Jes 52,13^{LXX}). Wo Gotteserkenntnis fehlt – dies sagen die Frevler von sich selbst in 2,1d, und so lautet das Urteil über sie in 2,22a: »Sie haben die Geheimnisse Gottes nicht erkannt« (EÜ: sie verstehen nichts von ...; vgl. noch 13,1 und 14,22) –, da bewahrheitet sich die Anklage aus dem Hoseabuch: »Treue und Verbundenheit hören auf, es treten Fluch und Betrug, Mord, Diebstahl und Ehebruch ein, Bluttat reiht sich an Bluttat« (Hos 4,1-2).

2,14-16b Die in 2,1-5 geäußerten »Gedanken« (EÜ: Gesinnung) der Frevler werden »überführt« (gleiche Wendung in 1,9c; 2,14a; 11,7; 18,5; EÜ übersetzt jeweils verschieden) durch das Bekenntnis des Gerechten zu seiner Gotteskindschaft, seine damit gegebene Gotteserkenntnis und seine Lebensgestaltung, die derjenigen der Frevler (2,6-9.10-11) »unähnlich« ist. Seine bloße Anwesenheit erscheint schon unerträglich. Für die Frevler gelten zwar die gleichen Normen (s.o. zu 2,12c-d) wie für den Gerechten, Schuldanerkennung ist ihnen aber fremd (2,11a); deshalb machen sie ihre Einstufung als »Falschgeld« zum Vorwurf gegen den Gerechten. Schlechtes Gewissen sucht sich durch Schuldzuweisung an andere zu entlasten. Bei der Beurteilung des Verhaltens der Frevler ist der Übersetzung der EÜ »Unrat«, die die Bedeutung vom Rituellen und Moralischen ins Ästhetische verschieben könnte, die Wiedergabe mit »Unreinheiten« vorzuziehen: Gemeint ist nämlich, daß der Gerechte sich von »Wegen« (Denken-Reden-Handeln; s.u. zu 5,6-7) fernhält, die die Reinheit und Heiligkeit der Glieder des Gottesvolkes, wie sie in der Tora umschrieben wird, verletzen, und die Gott ein »Greuel« sind (vgl. Spr 15,9).

2,16c-d Die »letzten (Dinge) von Gerechten preist er glücklich« – im Gegensatz zu den Frevlern in 2,1-5. Hier wie auch 3,1 steht die Pluralform »Gerechte«, da ein Gerechter diese letzten Dinge selbstverständlich nicht exklusiv für sich allein erhofft, sondern für alle Gerechten. Der Sprecher wählt statt »Tod« wohl absichtlich einen umfassenderen Ausdruck »Letztes, Äußerstes (pl.)«: Für die Gerechten ist das physische Ableben nicht das Letzte, wie in Kap. 3 und 5 deutlich werden wird. Eine der Quellen für diese Überzeugung (neben Psalmstellen wie 16,9-11; 49,16; 73,23-26) dürfte das vierte Gottesknechtlied (Jes 52,13-53,12) gewesen sein (vgl. bes. Jes 52,13-15; 53,10-12). Auffällig ist jedoch, daß das für dieses Lied so prägende Motiv des *stellvertretenden* Leidens (»Er hat unsere Krankheit getragen und unsere Schmerzen auf sich genommen... Er trug die Sünden von vielen und trat für die Schuldigen ein« Jes 53,4.12) in Weish nirgends aufgegriffen wird. Dies könnte durch den Werbecharakter des Buches bedingt sein: Scharfe, zur Identifizierung einladende Gegenüberstellung ist angezielt, nicht eine ausgewogene, umfassende Lehraussage.

2,17-20 konkretisieren schließlich das »Auflauern« (2,12) durch weitere Kohortative in ständiger Steigerung: sehen – überprüfen – foltern – töten. »Seine Worte« (in 2,17a und 2,20b; EÜ: 17a seine Worte – 20b er behauptet ja; Rückverweis auf 2,12c-13 und 2,16c-d) bilden eine Inklusion und grenzen diesen letzten Abschnitt der »Frevler«-Rede ab. Das Vorgehen, das hier geplant und zu dem eingeladen wird, soll die Worte des Gerechten und damit seine Gotteserkenntnis, seine Gotteskindschaft, das Vatersein Gottes, glückliche »letzte Dinge« der Gerechten, im Grunde aber Gottes Gerechtigkeit und Gott selbst, durch »Fakten« *ad absurdum* führen. 2,17 greift 2,16c auf, und 2,18 führt 2,16d weiter. Die Nichterkenntnis Gottes in Theorie und Praxis (s.o. zu 2,13) führt zu falschen Folgerungen und Vorstellungen über das, was als Kriterium für die Wahrheit und was als Widerlegung des Bekenntnisses zu Gott als Vater zu gelten hat. *2,18* nimmt dabei Formulierungen aus Jes 42,1^{LXX} (der HERR wird sich seines *paîs* annehmen) und Ps 22,9.20 (vgl. Sir 2,6) auf.

2,19-20 persiflieren eine gerichtliche Beweisaufnahme und eine Verurteilung. Zur Beweiserhebung sollen moralische und physische Folter dienen. Dabei steht als Folterwerkzeug die »Hybris« (Tyrannei und Willkür) voran (s.o. zu 2,11; in EÜ durch die Übersetzung »roh und grausam« unkenntlich). In Umkehrung des gegen die Frevler erhobenen Falschgeldvorwurfs (2,16) sollen die »Milde« (Güte, Nachsicht; personen- und situationsgerechte großzügige Gesetzesauslegung; Selbstbegrenzung von Autorität und Macht; s. dazu die ausführliche Darlegung über die »Milde« Gottes in 11,15-12,27; EÜ: Sanftmut) und das »Leid- und Übel-Aushaltevermögen« (EÜ: Geduld) des Gerechten auf die Probe gestellt und so als unecht erwiesen werden. Am Ende soll er zu einem »unanständigen, schämenswerten« (EÜ: ehrlosen) Tod verurteilt werden. Im letzten Kolon der Rede gipfelt die böse Ironie: »Es wird ja nach seinen Worten seine ›Heimsuchung‹ (EÜ: Hilfe) stattfinden.« *Episkopé* kommt 7mal vor: 2,20; 3,7.9.13; 4,15; 14,11; 19,15. Immer ist Gott als Subjekt vorzustellen. Das Wort bedeutet: Hinschauen, Aufsicht, Fürsorge, Untersuchung, Prüfung, Heimsuchung, letzteres im Sinne von *Gericht* Gottes: Der Frevler wird seiner Vergehen überführt und bestraft, der Gerechte wird nach seiner Prüfung freigesprochen, gerettet, in Gottes Nähe aufgenommen. Eine solche rettende und ins Recht setzende Heimsuchung des durch Hybris gedemütigten und gequälten Gerechten findet, wie alle sehen können, bis zu seinem Tod nicht statt – damit sind nach Auffassung der Frevler *seine Worte*, er habe Gott zum Vater, als bedeutungslos und nicht wahr erwiesen.

Beurteilung der »Frevler«-Rede und Begründung der eigenen Glaubenshoffnung 2,21-24 (vgl. 5,15-23)

In *2,21-24* schaut der Sprecher auf die Rede der Frevler zurück (»Dies dachten sie« 2,21a) und beurteilt solche Überlegungen, indem er seine Darlegungen von 1,13-14.15 vertiefend weiterführt. Während Bemühen um Gerechtigkeit sehend macht, läßt Bosheit in die Irre gehen und blind werden *2,21b.* Mit *mystéria* (Geheimnisse) ist in *2,22a* wie schon im Daniel- und Henochbuch und in den Qumrantexten der nur durch Offenbarung zugängliche Heilsplan Gottes gemeint, der durch den erfahrbaren Geschichtsverlauf und den Tod hindurch sein Ziel erreicht. Der Wahrheitsgehalt des von den Frevlern verhöhnten Bekenntnisses des Gerechten, er sei Kind Gottes und habe Gotteserkenntnis (2,13.16), wird sich gerade nicht an Erfolg, Macht, Reichtum und Leidensfreiheit messen lassen, falls der Tod nicht Letztwirklichkeit und Grenze für das Wirken Gottes ist. »Lohn für heiliges Leben (EÜ: Frömmigkeit)« *2,22b* und »Auszeichnung für untadelige Menschen« *2,22c* sind verheißene freie Gaben des treuen Schöpfer- und Rettergottes.

2,23-24 leiten die Begründung, auf die die Beurteilung der »Frevler«-Rede sich stützt, mit den gleichen Anfangsworten ein, die auch in 1,13-14 die voranstehenden Warnungen begründeten (*hóti ho theós* »Denn Gott ...«; in EÜ unkenntlich). War in 1,14 von der Erschaffung der ganzen Welt nach Gen 1 die Rede, so spricht 2,23 von der Erschaffung des Menschen im Besonderen nach Gen 1,27, jedoch mit einer wichtigen Erweiterung: »zur Unvergänglichkeit«. Anhaltspunkt dafür könnte der »Baum des Lebens« im Garten Eden gewesen sein, wohin Gott nach Gen 2,8-9 den gerade geformten Menschen versetzte.

Anders als in der griechischen Denkweise, wonach die *Seele* als Geist von Natur aus unsterblich ist, handelt es sich hier um eine Aussage über den *Menschen*, der nicht von Natur aus, sondern durch die Zielbestimmung des Schöpfers an dessen eigener Unvergänglichkeit, am *Leben*, teilhaben darf. Der natürliche Tod hebt diese Zielbestimmung nicht auf. Es heißt ja nicht, der Mensch sei als *unsterblich* erschaffen worden (vgl. die ähnliche Konzeption z.B. in Joh 5,19-29; 11,23-26). Daß der Sprecher hier eine breitere jüdische Glaubenstradition bezeugt, wird aus anderen Teilen des AT erkennbar, z.B. aus der griechischen Übersetzung des Jesajabuches, die dort weit vom masoretischen Text abweicht: »Ich habe dich nicht zum Untergang erschaffen, um zu verderben« (Jes $54{,}16^{LXX}$) oder: »Ich habe den Menschen gemacht für die Ewigkeit« (Jes $44{,}7^{LXX}$). Weish 2,23b verbindet diese Zielbestimmung des Menschen mit seiner Aufgabe als Bild, Repräsentant Gottes in der Welt: Er kann entweder in ihr herrschen »in Gerechtigkeit und Weisheit« (vgl. Weish 9,2-3) und damit seinem Ziel, Gott selber und der Unvergänglichkeit, nahekommen (6,19), oder aber sich als Tyrann in Umwelt und Gesellschaft gebärden wie die Frevler in ihrer Rede (2,1-20), um dann im Endgericht zu der Erkenntnis zu gelangen, das *Leben* verfehlt zu haben (Kap. 5).

In *2,24a* scheinen mehrere Auslegungstraditionen zu Gen 3 – 4 zusammengeführt zu sein. Der erste Todesfall in der Heiligen Schrift geschieht durch einen Brudermord. Der Erzählzusammenhang Gen 1 – 4 stellt ihn als Folge davon dar, daß die ersten Menschen der Lüge der Schlange (»Ihr werdet sein wie Gott«) mehr getraut haben als dem Auftrag und Gebot des Schöpfers. In Gen 4,5 wird als Reaktion Kains auf die unterschiedliche Opferannahme nur knapp gesagt: »Es wurde dem Kain sehr heiß und sein Gesicht senkte sich«, der Mord wird in 4,8 sogar unkommentiert erzählt. Stammt dorther das Motiv »Neid«? Weish 2,24 spricht aber nicht von Kain, sondern vom Neid des *Teufels.* Falls die in mittelalterlichen lateinischen Handschriften erhaltene apokryphe Schrift »Das Leben Adams und Evas« auf ein griechisch-jüdisches Original aus der Zeit vor 70 n.Chr. zurückgeht, wäre sie ein ungefähr gleichzeitiges, unabhängiges Zeugnis für die Auslegungstradition, daß der Beweggrund der Schlange in Gen 3 der »Neid des Teufels« gewesen sei. Diese noch öfter begegnende Auslegung dürfte ihrerseits beeinflußt sein von dem aus der griechischen Literatur bekannten Motiv des »Neids der Götter«.

»Tod« hat in 2,24 den schon oben zu 1,16 erläuterten Doppelsinn: einerseits Mord an anderen (Gen 4) – dieser Tod »kam in die Welt«, nachdem die ersten Menschen der Schlange gefolgt waren; andererseits bedeutet Tod Rückkehr zum Staub (Gen 3,19) ohne Hoffnung auf Teilhabe an Gerechtigkeit-Leben-Unvergänglichkeit – diesen Tod erfahren die Frevler selbst (2,24b greift wörtlich den Ausdruck »die zu seinem Anteil gehören« aus 1,16d wieder auf; in EÜ kaum erkennbar).

Zu beachten ist der Bedeutungsreichtum des Wortes *peirázo* »auf die Probe stellen, versuchen, experimentieren, überprüfen, erfahren«, den der Sprecher in den ersten Buchabschnitten ausleuchtet: Nach 1,2 läßt Gott sich von denen finden, die ihn nicht *versuchen*; nach 2,17 wollen die Frevler *überprüfen*, was beim (von ihnen gewaltsam herbeigeführten) Lebensende des Gerechten geschieht; schließlich *erfahren* sie selbst nach 2,24 den Tod, dessen Parteigänger sie lebenslang waren; in 3,5 jedoch (innerhalb des Abschnitts über das Sterben der Gerechten) deckt der Sprecher die Selbsttäuschung der Frevler auf: Nicht sie *überprüfen* den Gerechten durch all ihr Unrecht, sondern Gott ist es, der ihn *auf die Probe stellt*, läutert und ihn zu sich nimmt.

In einer Epoche wegblätternder Plausibilitäten für Juden im damaligen Alexandrien, einem Weltzentrum von Wissenschaft, Kunst und Kultur, wo die Treue zu den Geboten Gottes auf Spott, Benachteiligung, Unterdrückung und Gewaltanwendung von seiten der jüdischen Mitläufer und Apostaten (und wohl auch mancher Nichtjuden) trifft, wirbt der Sprecher dafür, den übermächtigen Anschein nicht für die Wirklichkeit zu halten: Nicht der *Tod* ist Sinn und Herrscher der Welt – wieviele auch immer »einen Bund mit ihm schließen«, d.h. ihn für das einzig Verläßliche und Sichere halten mögen. Solch ein »verkrümmtes Denken« (1,3) führt zum Murren gegen Gott und zu Lügen über Mitmenschen. Wer über den HERRN nicht gut denkt und Ihn nicht vorbehaltlos sucht (1,2), wird andere zu beherrschen versuchen (2,10f) und Gewalt gegen sie anwenden bis zum Mord (2,12-20). Demgegenüber baut gläubige »gerechte« Lebensführung darauf, daß Gott jeden Menschen, auch den Schwachen und scheinbar »Unnützen«, als Sein Ebenbild erschaffen hat mit dem Ziel, ihn unvergänglich und durch den Tod nicht begrenzt, an Seinem *Leben* teilhaben zu lassen. Das

»richtige *Denken*« im Glauben ist für die Lebens*praxis* eminent relevant.

3. Gegenüberstellungen der Lebensführung und des Ergehens beim und nach dem Tod der »Gerechten« und der »Frevler« 3,1 - 4,20

Im Alten Testament werden immer wieder Wohlergehen im Lande, Sieg über die Feinde, Ansehen, Zeugen- und Gebärenkönnen, Nachkommen so zahlreich wie der Sand am Meer, Gesundheit und langes Leben als Zeichen und Beweise des Segens und Wohlwollens Gottes, als Lohn und Frucht einer Lebensführung nach seinem Wort und seiner Weisung verheißen und gewertet. Wie ist damit die oft so ganz andere Erfahrung (Verachtung und Ehrverlust, Unrecht- und Gewalterleiden, Kinderlosigkeit, früher Tod) derer, die aufrichtig Gott suchen und nach seinem Willen leben, vereinbar? Im Sinne seiner Beurteilung der »Frevler«-Rede (1,16; 2,21-24) sucht der Verfasser des Buches der Weisheit eine Antwort auf diese uralten und bis heute aktuellen Menschheitsfragen vor allem in den prophetischen Schriften der exilischen und nachexilischen Zeit, insbesondere Jes 40 – 66, den Psalmen und der apokalyptischen Literatur. Mit mehrmaligen »Kameraschwenks« stellt er das Ergehen beim und nach dem Tod der »Gerechten« dem der »Frevler« gegenüber. Die beispielhaft behandelten Probleme und auch ihre Reihenfolge (Leiden und gewaltsamer Tod Unschuldiger – Kinderlosigkeit – früher Tod) dürfte er aus Jes 52 – 57 übernommen haben. Für seine Argumentation wichtig ist die durchlaufende Unterscheidung zwischen »Anschein« und »Wirklichkeit« (Wortfeld »sehen«). Die Frevler wollen nach 2,17 *sehen,* ob die Worte des Gerechten wahr sind. *In den Augen* der Unverständigen *scheinen* die Gerechten (endgültig) tot zu sein, *in der Sicht* von Menschen wurden sie bestraft 3,2.4. Die Leute *sehen* zwar (daß einer früh stirbt), verstehen es aber nicht und nehmen es sich nicht zu Herzen 4,14c-d.17. Sie *sehen* das Lebensende eines Weisen und halten es für nichts 4,18; (beim »Dann« des Gerichts jedoch) *sehen* sie und werden von schrecklicher Furcht erschüttert und geraten außer sich angesichts der Rettung *wider den Anschein (parádoxon)* 5,2.

Von den Signalen im Text her (Inklusionen, Subjektwechsel, Entgegensetzungen mit »aber«) ergeben sich drei ungefähr gleich lange Abschnitte: 3,1-12; 3,13 – 4,6; 4,7-20. Dabei haben der erste und dritte je zwei, der mittlere vier Unterabschnitte. Durch ein (in 3,1 in der EÜ nicht übersetztes) »aber, demgegenüber« und einen Subjektswechsel werden in 3,1 und 3,10 (Unter-)Abschnitte voneinander abgesetzt (wie in 1,16; ähnlich auch in 3,16; 4,3.7). 3,12 und 4,20 sind *Themenvorankündigungen* des jeweils folgenden Textabschnitts.

Eine Hoffnung voll von Unsterblichkeit – oder leer 3,1-9.10-12

In 3,1-12 stellt der Sprecher das tatsächliche Ergehen der »Gerechten« bei und nach ihrem Tode (3,1-9) den Überlegungen der »Frevler« dazu und deren eigenem Lebensertrag gegenüber (3,10-12). Zweimal begegnet die Wendung »ihre Hoffnung«: nach 3,4 ist die Hoffnung der Gerechten »voll Unsterblichkeit«, nach 3,11 die der Frevler »leer«.

3,1-9 Hier wird als durchgeführt vorausgesetzt und in den tatsächlichen Auswirkungen von den Heiligen Schriften her in tiefem Gottvertrauen bedacht, was in 2,10-20 nur erst üble und gewalttätige Vorhaben in Gedanken und Worten der Frevler waren. Zunächst formuliert der Sprecher seine Überzeugung von dem, was bei und nach dem Weggang (Euphemismus für Sterben; EÜ: Heimgang) der Gerechten geschieht: In den Augen der »Toren«, dem äußeren Anschein nach, war dies etwas Schlimmes, Zusammenbruch (EÜ: Unglück, Vernichtung), Strafe – in Wirklichkeit, in der Sicht der Glaubenshoffnung aufgrund der Schrift, handelte es sich jedoch um eine *Erprobung* und Läuterung durch Gott (s.o. zu 2,24 über den Zusammenhang von 1,2; 2,17.24; 3,5). Die Gerechten haben diese Probe bestanden, sie sind von Gott wie ein Brandopfer angenommen, sie sind in seiner Hand (d.h. in seinem Einfluß- und Machtbereich; vgl. Ps 31,6). Unter seinem Schutz sind sie aller weiteren Qual entzogen, im Frieden (Jes 57,2; dagegen finden die Frevler nach Jes 57,21 keinen Frieden). Der Sprecher verwendet die Bilder der Prophetenbücher und der apokalyptischen Literatur von einem Endgericht (3,7 »zur Zeit ihrer Heimsuchung«), bei dem die Bösen (Frevler, Toren, Sünder) bestraft und die Guten (Gerechten,

Auserwählten, Heiligen) belohnt werden. Die Belohnung wird dabei in vielerlei Wendungen (Leben, Aufleuchten, Richten, Herrschaft, Frieden, Licht, Besitz, Einsicht, Verstehen der Wahrheit, Freude) ausgedrückt (vgl. z.B. Hen 1; 5; 25; 38; 58f; 91-104). Die Darstellung geschieht in zeitlosen Nominalsätzen (3,1a.4b.9c-d.11a-12c) und in Sätzen mit Verben in den Zeitformen der Gegenwart (3,3b) und der Zukunft (3,5a.7a-10a): Was für die beispielhaft angeführten Gerechten früherer Zeit schon Wirklichkeit ist (»Jenseits des Todes«), steht den Angesprochenen, die zur »Gerechtigkeit« ermutigt und in ihr bestärkt werden sollen, noch bevor; das »Dann« (5,1), die »Zeit ihrer Heimsuchung« (3,7) ist für sie noch Zukunft. Im Unterschied jedoch zu anderen Spätschriften des AT (z.B. Jes 26,19; 2 Makk 7; Dan 12,2) verwendet der Verfasser des Buches der Weisheit weder in Kap. 3 noch in Kap. 5 die Vorstellung von einer »Auferstehung der Toten (Gerechten)«.

3,1 In der Wendung »(Der) Gerechten *Seelen* aber...« wird ebensowenig wie in 1,4 eine körperbefreite Existenz in griechisch-philosophischer Denkweise vorgestellt, vielmehr wird mit diesem Ausdruck der ganze Mensch bezeichnet im Blick auf das, was ihn persönlich-geistig ausmacht. Wie auch immer das in unseren Vorstellungen und Worten nicht mehr faßbare »Leben« bei Gott nach dem Tode sein mag – das Buch der Weisheit widersteht allen eschatologischen und apokalyptischen Systematisierungsversuchen –, die an diesem Leben teilhaben dürfen, sind *dieselben*, die die Erprobung vor dem Tode bestanden haben. Deshalb bezieht sich »sie« in 3,1b auf die Gerechten, die dann ab 3,2a auch Subjekt sind (ausdrücklich in 3,3b »sie aber«).

3,4 lautet genauer übersetzt: »Wenn sie auch in (der) Sicht (der) Menschen bestraft wurden, (war/ist) ihre Hoffnung (doch) voll Unsterblichkeit.« Hier wird benannt, was einen Glaubenden bei den ihm in der Weise von 2,10-20 zugedachten Leiden bis zum Tode durchhalten lassen kann. »Unsterblichkeit« ist hier nicht im platonischen Sinne gedacht als naturgegebene Eigenschaft der Seele des Menschen, wohl aber als eine allen, die Gerechtigkeit lieben (s.o. zu 1,1.15), von Gott zugedachte Gabe (s.o. zu 2,23f.). Auf sie richtet sich rückhaltlos die Hoffnung des Gerechten. Die Deutung der Leiden als Strafe kann der Sprecher nur allgemein »Menschen« zuschreiben, nicht den Frevlern und Toren, die Gott jede Wirksamkeit (wie Strafen und Belohnen) und damit Existenz absprechen. In Gegenüberstellung dazu ist die Hoffnung der Frevler während ihres Lebens »leer« (3,11b), als verläßlich betrachten sie ja nur den Tod, ihre Nachkommen haben gar keine Hoffnung (3,18a).

3,5 EÜ macht aus 3,5a zwei Kola. Daß die EÜ mit »werden sie gezüchtigt« das passive Aorist-Partizip präsentisch übersetzt, ist inkonsequent gegenüber der perfektischen Übersetzung der Aorist-Verben in 3,(4a).5b.c.6a.b, da es in allen Fällen um die Benachteiligungen und Leiden der Gerechten bis zu ihrem Tod geht. Weil aber diese Aoriste in der Vergangenheit gewonnene Erfahrungen als auch für die Gegenwart gültig ausdrücken wollen, wäre auch eine *einheitliche* präsentische Übersetzung möglich (sog. gnomischer Aorist in Sprichwörtern und Erfahrungsverallgemeinerungen).

Das Gegensatzwortpaar »strafen – Wohltaten erweisen« verwendet der Verfasser als Schlüsselidee bei der Gestaltung des dritten Buchteils (s.u. zu 11,5 und zu 11,15 – 12,27). Aber während in Kap. 11 – 19 mit diesem Wortpaar die gegensätzliche Wirkung derselben Naturkräfte auf Gerechte (wohltuend) und auf Frevler (strafend) beschrieben wird, dient es hier in 3,4-5 zur Bezeichnung des Anscheins (Bestrafung des Gerechten) und der Wirklichkeit (Wohltat an ihm). Bei »nur wenig gezüchtigt – große Wohltaten empfangen« mag der Sprecher an Texte wie Jes 54,7f. gedacht haben. Das mit »züchtigen« übersetzte Wort bedeutet nicht »strafen, vergeltend Schmerz zufügen«, sondern »erziehen, ausbilden, (auch mit Hilfe von harten Maßnahmen) korrigieren und zu Wissen und Lebenstüchtigkeit führen«. Das letzte Kolon von 3,5 »(Gott) fand sie seiner würdig« bildet die Gegensatzentsprechung zu 1,16d und drückt die schon durch den Begriff der Gotteskindschaft (s.o. zu 2,13.16.18) ausgesagte besondere Nähe und Zugehörigkeit des Gerechten zu Gott aus.

3,6 Das Bild vom Schmelzofen, in dem Schlacke und Gestein von Edelmetall (Gold, Silber) geschieden wird, begegnet mehrfach in der Heiligen Schrift (z.B. Ps 66,10-12; Spr 17,3; Sir 2,1-5 über Gottes Prüfung und Läuterung des Menschen durch Leid und Unglück während seines Lebens; Sach 13,9; Mal 3,2f. über die Läuterung »an jenem Tag«). Mit der Übersetzung »vollgültiges« Opfer verschiebt EÜ den Sinn auf »rituell einwandfrei«. Die Wendung in 3,6b bedeutet aber eine alle Arten von Opfergaben umfassende Ganzdarbringung (Speiseopfer von Früchten, Pflanzen, Wein, Mehl, Öl und Schlachtopfer; mit dem Gedanken: durch Verbrennen Gott ganz anbieten; vgl. Sir 45,14). Zu einer solchen Deutung des leidvollen Lebens des Gerechten als vorbehaltlose Hingabe (Ganzopfer) an Gott mögen den Sprecher z.B. Ps 51,18-19 (vgl. Ps 50,14; 69,30-32; Spr 21,3: »Gerechtigkeit üben und Recht, ist dem HERRN lieber als Schlachtopfer«) angeregt haben.

3,7-9 Durch die Inklusion »Heimsuchung« in 3,7a.9d (EÜ: Endgericht) und die Futurformen der Verben werden 3,7-9 als kleiner Teilabschnitt gekennzeichnet. Darin wird beschrieben, was bei der »Heimsuchung« (zu *episkopé* s.o. bei 2,20) im und nach dem Tod der Gerechten geschieht und was sie bewirkt.

Das Kolon 3,9d »und Heimsuchung (wird sein) bei seinen Auserwählten« ist in der EÜ im Anschluß an die Handschrift B, einige Minuskeln, mehrere alte Übersetzungen und viele Kommentare ausgelassen. Vgl. unten zu 4,15.

In seiner Darstellung fügt der Sprecher mehrere aus der heiligen Schrift und der jüdischen Tradition bekannte Motive zu einem eigenen Bild zusammen. Schon in Jes^{LXX} 42,1-4 finden sich nebeneinander: Der HERR hat seinen *paîs* (Knecht/Kind) angenommen (aus der Gottesdienstsprache für die Opferannahme), dieser wird den Völkern Recht/Gericht bringen in Wahrheit/Zuverlässigkeit, er wird aufleuchten (so übersetzt die Septuaginta das hebr. »er wird nicht verlöschen/ermüden«). Der Ausdruck »zur Zeit ihrer Heimsuchung« war z.B. in Jes 10,3 und Jer 6,15; 10,15 bereits geprägt.

Das »Aufleuchten« bei dieser Gelegenheit konnte der Sprecher auch DanTh 12,3 (Hen 1,8; 5,7; 38,2; 104,2 u.ö.) entnehmen, das Bild von Funken, die durch ein Stoppelfeld hindurchfahren (und es in Brand setzen), aus Obd 18 und, verbunden mit dem Endgerichtsgedanken gegen die Frevler, aus Mal 3,17-21. Daß Gott das von ihm erwartete Gericht an den Völkern und zugleich die Königswürde und Herrschaft den »Heiligen des Höchsten« übergibt, ist eine seit Dan^{LXX+Th} 7,18.22 in palästinischen ebenso wie diasporajüdischen Gruppen verbreitete Vorstellung, die auch z.B. der Habakuk-Kommentar aus Qumran (»In die Hand seiner Auserwählten wird Gott geben das Gericht über alle Völker« 1 QpHab 5,4) und 1 Kor 6,2

(»Wißt ihr nicht, daß die Heiligen die Welt richten werden?«; vgl. Mt 19,28; Offb 20,4) bezeugen. Weish 6,19-21 wird verdeutlichen, was 3,8 begründet: Der Gerechte ist Gott nahe, ist sein Sohn, und darum auf Dauer König, weil Gott selber *der* König ist. Daß der HERR König ist »für alle Ewigkeit«, bildet von Ex 15,18 an ein durchgehendes Motiv in der Heiligen Schrift, besonders im Psalmenbuch (vgl. auch Tob 13).

»Die auf ihn ihr Vertrauen gesetzt haben«: Die EÜ fügt in *3,9a* ohne Grund »alle« hinzu und übersetzt das Partizip Perfekt präsentisch »alle, die auf ihn vertrauen«. Dies könnte verunklaren, daß die im Voraufgehenden beschriebenen Gerechten nach ihrem Tod gemeint sind. Sie »werden (die) Wahrheit verstehen«, und zwar nicht nur in einem griechischen theoretisch-philosophischen Sinn. Vielmehr wird den Gerechten hier zugesagt, was den Frevlern in 2,22a abgesprochen wurde: die (Er)Kenntnis der Geheimnisse Gottes (s.o. zu 2,13.22). »Wahrheit« ist hier gleichbedeutend mit »Verheißungstreue Gottes«, »Gerechtigkeit« und »Weisheit« (s.u. zu 5,6 und 6,22). In *3,9b* wählt EÜ die weniger wahrscheinliche Übersetzungsmöglichkeit und ordnet das in der Kolonmitte stehende »in Liebe« ausschließlich dem Verbum zu. Die Treuen werden bei Gott bleiben in Liebe, d.h. sie werden ihre Liebe zu Gott (Dtn 6,5 u.ö.) ungetrübt fortführen, bzw. sie werden auf Dauer in der Liebe Gottes zu ihnen leben. Vom Parallelismus zu 3,9a her und im Blick auf 6,18f. ist aber näherliegend die Übersetzung: »Die in (ihrer) Liebe (zu Gott) treu Gebliebenen werden (auf Dauer) in seiner Nähe bleiben (ihm liebend anhangen)« (vgl. Hen 108,7-10).

Der Langtext von *3,9c-d* (zum Kurztext in der EÜ s.o. zu 3,7) lautet: »denn Gnade (freudig geschenkte Anerkennung) und Erbarmen (liebevolle Verbundenheit und mitfühlende Zuwendung; vgl. Ex 34,6f.) [geschieht von Gott her] bei seinen Heiligen, / und Heimsuchung bei seinen Auserwählten.« Die beiden (teil-)synonym parallelen Kola (Heilige und Auserwählte entsprechen sich, ebenso Gnade-Erbarmen und Heimsuchung) falten das in 3,9a-b Gesagte mit anderen Worten aus: ›Heilige/Auserwählte‹ sind die, die während ihres Lebens ihr ganzes Vertrauen auf Gott gesetzt haben und in ihrer Liebe zu Gott treu geblieben sind, die Gerechten; ›Wahrheit verstehen und auf Dauer in inniger Nähe zu Gott sein‹ erläutern ›Gnade/Erbarmen und Heimsuchung‹.

3,10a ist zu übersetzen: »Die Frevler aber werden entsprechend dem, was sie *dachten* (2,1.21 und 3,2), Strafe erhalten.« EÜ läßt durch die Übertragung »Die Frevler aber werden für ihre *Pläne* bestraft« die Rückbezüge auf die schon beschriebenen und beurteilten *Gedanken* der Frevler (1,3.5; 2,1.21 und 3,2) und deshalb den Sinn nicht gut erkennen: Was die Frevler über den Tod und das Lebensende der Gerechten gedacht und sich vorgestellt hatten, das gerade wird sie selbst als *Strafe* treffen. *3,10b* deckt auf, worum es bei der Mißachtung der Worte und Lebensweise des Gerechten (s.o. zu 2,14) eigentlich ging: Ablehnung Gottes, Apostasie vom HERRN. Die die ganze Heilige Schrift durchziehende Überzeugung von der Einheit von Gottes- und Nächstenliebe ist in ihrer Umkehrung hier präzise formuliert.

3,11a lautet wörtlich: »Denn wer Weisheit und Zucht für nichts hält, [ist] unglücklich (elend).« (EÜ fügt »alle« hinzu und setzt das Kolon in den Plural.) Es ist das einzige Kolon in 3,10-12, in dem auf die Frevler im verallgemeinernden Singular Bezug genommen wird. Selbst in der Bezugstelle Spr^{LXX} 1,7d steht der Plural: »Weisheit aber und Zucht halten (die) Frevler für nichts.« Vielleicht soll der auffällige Singular den Merkspruchcharakter des Kolons hervorheben. Zu »Weisheit« und »Zucht« s.o. bei 1,4-5. Die Beurteilung »unglücklich (elend)« kommt nur noch einmal im Buch der Weisheit vor, nämlich in 13,10 (über die, die von menschlichen Händen Angefertigtes Götter nennen), aber ebenfalls in Verbindung mit aussichtsloser Hoffnung (dort: auf tote Dinge). In EÜ ist durch die unterschiedliche Übersetzung des gleichen seltenen Wortes (in 3,11a »unglücklich«, in 13,10 »unselig«) der Bezug nicht erkennbar. »Leer« wird die Hoffnung der Frevler im Kontrast zur »gefüllten« Hoffnung der Gerechten (3,4b) genannt, und dadurch wird »elend« erläutert. Wenn das eigene Leben schon nichts Dauerhaftes enthält (Fürnichtshalten von Weisheit und Zucht; Tod als absolute Grenze), könnten als Bleibendes noch das unter Mühen gestaltete Lebenswerk (*3,11b-c*), die Familie (Frau) oder die Nachkommen (*3,12a-b*) betrachtet werden. Da und insofern ihre *Mühen* aber auf die Ziele der Frevler selbst gerichtet sind, gilt von ihnen: vergeblich; von ihren *Werken* (EÜ: Taten): unnütz (gerade mit diesem Wort hatten die Frevler in 2,11 die gesellschaftlich und physisch Schwachen bezeichnet). Die negative Beurteilung der Frauen (»unverständig«; das gleiche Wort übersetzt EÜ in 3,2 mit »Toren«; s.o. zu 1,3) und der Kinder der Frevler (»böse, schlecht«) ist natürlich nicht im Sinne einer Sippenhaftung zu verstehen, sondern im Blick auf das schlechte Vorbild und die zu erwartende negative Beeinflussung, die die Frevler bezüglich des Wertesystems auf ihre nächste Umgebung ausüben. Hier werden nicht bestimmte Individuen moralisch beurteilt, sondern im Rahmen der Werbeschrift für ein Leben nach der »Gerechtigkeit« werden die zu befürchtenden Konsequenzen dunkel ausgemalt, die sich aus einer Entscheidung gegen eine solche Lebensorientierung ergäben.

EÜ verengt die Bedeutung von *3,12c*, eher ist zu übersetzen: »Verflucht ist, was sie hervorbringen«. (Werke und) Kinder nehmen teil am Selbstausschluß der Frevler von der Gerechtigkeit und der gottgeschenkten Unvergänglichkeit (Fluch). 3,11b-12 ist (unter Hinzufügung der Frauen) offenbar als eine Umkehrung von Jes^{LXX} 65,23 formuliert: »Meine Erwählten aber werden sich nicht mühen ins Leere und nicht Kinder zeugen zum Fluch, denn es ist ein von Gott gesegneter Same, und das von ihnen Stammende wird bei ihnen sein.« 3,12 schließt also zusammenfassend den Abschnitt 3,1-12 ab und enthält zugleich eine *Themenankündigung* zum folgenden Abschnitt 3,13 – 4,6 (Frauen, Kinder).

Nicht Zeugungsfähigkeit und Kinderreichtum, sondern nur Gesetzestreue und Tugend zählen bei der Heimsuchung und lassen an der Unsterblichkeit teilhaben 3,13 – 4,6

In Form einer Begründung zur These in 3,12 (eingeleitet durch »denn«, in der EÜ 3,13a nicht mitübersetzt) schließt sich dieser Abschnitt mit zwei zueinander parallelen Durchgängen an. Zweimal folgt einer positiven Darlegung (3,13-15 und 4,1-2), jeweils mit »aber, demgegenüber« (3,16 und 4,3) abgesetzt, ein dunkles Kontrastbild (3,16-19 und 4,3-6). Ein Netz von Wortwiederholungen sichert die Zusammengehörigkeit der vier Teilabschnitte (in EÜ nur z.T. erkennbar, z.B. Bett mit Gesetzesübertretung (EÜ: Lager der Sünde; sündige Verbindung) 3,13b.16b; Frucht (EÜ: Lohn) 3,13c.15a; 4,5b; Wurzel 3,15b; 4,3b.4c; unvollendet; Ende (EÜ: verkümmern; Ende) 3,16a.19; 4,5a; unbefleckt (EÜ: unschuldig; edel) 3,13a; 4,2d; für nichts 3,17a; 4,5c; Kinder

3,16a; 4,1a.6a; vielgezeugt; Erzeuger (EÜ: Kinderschar; Eltern) 4,3a.6b.

Texten wie Ps 128,1-4: »Selig jeder, der den HERRN fürchtet, / der geht auf seinen Wegen. Worum sich deine Hände gemüht haben, wirst du essen, / selig du, und gut wird es dir ergehen. Deine Frau ist wie ein fruchttragender Weinstock / im Innern deines Hauses. Deine Kinder sind wie Setzlinge von Ölbäumen / rings um deinen Tisch. Siehe, so wird ein Mann gesegnet, / der den HERRN fürchtet...« (vgl. Dtn 7,14) fügt der Sprecher eine aus seiner Sicht notwendige Ergänzung hinzu, damit Fehleinschätzungen vermieden werden. Wohlstand und Kinderreichtum sind nur *möglicherweise* Zeichen des verheißenen Segens, keineswegs beweisen sie oder widerlegt ihr Fehlen ein gottesfürchtiges Leben und Segen. Statt des Begriffs »Gottesfurcht« verwendet der Sprecher »Gerechtigkeit«, die auch die Gottesfurcht einschließt, s.o. zu 1,1.15. Wenn sie die Gerechtigkeit lieben, sind auch die *Kinderlosen* seligzupreisen. Die EÜ übersetzt mit diesem Wort zu Recht sowohl die »unfruchtbare« Frau 3,13a als auch den »zeugungsunfähigen« Mann, den Eunuchen 3,14a. Da nach der zeitgenössischen antiken Vorstellung bei der Zeugung der Mann das Kind in die Frau hineinlegt, wurde als Grund für die Kinderlosigkeit eines Paares entweder die Unfruchtbarkeit der Frau angenommen oder ein physischer Mangel beim Mann.

3,13 Die Berechtigung zur Seligpreisung einer Unfruchtbaren (kollektiv zu verstehender Singular) entnahm der Sprecher Jes 54,1: »Freue dich, Unfruchtbare, die nicht geboren hat...«. Aber er verwendet dieses Wort nicht bildlich für das verwüstete Jerusalem wie das Jesajabuch, sondern für Frauen, die, weil sie nicht das Gesetz übertreten wollen, kinderlos bleiben und deshalb als unfruchtbar gelten. Die Kinderlose ist »unbefleckt«, weil sie sich nicht in ein »Bett mit (Gesetzes-) Übertretung« (EÜ: Lager der Sünde) begeben hat. Gemeint sind von der Tora verbotene Ehen (z.B. Lev 18; 20), Ehen mit Nichtjuden (vgl. Dtn 7,1-4; Esra 9 – 10; Neh 13,23-30; Mal 2,10-16; Tob 4,12-13) oder Ehebruch. Die EÜ übersetzt das in Weish dreimal verwendete Wort »unbefleckt« je verschieden: 3,13a unschuldig; 4,2d edel; 8,20 unverdorben. Bezugspunkt sind in 3,13a die jüdischen rituellen Reinheitsgebote, besonders in Bezug auf die geschlechtliche Betätigung. Aus der wörtlichen Übersetzung von

3,13c, die EÜ in einer Fußnote beigibt, ist die Begründung für die Seligpreisung der Unfruchtbaren erkennbar. Bei der »Heimsuchung der Seelen« (zu Heimsuchung s.o. 2,20; 3,7; zu Seelen s.o. 3,1) wird sie »Frucht« haben, zwar nicht in der primären Wortbedeutung als Leibesfrucht, wohl aber in der metaphorischen: Sie wird die Frucht ihrer lebenslangen Bemühung um Gesetzeseinhaltung ernten, Gott wird ihr das in 3,1-9 allen Gerechten bei und nach ihrem Tod Verheißene schenken.

3,14 Nach Dtn 23,2 war es dem Verstümmelten, Zeugungsunfähigen, nicht erlaubt, zur Gemeinde des HERRN hinzuzutreten, er war ausgeschlossen. In der nachexilischen Zeit war eine neue Situation eingetreten und eine neue Entscheidung getroffen worden: »So spricht der HERR: Den Eunuchen, die meine Sabbate halten, die gerne tun, was mir gefällt, und an meinem Bund festhalten, ihnen errichte ich in meinem Haus und in meinen Mauern ein Denkmal (*jad waschém*: »Hand/Mal und Namen«). Ich gebe ihnen einen Namen, der mehr wert ist als Söhne und Töchter« (Jes 56,3-5). Die Kinderlosigkeit mag physisch bedingt sein von Geburt an oder infolge von Kastration oder sich durch andere Umstände ergeben haben. Wenn ein Kinderloser an der Gerechtigkeit treu festhält durch sein Handeln (»der mit seinen Händen keinen Gesetzesverstoß begangen hat« 3,14b) und in seinem Denken (»der dem HERRN nicht Übles zugeschrieben hat« 3,14c, vgl. 1,1b), dann werden ihm bei der Heimsuchung die den Gerechten verheißenen Gaben (s.o. 3,9c-d) zuteil. Der »Tempel des HERRN«, in dem ihm »Anteil« (s.o. zu 2,9) gegeben wird, ist hier nicht, wie in Jes 56,5, der Tempel in Jerusalem, sondern der »im Himmel« (vgl. z.B. Ex 25,9; Ps 11,4; Hebr 8,1f.; 9,11f.; Offb 11,19).

3,15 EÜ ersetzt wieder »Frucht« durch »Lohn« (s.o. 3,13). Damit wird aber unerkennbar, daß der Sprecher gerade für Frauen und Männer, die sich nicht in Kindern fortpflanzen, sich aber um Gutes mühen, zusammenfassend Fruchtbarkeitsmetaphern gebraucht: Sie erhalten nennenswerte, berühmte »Frucht«, sie sind ein immer wieder »ohne Fall« (d.h. fehlerlos) ausschlagender »Wurzelstock« an Klugheit (das Vermögen, im Leben jeweils die richtigen Entscheidungen zu treffen).

3,16-19 Der Wortstamm »Ende« (3,16a.19; in der EÜ durch die Umschreibung »verkümmern« in 3,16a unkenntlich) bildet eine

Inklusion und bestimmt thematisch diesen Kontrastabsatz. Die persönlichen Sünden der Eltern werden an die Kinder nicht vererbt, wohl aber können Lebensmöglichkeiten den Kindern durch das Verhalten ihrer Eltern unerschlossen bleiben, Grunderfahrungen von Vertrauen und Liebe können vorenthalten, Augen und Herz für die religiöse Dimension des Alltags und der Wirklichkeit nicht geöffnet, die Plausibilitäten von Gerechtigkeit und Hoffnung getrübt oder zerstört werden. Für Nachkommen, die Denkweise und Verhalten ihrer Eltern übernehmen, gilt dann alles über die Frevler Gesagte (s.o zu 3,12). Der Einzeiler 3,19 schließt den ersten Durchgang zusammenfassend ab.

3,16 Bei »Ehebrechern« klingt über den direkten Wortsinn hinaus die im Alten Testament häufige Bedeutung »anderen Göttern nachlaufen, JHWH untreu sein« mit. Zur Bezeichnung »Nachkommen aus gesetzwidrigem Bett« (EÜ: aus einer sündigen Verbindung; »Bett« ist hier wie in 3,13b euphemistische Umschreibung für »Beischlaf«) s.o. zu 3,13. Sie werden »nicht zur Vollendung gelangen« (EÜ: verkümmern), d.h. das in 3,1-9 beschriebene Ende und Ziel der Gerechten nicht erreichen. Sie »werden nicht mehr sein« (EÜ: schwinden dahin), wie es die Frevler gedacht haben (s.o. zu 3,10 und unten 5,6-14).

3,17-18 Diese Aussichtslosigkeit gilt nämlich für sie, ob sie lange oder nur kurz leben. Die lange Lebensdauer wird »für nichts zählen« – der Sprecher scheint hier Jes^{LXX} 53,10 und 40,17 zu einer neuen Aussage zu verbinden. Hohes Alter wird bei ihnen am Lebensende nur noch als Schwäche verachtet (vgl. 2,10c). Auch bei einem vorzeitigen, plötzlichen Tod »werden sie keine Hoffnung haben« (s.o. zu 3,4.11; vgl. Spr 11,7): Während ihres Lebens haben sie nicht gehofft (2,22), und danach werden sie nichts zu erwarten haben. Während bei den Gerechten die »Zeit der Heimsuchung« Licht und Gottesnähe bedeutet (3,7-9), gibt es für die anderen am »Tag des Entscheids« keine Aussicht auf Milderung des Strafurteils (EÜ: Trost). Der Sprecher verwendet hier einen in der Septuaginta sonst nicht vorkommenden Fachausdruck für »Erkenntnis, Unterscheidung, Auswertung, Entscheidung«, der als »Diagnose« bis heute gebräuchlich ist, seit der römischen Kaiserzeit aber zugleich eine Sonderbedeutung in der Rechts- und Verwaltungssprache hatte: unmittelbarer und definitiver Entscheid des Kaisers oder in seinem Namen eines hohen Provinzbeamten anstelle eines Gerichtsprozesses mit einem Richterurteil und Berufungsmöglichkeiten, vgl. Apg 18,14-15; 25,21 (G. Scarpat 1988). Die Ersetzung des biblischen Ausdrucks »Heimsuchung« (2,20; 3,7.9.13; 4,15) durch den profanjuristischen Begriff »Entscheid« für das, was die Frevler(nachkommen) bei ihrem Tod erwartet, geschah also absichtlich. Jeder aus dieser »nichtgerechten«, d.h. in der Lebensführung nicht an der Gerechtigkeit orientierten (EÜ: schuldhaften) Generation wird ein schlimmes Ende haben.

4,1-2.3-6 Der zweite Durchgang setzt unverbunden (asyndetisch) ein. Er greift vor allem mit Begriffen und Metaphern aus der griechischen Welt den ersten Durchgang (3,13-15.16-19) auf, der eher biblische Terminologie benutzt hat, und intensiviert so die Wirkung. »Besser ist Kinderlosigkeit mit Tugend (als eine Nachkommenschaft zu haben, wie sie in 3,16-19 beschrieben wird)«, vgl. Sir 16,1-4. Der Sprecher verwendet hier unbefangen das Wort »Tugend«, den Oberbegriff hellenistischer philosophischer Ethik, zur Charakterisierung einer Lebenspraxis, die von der »Gerechtigkeit« bestimmt ist. Im gängigen Bewußtsein erscheint Nachkommenschaft unersetzlich, um »den Namen eines Verstorbenen bestehen zu lassen« (vgl. Rut 4,5). Weshalb der »Kinderlosigkeit mit Tugend« jedoch ein den Tod überdauernder Bestand zukommt, der das ehrende Gedenken durch Kinder und Enkel weit überragt, begründet 4,1b-c. Diese Kola lauten, wörtlich übersetzt: »Denn Unsterblichkeit ist in ihrem Gedenken, da sie (die Tugend) sowohl bei Gott (an)erkannt wird als auch bei (den) Menschen.« Als einziges Buch des AT benutzt Weish den typisch griechischen Begriff »Unsterblichkeit«, allerdings nie zusammen mit »Seele« (3,4; 4,1; 8,13.17; 15,3; »unsterblich«: 1,15). Wie schon die Erläuterungen zu 1,15 und 2,23 und der Kontext von 3,4 (gewaltsamer Tod des Gerechten) zeigten, ist damit in Weish nicht eine Aufhebung des natürlichen Sterbenmüssens gemeint, sondern eine geschenkte Anteilhabe an dem, was nur Gott besitzt, ist und geben kann: Licht, unvergängliches Leben, liebevolle Verbundenheit, Gotteserkenntnis und -nähe, Weisheit, Gerechtigkeit. Vor dem Tod haben die Gerechten nur im Vertrauen und in der Hoffnung daran teil; »dann«, nach dem Sterben, wird ihre Anteilhabe auch offenkundig sein vor allen (s.u. 5,1-2). Was Gott anerkennt und erinnert, das ist unvergänglich und dauerhaft dem Vergessen entzogen. Aber auch innergeschichtlich wird der Tugend eines Menschen, dessen Leben von Tugend geprägt war, und der Tugend selbst lange gedacht.

4,2 entfaltet dieses »Gedenken« in griechischer literarischer Ausdrucksweise, aber bezeichnend verändert, und in umgekehrter Reihenfolge (chiastisch): »bei (den) Menschen« 4,2a-b, »bei Gott« 4,2c-d. Wie beispielsweise Xenophon und Horaz beschreibt 4,2 zunächst zwei Stadien der Reaktion auf Tugend: *Vor* dem Tod (»ist sie zugegen«) löst sie Verachtung und Neid oder als Vorbild Nachahmung aus. *Nach* dem Tod (»ist sie entschwunden«) ruft sie Lob, Nichtvergessen, Vermissen hervor. Diesen beiden Stadien fügt der Sprecher ganz ungriechisch noch ein drittes hinzu: »in der Ewigkeit« (entsprechend dem »bei Gott« in 4,1c). Die Metaphern aus dem Sportkampf für ein um Tugend bemühtes Leben sind seit Platon allgemein verbreitet. Hier ist es die Siegerehrung mit Kranz und Triumphzug (vgl. auch 1 Kor 9,24-27; 1 Tim 6,12; 2 Tim 4,7-8; Hebr 12,1-2). Dem Triumphzug entspräche heute die Ehrenrunde.

Der Kinderlosigkeit »mit Tugend« stellt der Sprecher die »vielgezeugte Masse« (EÜ: große Kinderschar) der Frevler gegenüber: Sie nützt nichts (s.o. zu 3,11c über ihre Werke und 4,5b über ihre »Frucht«). Wieder malt der Sprecher mit groben dunklen Strichen ein Kontrastbild. »Vielgezeugt, vielzeugend« sagt man sonst nur von Tieren, etwa von Kaninchen. In 4,3b-5 nimmt er das in 3,15b positiv auf die Unfruchtbare und den Eunuchen angewandte Bild vom fehlerlos ausschlagenden Wurzelstock breit ausgefaltet wieder auf, aber negativ. Für die zahlreiche Nachkommenschaft von Frevlern treffe dieses Bild nicht zu! Sie dokumentiere nur eine unnütze, sogar katastrophale Fruchtbarkeit. »Aus illegitimen Ästen kann sie keine Wurzel in die Tiefe treiben«. Die EÜ übersetzt hier nicht präzis. Im Ausdruck »illegitime Äste« sind die reale Sprechebene (zu illegitim vgl. 3,13b. 16a-b) und die metaphorische (Äste, die nicht als Stecklinge verwertbar sind) ineinandergeschoben. In 4,4b läßt die EÜ etwas aus: »das, was nur unsicher Stand gewonnen hat«, wird vom Wind hin und her geschüttelt. Nur in 3,16a und 4,5a kommt im ganzen AT das Wort »nicht zur Vollendung gelangt« vor (s.o. zu 3,16), beidemal von der Nachkommenschaft der Frevler. Während nach 3,15a gute Mühen ansehnliche Frucht bringen, heißt es von den Frevler-Nachkommen in 4,5b-c, sie brächten unnütze

Frucht (s.o. zu 4,3a und 3,11c), die zu unreif sei zum Essen und zu nichts tauglich (s.o. zu 3,17a).

4,6 resümiert den Teilabschnitt: »Denn aus ungesetzlichem Schlaf gezeugte Kinder / sind Zeugen der Schlechtigkeit gegen (die) Eltern bei ihrer (gerichtlichen) Untersuchung.« Zum »ungesetzlichen Schlaf« s.o. 3,13b.16b; 4,3b; zur »Untersuchung« s.o. 1,9 und 3,18b. Da die Kinder von ihrer Zeugung an im Bereich von Gesetzlosigkeit gelebt haben, können sie bezeugen, was die Eltern begangen haben, und zugleich spiegeln sie selbst die Schlechtigkeit der Eltern wieder.

Ein vorzeitiger Tod des »Gerechten« ist Vollendung; auch hohes Alter der uneinsichtigen »Frevler« bewahrt sie nicht vor dem strafenden Ausgelöschtwerden aus dem Gedenken 4,7-20

Der Beginn des Abschnitts wird durch gegenüberstellendes »aber« und durch Wechsel von Subjekt (der Gerechte) und Thema (»wenn er früh endet / stirbt«) gekennzeichnet. Er ist zweigeteilt. Der Einzeiler 4,7 bildet eine thesenartige Überschrift zum ersten Teil (4,7-16), der auch durch Inklusionen markiert ist (Gerechter 4,7.16a; Alter 4,8a.16b; viel- 4,8a.16b). Die letzten Kola dieses ersten Teils (4,14c-d.16) kündigen schon das Subjekt und die Thematik des zweiten Unterabschnitts an (4,17-20): Leute/Frevler, sehen und nicht verstehen, Gericht, schmerzhaftes Getilgtwerden aus dem Gedenken. Die EÜ stellt durch das Druckbild 4,20 nicht mehr zu 4,7-20, sondern zum nächsten Großabschnitt 5,1-23, so auch einige Kommentare. Der Text bietet dazu aber keinen Anlaß. Im Gegenteil: Der Unterabschnitt 4,7-20 hat fast durchgehend dasselbe Subjekt »sie«, und wo »der HERR« bzw. »das Gedenken« Satzsubjekt sind, wird auf »sie« (die in 4,16 benannten Frevler) bezuggenommen. Alle Verben außer den beiden zurückschauenden Aoristen in dem indirekten Fragesatz 4,17b-c stehen im *Futur* (die EÜ ändert 4,20 ins Präsens!). Eingeleitet mit »Dann« und durch Subjektwechsel markiert (»der Gerechte«), beginnt der nächste Großabschnitt in 5,1.

4,20 enthält die *Themenankündigung* zu 5,1-23. Nur selten steht eine solche Ankündigung als Überschrift oder Exposition am *Anfang* des Abschnitts, auf den sie sich bezieht, wie z.B. 4,7 für 4,7-16 und 6,22-25 für 6,22 – 11,1. Viel häufiger findet sich eine Themenankündigung am

Ende des *vorhergehenden* Abschnitts und schließt ihn ab, so auch hier. Weitere Beispiele für diese Weise der Ankündigung sind 1,11-15; 2,22-24; 3,12; 4,14c-16. Vgl. auch das 2. Kapitel der *Einleitung*.

4,7-16 Was 3,1-9 über das zu erhoffende Ergehen des Gerechten sagte, nachdem er von Menschen gewaltsam zu Tode gebracht wurde (»in der Hand Gottes« 3,1; »in Frieden« 3,3), gilt auch für den ohne Schuld eines anderen jung sterbenden Gerechten: »er wird in (der) Ruhe sein« 4,1. Nach Möglichkeit vermeidet der Sprecher für das Lebensende des Gerechten das Substantiv »Tod« und das stammverwandte Verb »Tod erleiden, sterben«. Nur im Mund der Frevler begegnen sie (2,20; 3,2) als Ausdruck ihres Unverständnisses (s.o. zu 1,16; 2,21-24). Stattdessen gebraucht er Verben mit der Bedeutung »(voll)enden« (4,7.13.16b; vgl. den Gegensatz bei der Nachkommenschaft der Frevler: »unvollendet« in 3,16a und 4,5a). Hier scheint das Motiv »Tod als Ruhe« (z.B. Ijob^{LXX} 3,13.23; Sir 38,16-23) aufgegriffen und, noch über die Verheißung von Ruhe z.B. in Jes 14,1.3 hinaus, neu gefüllt zu sein. Die Überschrift 4,7 scheint der im AT oft wiederholten Überzeugung zu widersprechen, *langes* Leben bezeuge den Segen Gottes. Zu ihrer Begründung verbindet der Sprecher Gedanken aus der hellenistischen Trostliteratur und aus der haggadischen* Überlieferung. Hier übernimmt er deren Aufschlüsselung des rätselhaft kurzen Schlußsatzes über Henoch in Gen 5,24: »Und es wandelte Henoch mit Gott, und er war nicht (mehr); denn genommen hatte ihn Gott«.

Armin Schmitt hat 1986 auf einige Topoi aus der griechisch-römischen Konsolationsliteratur aufmerksam gemacht, deren sich auch der Sprecher bedient: frühe Vollendung, von den Göttern geliebt, Bewahrung vor Schlimmem (zur Veranschaulichung s.u. TEXTE). Als Beispiel für ein vollendetes, aber kurzes Leben kann Henoch dienen, da er mit 365 Jahren zwar eine »vollkommene« Anzahl von Jahren erreichte (365 sind *alle* Tage eines Jahres), aber bei seiner »Wegnahme« im Vergleich mit dem Alter der anderen vor der Sintflut genannten Urväter noch »jung« war. Im masoretischen Text werden Adam 930, Set 912, Enosch 905, Kenan 910, Mahalel 895, Jered 962, Metuschelach 969, Lamech 777, Noach 950 Lebensjahre zugeschrieben. Zu den davon verschiedenen Zahlen im samaritanischen Pentateuch und in der Septuaginta und ihrer Bedeutung s. den Kommentar zu Gen 5.

Die These in *4,7* wird begründet durch zwei verneinte (4,8) und, ihnen gegenübergestellt, zwei positive Kola (4,9). Die EÜ läßt »aber, vielmehr« zu Beginn von 4,9 aus. *4,9* lautet genauer übersetzt: »Graues Haar ist vielmehr für (die) Menschen kluges Unterscheidungsvermögen, / und Greisenalter fleckenloses Leben.«

Durch Rückblick auf ein konkretes Beispiel in der Vergangenheit wird das Gesagte veranschaulicht (4,10-14b). An dieser Stelle zeigt sich zum ersten Mal die Eigenart des Sprecher, alttestamentliche Gestalten exemplarisch heranzuziehen und nicht ihre Namen, sondern Tätigkeiten, Eigenschaften und bezeichnende Ausdrücke zu nennen, die diese Personen unverkennbar charakterisieren (s.u. besonders zu Kap. 7 – 9 und 10). Was in der maßgeblichen Vergangenheit für ein geschichtliches Individuum galt, was ihm geschah, ist verallgemeinerbar und läßt ablesen, wie Gott an jedem Gerechten handelt und handeln wird. In *4,10* machen zwei Kennwörter deutlich, daß die Rede von Henoch ist: »(Gott) wohlgefällig« und »er wurde versetzt/entrückt«. Immer wenn in der griechischsprachigen jüdischen Literatur auf Henoch Bezug genommen wird, werden diese Wörter verwendet: Gen^{LXX} 5,24; Sir 44,16; Hebr 11,5f.; bei PHILON mehrfach. Auch in Sir 44 folgt auf eine Erwägung über die Väter, die schon während ihres Lebens und über ihren Tod hinaus geehrt waren und in ihren Nachkommen auf Dauer fortlebten, im Unterschied zu anderen, die zusammen mit ihren Nachkommen endgültig vergessen sind, als erstes das Beispiel Henochs. Der Sprecher fügt der Henoch-Tradition ein Motiv aus der hellenistischen Trostliteratur als Grund für die frühe »Wegnahme/Entrückung« hinzu: »Er wurde (von Gott) geliebt«. Der dem Menandros (Komödiendichter, um 300 v.Chr.) zugeschriebene Spruch »Wen die Götter lieben, der stirbt jung« findet sich mehrfach auch in Grabinschriften (s.u. TEXTE). Durch die Wendung »mitten unter Sündern« verweist der Sprecher auf Jes 57,1-2 als Hintergrund seiner Behandlung des Themas »vorzeitiger Tod«.

Bereits die palästinischen Targumim* verwandeln ebenso wie Weish *4,11* die in Gen^{MT} 5,24 aktive Form »(Gott) hatte genommen« ins Passiv: »er wurde (zu früh aus dem Leben) gerissen«. Vgl. 2 Kor 12,2.4 und 1 Thess 4,17 »in die Gegenwart Gottes gerissen werden«. Die Bewahrung vor Verführung und Irreleitung der jugendlichen Geradheit (s.o. zu 1,5) durch einen frühen Tod ist häufiges Thema der hellenistischen Trostschriften (s.u. TEXTE) und wird auch in späteren rabbinischen Midraschim* zu Gen 5,24 als Motiv angeführt (Hinweise zu beidem im Kommentar von David Winston 137-142). Als Begründung folgt eine geschliffen formulierte Sentenz* in *4,12.* Der Einzeiler *4,13* »In kurzer (Zeit) vollendet, hat er lange Zeiten erfüllt (voll durchlebt)« wendet das in 4,8-9 Gesagte auf das Henochbeispiel und damit auf jeden früh verstorbenen Gerechten an. Die Frage nach der Vollkommenheit und Vollendung des Lebens unabhängig von der Anzahl der Jahre war auch ein geläufiger Diskussionsgegenstand der zeitgenössischen Philosophie. *4,14a-b* gibt den Ermöglichungsgrund dieser frühen Vollendung an und nimmt dazu 4,10f. variierend wieder auf (zu »Seele« im Sinne von »Person« s.o. 3,1). »Sie enteilte« (s.u. bei den TEXTEN das letzte Grabgedicht) meint keine Eigeninitiative, sondern eine liebevolle, fürsorgende Tat Gottes. So ebenfalls »er wurde entrückt« in 4,10b.

Durch den Subjektwechsel »die Leute« (das Wort nimmt wohl das zweimalige »niemand« in Jes 57,1 auf) und das gegenüberstellende »aber« (in der EÜ nicht übersetzt) wird ein »Kameraschwenk« in *4,14c-d* angezeigt. In der EÜ ist nicht erkennbar, daß es sich in 4,14c-d nicht um einen vollständigen Satz, sondern, ganz ungewöhnlich in Weish, um drei miteinander verbundene Partizipien handelt: »Die Leute aber – sehend und nicht verstehend / und auch nicht sich zu Herzen nehmend das Derartige«. Diese hier nur kurz eingeblendete Parenthese wird der Sprecher in 4,17-20 ausführlich erläutern.

Auch im Griechischen klingt »das Derartige« holprig und unklar; es kann auf Erwähntes zurück- und auf Folgendes vorausweisen. Deshalb wurde in *4,15* eine Wiederholung von 3,9c-d erklärend hinzugefügt. Zur Übersetzung und Auslegung s.o. bei 3,9; »Auserwählte« und »Heilige« sind hier in den beiden Kola miteinander vertauscht. Diese Einfügung geschah entweder durch den Verfasser selbst oder durch einen Abschreiber in einem sehr frühen Stadium der Textüberlieferung, da alle griechischen Handschriften und alten Übersetzungen 4,15 enthalten. Wenn sie Werk des Verfassers ist, war sie einmal Randnotiz beim Korrekturlesen? Aber sonst wiederholt er sich nie selbst in diesem Buch, sondern greift nur einzelne Wörter und kurze Wendungen weiterführend auf.

In *4,16* wird der Blick wieder auf den »entschlafenen Gerechten« und seine schnell ans Lebensziel gelangte Jugend gelenkt. »Entschlafen« ist ein seit Homer dichterisch verwendeter Euphemismus für »gestorben, tot«. Vgl. auch Dan 12,2 »die im Land des Staubes schlafen«. Bei »er wird verurteilen« ist eine präsentische Übersetzung wie in der EÜ zwar möglich, aber im Blick auf die Futurformen in 4,17 – 5,3 weniger passend. Der Ausdruck bezeichnet nicht eine Richterfunktion bei einem bevorstehenden Gerichtsverfahren, sondern, daß das bloße Vorhandensein und die Lebensführung des Gerechten bis zu seinem frühen Ende das Denken und Verhalten der Frevler qualifiziert und bloßstellt, auch wenn sie durch ein hohes Alter den Anschein des Segens haben (s.o. zu 2,12-16). Die Frevler stehen hier sowohl in der Mehrzahl als auch in der kollektiven, verallgemeinernden Einzahl (»des Ungerechten«).

4,17-20 Wie in 4,14c-d.16 angekündigt, wird nun die »andere Seite« betrachtet. *4,17* nimmt aus 4,14c »sehen und nicht verstehen« auf, Subjekt sind die in 4,16 genannten Frevler. Aufgrund des Kontexts ist der »Weise«, dessen »Ende« (s.o. zu 4,7.13.16) die Frevler sehen werden, der in 4,7-16 beschriebene früh vollendete Gerechte. »Was der HERR zu seinen Gunsten plante« (EÜ: was der Herr mit ihm wollte; vgl. die Geheimnisse Gottes 2,22) ist in 4,7 (»Ruhe«) angekündigt, und »mit welcher Absicht er ihn in Sicherheit brachte«, wurde in 4,10f. dargelegt. *4,18* wiederholt mit drohend-prophetischem Unterton »sie werden sehen« und klärt, daß das »Nichtverstehen« nicht Ratlosigkeit bedeutet, sondern verachtendes »Fürnichtshalten« (EÜ: sie gehen darüber hinweg), s.o. zu 3,11. »Für nichts« gezählt zu werden, war in 3,17 das Urteil über die Nachkommenschaft, die den Frevlern Dauer und Wert geben sollte. »Sie aber sind es, die der HERR auslachen wird«: Der Sprecher übernimmt aus den Psalmen die Hoffnung und Überzeugung der verachteten und unterdrückten Gerechten, daß Gott selbst die Gewalttätigkeit der Frevler entmachten, die Hohlheit ihrer Anmaßung und ihrer Überheblichkeit erweisen wird (s. Ps 37,13; 2,4; 59,9 mit dem jeweiligen Kontext; vgl. Spr 1,26). Mit dem »Auslachen« soll Gott nicht Freude über den Untergang zugeschrieben werden, vielmehr die Macht, den herrschenden Anschein endgültig zu zerstören. S.o. zu 1,13; vgl. Ez 18,23; 33,11 »Ich habe kein Gefallen am Tod des Schuldigen, sondern daran, daß er auf seinem Weg umkehrt und am Leben bleibt«.

4,19 beginnt: »Und es wird kommen für sie *danach* zu einem ehrlosen Sturz«. Für die Ausmalung des Schicksals der Frevler nach ihrem Tod mag der Sprecher sich an Jes 14,16-19, dem Schluß des Spottlieds auf den entmachteten König von Babylon, inspiriert haben. Vor allem aber verwendet er 3,10a als Maßgabe: Was die Frevler in Bezug auf die Gerechten dachten, das trifft sie als Strafe selbst. Bei *ihnen* wird es zum unehrenhaften Fall kommen, *sie* werden selbst bei den Toten auf immer verachtender Überheblichkeit ausgesetzt sein. Sie werden nicht mehr erhobenen Hauptes laut reden und willkürlich handeln (s.o. zu 2,19), sondern stumm vornübergeneigt niedergerissen, aus den Fundamenten herausgeschüttelt, restlos verwüstet, in Schmerz sein (gegenüber 3,1b). Das Gedenken an sie wird ausgelöscht werden (gegenüber 4,1b).

In *4,20* gelangt die dramatische Beschreibung dessen, was beim Tod der Frevler geschehen wird (4,17-20), zu einem Höhepunkt, den der folgende Abschnitt (5,1-23) in verschiedene Richtungen ausleuchtet. Das Wort »Zusammenrechnung, Zählung« (EÜ Gericht) kommt in der ganzen Heiligen Schrift nur hier und in Ex^{LXX} 30,12 vor. Dort heißt es: »Und der HERR sagte zu Mose: Wenn du die Zählung der Israeliten vornimmst bei ihrer *episkopé*, dann sollen sie Lösegeld geben, jeder für sein Leben, dem HERRN. Dann wird es bei ihnen keinen Fall (Unglück, Todesfall) geben bei ihrer *episkopé*«. Der Sprecher scheint die Szene der Musterung und Zählung der Israeliten und der Lösegeldabgabe für ihr Leben in Ex 30,11-16 vor Augen zu haben. Aber in Weish 4,20 werden nicht die Kinder Israels nach ihrer Befreiung aus Ägypten gezählt, sondern die Verfehlungen der Frevler (s.o. zu 2,12). Diesen galt die Zusage, daß es bei ihnen keinen »Fall« geben werde, nicht. Sie werden zu dieser Zählung nicht ehrenvoll und als Erlöste, sondern furchtsam kommen. Die »Heimsuchung« (in Ex^{LXX} 30,12 steht zweimal *episkopé:* s. dazu 2,20) wird für sie wie ein Gerichtsprozeß sein, bei dem ihre eigenen Gesetzesverfehlungen (s.o. zu 1,9; vgl. zu 4,6) sie wie Ankläger überführen.

Hellenistische Trostliteratur zum frühen Tod

Aus der »Trostschrift an Marcia«

»... wird uns die Wahl gelassen, ob es uns lieber sei, nur auf kurze Zeit glücklich zu sein oder auf Glück überhaupt zu verzichten, so ist doch ein wenn auch bald dahinschwindendes Glück besser als der Verzicht auf jedes Glück überhaupt. Möchtest du etwa lieber einen ungeratenen Sohn gehabt haben, der eben nur mitgezählt und mitgenannt wird, – oder einen so hochbegabten, wie es der deinige war, ein Jüngling beizeiten verständig, beizeiten pietätvoll gegen seine Eltern, beizeiten Gatte, beizeiten Vater, beizeiten willig zu jeder Pflichterfüllung, beizeiten Priester, alles wie im Eilschritt? Selten, daß ein Reichtum an Gütern und Vorzügen sich mit der Dauer derselben vereinigt; nur allmählich sich entwickelndes Glück ist dauerhaft bis ans Ende. Die unsterblichen Götter wollten dir deinen Sohn nicht auf lange Zeit gönnen; dafür gaben sie dir ihn gleich in einer Vollkommenheit, die sonst nur das Werk einer langen Zeit ist... Was macht dich also, meine Marcia, so traurig? Daß dein Sohn aus dem Leben geschieden ist, oder daß er nicht lange gelebt hat? Ist's das erstere, so hättest du immer schon Leid tragen müssen; denn du hast immer gewußt, daß er sterben werde. Sage dir nur immer wieder, daß der Gestorbene aller Übel enthoben ist, daß alles, was uns die Unterwelt schrecklich macht, nichts als Erdichtung ist, daß keine Finsternis die Toten umhüllt, daß es dort keinen Kerker gibt, keine Feuerströme, keinen Fluß der Vergessenheit, keine Gerichtshöfe und keine Angeschuldigten und in dieser schrankenlosen Freiheit nicht neue Tyrannen. Das alles ist nur ein Spiel der Dichtung, die uns mit leeren Schreckbildern ängstigt. Der Tod ist die Erlösung von allen Schmerzen, ist die Grenze, über welche unsere Leiden nicht hinausgehen; er versetzt uns wieder in jenen Ruhezustand, dessen wir vor unserer Geburt teilhaftig waren. Wer mit den Toten Mitleid hat, der muß auch Mitleid haben mit den Ungeborenen. Der Tod ist weder ein Gut noch ein Übel; denn nur das kann ein Gut oder ein Übel sein, was überhaupt etwas ist; was aber selbst nicts ist und alles ins Nichts zurückführt, das macht uns nicht zur Beute des Schicksals... Bedenke, wie viel Gutes der Tod hat, wenn er zur rechten Zeit eintritt; bedenke, wie vielen es geschadet hat, daß sie länger lebten!... Was also deinen Sohn, Marcia, anlangt, so hat ihm sein frühzeitiger Tod kein Unglück gebracht, er hat ihm vielmehr die Erduldung aller Übel erspart... Wie könntest du, Marcia, angesichts der fast an einen Greis erinnernden Verständigkeit deines jungen Sohnes, angesichts seiner Gemütsart, die allen Anwandlungen sinnlicher Lust überlegen, aller Vorzüge teilhaftig, aller Fehler ledig war, nach Reichtum ohne Habsucht, nach Ehren ohne Ehrgeiz, nach Vergnügungen ohne Üppigkeit strebte – wie konntest du glauben, daß dieser dir lange erhalten bleiben könne? Was seinen Höhepunkt erreicht hat, ist unfern seinem Ende. Vollendete Tugend entzieht sich und entschwindet unseren Augen, und was in aller Frühe schon reif geworden ist, das wartet nicht auf den späten Abend. Je heller das Feuer leuchtet, um so schneller erlischt es... Entschließe dich dazu, ihn nach seinen Tugenden und Vorzügen, nicht nach seinen Jahren zu schätzen: Dann hat er lange genug gelebt....«

Aus: Lucius Annaeus Seneca [ca. 4 v.Chr.], Philosophische Schriften I. Dialoge: VI Trostschrift an Marcia, übersetzt von Otto Apelt, Philos. Bibliothek 73, Leipzig 1923, 202-254.

Aus der »Trostschrift an Apollonios«

»... Überhaupt muß man bei eingehender Selbstprüfung und entsprechendem Gedankenaustausch mit anderen zu der Überzeugung kommen, daß nicht das längste Leben das beste ist, sondern das an tugendhafter Betätigung reichste. Wird doch auch nicht derjenige gelobt, der am längsten auf der Zither gespielt oder als Redner oder Steuermann gewirkt hat, sondern der, der es mit wahrer Kunst getan. Denn das Geheimnis dieser Kunst liegt nicht in der Länge der Zeit, sondern in der Tüchtigkeit und in der schicklichen Wahl des Angemessenen; denn dies ist, was für höchstes Glück und Gott wohlgefällig gilt... Denn nicht die Langzeitigkeit, sondern die Rechtzeitigkeit hat, wie wir beobachten können, überall den Vorrang... Angesichts der Fülle von Beispielen, die es dafür gibt, mußt du dir sagen, daß es nicht wenige sind, denen der Tod große und schwere Übel erspart, die sie bei längerem Leben gewiß über sich hätten ergehen lassen müssen... Man darf also die früh Dahingestorbenen nicht darum beklagen, daß sie auf die angeblichen Güter eines langen Lebens Verzicht leisten mußten; denn es ist, wie oft gesagt, ungewiß, ob es Güter sind, deren sie beraubt worden sind, oder nicht vielmehr Schlimmes. Denn das Schlimme ist sicher in der Überzahl. Und was die Güter anlangt, so ist ihr Erwerb schwierig und mit vielerlei Sorgen verknüpft, während das Schlimme wie von selbst kommt... Es scheint also, wir haben das Wort des Euripides vergessen: ›Was wir besitzen, ist nicht unser Eigentum‹, ja überhaupt nichts ist Eigentum der Menschen, wie es denn bei Euripides weiter heißt: ›Es ist nur anvertrautes Gut aus Gottes Hand, will er es wiederhaben, nimmt er es zurück‹. Wir dürfen also nicht ungehalten sein, wenn sie, was sie uns auf kurze Zeit verliehen, wieder zurückfordern... Wer weiß denn, ob nicht die Gottheit aus väterlicher Fürsorge für das Menschengeschlecht und in Voraussicht des kommenden Unheils so manchen frühzeitig dem Leben entführt?... Auch kommt der Tod meist anderen größeren Übeln zuvor, ja manchen war es nützlich, gar nicht geboren zu werden, manchen gleich mit der Geburt zu sterben, manchen nach kurzer Lebenszeit, manchen in den Jahren der Reife. Alle diese Todesarten muß man sich gefallen lassen in dem Bewußtsein, daß man dem Schicksal nicht entrinnen kann, wie man denn von einem gebildeten Mann erwarten darf, er sei sich längst darüber klar geworden, daß diejenigen, welche frühzeitig das Leben zu verlieren scheinen, uns nur kurze Zeit vorausgehen – ist doch das längste Leben nur ein Augenblick, nur ein Punkt im Vergleich mit der Ewigkeit... Denn daß die durch herrliche Gaben Ausgezeichneten als Lieblinge der Götter schon in früher Jugend dem Tode verfallen, habe ich zwar schon früher bemerkt, doch will ich hier noch einiges nachtragen zur Bestätigung des trefflichen Spruches des Menander ›Der Gottgeliebte stirbt in früher Jugend schon‹... Schied (der junge Mann) doch von uns in der schönsten Blüte seines Alters als untadelhafter Jüngling, geschätzt und geehrt von allen, die ihn kannten, in Liebe ergeben dem Vater und der Mutter wie auch allen Hausgenossen, ein Jünger der Weisheit, mit einem Wort, ein Menschenfreund. Seine älteren Freunde ehrte er wie Väter, seine Altersgenossen und Kameraden hatte er lieb, seinen Lehrern erwies er Hochachtung, gegen Fremde und Einheimische war er entgegenkommend, überall geschätzt und beliebt nicht nur wegen seines einnehmenden Äußeren, sondern auch wegen seiner Umgänglichkeit und Menschenliebe. Er ist mit der entsprechenden Anerkennung sowohl deiner wie seiner eigenen Frömmigkeit in die Ewigkeit übergetreten, aus dem irdischen Leben wie aus einem Gastmahl geschieden, ehe die Trübung des Geistes eintrat, die mit dem hohen Alter verbunden ist. Wenn aber die Lehre der alten Dichter und Philosophen wahr ist, wie anzunehmen, und es auch für die frommen Abgeschiedenen eine besondere Art von Ehrung und Vorrecht gibt, wie man sagt, und einen bestimmten Bezirk, wo ihre Seelen wohnen, dann darfst du dich für deinen seligen Sohn der frohen Hoffnung hingeben, daß er diese zu seinen Genossen haben wird...«

Die Trostschrift wurde unter dem Namen des Plutarch [ca. 45-125 n.Chr.] überliefert, sie ist aber wohl von einem anderen aus der hellenistischen Trostliteratur zusammengestellt. Zitiert nach: Plutarch, Moralische Schriften II: Parallelschriften zu Senecas Dialogen, übers. von Otto Apelt, Philos. Bibliothek 205, Leipzig 1926, 67-112.

Grabinschriften

Ein Jüngling in zartem Alter war er noch, und noch nicht einmal der erste Bartflaum sproßte ihm, / als die neidische Moira ihn des Lebens beraubte.

Und hinterließ doch manches Werk, das seine kundige Hand geschaffen, scheelsüchtiger Daimon, / welche Hoffnungen hast du freventlich abgeschnitten?

Doch du, Erde, sei freundlich und leicht Aquilinus, / laß auch zu seinen Seiten liebliche Blumen wachsen, wie du dergleichen in Arabien hervorbringst und wie es ihrer in Indien gibt; / damit der Duft, der von seinem wohlriechenden Leibe herkommt, melde, daß der Knabe, der hier ruht, ein Liebling der Götter gewesen und Spende und Opfer verdient, und keine Klage.

Mit zwanzig Jahren raubte den Knaben die schnelle Moira,
und bei den Frommen weilt er nun wegen seiner Züchtigkeit.

Rom 1./2. Jh. n.Chr.; aus: Werner Peek, Griechische Grabgedichte, Darmstadt: WBG = SQAW 7, Berlin 1960, Nr. 462.

Das Grab siehst du, Fremdling, eines Mannes, der vor dem süßen Greisenalter zum Hades niederstieg; Onasikles hieß er. Doch ein Spruch der Alten sagt: den haben die Unsterblichen lieb, der im Jünglingsalter zu den Toten kam.

2./3. Jh. n.Chr.; aus W. Peek a.a.O. Nr. 273.

»Der Unglückliche!« wird einer sagen. Ich hier unten möchte entgegnen: / Keineswegs, sondern richtiger vielleicht so: »Glückes hat er sein Teil«; / denn wenn einem langen Leben Sorge und Kummer nachfolgen / und wenn man dann, hat man diese ausgeschöpft, dennoch sterben muß, / so sollte eher der Mensch vor allen anderen als glücklich gelten, / der das verhaßte Alter nicht erlebte.

Über den 27jährigen Theopeistos; Lokris 2./3. Jh. n.Chr.; aus: W. Peek a.a.O. Nr. 324.

»Den jungen Kalokairos umschließt dies Grabmal hier, nachdem die unsterbliche Seele den jungen Knabenleib verlassen hat. Denn den Weg zu Gott eilte sie hin, hinter sich lassend die Sorge des bitteren Lebens, um in Reinheit aufzusteigen zum Himmel.«

Aus: W. Peek a.a.O. Nr. 296.

4. Erkenntnis und Selbstbeurteilung der »Frevler« bei der »Zusammenrechnung«; das ewige Leben der »Gerechten« bei Gott und der den Kosmos einbeziehende Endsieg Gottes 5,1-23

In seiner Werbeschrift für eine Lebensführung, die sich vorbehaltlos an der Gerechtigkeit orientiert, ist der Verfasser in den Kap. 3 – 4 auf die Haupteinwände, die seit je gegen die Plausibilität unbedingten Vertrauens auf Gott vorgebracht werden, eingegangen. Als Höhepunkt der dramatisch aufgebauten Argumentation folgt nun in Kap. 5 eine grandiose Schlußszene, die gegenüber dem im Alltag übermächtigen Anschein die endgültige Wirklichkeit aufleuchten lassen soll. Zu deren Gestaltung verwendet der Sprecher recht verschiedene Texte, Motive und Vorstellungen: aus dem Jesajabuch bes. das vierte Lied vom Gottesknecht und Jes 59; Vorstellungen, die mit dem »Tag des HERRN« in den Prophetenbüchern und mit einem Welt- und Endgericht in den apokalyptischen Schriften verbunden sind; eine »Zählung« (s.o. zu 4,20), bei der über die Zugehörigkeit zu den Erlösten, den Kindern Gottes, den Heiligen, befunden wird, die allein auf Dauer leben dürfen in der fürsorgenden Nähe Gottes; bildhafte Vergleiche über die Flüchtigkeit und Spurlosigkeit menschlichen Lebens besonders aus den Psalmen und dem Ijobbuch, die sich z.T. auch in der zeitgenössischen hellenistischen Literatur finden. Aber die Zusammenfügung dieser Elemente geschieht nicht in der Absicht, eine vorstellbare *Lehre* vom Ablauf der »Letzten Dinge« zu entwickeln. Das Gerichtsgemälde mit kosmischen Ausmaßen einer »Zusammenrechnung« sowohl beim Tode eines einzelnen Frevlers als auch einer ganzen Frevlergesellschaft ist vielmehr in Dienst genommen, um die Dringlichkeit der Mahnung zur Gerechtigkeit (1,1) dramatisch-plastisch vor Augen zu stellen.

Der *Aufbau* des Kapitels ist durch Inklusionen, Subjekts- und Themenwechsel und besondere Stilfiguren deutlich markiert. Die *Exposition (5,1-2)* stellt wie auf einer Bühne den Gerechten seinen Bedrängern gegenüber. Anstatt gegen sie eine Anklage zu formulieren, läßt der Sprecher die nunmehr »sehenden« Frevler selbst »umdenkend« zueinander reden und in spiegelbildlicher Reihenfolge die Irrtümer ihrer früheren Rede (2,1-20) aufdecken (5,3.4-5.6-7.8-13). Daran schließt er eine *knappe Bestätigung* an (*5,14*). Was in dem kommentierenden Rahmen zur ersten Frevlerrede nur angedeutet (die Geheimnisse Gottes 2,22-23) und in 3,1-9 schon anfänglich erläutert worden war, wird in 5,15-16 beschrieben, aber mit einer Ausweitung in 5,17-23, die alle individuellen Engführungen und Mißverständnisse sprengt: Der ganze Kosmos ist einbezogen (s.o. zu 1,13-14), wenn Gott durch seine Gerechtigkeit, seine Heiligkeit und sein unbestechliches Gericht mit seinem machtvollen Geist alle Mächte des Unrechts vernichtet, die die Erde politisch-sozial und ökologisch verheeren. Die letzten Worte (*5,23d*) *kündigen an*, an wen sich *literarisch* die Mahnrede im Schlußabschnitt (6,1-21) des ersten Buchteils richten wird, ebenso wie schon das Proömium 1,1-15: an die »Herrscher« als Schlüsselfiguren für die politisch-sozialen Verhältnisse und die ethisch-religiöse Klarsicht.

Das Paradox des Heils 5,1-2 (vgl. Jes^{LXX} 52,13-15)

»Dann«, wenn die Frevler furchtsam zur »Zusammenrechnung« ihrer Verfehlungen kommen werden (4,20), wird der Gerechte in vollem Freimut aufrecht dastehen. Mit *parrhesía* »Mut und Freiheit, alles zu sagen« (EÜ: Zuversicht) verwendet der Sprecher einen Begriff, den das griechischsprachige Judentum aus der hellenistischen Ethik verschiedener philosophischer Richtungen übernommenen hatte (Septuaginta, Philo, Josephus). Als idealer Träger der *parrhesía* galt Diogenes von Sinope (um 350 v.Chr.). Sein Lehrer Antisthenes, der Begründer des Kynismus, habe ihm Weisheit, Selbstgenügsamkeit, Wahrheit, *parrhesía* und Freiheit vererbt. Die im hebräischen AT einmalige Wendung »Ich ließ euch aufrecht (mit erhobenem Haupt) gehen« in Lev 26,13 über die Befreiung aus dem Sklavendasein in Ägypten übersetzt die Septuaginta: »Ich führte euch mit *parrhesía*«. Aus dem Gebrauch dieses Begriffs in der Septuaginta (z.B. noch Ijob 27,10; Spr 1,20; 13,5), bei jüdischen Schriftstellern und im NT wird eine Umprägung und Erweiterung der Bedeutung erkennbar: »die Freiheit oder auch der freie und freudige Stand vor Gott, der einen offenen, durch nichts mehr versperrten Zugang zu ihm einschließt« (H. Schlier, *in:* ThWNT 5 [1954] 869-884, hier 873). Dem Gerechten gegenüber werden sich die befinden, die ihn während seines Lebens gequält haben (s.o. zu 2,17-20) und die bis zuletzt seine Anstrengungen verächtlich abtun. Dann werden sie »sehen« (s.o. vor 3,1), in großer Furcht verwirrt werden und außer sich geraten (inhaltliche und klangliche Gegensätze zu 5,1a) über die gegen allen Anschein, völlig unerwartet, erfolgte Rettung des Gerechten.

Das reuevolle Bekenntnis der »Frevler« 5,3.4-13.14 (vgl. 1,16 – 2,22)

Die Redeeinleitung (s.o. zu 2,1a) in *5,3* lautet, wörtlich übersetzt: »Sie werden zueinander sagen im Nachhinein einsehend (um-denkend), und in Atemnot werden sie stöhnen«. Die folgende Rede ist als ganze durch Inklusionen markiert: »dieser(art)« 5,4a.13a und »wir hatten« 5,4a.13b. Die Absätze sind gut zu erkennen.

In *5,4-5* beurteilen die Frevler all das, wozu sie einander in 2,10-20 ermunterten, als eine Fehleinschätzung von Leben und Ende des Gerechten. Das hatte in 2,21-22 bereits der Kommentar des Sprechers angekündigt. Sie übernehmen sogar für sich die Bezeichnung »Toren« (s.o. zu 1,3; 3,2.12) und müssen die damals verhöhnte Gotteskindschaft des Gerechten anerkennen (s.o. zu 2,13.16 und 3,9). S. auch die Weiterführung in 5,15-16.

Eine vergleichbare Hoffnung bezüglich des Loses der Gerechten findet sich auch im Schlußhymnus der Gemeinderegel von Qumran:

»Und aus dem Quell seiner Gerechtigkeit (kommt) mein Recht, / Licht (ist) in meinem Herzen von seinen wunderbaren Geheimnissen her. / Auf das, was ewig ist, hat mein Auge geblickt, / Weisheit, die verborgen ist vor einem Menschen, / Wissen und kluge Erkenntnis, (die verborgen sind) vor den Menschenkindern, / eine Quelle von Gerechtigkeit und eine Ansammlung von Kraft / zusammen mit einer Quelle von Herrlichkeit, (die verborgen sind) vor einer Versammlung von Fleisch. / Denen, die Gott auserwählt hat, hat er sie gegeben zu ewigem Besitz, / und er hat ihnen Anteil gegeben am Los (der) Heiligen, / und mit den Söhnen des Himmels hat er verbunden ihre Versammlung zu einem Rat der Gemeinde / und die Versammlung, (die) ein heiliges Bauwerk (bildet), zu einer ewigen Pflanzung, / ganz bis zum Ende dessen, was sein wird.« (1 QS XI,5-8).
Vgl. auch die ähnlichen Gedanken im Hymnenbuch 1 QH XI (früher III),19-23.

Daraus folgt (»also«) nach *5,6-7,* daß die zügellose *dolce vita*, zu der die Frevler sich in 2,6-9 gegenseitig eingeladen hatten, Verirrung war. »Weg« in 5,6a.7c markiert als Inklusion den Absatz. Den Tod für die letzte Wirklichkeit zu halten und dementsprechend zu leben (vgl. 1,16 – 2,20), war schon in 1,12 als Herumirren charakterisiert worden. »Weg« und zu seinem Wortfeld gehörende Wörter sind im AT sehr häufig Metaphern für Lebensführung und Wertorientierung, bes. in Dtn, Ps, Spr (s.o. zu 2,16). Zu »Weg (der) Wahrheit« (5,6a) vgl. Tob 1,3 als Summe des Lebensideals eines Gerechten. Dieser Ausdruck und »Weg des HERRN« 5,7c umschreiben die Suche nach Gott und seinem Willen. Der Beurteilung in 2,21, die Bosheit habe die Frevler blindgemacht, entspricht in 5,6b das Bekenntnis, nicht zu denen gehört zu haben, an denen sich die Verheißung des Buches Maleachi erfüllte: »Es wird aufgehen für euch, die meinen Namen fürchten, die Sonne der Gerechtigkeit, und Heilung wird in ihren Flügeln sein...« Mal 3,20.

Der griechische Text in *5,7a* ist sehr schwierig. Wörtlich übersetzt lautet er: »Wir füllten uns an auf unseren Pfaden mit Gesetzlosigkeit und Untergang«. Geringfügig verändert wird daraus: »Wir sättigten uns mit Gesetzlosigkeit (indem wir) auf Pfaden des Untergangs (gingen)« (so G. Scarpat mit ausführlicher Begründung). Der verständniserleichternden Textänderung in der Edition von J. Ziegler und bei einigen Kommentatoren (»in *Dornen* von Gesetzlosigkeit *verstrickten wir uns* und von Untergang« mit Verweis auf Spr^{LXX} 22,3 »Dornen« und 28,18 »sich verstricken«) ist die EÜ wohl zu Recht nicht gefolgt. Der Rückbezug auf 2,7a (»sich anfüllen«) liegt näher. Da die EÜ beide Stellen verschieden übersetzt, in 2,7a mit »reichlich fließen« und in 5,7a mit »bis zum Überdruß gehen«, wird dies nicht deutlich. Die Wörter »durchwandern«, »weglos« und »Wüste« werden am Beginn des dritten Buchteils in 11,2 erneut zusammen verwendet. Bei dem weitgespannten hymnischen Rückblick auf den Exodus und den Wüstenzug in 11 – 19 wird sich zeigen, wie das Durchziehen der unwegsamen Wüste des Lebens und der Menschheitsgeschichte auf dem »Weg des HERRN« zu Rettung und Heil führt. Dieser Weg wird vom »unvergänglichen Licht des Gesetzes« erhellt (18,1-4).

5,8-13 Der letzte und längste Absatz greift den Beginn der ersten Rede auf (2,1-5). Als Inklusionen dienen je zweimal verschiedene Formen von »uns/wir« in 5,8 und 5,13. Während aber in 2,1-5 die Absurdität und Ziellosigkeit des Lebens als unentrinnbar und *allen* vorgegeben (2,5c) behauptet wurde, wird nunmehr die Sinnleere und Nichtigkeit des *eigenen* Lebens als Folge eigener Entscheidungen und persönlichen Verhaltens erkannt. 5,8-13 drückt in stilistisch ausgefeilten Vergleichen die Flüchtigkeit und Sinnlosigkeit eines selbstherrlichen Lebens aus, in dem der bis zum Tode herrschende Anschein für die ganze Wirklichkeit gehalten wurde. Auf die beiden rhetorischen Fragen in *5,8* wäre als Antwort zu erwarten: »Nichts!« Anstelle einer solchen Antwort folgt eine Reihe von Vergleichen. Das in der EÜ mit »Übermut« etwas verharmlosend übersetzte Wort *hyperephanía* bedeutet: »Anmaßung, Überheblichkeit, Verachtung von Göttern/Gott und Menschen bzw. von allen außer sich selbst«. Es gilt sowohl in der griechischen Philosophie als auch im AT, wo es häufig in Jes^{MT}, Ps, Sir steht, als Wurzel allen menschlichen Fehlverhaltens. Nach Spr 8,13 ist Anmaßung die negative Gegenhaltung zur Weisheit. Eine ausführliche Behandlung ist diesem Begriff in Sir 10,6-18 gewidmet – dort ebenfalls im Rahmen einer Königsunterweisung und angesichts des Todes. Anmaßung, Reichtum und Machtvorführung haben zur Gewalttätigkeit entsprechend der in 2,11 formulierten Maxime geführt, aber keinen bleibenden Beitrag erbracht.

Die Reihe der Vergleiche, die die Nichtigkeit und Spurlosigkeit von allem, was den Frevlern wichtig war, anschaulich machen sollen, beginnt mit zwei einzeiligen Vergleichen (Schatten und Nachricht), darauf folgen noch drei, wobei zwei dreizeilige Vergleiche (Schiff auf See und fliegender Pfeil) den ausführlichsten Vergleich (Vogel in der Luft, 2+4 Kola) umrahmen.

5,9 bestätigt aus der Rückschau die pessimistische Metapher in 2,5a: Ihre Lebenszeit und alles, was den Frevlern darin etwas galt, ist restlos vorübergegangen wie ein Schatten und ein Gerücht (EÜ: flüchtige Nachricht). Die beiden folgenden Bilder für Vergängliches, das keine auffindbare Spur hinterläßt, das Schiff im Meer und der Vogel in der Luft, sind auch in Ijob 9,26 und Spr 30,19 verwendet. Sie werden in *5,10-11* hochrhetorisch, stilistisch kunstvoll und mit ausgesuchten Wortspielen entfaltet. Der letzte Vergleich *5,12*, der abgeschossene Pfeil, der keine erkennbare Flugbahn hinterläßt, verstärkt noch einmal den vorhergehenden.

Der Schlußsatz der Rede *5,13* faßt resignierend zusammen: »So auch wir, (gerade) geboren, sind wir entschwunden...« Zeichen von Tugend wären etwas Bleibendes (s.o. zu 3,10-12) gewesen, aber die Sprechenden können auf kein einziges verweisen. Sie haben sich in einem schlechten Leben spurlos »aufgebraucht« (EÜ weniger genau: wir wurden verschlungen). Eine in der lateinischen Textüberlieferung am Ende der Rede eingefügte Notiz hat die EÜ zu Recht nur als Anmerkung zu 5,13 aufgenommen.

5,14 Da die Frevler in dieser zweiten Rede, wenn auch zu spät, umgedacht haben, braucht ihnen der auswertende Kommentar des Sprechers nicht wie bei der ersten Rede (s.o. zu 2,21-24) zu widersprechen. Er nimmt das Urteil von 3,11, ihre Hoffnung sei leer, variierend nochmals auf und illustriert die Leere der Hoffnung des Frevlers, die ohne Haftpunkt und bleibenden Inhalt ist, durch vier vergleichende Bilder. Wie in 1,9 und 3,16b wird hier der »Frevler« wieder im verallgemeinernden Singular genannt. Das erste Bild, vom Wind verwehter Staub, ruft Ps 1,4 ins Gedächtnis, vielleicht auch Jes^{LXX} 29,5. Dort ist im Kontext auch von »Heimsuchung« und »ins Leere gehofft haben« die Rede.

Beim zweiten Bild folgt die EÜ mit »Gischt« *áchne* wohl zu Recht einer Gruppe von 4 Minuskeln und den lateinischen und syrischen Übersetzungen. So lesen auch viele Kommentare im Blick auf »von heftigem

Wind verjagt«. Die EÜ läßt aber *lepté* »leicht, dünn« aus. Die Haupttextzeugen haben dagegen »Reif« *páchne.* Da *áchne* sonst nirgends in der Septuaginta vorkommt, handelt es sich wohl um eine erleichternde Lesart in Angleichung an 16,29. Ausführliche Argumentation im Kommentar von G. Scarpat.

Die EÜ läßt die gefeilte Form von 5,14 kaum noch erkennen. In *5,14a-b* wird der Vergleich durch ein Substantiv mit Partizip ausgedrückt: »wie vom Wind verwehter Staub, und wie von einem Windstoß verflüchtigter leichter Schaum«. In *5,14c-d* jedoch stehen kurze Sätze: »und wie Rauch vom Wind aufgelöst wurde, und wie Erinnerung an einen Eintagsgast vorüberging«.

Das endgültige Heil der »Gerechten« 5,15-16 (vgl. 2,22-23)

Der Vergangenheit und der Hoffnungsleere der Frevler stellt der Sprecher in *5,15a* mit einer überschriftartigen These das in Ewigkeit andauernde Leben der Gerechten gegenüber (zur Form der Gegenüberstellung s.o. zu 1,16 und 3,1). Diese These erläutert er in zwei weiterführenden parallelen Nominalsätzen. 5,15b-c lautet wörtlich: »und beim HERRN (ist) ihr Lohn, und Fürsorge für sie beim Höchsten«. 5,16a-b entfaltet die These in einer futurischen Aussage, die in 5,16c-d begründet wird. »Darum« in 5,16a weist auf die in 5,16c-d gegebene Begründung »weil...« voraus. Die EÜ läßt dies durch »denn« und die Einrückung in 5,16c nicht erkennen. Die Verheißung in *5,16a-b* lehnt sich an Vorstellungen in Dan 7,18.22 (Die Heiligen des Höchsten werden das Königtum empfangen) und in Jes 62,3 an (Du wirst eine prächtige Krone sein in der Hand des HERRN / und ein Königsdiadem auf dem Handteller deines Gottes). Sie gestaltet sie um. Zur Ausmalung dessen, was die Gerechten bei der »Heimsuchung« erhoffen dürfen, s. auch schon 3,7-9. Vgl. in der Gemeinschaftsregel von Qumran 1 QS IV,6-8. In seiner Nähe, die Schutz und Schild bietet (5,16c-d), wird Gott die Gerechten an seinem eigenen Königtum (vgl. Ps 93,1) und dessen Insignien teilhaben lassen. Waren die Gerechten nach ihrem Tod als Empfänger von Lohn, Fürsorge und Königswürde bis 5,16b grammatisch noch Subjekt, zeigt sich ab 5,16c der HERR als der eigentlich Handelnde.

Die Rüstung Gottes und die Beteiligung des Kosmos beim Endkampf gegen die »Frevler« 5,17-23

Überschriftartig kündigt *5,17* das Folgende an. 5,17a, Eifer als Waffenrüstung Gottes, weist voraus auf 5,18-20a und 5,17b, Umwandlung der Schöpfung zu Waffen gegen die Feinde, auf 5,20b-23b. Den »Eifer« als alle Einzelwaffen umfassende Ausstattung Gottes für den großen Kampf könnte der Sprecher aus Jes 42,13 entnommen haben. Auch dort werden im Kontext Naturgewalten gegen die Feinde zur Rettung der Blinden, des Knechtes, eingesetzt. Oder Jes^{MT} 59,17 ist die Quelle, doch findet sich das Wort nicht in Jes^{LXX} 59,17. Die zu maßlosem Genuß und uneingeschränkter Machtentfaltung bis zur Unterdrückung des Gerechten mißbrauchte Schöpfung (2,6b) wird der HERR zu Waffen für die vergeltende Bestrafung des Unrechts machen, das die »Feinde« am Gerechten und damit gegen Gott selbst begangen haben. Als »Feinde« werden die Frevler hier zum ersten Mal bezeichnet. In Kap. 10 und vor allem im dritten Buchteil wird diese Benennung dann häufig verwendet. Die Einbeziehung der ganzen Schöpfung als Gerichtswerkzeug Gottes begegnet im Alten Orient, im AT und in der frühjüdischen Literatur immer wieder: vgl. Ex 7 – 11 (die ägyptischen Plagen werden in Weish 11 – 19 ausführlich betrachtet); Jos 10,11 (Hagelsteine vom Himmel vervollständigen den Sieg Israels); Ri 5,20 (nach dem Debora-Lied kämpften auch die Sterne für Israel gegen die Kanaanäer); Ez 38,19-23 (Drohung gegen Gog); Sir 39,28-31 (in das Gotteslob werden zum Gericht erschaffene Naturgewalten und Tiere einbezogen); Hen 100,10-13 (Naturerscheinungen als Gerichtswerkzeuge).

5,18-20a In Übernahme von Jes 59,17 führt der Sprecher geglaubte und erhoffte Eigenschaften und Wirkweisen Gottes als seine »Rüstung« auf, nämlich als Panzer, Helm und Schild. Es sind Gerechtigkeit, unbestechlich-eindeutiger Rechtsentscheid und unbesiegbare Heiligkeit. Vgl. die Übertragung dieser Bildwelt auf das Leben der Christen in den Mahnabschnitten 1 Thess 5,8; 2 Kor 6,7; Röm 13,12-14; bes. Eph 6,13-17. Diese Wirkweisen werden jedoch diejenigen, die sich von der Gerechtigkeit in ihrem Denken und Verhalten abwenden, als »schroffen Zorn« und gegen sie gerichtetes Schwert erfahren. Vgl. die theologische Reflexion über das, was Gericht Gottes bedeutet, in Joh 3,19-21.

5,20b-23b Die Ankündigung in 5,17b wird zunächst in *5,20b* mit anderen Worten wiederholt. Dabei entsprechen sich und erläutern einander »in Waffen umwandeln« (sonst nirgends in der Septuaginta) / »mitkämpfen auf seiner Seite« (nur noch Dtn 1,30; 20,4; Jos 10,14: der HERR kämpft auf der Seite Israels), »Schöpfung« / »Kosmos« (EÜ: die ganze Welt), »vergeltende Bestrafung der Feinde« / »gegen die Vernunftlosen (EÜ: Toren)«. *5,21-23b* malt mit militärtechnischen Fachausdrücken (marschieren, treffsicher, Geschosse, Kriegsbogen; steinschleudernd) die kriegerische Mitwirkung des Kosmos bei der Heil und Recht herstellenden Aktion des Geistes Gottes aus. Dabei werden zahlreiche Texte der Heiligen Schrift herangezogen, z.B. Pfeile von Blitzen Ps 18,15; Hab 3,9-14; Sach 9,14; Hagel groß wie Felsbrocken Jos 10,11; Ez 13,11.13; Meer Ex 14,27f.; überflutende Ströme Jes 43,2; Hld 8,7; vernichtend-worfelnder Sturm Jes 41,16. Nach 5,1a wird der Gerechte bei der »Zusammenrechnung« aufrecht und frei vor den ängstlich herankommenden Frevlern dastehen – in *5,23a* zeigt sich, daß der eigentliche Gegner, der dann »entgegenstehen wird«, der »Geist der Macht« ist (s.o. zu 1,3 »Macht« und 1,5a.6a »Geist«).

5,23c-d greift in eigenständiger Weise auf Jes 24 zurück. Stichworte sind: verheeren, Erde, Welt, Gesetzlosigkeit, Könige. Damit verhindert der Sprecher die Fehldeutung, in Kap. 5 habe er eine apokalyptische Schilderung nur des künftigen Weltgerichts und -untergangs geben wollen. Vielmehr soll der Ernst seiner Mahnung zur Gerechtigkeit durch den Verweis auf die katastrophalen ökologischen und politisch-gesellschaftlichen Folgen von »Gesetzlosigkeit« und »bösem Handeln« auch für die jetzige Welt anschaulich werden. »Gesetzlosigkeit« kommt im Buch nur hier und im Bekenntnis der Frevler 5,7a vor, »böses Handeln« wird nirgends sonst in der Septuaginta verwendet. Die beiden letzten Wörter »Throne (der) Fürsten« (EÜ: der Mächtigen) kündigen bereits an, wer im Schlußabschnitt des ersten Buchteils 6,1-21 wieder direkt angeredet wird.

5. Abschließende Mahnung und überleitender Vorblick auf den zweiten Buchteil 6,1-21

Wie das Proömium 1,1-15 hat auch der Schlußabschnitt des ersten Buchteils die Form von Mahnungen mit begründenden Ausführungen. Der Abschnitt als ganzer wird durch die Inklusion »Könige / König sein« 6,1.21 markiert, die in der EÜ nicht erkennbar ist (»herrschen« statt »König sein«). Den ersten Teilabschnitt 6,1-11 rahmen vier (6,1-2) und zwei Imperative (6,11), dazu die Inklusion »lernen« (6,1b.9b). Innerhalb dieses Teilabschnitts sind drei Absätze markiert: *6,1-2* (vier Imperative und Anreden); *6,3-8* (zwei Inklusionen: »Gewalt / Gewalthaber« [EÜ: Gewalt / Mächtige] 6,3a.8 und »durchforschen / Erforschung« [EÜ durchforschen / Untersuchung]); *6,9-11* (zweimaliges »also« und Inklusion »meine Worte« in 6,9a.11a, Anrede und zwei Imperative).

Mittels Stichwortverkettung (»Weisheit« 6,9b.12a; »finden« 6,10b.12c; »begehren« 6,11a.13) wird im zweiten Teilabschnitt (6,12-21) eine Darlegung über die »Weisheit« angeschlossen (6,12-16). Der darauf folgende Kettenschluß (*Sorítes, climax*) 6,17-20 verdeutlicht den Grund für die scheinbar unvermittelte Einführung der Weisheit. Ein schlußfolgernder Imperativ mit erneuter Anrede (in 6,21 läßt die EÜ »also« aus) verknüpft am Ende auch formal den zweiten mit dem ersten Teilabschnitt. Die preisende Darlegung über die Weisheit mit der abschließenden Mahnung macht zugleich den Schlußabschnitt des ersten Buchteils zu einer Vorankündigung und »Bindeperikope« auf den zweiten Buchteil (6,22 – 11,1) hin, das große *Enkómion* (Preislied) auf die Weisheit. Die dort besungene und erbetete Weisheit führt auf den »Weg der Gerechtigkeit«, der im ersten Buchteil in ständiger Gegenüberstellung zum Denken und Verhalten der Frevler ausgeleuchtet wurde, sie ist die »Innenseite« der Gerechtigkeit. Jeder Mensch kann sie lernen, soll sie begehren, mit ihr zusammenleben und sie als Geschenk von Gott erbitten. Dann wird er die konkrete Gegenwart und seine Aufgaben darin verstehen und Gott nahe kommen – das ist es, was »Königsein« bedeutet, jetzt und immer.

Mahnung an die »Könige« 6,1-11

6,1-2 Die Königsunterweisung ist seit dem alten Ägypten eine Literaturform. In der Schule dient sie als Schreib-, Lese- und Lernstoff für die künftigen Beamten und alle Schüler. Lehrreden (z.B. in Spr 1 – 9) beginnen mit einer Höraufforderung: »Höre, mein Sohn!« Wenn in weisheitlichen oder solche nachahmenden Texten Fürsten oder führende Persönlichkeiten angeredet werden (z.B. Sir 30,27 (33,19): »Höret auf mich, ihr Fürsten zahlreichen Volkes, / und ihr Herrscher der Volksversammlung, horcht auf!«; vgl. Ri 5,3) oder wenn ganze Völker (z.B. Ps 49,2-3) oder sogar Himmel und Erde angesprochen werden (vgl. Dtn 32,1 »Horcht auf, ihr Himmel, ich will reden, / und hören soll die Erde auf die Aussprüche meines Mundes! Es ströme wie der Regen meine Lehre, / und es falle wie der Tau mein Sprechen«), ist das kein Anzeichen für einen realen Hörer- und Adressatenkreis. Vielmehr wird damit der *Geltungsbereich* umschrieben, den die Sentenzen, Weisungen und Mahnungen des Lehrers oder Weisen beanspruchen. In 6,1-11.21 werden die ranghöchsten und einflußreichsten Machthabenden in verschiedenen Staatsformen aufgefordert zum Hören-Verstehen-Lernen-Aufmerken (vgl. zu dieser Reihung z.B. Dtn 5,1), und damit wird der Mahnung der denkbar umfassendste Geltungsbereich zugeordnet.

Da die EÜ bei der Übersetzung inkonsequent vorgeht, z.B. steht »Herrscher« für vier verschiedene griechische Wörter, seien die Bezeichnungen hier genauer aufgeführt: Könige 6,1a; Rechtsprechende der Enden der Erde (EÜ: Gebieter der ganzen Welt) 6,1b; Gewalthabende über eine Volksmenge (EÜ: Herrscher der Massen) 6,2a; Stolze auf Völkerschaften 6,2b; Obergewalt Habende (EÜ: Große) 6,5b; Mächtige 6,6b; Gewalthaber (EÜ: Mächtige) 6,8; Alleinherrscher/Tyrannen (EÜ: Herrscher, aber in 8,15 Tyrannen) 6,9a.21; 12,14; 14,16b.21b; vgl. noch Fürsten (EÜ: Mächtige) 5,23d. Ebenfalls ist in der EÜ nicht erkennbar, daß das Buch der Weisheit (ausgenommen nur 18,11 bei der Gegenüberstellung Herr – Knecht) *einen* Titel Gott allein vorbehält, nämlich »Gebieter«. In 6,7 gibt die EÜ diesen Titel mit »Herrscher«, in 8,3; 11,26; 13,9 mit »Herr« und in 13,3 mit »Gebieter« wieder.

6,3-8 Was die jetzt Mächtigen hören-verstehen-lernen-»sicheinohren« sollen, sind zwei Dreizeiler mit Feststellungen und Urteilen (6,3-4) und eine ausführlich begründete Gerichtsansage (6,5-8). Zunächst stellt der Sprecher in Übereinstimmung sowohl mit der biblischen als auch mit der griechisch- philosophischen Tradition und im Gegensatz zur Königs- und Kaiserideologie seiner Zeit fest, daß keine gesellschaftliche Autorität und keine politische Macht absolut in sich steht. Herrschaft ist vielmehr immer eine vom HERRN verliehene Aufgabe. Er wird Rechenschaft über die Verwaltung verlangen und Taten und Absichten gründlich prüfen (vgl. das Gerichtsthema in 1,6-10). Gott allein ist »König« von sich aus und unbeschränkt (s.o. zu 3,7-9). Alle, die staatliche Regierungsgewalt und Rechtsprechung ausüben, sind nur »Diener« dieses Königs; vgl. die Worte des Königs Joschafat bei der Richtereinsetzung in Juda 2 Chr 19,6: »Seht zu, was ihr tut; denn nicht im Auftrag von Menschen haltet ihr Gericht, sondern im Auftrag des HERRN. Er steht euch in der Rechtsprechung bei.« S. auch zu 16,24f.: Die Schöpfung dient dem Willen des Schöpfers. Da die gegenwärtig Machthabenden aber »nicht richtig« rechtsprechen, das »Gesetz« nicht beobachten und sich in der Führung der Amtsgeschäfte und ihres persönlichen Lebens nicht nach dem Willen Gottes richten, stürzen sie selber ihre Throne um (5,23). Sie sind nur dem Anschein nach und kurzfristig »Könige«. Der Sprecher sieht hier in der stoischen und der biblischen Bedeutung des Wortes »Gesetz« keinen Gegensatz.

Ein strenges Gericht steht gerade denen bevor, die die Obergewalt über alle anderen haben. Das Maß der Verantwortung wird auch das Maß der gerichtlichen Untersuchung und Bestrafung bestimmen. Polemisch gegenüber den Ansprüchen römischer Kaiser bezeichnet der Sprecher hier *Gott* mit dem Titel »Gebieter über alle« (EÜ: Herrscher des Alls). Er wird kein Ansehen der Person (vgl. Dtn 1,17) kennen und »Größe nicht scheuen«. Die EÜ läßt mit der Übersetzung »weicht vor keiner Größe zurück« die umkehrende Bezugnahme auf 2,10c nicht erkennen: Dort wollten die Frevler mit ihrer mißhandelnden Willkür das weiße Haar des Greises »nicht scheuen«. Den Grund für die umfassende und unbestechliche gerichtliche Prüfung gibt 6,7c in biblischer und 6,7d in stoisch klingender Sprache an: Der Gebieter über alle ist Schöpfer von »klein und groß« (*Merismus**), und ebenso der Fürsorger für alle. In der Stoa ist »Fürsorge, Vorsehung« eine Gottesbezeichnung, s.u. zu 14,3; 17,2. Ein Einzeiler 6,8 (s.o. zu 1,15) faßt in anderen Worten die Ankündigung durchgreifender gerichtlicher Untersuchung gerade bei den Gewalthabern nochmals zusammen.

6,9-11 Aus dem Gesagten ergibt sich (»also«) eine Empfehlung an die wieder direkt angeredeten Herrscher (*týrannoi* sind in 6,9.21; 8,15; 12,17 ungefähr gleichbedeutend mit »Königen«): Sie sollen Weisheit lernen, um nicht neben den rechten Weg zu geraten! In dieser Folgerung werden stoische und biblische Gedanken zusammengefügt. Der Sprecher verwendet hier zum erstenmal die Ich-Form (»meine« Worte), in der er dann durchgehend ab 6,22 bis Kap. 9 redet.

Klemens von Alexandrien (um 200 n.Chr.) überliefert als stoische Lehre: »Einzig also den Weisen bezeichnen die Philosophen als König, Gesetzgeber, Feldherrn, gerecht, heilig, gottgeliebt...« Daß die Stoiker damit eine platonische Lehre aufnehmen, zeigt Klemens ebenfalls. Speusippos* (Nachfolger Platons) habe gesagt: Wenn das Königsein etwas sittlich Gutes ist, ist der Weise allein König und Herrscher. Dementsprechend lehrten die stoischen Philosophen, Königsein, Priestertum, Prophetie, Gesetzgebung, Reichtum, wahre Schönheit, Adel, Freiheit würden allein dem Weisen zugehören. Klemens merkt aber an, die Stoiker selber gäben zu, daß ein solcher überaus schwer zu finden sei (SVF III, nr. 332.619). Die Verbreitung dieser stoischen Lehre bezeugt auch PHILON von Alexandrien in seinen Schriften mehrfach, z.B.: »Mit Königsein meinen wir Weisheit, da ja der Weise König ist« (Über Abrahams Wanderung 197; vgl. Über die Namensänderung 152). Diogenes Laërtius (3. Jh. n. Chr.) ordnet im 7. Buch seiner Sammlung der *Lebensläufe und Lehren der Philosophen* den berühmtesten Stoikern (Kleanthes und Chrysippos 3. Jh. v.Chr., Poseidonios 1. Jh. v.Chr.) die Auffassung zu, die Tugend sei lehrbar. »Daß sie lehrbar ist, ist daraus offensichtlich, daß aus Schlechten Gute werden können.« (SVF I, nr. 567; III, nr. 223). Die stoische Überzeugung, Tugend und damit Weisheit sei lehr- und lernbar, konnte der Verfasser des Buches der Weisheit als mit biblischen Aussagen übereinstimmend betrachten, z.B. mit Spr 4,11: »Über den Weg der Weisheit will ich dich belehren, ich lasse dich gehen auf geraden Pfaden«.

Durch die Maxime, die allerdings nicht ausdrücklich zitiert wird, daß nur der Weise König sein kann (s.u. 6,21), ist das Erlernen der Weisheit als Notwendigkeit für das Königsein plausibel. Da aber nur die Gerechten auf ewig leben, Gott nahe sind und Anteil an seinem Königtum erhalten (s.o. 3,7-9 und 5,15-16), ist Weisheit auch notwendige Voraussetzung und Bedingung der Gerechtigkeit. Wenn der Sprecher in 6,1-21 also die Gerechtigkeit nicht mehr erwähnt und die Aufmerksamkeit auf die Weisheit lenkt, der sich der zweite Buchteil dann voll zuwenden wird, hat er nicht das Thema (s.o. zu 1,1) gewechselt, sondern will es mit anderem Material, unter Bezugnahme auf andere Texte der Heiligen Schrift und in anderen literarischen Formen vertiefen.

6,10a lautet wörtlich übersetzt: »denn die das Heilige (plur.) in heiliger Weise beobachten, werden geheiligt werden« und ist zu verstehen im Blick auf Ps 18,26 »den dir in Liebe Verbundenen erweist du dich in Liebe verbunden«. Diejenigen, die liebevolle Verbundenheit mit Gott und den Menschen beobachten, denen wird Gott liebevolle Verbundenheit mit sich schenken (s.o. zu 3,9c-d und 4,15). Das entgegengesetzte Verhalten beschrieb 6,4 »ihr habt nicht beobachtet«. Sich »darin« (nämlich dem Heiligen, neutr.pl.) unterweisen zu lassen (*6,10b*) meint demnach, das »Gesetz« sowohl im philosophischen wie im biblischen Sinn zu beobachten und »nach dem Willen Gottes« zu leben; darauf zielt auch die Weisheit (6,9b), wie der zweite Buchteil umfassend darlegen wird. Die so Unterwiesenen werden »Rechtfertigung« (*apología*) finden. Mit der Übersetzung »Schutz« verundeutlicht die EÜ den Bezug auf das Gericht 6,3-8. *6,11* Wie Verliebte einander begehren und sich nach einander sehnen, so sollen sich die Hörer den Worten des Weisheitslehrers zuwenden und dadurch *paideía* (Zucht, Bildung: s.o. zu 1,5) erwerben. Durch die Übertragung »gute Belehrung empfangen« läßt die EÜ die deutliche Bezugnahme von 6,1a.11b auf Ps 2,10 nicht mehr erkennen.

Suche nach der Weisheit führt zum Königsein 6,12-20.21

6,12-16 Als eine strahlend schöne und nicht alternde (unverwelkliche) begehrenswerte junge Frau, die denen, die sie lieben und suchen, sofort auffällt und die sogar von sich aus auf sie zukommt – so beschreibt der Sprecher die Weisheit und gibt in Kurzform schon einen Vorgeschmack seines im zweiten Buchteil folgenden ausführlichen *Enkómions* auf sie. In Kap. 7 – 8 wird er die Liebe zwischen Mann und Frau und ihr Zusammenleben mehrfach als Bild für ein an der Weisheit orientiertes Leben aufgreifen. Zum rechten Verständnis ist zu beachten, daß die Verben, die in 1,1-2 auf den HERRN (suchen, er läßt sich finden) und die Gerechtigkeit hin (lieben) verwendet wurden, in *6,12* auf die Weisheit bezogen sind.

6,13f. Die Weisheit kommt vergeblichen Mühen, wie sie Ps 127,1-2 aufzählt (früh aufstehen, sich abquälen, bis zum späten Abend wach bleiben), zuvor. Mit der auch erotisch getönten Beschreibung der Aufeinanderzubewegung der attraktiven Frau Weisheit und der sie Suchenden und Begehrenden greift der Sprecher unverkennbar Spr^{LXX} 8 (vgl. Sir 15,10; 51,13-30) auf. In der gleichen Bedeutung wie in 3,14-15 sind auch in *6,15* »nachsinnen« (bedenken) und »Klugheit« (das Vermögen, im Leben jeweils die richtigen Entscheidungen zu treffen) verwendet.

6,16 Die ihrer würdig sind (s.o. 3,5c), brauchen nicht irgendwo herumzusuchen, die Weisheit selbst sucht sie auf, sie ist keine Geheimwissenschaft und bedarf keiner Beschwörungsriten, sie erscheint ihnen auf ihren Lebenswegen und leitet sie wohltuend, bei jedem Gedanken ist sie ihnen gegenwärtig.

6,17-20 Der Sprecher beendet den Abschnitt mit einer besonderen rhetorischen Figur, dem Kettenschluß (griech. *sorítes* oder *syllogismós* »Anhäufungs-, Häufelschluß« oder *climax* »Treppe«; lat. *gradatio* oder *ascensus* »Steigerung«). Er hat die Form eines mehrfachen Syllogismus, d.h. aus einer Reihe von Prämissen wird eine Schlußfolgerung gezogen: A führt zu bzw. impliziert B, B impliziert C, C impliziert D, usw.; das Objekt oder Prädikat eines Gliedes der Reihe erscheint dabei jeweils als Subjekt des nächsten Gliedes. Die Schlußfolgerung lautet am Ende: *Also* führt A zu bzw. impliziert X, wobei A das Subjekt des Ausgangssatzes und X das Prädikat oder Objekt der zuletzt genannten Prämisse darstellt.

M. Gilbert zitiert als Beispiel aus einem Brief (85,2) des römischen Rhetors, Politikers und stoischen Philosophen Lucius Annaeus *Seneca* (4 v.Chr. – 65 n.Chr.): »Wer klug ist, ist mäßig; wer mäßig ist, ist ausdauernd; wer ausdauernd ist, ist von Affekten ungetrübt; wer von Affekten ungetrübt ist, ist ohne Traurigkeit; wer ohne Traurigkeit ist, ist glücklich; also ist der Kluge glücklich, und Klugheit genügt zum glücklichen Leben« und fügt hinzu, daß Seneca jedoch solchen logischen Spielen mißtraue und ausdrücklich betone, er habe keine Freude an Argumenten solcher Art.
Wegen der großen Mißbrauchsmöglichkeiten galt der Kettenschluß als wenig geeignet zur strengen philosophischen Beweisführung, dagegen konnte er gut zur knapp zusammenfassenden Skizzierung von Gedankengängen dienen. Vgl. die Kettenreihen in Röm 5,3-5; Jak 1,2-4.14-15; 2 Petr 1,5-7.

In Weish 6,17-20 ist nicht die strenge Form des Kettenschlusses eingehalten, vielmehr ersetzt zweimal im jeweils folgenden Kolon ein (Teil-)Synonym den zu erwartenden Ausdruck. »Sorge, eifriges Bemühen« steht in *6,18a* statt »Begierde, Verlangen« 6,17 und »Aufmerksamkeit« (EÜ: Erfüllen) *6,18c* statt »Beobachten, Halten« 6,18b. Außerdem fällt auf, daß zwischen 6,19 und 6,20 ein Glied »Gott nahe sein aber ist Königsein« ausgelassen ist und daß die Ausführungen in 6,12-16 die Stelle der fehlenden Ausgangsprämisse einnehmen. Damit die Schlußfolgerung in 6,20 das Schema »A führt zu X« erfüllt, hätte der Ausgangssatz lauten müssen: »Das Verlangen nach Weisheit ist ihr Anfang«. Dem Sprecher ging es offenbar nur um eine rhetorisch-literarische Zusammenfassung, nicht um einen mit dieser Figur ohnehin nicht möglichen »Beweis«.

Der Einzeiler *6,17* (EÜ zählt ohne Grund 6,18a als 6,17b) lautet richtig übersetzt: »Ihr tatsächlicher (untrüglichster) Anfang ist Verlangen nach Bildung«. Über den Zusammenhang von Weisheit und *paideía* s.o. zu 1,5 (vgl. Spr 8,4-11). *6,18* Der Zusammenhang von »Liebe« und Halten der Gebote ist besonders aus dem Dtn (vgl. 5,10; 10,12-13; 11,1; 30,16) vertraut, wobei die »Gesetze« (EÜ: Gebote) hier sowohl die biblische (Bestimmungen der Tora und ihre maßgebliche Auslegung) als auch die philosophische Bedeutung (ethische Normen) haben. Von der Weisheit geleitet (6,16b) nach diesen Gesetzen zu leben führt sicher zu dem Ziel, auf das hin Gott den Menschen geschaffen hat, zur Unvergänglichkeit (s.o. zu 2,23), und damit in die Nähe Gottes, wo den Gerechten nach 3,8-9; 5,15-16 Teilhabe an Gottes Königsein gewährt wird (s.o. zu 6,9-11). Der Einzeiler *6,20* zieht die Schlußfolgerung: »Folglich führt Verlangen nach Weisheit zum Königsein«. Da die EÜ in 6,1a *basileîs* mit »Könige«, in 6,20 *basileía* mit »Herrschaft« und in 6,21b *basileúein* mit »herrschen«, außerdem aber auch *týrannoi* in 6,21a mit »Herrscher« übersetzt, werden die Bezugnahmen nicht deutlich.

In *6,21* werden die literarischen Adressaten, nämlich alle, die auf der Welt Macht und Einfluß haben, ein letztes Mal durch eine Anrede bezeichnet. Der Sprecher, der seine Identität bisher immer noch nicht aufgedeckt hat, mahnt in der seit 1,1 aufgebauten, imaginären Situation, in der die Angeredeten um ihn versammelt vorzustellen sind, zusammenfassend: »Wenn ihr *also* Freude habt an Thronen und Szeptern, ihr Alleinherrscher über Völker, / ehrt die Weisheit, damit ihr auf ewig Könige seid!« Er unterscheidet offenbar das zeitlich befristete Machtausüben, das auch allzu vielen »Frevlern« zugefallen ist, als ein nur scheinbares von einem *wirklichen Königsein auf Dauer*. Der Sprecher nennt in seiner Mahnung als Bedingung für das wirkliche und bleibende Königsein: »Ehrt die Weisheit!« (vgl. Spr 8,14-16). Dabei umfaßt »ehren« alle Aspekte, die in der Aufzählung 6,17-20 genannt wurden. Da König *auf ewig* allein der HERR ist, der jedoch nach 3,8-9 und 5,15-16 nur den *Gerechten* Anteil an diesem Königsein in Unvergänglichkeit geben wird, hat der Sprecher für den Leser eine Spannung aufgebaut: Was ist diese Weisheit, die diejenigen, die sie suchen und begehren und dementsprechend ihr Leben gestalten, zu Gerechten formt, die am ewigen Königsein Gottes Anteil erhalten – ganz ungeachtet ihrer Rangstellung in der Welt, mögen sie zu den Machthabenden oder zu den ihrer Rechte Beraubten gehören?

II. Das Enkomion auf die Weisheit (6,22 - 11,1)

Der *zweite Buchteil* ist ein kunstvoll gestaltetes *Lob auf die Weisheit* in drei Abschnitten: Nach einer Einleitung 6,22-25 trägt der nunmehr durchgehend in der Ich-Form Redende in 7,1 – 8,21 seine Erfahrungen mit der Weisheit vor. Dabei gibt er sich als der weise König Salomo zu erkennen, der jetzt den Höhepunkt seiner Macht und Weisheit erreicht hat und auf seine Jugend zurückschaut. Zugleich ist dieser Abschnitt eine Hinführung zur Mitte des zweiten Buchteils, in dem er sein großes *Gebet* um die Weisheit 9,1-18 (EÜ 9,1-19) mitteilt. Weisheit kann ja nicht durch eigene Anstrengung erlangt werden, wenn sie nicht erbetet und von Gott geschenkt wird. Der dritte Abschnitt (10,1 – 11,1), zu dem der Schluß des Gebets in 9,18 schon überleitet, skizziert Erzählungen über Gottes Wirken aus den Büchern Gen und Ex in Form einer Beispielreihe für die Rettungs- und Erlösungstaten der *Weisheit.*

Die Einleitung zum zweiten Buchteil 6,22-25

6,22 »Was aber Weisheit ist und wie sie entstand, will ich verkünden«. Der zweite Buchteil beginnt mit einem geradezu feierlichen Vorblick auf die vorgesehenen Themen: Wesen und Ursprung der Weisheit, ihr Wirken in der Geschichte, und wie der Sprecher zu ihr gelangt ist; rechter Begriff von Heil, Rettung und Wohlergehen eines Volkes. Zugleich kündigt er an, *wie* er über diese Themen sprechen will. Er wird nicht nur verbergende Andeutungen von »Geheimnissen« machen, sondern für jedermann verständlich sprechen – vielleicht eine polemische Abgrenzung von den zeitgenössischen Mysterienreligionen. Zum Erlernen der Weisheit bedarf es keiner Initiationsriten, Arkandisziplin ist ihr fremd. Ohne Vorbehalt will der Sprecher Kenntnis von ihr an die Öffentlichkeit bringen. Der Gebrauch des Ausdrucks »*Gnosis*, Kenntnis, Einsicht« ohne nähere Bestimmung, wie er einige Jahrzehnte später in der gleichnamigen religiösen Bewegung für das esoterische Sonderwissen üblich wird, ist hier wohl noch nicht im Blick. Zur Beurteilung der Nichtöffentlichkeit der Mysterienreligionen vgl. auch PHILON, Einzelgesetze I 319-323 (s.u. *Text* nach 12,6). »Die Wahrheit«, an der er nicht vorübergehen will (wie ein Lehrer, der »aus Zeitmangel« oder mangelnder Vorbereitung oder Unsicherheit in der Sache ein Stoffgebiet oder einen Aspekt des Themas unbehandelt läßt), ist auch hier im umfassenden griechischen und biblischen Sinn zu verstehen (s.o. zu 3,9 und 5,6).

6,23 wäre eher zu übersetzen: »Mit einem, der sich vor Neid verzehrt, will ich nicht auf gleichem Weg gehen, / denn so einer wird keine Gemeinschaft haben mit der Weisheit«. Die Weisheit, die der Lehrer selbst als Geschenk erhalten hat, großzügig mitzuteilen, macht ihn nicht ärmer, sie ist kein Herrschaftswissen zum Gelderwerb: *Bonum est diffusivum sui* (Eigenart des Guten ist es, teilhaben zu lassen, anzustecken; vgl. Sir 51,23-30).

6,24 Sowohl die Ptolemäer als auch die römischen Kaiser ließen sich in Inschriften und Urkunden »Retter« (*sotér*) nennen, demgegenüber wird hier Rettung für die »Welt« im Sinne von »menschlicher Gesellschaft« abhängig gesehen von der Vielzahl von Weisen, und nur ein kluger König, der Weisheit in Praxis umsetzen kann, wirkt Wohlergehen und Stabilität für sein Volk. Damit wird indirekt der Sprecher der folgenden Kapitel eingeführt: ein König. In der schlußfolgernden Aufforderung von *6,25:* »Deshalb, nehmt *paideía* an aus meinen Worten, damit ihr bleibenden Nutzen habt!« wird als abschreckendes Gegenbild die reuevolle Rückschau der Frevler (5,8) in Erinnerung gerufen. Es ist der letzte Imperativ im ganzen Buch; er verkettet nochmals den zweiten mit dem ersten Buchteil (vgl. 6,11).

Für die so angekündigte Darstellung der Weisheit schöpft der Verfasser aus zwei Überlieferungszusammenhängen. Einerseits greift er Texte zum Lob der Weisheit aus der Heiligen Schrift auf, vor allem die große Selbstempfehlung und Selbstvorstellung der Weisheit in Spr 8 und das »Lob der Weisheit« in Sir 24; eher im Hintergrund bleibt das Lied auf die verborgene, dem Menschen unzugängliche Weisheit, deren ›Ort‹ Gott allein kennt, in Ijob 28. Andererseits stehen ihm die von den Rhetorikern in der Schule gelehrten Regeln für ein kunstfertiges Lob (*Enkómion*) und nach diesen Regeln verfaßte Enkómien und Götterhymnen zur Verfügung, darunter besonders die überall im östlichen Mittelmeerraum verbreiteten Preisungen der Göttin Isis und Gebete zu ihr (Isis-Aretalogien). Es wird sich zeigen, daß der Sprecher das Enkómion-Schema zwar aufgreift, es aber in origineller Weise variiert und beträchtlich erweitert.

Das Enkómion nach den hellenistischen Rhetorikern

Innerhalb der drei griechischen Großgattungen der Rede (*symbuleutisch:* auffordernd, den Hörer zum Handeln oder Unterlassen bewegend; *dikanisch:* zum Prozeß vor Gericht gehörig, den Hörer zur Entscheidung für oder gegen etwas hinführend; *epideiktisch:* beschreibend) ist das *Enkómion* eine Hauptform beschreibender Texte. Seine wesentlichen Elemente haben sich seit dem berühmten Prosa-Enkómion »Helena« des Rhetors Isokrates (436 – 338) und der ersten theoretischen Behandlung des Enkómions bei Aristoteles (384 – 322) kaum verändert. Der Rhetor Aphthonios aus Antiochien (4./5. Jh. n.Chr.), dessen *Progymnásmata,* Definitionen rhetorischer Grundbegriffe mit erläuternden Beispielen, bis in die Neuzeit der rhetorischen Ausbildung zugrundegelegt wurden, faßte seine Vorgänger so zusammen: »Ein Enkómion ist die Darlegung der jemandem zukommenden guten Eigenschaften. Es ist deshalb so benannt, weil man es einst in den Dörfern (*komai*) sang. Es ist unterschieden vom Hymnus dadurch, daß der Hymnus sich auf Götter, das Enkómion aber auf Sterbliche bezieht, und vom Lob (*épainos*) dadurch, daß das Lob ganz kurz formuliert wird, z.B.: Sokrates ist weise, das Enkomion aber kunstfertig (d.h. nach den Regeln der Rhetorik) vorgetragen wird. Mit einem Enkómion kann man Personen oder Verhalten(sweisen) preisen, Zeiten und Orte, vernunftlose Lebewesen und Pflanzen: Personen wie Thukydides oder Demosthenes, Verhalten(sweisen) wie Gerechtigkeit oder Besonnenheit, (Jahres)Zeiten wie Frühling oder Sommer, Orte wie Häfen oder Gärten, vernunftlose Lebewesen wie Pferd oder Rind, Pflanzen wie Ölbaum oder Weinstock. Mit einem Enkómion kann man jemanden oder etwas sowohl im Blick auf die Gattung als auch auf das Individuum preisen...« (*Rhetores Graeci*, ed. L. Spengel, vol. II, Leipzig 1854, 35-36, übersetzt von H.E.).

Aus den Darlegungen der Rhetoren läßt sich folgendes Schema von Topoi (Elementen, Themen) für Enkómien auf Personen und für Hymnen auf Götter aufstellen:

1. *Prooímion:* der Redner nennt sein Thema, rechtfertigt seinen Versuch, die Person (den Gott) zu loben, und bittet um Beistand (beim Hymnus); er stellt die Größe seiner Aufgabe dar, der er kaum gewachsen ist.
2. Natur, Herkunft bei Menschen: Volk, Land, Heimatstadt, Vorfahren, Eltern, Zeugung und Geburt, Wesen und Charakter.
   Bei Göttern: wer der Gott ist, Verwandtschaft, Namen und Titel.
3. Kindheit, Jugend, Ausbildung, Beruf, Tätigkeiten.
4. Haltungen, Eigenschaften, Tugenden: geistige (Tapferkeit, Klugheit), körperliche (Schönheit, Kraft), schicksalbedingte (politische Macht, Reichtum, Freunde).
   Bei Göttern: Fähigkeit, Macht, Werke, Erfindungen, Leistungen, Wunder.
5. *Sýnkrisis:* Vergleich mit anderen Größen, die gleichrangig und gleichartig sind, oder mit Vorgängern; hier kann das gesamte Leben und Wirken mit den Leistungen mythischer und historischer Personen verglichen werden.
6. *Epilog:* über den Tod des Gepriesenen; Summarium und Aufforderung zur Nachahmung.
   Bei Göttern: häufig ein Gebet.

Die Punkte 2. – 4. können bei Götterhymnen in der Ich-Form (*Selbstprädikation*), in der Du-Form (*Anrede*) oder in der Er-/Sie-Form stehen. *Anaphern* (Zeilen- oder Absatzanfänge mit den gleichen Wörtern) mit dem Personalpronomen sind beliebt (z.B. beginnen bei der Isis-Aretalogie von Kyme alle Zeilen mit »Ich« außer Z. 1-3. 40. 46. 56f.).

Die Anwendung und Veränderung des Enkómion-Schemas im Buch der Weisheit

Das *Prooímion* (1.) ist auch stilistisch in *6,22-25* (Themenankündigung) deutlich markiert, erfährt aber eine ungewöhnliche Ausweitung in *7,1-6.* Einerseits verwendet der Sprecher dort ein Proömium-Element, die Inadäquatheit des Redners für seine Aufgabe, hier: Wie sollte ein Mensch-wie-alle-anderen die Weisheit richtig darstellen und verkündigen können? (S. dazu unten die Isis-Aretalogie von Maroneia Z. 3-15). Andererseits ist dieses Element für die Grundthese der Ausführungen wichtig: Zum Königsein, d.h. Weisesein, Gott-nahe-sein gelangen kann *jeder,* wenn er der Aufforderung (6,1-21) folgt und Weisheit lernt und sucht. Deshalb wird in 7,1-6 die alltägliche Normalität in Zeugung, Geburt, Kindheit und Tod des Königs, *des* Weisen, so stark betont. Auch die beiden folgenden Abschnitte *7,7-12.13-22a* entfalten die Angaben des Proömiums über den Sprecher des Enkómions noch weiter und flechten bereits mehrere Punkte über Natur, Herkunft, Eigenschaften und Wirken der Weisheit ein (Topoi 2. – 4.). Der Grund für diese breite typisierend-idealisierend-›biographische‹ Darstellung des Verhältnisses Salomo – Weisheit ist einerseits die *Textpragmatik* (d.h. was der Text beim Leser bewirken will): Wenn junge Juden in einer hellenistischen Umwelt in ihrer jüdischen Identität gestärkt werden sollen, muß das ihnen vorgestellte Ideal *attraktiv* (ein »weiser König«, anderen auf allen nur denkbaren Gebieten gewachsen und überlegen) und zugleich für *alle,* die sich darum bemühen, *erreichbar* sein (von Zeugung und Geburt an bis zum Tod ein Mensch wie jeder andere). Andererseits ist die Darstellungsweise inhaltlich begründet: Der Anfang der Weisheit ist, sie zu begehren (6,12-16). Weisheit ist nicht als gegenständliches Ziel vorzustellen, vielmehr ist der Weg zu ihr, die Suche nach ihr, bereits ihr Besitz: daher in Kap. 7 – 8 die breite »autobiographische« Ausfaltung des Proömiums zum Enkómion.

Zu *Wesen, Herkunft, Wirken* (Topoi 2.–4.) wird schon vieles in 7,7-12.13-22a ausgeführt. Ausdrücklich zu erwähnen sind die Verweise darauf, daß die Weisheit Geschenk Gottes ist, um das man *ihn* bitten muß, und daß sie zur Freundschaft mit Gott hinführt. In 7,22b – 8,1 wird von der Weisheit hymnisch gesprochen wie sonst über Götter: 7,22f.24 ihre Natur (vgl. 6,22a was die Weisheit ist); 7,25f. ihre Herkunft (6,22a und wie sie entstand); 7,27 – 8,1 ihr Wirken (6,22d Kenntnis über sie). Dennoch bleibt nicht einmal der Schatten einer Frage, ob sie nicht auch (wie Isis) etwa eine »Göttin« sei. Es gibt nur *einen* Gott und Schöpfer von allem, der auch die

Weisheit schenkt, die als sein Geschöpf (vgl. Spr 8,22; Sir 1,4.9) an *seinen* Eigenschaften und Titeln teilhat (8,2-9). Daß in 8,2-9.10-16.17-21 wieder die »autobiographische« Darstellung in den Vordergrund tritt, ist sowohl durch die Ringkomposition (s.u.) als auch durch die genannte Textpragmatik bedingt (betont wird der *junge* Salomo vor Augen gestellt).

Bei den Topoi 4.5.6 ist die Veränderung des Enkómion-Schemas besonders augenfällig: Wirken, Wunder, Vergleich und das im Epilog zu erwartende Gebet werden in der Reihenfolge vertauscht. Das Gebet richtet sich nicht an die hymnisch gepriesene Weisheit, sondern selbstverständlich an Gott, der allein sie schenken kann. Innerhalb des Enkómions hat das Gebet 9,1-18, auf das schon 7,1 – 8,21 hingeführt hatten, die Funktion, indirekt weiter Herkunft, Wesen und Fähigkeit der Weisheit zu preisen. Ihre Rettungstaten in der Geschichte werden dann in Kap. 10 vor Augen gestellt, das von *Anaphern* und *Antonomasien* geprägt ist. Zu den Anaphern s.o. am Ende des Enkómion-Exkurses. In Antonomasien (Ersetzung der Namen) werden die als Beispiele herangezogenen Personen nicht mit ihren Namen genannt, sondern durch bestimmte Attribute gekennzeichnet; damit wird in der Vergangenheit Geschehenes als Verheißung auch für die Gegenwart gedeutet.

Der 5. Topos *»Synkrisis«* (Vergleich) wird ebenfalls in Kap. 10 behandelt. Verglichen wird aber nicht die Weisheit mit jemand oder etwas anderem, vielmehr werden die als Beispiele für ›Rettung durch die Weisheit‹ Genannten (sechs Personen und das heilige Volk) verglichen mit Gegenfiguren, die den Untergang finden. Darüber hinaus läßt sich der ganze dritte Buchteil als sehr breit und eigenwillig durchgeführte *Synkrisis* betrachten (s. dort).

Die Isis-Aretalogie von Maroneia

[der Text der Zeilen 1-6 ist teilweise zerstört, die Rekonstruktion nach dem Herausgeber unsicher:]
[1. Prooimion:]

2 ... denn ich empfing 3 ... im Verhältnis zur Größe 4 deiner Wohltat mögen mir die Lobesworte nicht fehlen...5... sowohl der Lobpreis wie das Gesicht (= Sehenkönnen) liegen bei einem Gott, nicht bei 6 einem Menschen. Wie du nun bei den Augen, o Isis, auf die Gebete 7 gehört hast, komm [zu Hilfe] für das Lob auch auf das zweite Gebet hin. 8 Denn dich zu loben ist wichtiger

als die Augen. [9] Mit diesen trügerischen [Augen] habe ich die Sonne [wieder] erblickt und sehe ich deinen Kosmos. [10] Ich bin überzeugt, daß du mir in jeder Weise beistehen wirst. Denn wenn du gekommen bist, als du gerufen [11] wurdest für meine Heilung, wie solltest du nicht kommen, [wenn es] um deine eigene Ehre [geht]? Zuver[12]sichtlich gehe ich also an das Folgende, da ich anerkenne, daß einen Lobpreis [13]zwar der Geist eines Gottes, aber die Hände eines Menschen schreiben. Und zu[14]erst werde ich zur Abstammung kommen, indem ich zum Anfang der Lobpreisungen [15] den ersten Anfang deiner Abstammung mache.

[2. Herkunft, Verwandtschaft, Namen:]

Man sagt, die Erde sei die Mut[16]ter von allem gewesen. Ihr, [die die] erste [war], wurdest du als Tochter geboren. [17]Als Partner nahmst du Serapis, und nachdem ihr eure gemeinsame Ehe eingerichtet hattet, [18]leuchtete durch eure Gesichter die Welt auf, [19]mit Sonne und Mond als Augen versehen. Ihr seid also zwar [nur] zwei, werdet aber [unter] viele[n Namen] bei den Men[20]schen angerufen; denn das Leben kennt allein euch als Götter. Wie nun [21] sollte die Formulierung der Lobpreisungen nicht schwierig sein, wenn man das Lob [22] mit einer Vorhalle mit vielen Göttern versehen muß?

[3. 4. Erfindungen, Tugenden, Leistungen:]

Diese hat zusammen mit Hermes die Buchstaben erfunden, [23] und von den Buchstaben die heiligen für die Eingeweihten, die volkstümlichen aber [24] für alle.

Diese hat die Gerechtigkeit (= das Recht) aufgestellt, damit jeder von uns, [25] wie er von Natur aus den gleichen Tod hat, auch zu leben in Gleichheit [26] erfahre.

Diese hat für die einen der Menschen eine Barbaren-, für die anderen aber die grie[27]chische Sprache aufgestellt, damit das [Menschen-]Geschlecht in Austausch (Kommunikation) lebe, nicht nur [28] die Männer mit den Frauen, sondern alle mit allen.

[29] *Du* hast Gesetze gegeben, ›Satzungen‹ wurden sie ursprünglich genannt. *Dem[30]entsprechend* ging es den Städten gut, weil sie nicht die Gewalt gesetzlich geregelt, sondern [31] das Gesetz gewaltlos wirksam vorfanden.

Du hast gemacht, daß die Eltern von [32] den Kindern geehrt werden, indem du für sie nicht wie für Eltern, sondern wie für Götter [33] sorgtest.

Dementsprechend ist die Dankbarkeit (*cháris* = was beiden Seiten Freude macht) stärker, da eine Göttin [34] als Gesetz geschrieben hat, was die Natur erzwingen würde.

Dir hat zum Dichniederlassen [35] Ägypten gefallen.

Du hast am meisten in Griechenland [36] Athen geehrt. Denn dort hast du zuerst die Früchte (= das Getreide) geoffenbart. Triptolemos [37] aber hat, nachdem er deine heiligen Drachen (= Schlangen) angeschirrt hatte, auf einem Wagen fahrend [38] den Samen an alle Griechen weitergegeben.

Dementsprechend [39] eilen wir, von Griechenland Athen zu sehen, von Athen aber [40] Eleusis, weil wir glauben, daß von Europa die[se] Stadt, von der Stadt [41] aber das Heiligtum der Schmuck ist.

Sie hat bestimmt, daß das Leben aus Mann [42] und Frau hervorgeht.
Sie hat bestimmt, daß ... die Frau ...[43] Wie müßte das Schwächere... [[Rest zerstört]]

1969 in Maroneia/Thrakien [Griechenland] gefundene Inschrift auf einer Marmorplatte, zwischen 150 und 50 v.Chr. geschrieben, ediert und kommentiert von Yves Grandjean, Une Nouvelle Arétalogie d'Isis à Maronée (ÉPRO 49), Leiden 1975; deutsche Übersetzung mit Zwischentiteln und Kennzeichnungen von H.E.

1. Hymnische Darstellung der Weisheit und eines Lebens mit ihr 7,1 – 8,21

Durch 7,7 und 8,21 wird dieser Abschnitt als ausführliche feierliche Einleitung und Hinführung zu dem Gebet in Kap. 9 gekennzeichnet. Wie die folgende Übersicht erkennen läßt, ist der Abschnitt als Ringkomposition gestaltet und hebt so in besonderer Weise das in der Mitte stehende Lied über die Weisheit hervor. Mit M. Gilbert kann man die thematischen Entsprechungen so skizzieren: A-A' allgemeinmenschliches Ungenügen, Zeugung, Geburt, Kindheit und Jugend Salomos; B-B' Das Verhältnis der Weisheit zu den mit dem Königtum verbundenen Gütern; C-C' Weisheit als von Gott bewirkter Zugang zu ihm; D Zentrum.

A	7,1-6	Ein König (der weise Salomo) ist als sterblicher Mensch allen Menschen gleich.
B	7,7-12	Er erbat Weisheit und zog sie allen Gütern vor.
C	7,13-22a	Gott ist es, der die Weisheit verleiht und lenkt, sie ist Wissen und allumfassende Wissenschaft, Konstrukteurin und Lehrerin.
D	7,22b – 8,1	*Zentrum:* Hymnus auf die Weisheit: ihr Wesen, ihr Ursprung und ihre Wirkkraft.
C'	8,2-9	Gott liebt die Weisheit, lebt mit ihr zusammen, sie ist Eingeweihte seines Wissens, Auswählerin seiner Werke, allen Gütern und Werten überlegen: Mit ihr will Salomo zusammenleben.

B'	8,10-16	Salomo über sein Zusammenleben mit der Weisheit und dessen Auswirkungen.
A'	8,17-21	Salomo suchte von Jugend an, die Weisheit zu sich zu nehmen, und flehte deshalb zum HERRN um sie im folgenden Gebet.

Wegen der Nichtbeachtung der formalen Signale des Textes ist in der EÜ die Abgrenzung der Unterabschnitte und die Formulierung der Überschriften in Kap. 7 – 8 besonders unbefriedigend. Deshalb werden nach 7,6 und nach 8,1 die im Text vorliegenden Gliederungshinweise eigens erörtert.

Der in diesem ganzen Abschnitt in der Ich-Form Redende (vgl. schon »meine« Worte im Vorblick 6,9.11) wird nirgendwo namentlich identifiziert, wohl aber lassen die ihm zugeschriebenen Eigenschaften (weiser und reicher König) und seine Tätigkeiten (regieren, rechtsprechen, Tempelbau) erkennen, daß als Quelle der Selbstdarstellung und des Gebets (Kap. 7 – 9) die Texte über und von König Salomo (bes. 1 Kön 3 – 10, 2 Chr 1 – 9; Spr; Hld; Ps) gedient haben. Über die Absicht bei der Verwendung nicht namentlich genannter biblischer Gestalten als Vorbilder und »Beweis«, s.o. zu 4,7-16 (Henoch-Beispiel): Was in der grundlegenden, durch die Heilige Schrift überlieferten Vergangenheit für ein geschichtliches Individuum oder eine Gruppe galt, was ihnen geschah, ist verallgemeinerbar und läßt ablesen, wie Gott an jedem Gerechten bzw. nach der Weisheit Suchenden handelt und handeln wird.

Ein König ist als sterblicher Mensch allen gleich 7,1-6 (vgl. 8,17-21)

Sowohl über das *Proömium*element (Ungenügen des Redners für seinen Gegenstand) als auch über die übliche Erwähnung in den philosophischen Traktaten »Über das Königtum« (der König ist ein sterblicher Mensch) geht das dreimal betonte »allen gleich« 7,1a.3c.6 mit den angeführten Einzelheiten (Zeugung, Geburt, Kindheit, Tod) weit hinaus. Die Überzeugung des Sprechers davon, wer »Sohn Gottes, Ebenbild Gottes, König« sei, ist in deutlichem Gegensatz formuliert zur hellenistischen Königsideologie, wie sie die Ptolemäer und in ihrer Nachfolge in Ägypten die römischen Kaiser, altägyptische Pharaonentexte übernehmend, propagieren ließen. Ein aufschlußreicher Kontrasttext zu 7,1-6 findet sich auf der »Mendes-Stele« Ptolemaios' II. Philadelphos (285-247 v.Chr.):

Aus einer ptolemäischen Königstitulatur (kurz nach 264 v.Chr.)

»... Der gute Gott, das Abbild des Re, das lebende Bild des Ba, des Ersten des Horizontes, der göttliche Same (Kind) des Ba (Widder von Mendes), des zeugenden Stieres, der wirkliche Sohn des begattenden Ba, der gezeugt hat, um die Tempel einzurichten und um die Gaue des Gottes zu gestalten; der älteste Sohn des Ba... Der auf dem Throne des Obersten der Götter sitzt, das herrliche Abbild des (Jugendlichen Gottes), den (seine Mutter) empfing als (König,) Herrscher, Sohn eines Herrschers, geboren von einer Herrscherin, dem das Amt des Herrschers der beiden Länder schon überwiesen wurde, als er noch im Mutterleibe war und als er noch nicht geboren war. Er hat schon ergriffen (das Amt? Feinde?) auf der Windel, und er hat schon geherrscht an den Brüsten (seiner Amme)...«

Nach: Günther Roeder, Die ägyptische Götterwelt, Zürich: Artemis 1959, 178, und Joachim Kügler, Die Windeln Jesu als Zeichen, BN 77 (1995) 20-28.

Gegenüber solchen Formulierungen gewinnt 7,1-6 ein sehr kritisches Profil: Ein König stammt nicht von Göttern ab, sondern wie alle anderen sterblichen Menschen »von dem aus Erde gewordenen Erstgestalteten« (Gen 2,7; statt Nennung des »Namens« Adam wieder Umschreibung). Er wird in lustvollem Beischlaf aus dem Samen eines Mannes, nicht eines Gottes, im Blut einer Frau gezeugt und im Mutterleib nicht zum König, sondern zu Fleisch geformt. Zur biblischen »Embryologie« vgl. Ps 139,13-16; Ijob 10,8-11. Die Rede von der zehnmonatigen Schwangerschaft ist im ganzen Alten Orient und in der hellenistischen Zeit verbreitet, s.u. auch die Isis-Aretalogie von Kyme Z. 18: Entweder sind Mondmonate gemeint, oder der erste und letzte Monat sind eigens gezählt; daneben wird auch von der neun Monate eines Sonnenjahres dauernden Schwangerschaft gesprochen. Bei seiner Geburt fällt ein König auf die gleiche Erde und beginnt die gleiche Luft zu atmen wie alle Menschen, und sein erster Laut ist wie bei allen weinendes Schreien. Auf den Windeln regiert er nicht und erobert nicht, sondern dort wird er trocken gelegt und versorgt. Der Eintritt ins Leben und das Sterbenmüssen sind für alle Menschen gleich.

Zur Abgrenzung der Absätze in 7,1-22a

Eine Inklusio »(Geist der) Weisheit« in 7,7b.12a und eine Wiederholung »kam zu mir« in 7,7b.11a markiert formal 7,7-12 als Absatz. Auch inhaltlich ist er vom vorhergehenden und vom folgenden Absatz unterschieden: Der Sprecher wählt die Weisheit und zieht sie dem »äußeren« Reichtum und den Schätzen eines Königs vor, er schätzt sie höher auch als Gesundheit und körperliche Schönheit, sogar als das allabendlich verschwindende Licht; die ihr nachgeordneten Güter kommen ihm aufgrund seiner richtigen Wahl dann doch durch die Weisheit zu. Demgegenüber steht im daran anschließenden Absatz 7,13-21a einerseits die Bereitschaft des Lehrers zur neidlosen Erschließung der Weisheit und zu ihrem Lob und andererseits Gott selbst als Geber der Weisheit und ihrer Gaben im Blick.

Manche Kommentatoren sehen in 7,15 »Mir aber gebe (EÜ: gewähre) Gott...« wegen des betont an den Kolon-Anfang gesetzten »mir aber« einen Neueinsatz (so auch EÜ), einige verweisen auf »Mensch(en)« in 7,1a.14a als Inklusion eines vermuteten Absatzes 7,1-14. Diese Meinung gewann durch die Edition von J. Ziegler eine einflußreiche optische Unterstützung: In der Edition wird 7,15 mit einer Einrückung nach einem vergrößerten Zeilenabstand vom vorhergehenden Text abgesetzt – aber die Handschriften bieten dafür keinerlei Anhaltspunkt! Demgegenüber dürfte die von mehreren und auch in diesem Kommentar befürwortete Einteilung 7,1-6.7-12.13-22a die gewichtigeren Gründe für sich haben: Die in der EÜ unkenntliche Inklusion »verbergen/verborgen« 7,13b.21 und die in 7,13 beginnenden neuen Thema-Worte des Absatzes (»Gott, er selbst« 7,14b.15a.c.17a; »(mit)geben, Gabe« 7,13a.14b.15a.b.17a) sprechen dafür, den Beginn der bis 7,22a reichenden Einheit schon in 7,13 zu sehen. Dabei gehen die Beobachtungen des anderen Einteilungsvorschlags nicht verloren: »Menschen« in 7,14 greifen das in 7,1 angeschlagene Thema auf, markieren allerdings nicht das Absatzende; »es wurde gegeben« in 7,7a wird erst in 7,13-22a aufgeschlüsselt; »mir aber« in 7,15 ist tatsächlich ein Neueinsatz gegenüber 7,14 – aber in Fortführung des in 7,13 Begonnenen.

Eine auffällige Erinnerung an die Ankündigung im Proömium enthalten Anfang und Ende des Absatzes 7,13-22a: neidlos 7,13a / 6,23a; (nicht) verbergen 7,13b.21 / 6,22a; Offenbares kennen 7,21 / 6,22d (EÜ hat »verbreiten« anstelle der wörtlichen Übersetzung »ins Offenbare setzen«).

Der Sprecher betete um Weisheit und zog sie allen Gütern vor 7,7-12 (vgl. 8,10-16)

Deshalb, weil er nur ein Mensch ist und niemandem die Weisheit angeboren ist, hat er gebetet. Die Erzählung von der Gebetsbitte des noch jungen Salomo und der Gottesantwort in Gibeon nach

2 Chr 1,6-12 (dieser Text hatte seinerseits schon 1 Kön 3,4-15 neuformuliert) gestaltet der Verfasser sehr eigenständig aus: Den Inhalt der Bitte nach 2 Chr 1,10 »Weisheit und Wissen« formuliert er um zu »Geist der Weisheit« 7,7b und »Klugheit« 7,7a. Von Salomo nach 2 Chr 1,11 nicht geäußerte Wünsche (Reichtum an Schätzen, Ehre, Tod der ihn Hassenden, lange Lebensdauer) werden ihm wegen der »richtigen« Gebetsbitte um »Weisheit und Wissen« von Gott noch hinzugeschenkt, allerdings in Auswahl: Reichtum, Schätze und Ehre (2 Chr 1,12). Auch sie werden hier neu gefaßt: In den *sieben* Kola 7,8-10b nimmt Salomo einen Vergleich oder eine Wahl vor und bevorzugt die Weisheit gegenüber allem (Machtsymbolen, Reichtum, unschätzbarem Edelstein, Gold, Silber, Gesundheit und Schönheit, Licht). In der Hinzufügung der »Schönheit« als wichtiges Gut läßt sich die hellenistische Umwelt des Verfassers erkennen. Die Nennung des (Tages-)Lichts macht deutlich, daß der hier sprechende Salomo der Weisheit wirklich vor allem, selbst dem Lebensnotwendigen, den Vorzug gab. Unerwartet (EÜ läßt »aber« aus) kamen alle aufgeführten Güter aber zugleich mit der Weisheit. Der sprichwörtliche Reichtum Salomos (2 Chr 9,22) wird in 7,11b noch einmal eigens genannt. Die vielfältige philosophische Diskussion über das Wort des Zenon*, die Tugend genüge für das glückliche Leben, mag in der Darlegung des Sprechers mit der Erweiterung der aufgeführten Güter einen Widerhall finden.

7,12 lautet richtig übersetzt: »Ich freute mich über alles (plur.), denn (die) Weisheit führt sie an; / ich hatte aber nicht gewußt, daß sie die Erzeugerin davon (plur.) ist.« Wie einem Heerführer folgen alle genannten Güter der von Gott gegebenen Weisheit, wie eine Mutter gebiert sie sie. Bei »Erzeugerin, Schöpferin« handelt es sich um eine literarische Personifikation (wie »Hunger ist der beste Koch«, »Liebe macht blind«, »Not lehrt beten« u.ä.). Die auffälligen weiblichen Titel der Weisheit sind z.T. Wortschöpfungen des Verfassers: »Erzeugerin, Schöpferin« 7,12; »Werkmeisterin, Konstrukteurin« 7,22a und 8,6; »Mystin, Eingeweihte« 8,4; »Bestimmerin, Auswählerin« 8,4. Sie alle sind wohl Ausdeutungen des schon früh schwer verständlichen Ausdrucks in Spr 8,30a: (Bei der Erschaffung der Welt) »da war ich neben ihm als *'amón*«: Die EÜ übersetzt diesen Ausdruck mit »geliebtes Kind«; die Septuaginta übersetzte *harmózousa* »zusammenfügend« und las wahrscheinlich die Konsonanten *'mn* als *'ommán* »Werkmeister, Künstler«. In dieser Deutungstradition steht auch das Buch der Weisheit. Im Folgenden wird sich aber immer wieder zeigen, daß die Weisheit hier ebensowenig wie in Spr oder Sir ein selbständiges personhaftes Wesen »neben« Gott und Menschen oder »außerhalb« ihrer ist.

Gott ist es, der die Weisheit verleiht und lenkt, sie ist Wissen und allumfassende Wissenschaft, Konstrukteurin und Lehrerin 7,13-22a [EÜ: -7,21] (vgl. 8,2-9)

7,13a Das Wortspiel *adólōs – aphthónōs* (ohne List – ohne Neid) ist kaum nachahmbar. »Ohne Hintergedanken« (s.o. zu 1,5 »Unaufrichtigkeit«; »uneigennützig« in der EÜ erfaßt nicht das Gemeinte) hat Salomo (Weisheit) »gelernt« (s.o. zu 6,9b), also ohne auf die mit ihr kommenden Güter zu schielen, und ist seit 7,1 dabei, sie »neidlos« (s.o. zu 6,23; hierzu wäre »uneigennützig« eine richtige Ausdeutung) mitzuteilen. *7,13b* »Ihren Reichtum verberge ich nicht« hat einen beabsichtigten Doppelsinn: »Ihr Reichtum« meint zunächst die materiellen Schätze wie in 7,8b, die sich nach 7,11b »in den Händen« und nach 7,12a im Gefolge der Weisheit befinden, dann aber auch die dem allen überlegene Weisheit selbst *7,14a*, ihren »inneren« Reichtum (s.u. zu 7,17-22a; 7,22b – 8,1). Mit »die ihn erwerben« *7,14b* folgt die EÜ der Edition von J. Ziegler, der hier eine erleichternde anstelle der schwierigeren, aber in den Handschriften besser bezeugten Lesart »die ihn verwenden, ausüben« in den Text aufgenommen hat. D. Winston macht darauf aufmerksam, daß bei Aristoteles und späteren Ethikern der Erwerb und die Anwendung der Tugend voneinander unterschieden und einander gegenübergestellt werden. Über das Erlangen der »Freundschaft mit Gott« s.u. zu 7,27. Da es sachlich und im Textzusammenhang nicht nur um den einmaligen »Erwerb« der Weisheit wie eines gegenständlichen Gutes und der Erlangung der Freundschaft mit Gott wie eines Status geht, sondern um einen lebenslangen Weg und Prozeß, ist der von Ziegler u.a. abgelehnten Lesart der Vorzug zu geben. In *7,14c* werden die zur Freundschaft mit Gott Gelangenden wie Bittsteller oder Besucher vorgestellt, die als Einführungsgeschenke Handeln und Haltung mitbringen, die aus *paideía* erwachsen (s.o. zu 1,5; 2,12 u.ö.; hier letztes Vorkommen von *paideía* im Buch der Weisheit).

7,15a-b Über die Weisheit »richtig« sprechen zu können, ist eine Gabe, die noch über das persönliche Zueigenhaben hinausgeht. Ist zu übersetzen »nach (*meiner*) Einsicht« (so die EÜ u.a.) oder »nach (*seinem*) Willen« (so Winston u.a.)? Für beide Möglichkeiten lassen sich gute Gründe nennen, je nachdem, ob man die Entsprechung in 7,15b bei »denken, Gedanken fassen, formulieren« oder bei »würdig der empfangenen Gaben« sieht. Den Grund für diese Bitte (um die Gabe sachgemäßer Rhetorik) mitten in der Darlegung nennt *7,15c-16:* Gott gibt nicht nur einfach Weisheit, sondern er begleitet auch noch ihre richtige Anwendung und das Lehren über sie. P. Heinisch hat schön den *Chiasmus* (Überkreuzentsprechung: a.b.b'.a') in 7,15c-16 beobachtet: »Weisheit« 7,15c wird erläutert durch »alle Klugheit und handwerkliches Können« (praktisches Wissen; EÜ: praktische Erfahrung) in 7,16b, »Richtunggeber der Weisen« 7,15d durch »denn in seiner Hand sind wir und unsere Worte« 7,16a. »Alles Seiende« (EÜ: die Dinge) *7,17a* ist ein griechischer philosophischer Fachausdruck. Die in *7,17b-20* aufgezählte »untrügliche Kenntnis« aller Zweige der (hellenistischen) Naturwissenschaft, die Gott ihm verliehen habe, wird Salomo aufgrund von 1 Kön 5,9-14; 10,1-9 zugeschrieben: *7,17b* Kosmologie und Physik, *7,18-19* Kalenderberechnung, Bestimmung der Jahreszeiten, Monatsberechnung (mit den Problemen von Sonnen- und Mondjahren, Schaltmonaten und -tagen), Astronomie, *7,20a* Zoologie und Tierverhaltensforschung, *7,20b* Dämonologie und Psychologie, *7,20c* Botanik und Heilmittelkunde, Medizin. Die Wendung »was auch immer verborgen und was offenbar ist« *7,21* bildet einen *Merismus** für »alles«.

Das bei J. Ziegler als 7,22a numerierte Kolon erscheint in der EÜ als *7,21b* (wohl im Anschluß an die Numerierung der lateinischen Übersetzung); das ist zwar sachgemäß, da unbestritten 7,22a den Absatz 7,13-22a abschließt und mit 7,22b (in der EÜ 7,22a) ein neuer Absatz beginnt, aber möglicherweise irritierend im Hinblick auf andere Übersetzungen und die Kommentare.

Nach 7,17a war es Gott, der Salomo die untrügliche Kenntnis von allem Seienden gegeben hat, nach *7,22a* (EÜ 7,21b) hat ihn ebendarüber die Weisheit als »Werkmeisterin, kunstfertige Bildnerin, Konstrukteurin von allem« belehrt: Sie erscheint hier also von dem in 7,15c-21 Gesagten her als Gott selbst, insofern er in Menschen wirkt (zur Personifikation der Weisheit und zur Herkunft der eigentümlichen weiblichen Titel der Weisheit in 7,12.22a.; 8,4.6 s.o. zu 7,12).

Hymnus auf die Weisheit: ihr Wesen, ihr Ursprung und ihre Wirkkraft 7,22(b) – 8,1

Wie eine begründende Erläuterung des vorhergehenden Satzes 7,22a (= EÜ 7,21b; EÜ läßt das erneute »denn« zu Beginn von 7,22b [EÜ 7,22a] aus) schließt der Sprecher das Zentrum des Enkómions auf die Weisheit an und eröffnet es mit einer dem »Geist in ihr« zugeschriebenen Reihung von Attributen. Mit Hilfe der philosophischen Terminologie seiner Zeit, besonders der Stoa, formuliert der Verfasser seine biblische Glaubenstradition neu. Was die Stoiker vom Geist, von der Vernunft *(Nous, Lógos)* und von Gott aussagten, wird hier herangezogen, um den Geist in der Weisheit und damit sie selbst (s.o. zu 1,6 und 7,7) zu beschreiben. Indem er auf biblischen Texten wie Spr 8, Sir 24 u.a. aufbaut, unternimmt es der Verfasser mittels des Wortes »Weisheit« in origineller Weise, das Mit-Sein Gottes mit den Menschen zu reflektieren und in der philosophischen Bildungssprache seiner Gegenwart auszudrücken. Die Wendung »Geist [in] der Weisheit« hebt an diesem Mit-Sein Gottes das Kommunikative, die Selbstmitteilung hervor. Die dreifach vollkommene Anzahl (21 = 3 x 7) der Eigenschaften des Geistes in der Weisheit zeigt die Unaussprechlichkeit des Wesens der Weisheit an. Wie kann man anders über religiöse, nichtmaterielle Wirklichkeit sprechen als in vielfacher Annäherung und in positiven und negativen Begriffen und Bildern?

Vorbild und Anregung zu solcher Reihung ist wohl vor allem in den Hymnen und Litaneien zu sehen, die den Göttern (z.B. Zeus, Demeter, Isis, Anubis, Hermes, Imhotep-Asklepios, u.a.) Vielnamigkeit und Vielgestaltigkeit zuschreiben (vgl. z.B. die große Isis-Litanei [»Anrufung«] im Pap. Oxyrh. 1380, ed. B.P. Grenfell and A.S. Hunt, London 1915, 190-220, und unten den Isis-Hymnus I des Isidoros). Eine vergleichbare Reihe benutzt aber auch der stoische Philosoph Kleanthes* zu seiner Bestimmung des Guten durch 29 (28? 26? 30?) Attribute:

Die Attribute des Guten nach KLEANTHES

Du fragst mich nach des Guten Wesen; höre denn:
Voll Ordnung ist's, gerecht, ist gottesfürchtig, fromm,
voll Selbstbeherrschung, wertvoll, schön und pflichtgemäß,
streng, nur dem eignen Sinne folgend, vorteilhaft,
von Furcht und Schmerz und Trauer frei, von Nutzen stets,
zuträglich, wohlgefällig, niemals wankend, lieb,
geehrt, geschätzt von andren, mit sich selber eins,
ruhmvoll, doch ohne Dünkel, sorgsam, sanft und fest,
von Dauer, ohne Makel, ewiger Besitz.«

SVF I 127, fragm. 557. Die Übersetzung ist entnommen aus Max POHLENZ, *Stoa und Stoiker, Bd. I, Zürich: Artemis 1950, 116.*

Isis-Hymnus I des ISIDOROS *(SEG 548)*

Geberin von Reichtum, Königin der Götter, Hermuthis, Herrin,
Allherrscherin, Gutes Geschick, großnamige Isis,
Dêô (= Demeter), Höchste, Entdeckerin allen Lebens!

Um vielfältige Werke sorgtest du dich, um zu verleihen
den Menschen Leben und allen Wohlgesittetheit,
und Satzungen hast du aufgezeigt, damit es Rechtlichkeit gibt,
und Fertigkeiten hast du verliehen, damit das Leben wohlgestaltet sei,
und du hast die schönblühende Vegetation aller Früchte entdeckt.

Deinetwegen bestehen das Himmelsgewölbe und die ganze Erde
und das Wehen der Winde und die lieblichscheinende Sonne.
Durch deine Macht füllen sich alle Ströme des Nils
zur Erntezeit und gießen wogendes Wasser
über das ganze Land, damit es unaufhörlich Frucht gibt.

Alle Sterblichen, die auf der grenzenlosen Erde leben,
Thraker und Griechen und Barbaren,
deinen schönen Namen, vielgeehrt bei allen,
sprechen sie in eigenen Sprachen aus, im eigenen Land.
Astarte, Artemis nennen dich die Syrer, Nanaia,
und die Völker der Lyker rufen Leto als Herrin an,
Mutter der Götter sodann nennen dich die thrakischen Männer,
die Griechen aber Hera die Erhabenthronende und Aphrodite
und gute Hestia und Rheia und Demeter,
die Ägypter aber Thivis: denn du allein bist sie alle,
die von den Völkern mit anderen Namen als Göttinnen genannt werden.

Gebieterin, ich will nicht aufhören, deine große Macht zu besingen,
unsterbliche Retterin, vielnamige, größte Isis,
vor Krieg bewahrst du Städte und alle Bürger,
sie und ihre Gattinnen und ihren Besitz und ihre geliebten Kinder.
Alle, die todbedroht im Gefängnis gehalten werden,
und alle, die geplagt werden von langer Schlaflosigkeit mit Schmerzen,
und die in fremdem Land Umherirrenden
und alle, die im Winter auf hoher See fahren,
wenn Männer zugrundegehen, Schiffe zerschmettert werden,
diese alle werden gerettet, wenn sie darum beten, daß du da bist.

Erhöre meine Gebete, du mit großmächtigem Namen,
sei mir gnädig, befreie mich von aller Pein!

Isidoros
hat [es] verfaßt.

1935 wurden auf zwei Pfeilern im Hof des ptolemäischen Tempels von Medinet Madi im Fajum/Ägypten vier griechische Gedichte gefunden, drei sind Hymnen an Isis, das vierte ist eine hymnische Tempelgründungslegende; angebracht ca. 85 v.Chr.; englische Bearbeitung von Vera F. VANDERLIP [Toronto 1972]; deutsche Übersetzung von H.E.

Der Sprecher reiht in *7,22b-23* synonyme und antithetische Wortpaare, die einander ergänzen und präzisieren, und Einzelattribute aneinander. Er beginnt mit »vernunftvoll« (EÜ: gedankenvoll) – »heilig«: dies sind die höchstmöglichen Attribute, um einerseits in stoischer Philosophie und andererseits in biblischer Ausdrucksweise die Zugehörigkeit zur Sphäre des Göttlichen zu bezeichnen. Viele der folgenden Wörter begegnen in beiden Denkräumen und überschneiden sich in der Bedeutung. »Einzig – vielteilig« (EÜ: einzigartig – mannigfaltig) drückt die Einheit und Einzigkeit und zugleich die unendliche Vielfalt und den Zugang zu allem aus. Auf »fein« (EÜ: zart), »leichtbeweglich«, »durchdringend«, »unbefleckt«, »klar« folgt »keinen Schmerz empfindend *oder:* verursachend« (EÜ: unverletzlich). Mit dem in der Mitte der Reihe (Nr. 11) stehenden Attribut »das Gute liebend« wendet sich die Beschreibung vom Wesen des Geistes in der Weisheit *an sich* mehr dem heilvollen, freundlichen Welt- und Menschenbezug zu: »schnellbereit, spontan« (EÜ: scharf), »unbehinderbar« (EÜ: nicht zu hemmen), »wohltätig«, »menschenfreundlich« (s.o. zu 1,6a; vgl. auch Tit 3,4),

»unerschütterlich, verläßlich, bestimmt« (EÜ: fest), »nicht irrend *und* nicht betrügend« (EÜ: sicher), »unbesorgt (weil allmächtig) *oder:* von jeder Sorge befreiend« (EÜ: ohne Sorge). Die Reihe gipfelt nach zwei All-Attributen »alles vermögend«, »alles überschauend« (s.o. zu 1,6d) in einer zwei Kola füllenden superlativen All-Aussage »und durch alle Geister dringend / vernunftvolle, reine, leichteste«, die typisch stoische Ausdrücke aufgreift (z.B. »der alles durchdringende Geist, von dem alles zusammengehalten und verwaltet wird« SVF II Nr. 416; s.o. zu 1,7; außerdem mit der Bestimmung »vernunftvoll« SVF II 310; 1009,11-13; 1027).

In den beiden letzten Kola von *7,23* bilden »Geist(er)« und »vernunftvoll« (EÜ: gedankenvoll, denkend) eine Inklusion mit 7,22b (EÜ 7,22a): Die so eingeschlossene Attributreihe soll demnach als eigene Einheit gehört werden.

Die darauf folgende Einheit 7,24 – 8,1 ist durch die Inklusionen »alle« 7,24a.b. / 8,1b und die in der Aussprache gleichlautenden Wörter »hindurchgehen« 7,24b / »durchwalten« 8,1b markiert und durch Stichwortverkettung (»alle«, »Rein(heit)«, »durchdringen«) mit der voraufgehenden Einheit verklammert und zugleich von ihr abgesetzt. In 7,24 – 8,1 fährt der Sprecher fort, sein Preislied auf die Weisheit aus den biblischen Texten, die über Gottes und seines Geistes Wirken seit der Schöpfung sprechen und singen (bes. Gen, Ps, Spr 8, Sir), auch unter Benutzung philosophischer Fachwörter, neu zu formulieren – unbesorgt um theologisch bedenkliche stoische oder mittelplatonische oder pythagoreische Systemimplikationen. Dem Enkómion-Schema entsprechend folgt auf die Beschreibung des Wesens der Weisheit (7,22b-23.24: »was die Weisheit ist« 6,22a) eine Darlegung ihrer Herkunft in 7,25-26 (»und wie sie geworden ist« 6,22a) und ihres Wirkens, ihrer Taten in 7,27 – 8,1 (»von Anfang ihrer Geschichte an will ich ihr nachspüren« 6,22c).

Über den Ursprung der Weisheit und ihr Herkunftsverhältnis zu Gott redet der Sprecher in *7,25-26* mit Hilfe von fünf Metaphern: Hauch (oder *Duft*) der Macht Gottes, klarer *Ausstrom* der Herrlichkeit des Herrschers über das Universum, *Widerschein* des ewigen Lichts, fleckenloser *Spiegel* der Kraft Gottes, *Bild* seiner Gutheit. Das Preislied besingt die Weisheit als die »Erscheinungsweise« Gottes selbst in unserer Welt mit Hilfe biblischer Ausdrücke (Macht, Herrlichkeit, Licht, Kraft, Güte) und zugleich mit Begriffen, die in der griechischen philosophischen Spekulation, vor allem später im Neuplatonismus, eine große Bedeutung gewonnen haben (oben *kursiv*). Die philosophischen Begriffe versteht er jedoch nicht von dem Denksystem her, aus dem sie stammen, sondern im Rahmen seiner ganz biblischen Gottesvorstellung. Die Verwendung, die 7,25-26 zusammen mit Hebr 1,3 bei den Kirchenvätern für die Christologie gewonnen hat, liegt natürlich noch nicht im Blickfeld des Verfassers. Mit Recht wurde immer verwiesen auf die große Nähe zu Sir 24,3: »Ich ging aus dem Mund des Höchsten hervor, / wie ein Dunst hüllte ich die Erde ein«.

7,27 – 8,1 preist die Auswirkungen des Ursprungs der Weisheit auf ihre Fähigkeiten und Leistungen, zunächst ihre Teilhabe an der Einheit / Einzigkeit (vgl. 7,22c, in der EÜ 7,22b) und Allmacht Gottes (vgl. 7,23c, EÜ 7,23b). *7,27a-b* lautet, wörtlich übersetzt: »Aber *eine* seiend, vermag sie alles, / und bleibend in sich erneuert sie alles«. Das Problem von Immanenz und schöpferischer Transzendenz wurde sowohl in der Bibel (z.B. Ps 102,26-28) als auch in der klassischen und der stoischen Philosophie immer wieder bedacht und erörtert (ausführliche Hinweise z.B. bei P. Heinisch und D. Winston). Die Formulierung in 7,27a-b schließt sich wohl auch an Ps 104,24.30 an: »Wie zahlreich [groß] sind deine Werke, HERR, / sie alle hast du mit Weisheit gemacht... Sendest du deinen Geist, dann werden sie erschaffen / und du erneuerst das Angesicht der Erde«. Die Betonung der Einzigkeit könnte durch die Isis-Hymnen (s.o. vor 7,1: Maroneia 19-20; vor 7,22b: Isidoros I Abs. 4; s.u. nach 8,1: Kyme; vgl. auch Sir 24,5) mitangeregt sein.

Mag der Sprecher in *7,27c* auch von dem Gedanken in Spr 8,31 ausgegangen sein: »Ich spielte auf seinem Erdkreis, / und meine Freude war es, bei den Menschen zu sein«, zur Neuformulierung hat er mit »übergehen auf, eingehen in« ganz unbefangen einen Fachausdruck der Seelenwanderungslehre der Pythagoreer benutzt. »Seele« steht auch hier für den ganzen Menschen (s.o. zu 1,4).

7,27d Daß die Weisheit zu »Freunden Gottes und Propheten bereitet«, ist zunächst hergeleitet aus den biblischen Aussagen über Abraham und Mose: Jes 41,8 »mein Freund Abraham«; 2 Chr 20,7 (im Gebet Joschafats) »dein Freund Abraham«; vgl. auch Jak 2,23; Gen 20,7 Gott sagt zu Abimelek über Abraham: »Er ist ein Prophet«; Ex 33,11 (der HERR redete zu Mose von Angesicht zu Angesicht, wie man redet zu seinem Nachbarn / Nächsten) in der Septuaginta: »wie wenn jemand zu seinem Freund spricht«; Dtn 18,15.18; 34,10 »ein Prophet wie Mose«. Darüber hinaus ist aber die Vorstellung, die Weisen seien Freunde Gottes bzw. der Götter, seit Xenophon und Platon verbreitet und wird später sogar den Stoikern zugeschrieben. Der dem Verfasser ungefähr gleichzeitige Philo von Alexandrien verbindet in ähnlicher Weise die griechische und die biblische Terminologie: »Alle Weisen sind Freunde Gottes« (Erben der göttlichen Dinge 21); »denn wenn nach dem Sprichwort ›das Eigentum von Freunden ihnen gemeinsam‹ gehört, der Prophet aber ein Freund Gottes genannt wird (Ex 33,11), so muß er wohl folgerichtig auch an dessen Besitz teilhaben, soweit es ihm nötig ist« (Mos I,156; s. die grundlegende Untersuchung von Erik PETERSON, Der Gottesfreund. Beiträge zur Geschichte eines religiösen Terminus, ZKG 42 NF V [1923] 161-202).

7,28 Das (auch erotische) Bild vom Zusammenleben mit der Weisheit, das »Freund« und »Lieben« veranschaulicht, wird der Sprecher in 8,2-9 entfalten.

7,29 Der Sprecher kann mit seiner Vorliebe für die Licht-Metapher an die biblische Tradition anknüpfen: In 7,26 ist »ewiges Licht« als Metapher für Gott wohl aus Jes 60,20 (vgl. Jes 60,1) übernommen (zum »Licht der Gerechtigkeit« s.o. zu 5,6; sehr häufig wird in den verschiedensten biblischen Büchern die »Herrlichkeit« des HERRN genannt). Die Übertragung von Lichtattributen auf die Weisheit (s.o. zu 6,12 »strahlend schön« und zu 7,26 »Widerschein des ewigen Lichts«), die Bevorzugung der Weisheit gegenüber dem Licht (s.o. zu 7,10) und die Betonung der Überlegenheit der Weisheit im Vergleich mit der Sonne, mit Sternenkonstellationen und sogar mit dem Licht in *7,29* dürfte jedoch stark durch die Isis-Aretalogien und -gedichte motiviert sein (s. dazu die Isis-Aretalogien von Kyme Z. 9. 13. 14. 44, von Maroneia Z. 18 und den Isis-Hymnus III des Isidoros).

Als Begründung für die Überlegenheit der Weisheit gegenüber dem Tageslicht verweist der Sprecher in *7,30* darauf, daß dieses immer abgelöst wird von der Nacht; die »Schlechtigkeit« aber als Bestimmungsmacht der Frevler (s.o. zu 2,21; 4,11; 5,13) wird nie die Oberhand gewinnen über die Weisheit. In dem die Einheit beschließenden Satz *8,1* werden wieder Gotteseigenschaften und -tätigkeiten von der Weisheit ausgesagt. Die Übertragung der Allgegenwart Gottes (bzw. seines Geistes, s.o. zu 1,7) auf die Weisheit findet sich bereits im »Lob der Weisheit« Sir 24,3-7, das seinerseits schon im Zusammenhang mit Liedern auf Isis stehen dürfte. Der Gedanke von der »Spannung«, die die Welt durchzieht, zusammenhält und verbindet, begegnet häufig in der Stoa. Wieder benutzt der Sprecher also stoische Terminologie, um traditionelle theologische Lehren auszudrücken, hier die *creatio continua*, das fortdauernde Schöpferwirken Gottes. Daß die Weisheit im Sinne des Sprechers eine Umschreibung des Wirkens *Gottes* und der menschlichen Erfahrung davon sein soll, wird gerade in den beiden parallelen Zeilen von 8,1 deutlich. Den ausführlichsten Kommentar zu den als einander ergänzend verstandenen Adverbien »kraftvoll« – »voll Güte« liefert der Sprecher selbst in 11,15 – 12,22 »Über die Liebe Gottes zu seiner Schöpfung, seine Gerechtigkeit und Menschenfreundlichkeit« und in der zusammenfassenden Wiederaufnahme dieses Themas zu Beginn des gebetsartigen Abschnitts 15,1-6. Damit hat der Sprecher sein Preislied auf die Weisheit auf den höchsten Punkt gebracht und kehrt mit 8,2 wieder in die Ich-Form des erzählenden weisen Königs Salomo zurück.

Die Isis-Aretalogie von Kyme

[1]Demetrios, Sohn des Artemidoros, und Thraseas, aus Magnesia am Mäander, (richteten) ein Gebet an Isis. [2]Das Folgende ist abgeschrieben von der Stele in Memphis, welche im Hephästeion steht.

[3]Isis bin ich, die Beherrscherin des ganzen Landes, und erzogen von Hermes, und habe mit Hermes die Buchstaben erfunden, die heiligen und die profanen, damit nicht alles in denselben geschrieben werde. [4]Ich habe den Menschen Gesetze gegeben und gesetzlich festgelegt, was keiner verändern kann.

[5]Ich bin des Kronos älteste Tochter.
[6]Ich bin Gattin und Schwester des Königs Osiris.
[7]Ich bin es, die den Menschen Frucht erfunden hat.
[8]Ich bin die Mutter des Königs Horos.
[9]Ich bin es, die im Sternbild des Hundes aufgeht.
[10]Ich bin es, die bei den Frauen Göttin genannt wird.
[11]Mir ist die Stadt Bubastis erbaut worden.
[12]Ich habe die Erde vom Himmel geschieden.

13 Ich habe den Sternen die Wege gezeigt.
14 Ich habe den Gang der Sonne und des Mondes geordnet.
15 Ich habe die Schiffahrt erfunden.
16 Ich habe das Recht stark gemacht.

17 Ich habe Frau und Mann zusammengeführt.
18 Ich habe der Frau bestimmt, das Ungeborene mit zehn Monaten ans Licht zu bringen.
19 Ich habe gesetzlich festgelegt, daß die Eltern vom Kinde geliebt werden.
20 Ich habe den lieblos gesinnten Eltern Strafe auferlegt.
21 Ich habe mit Hilfe meines Bruders Osiris der Menschenfresserei Einhalt geboten.
22 Ich habe den Menschen die Weihungen gezeigt.
23 Ich habe die Götterbilder verehren gelehrt.
24 Ich habe die Tempel der Götter erbaut.
25 Ich habe die Herrschaft der Tyrannen gestürzt.
26 Ich habe dem Blutvergießen Einhalt geboten.
27 Ich habe darauf gedrungen, daß die Frauen von den Männern geliebt werden.
28 Ich habe das Recht stärker als Gold und Silber gemacht.

29 Ich habe gesetzlich festgelegt, daß die Wahrheit als gut anerkannt werde.
30 Ich habe die Eheverträge erfunden.
31 Ich habe den Griechen und Barbaren die Sprachen verordnet.
32 Ich habe gemacht, daß Gutes und Schändliches sich von Natur unterscheiden.
33 Ich habe nichts Fürchterlicheres geschaffen als den Schwur.
34 Ich habe den, der wider Recht andere bedroht, in die Hand des Bedrohten gegeben.
35 Ich lege denen, die Unrecht tun, Strafe auf.
36 Ich habe gesetzlich festgelegt, sich der Schutzflehenden zu erbarmen.
37 Ich ehre die, die sich gerechtermaßen zur Wehr setzen.
38 Bei mir ist das Recht stark.

39 Ich bin die Herrin der Flüsse und Winde und des Meeres.
40 Ohne meinen Willen erlangt keiner Ruhm.
41 Ich bin die Herrin des Krieges.
42 Ich bin die Herrin des Blitzes.
43 Ich besänftige und wühle das Meer auf.
44 Ich bin in den Strahlen der Sonne.
45 Ich bin Throngenossin bei der Fahrt der Sonne.
46 Was mir gefällt, das wird auch vollbracht.
47 Vor mir weicht alles [respektvoll] zurück.
48 Ich befreie die Gefangenen.
49 Ich bin die Herrin der Seefahrt.
50 Ich mache das Schiffbare unschiffbar, wann es mir gefällt.
51 Ich habe die Mauern der Städte geschaffen.

52Ich bin es, die Gesetzgeberin genannt wird.
53Ich habe die Inseln aus Meerestiefen ans Licht emporgeführt.
54Ich bin die Herrin des Regens.
55Ich besiege das Schicksal (*Heimarméne*).
56Mir gehorcht das Schicksal.
57Sei gegrüßt, Ägypten, die du mich aufgezogen hast!

Die 1925 in Kyme (Aiolis/Westtürkei) gefundene Inschrift stammt aus dem ersten oder zweiten Jh. n.Chr.; sie stellt schon eine Komposition aus älteren Traditionselementen dar. Es ist die bisher einzige vollständig erhaltene Isis-Aretalogie. Bemerkenswert ist die durchgängige Stilisierung dieses »Gebets« als Selbstprädikation der Isis mit »Ich bin«-Anaphern und die refrainartig wiederkehrende Erwähnung der Beziehung der Isis zu Recht und Gesetz. Deutsche Übersetzung im Anschluß an LEIPOLDT-GRUNDMANN, Umwelt des Urchristentums II, Berlin 1967, 96-98.

Isis-Hymnus III des ISIDOROS (SEG 550)

Herrscherin der höchsten Götter, Hermuthis, Herrin,
Isis, reine, heilige, große, großnamige, Dêô,
ehrwürdigste Geberin von Gütern, allen sterblichen
Gottesfürchtigen hast du große Gunsterweise und Reichtum gegeben
und ein angenehmes Leben zu haben und höchste Befriedigung,
Wohlstand, Glück und kummerfreie Besonnenheit.

Alle, die höchstglücklich leben, die hervorragendsten Männer,
szeptertragende Könige und alle, die Herrscher sind,
diese regieren, wenn sie sich an dich halten, bis ins Alter,
und hinterlassen glänzenden und reichlichen großen Wohlstand
Söhnen und Enkeln und den Männern danach.
Wen aber die Königin am meisten lieb hat von den Herrschern,
dieser herrscht sowohl über Asien wie auch Europa,
er erhält [den] Frieden, Früchte hängen schwer zu seiner Zeit
von guten Dingen aller Arten, bringen beste Frucht.
Wo immer nun Kriege und richtiges Gemetzel [stattfindet]
von unzähligen Massen, da hat deine Kraft, deine Macht,
die Menge gelichtet, den wenigen aber Mut gegeben.

Erhöre mich, Gutes Geschick, der dich anfleht, Herrin,
ob du nach Libyen oder nach Süden gereist bist,
oder ob du in den äußersten Gebieten des immer mildwehenden Nordwinds dich aufhältst
oder im Wehen des Ostwinds, wo die Sonnenaufgänge,
oder ob du dich zum Olymp begeben hast, wo die Himmlischen [sind],
oder ob du im Himmel oben mit den Unsterblichen Gericht hältst,
oder ob du den Wagen der schnellaufenden Sonne bestiegen hast,
die ganze Welt durchfährst, auf alles herabschaust,
auf die Werke der Gottlosen und der Gottesfürchtigen herabsiehst;
wenn du auch hier anwesend bist, die Tugend jedes einzelnen ansiehst,

dich freust an Schlachtopfern, Trank- und Speiseopfern
der Männer von Arsinoë, die den Gau des Suchos bewohnen,
vielrassiger Leute, die alle Jahr für Jahr anwesend sind
am zwanzigsten im Monat Pachon und Thot und dir den Zehnten bringen
und dem Anchoës, dem Sokonopis, den heiligen Göttern, zum Fest,
die du auf Bitten hörst, schwarzgewandige Isis, barmherzige,
und ihr, große Götter im Tempel mit ihr,
schickt mir Paian, den Arzt aller Leiden!

Isidoros
hat [es] verfaßt.

Zu Fundort, Datum usw. s.o. zu Isidoros‹ Hymnus I.

Zur Abgrenzung der Absätze in 8,2-21

Innerhalb der großen Ringkomposition von Kap. 7 – 8 entsprechen die drei Absätze 8,2-9. 10-16. 17-21 inhaltlich den drei Absätzen 7,13-22a. 7-12. 1-6 und führen sie variierend fort. Alle zusammen umrahmen also spiegelbildlich das Preislied 7,22b – 8,1. Die drei Absätze in 8,2-21 sind formal und inhaltlich voneinander abgesetzt und zugleich durch Wiederaufnahmen bezeichnender Wörter mehrfach miteinander verknüpft. Mit 8,2 kehrt Salomo nach dem beschreibenden Preislied zum Lob in der Ich-Form zurück. In *8,2-9* stehen die Verben in der Vergangenheitsform des *Aorist,* wo Salomo von seinem Bemühen um die Weisheit spricht und von Gottes Liebe zu ihr 8,2.3b.9a, und im *Präsens,* wo die Weisheit »an sich« gepriesen wird 8,3a.4-8. Die *Inklusionen* »diese« 8,2a.9a (EÜ »sie«), »heimführen« 8,2b.9a und »Zusammenleben« 8,3a.9a grenzen den Absatz ab.
Die Überschriften und die Absatzeinteilung der EÜ beachten die Textsignale nicht ausreichend. Die Inklusion »Zusammenleben« 8,3a.9a ist infolge der verschiedenen Übertragung desselben Wortes *symbíosis* durch »Umgang mit« in 8,3a.16c und durch »Lebensgefährtin« in 8,9a unerkennbar geworden.
8,5-8 hat die Form einer rhetorisch gefeilten Reihung: »wenn aber... wenn aber... und wenn... wenn aber und«, wobei die beiden ersten Glieder je zwei Kola (das zweite jeweils als rhetorische Frage), die zwei folgenden je fünf Kola umfassen. Die EÜ hat das erste »wenn« ausgelassen und die Variationen nicht notiert.
Der mittlere Absatz *8,10-16* steht, wie schon der darauf vorausweisende Objektsatz in 8,9b-c, im *Futur.* Ausgenommen sind die begründend-beschreibenden Kola 8,16b-d (in der EÜ 8,16c-e, da die EÜ 8,16a in zwei Kola aufteilt). Der Absatz ist gegliedert durch zweimaliges »ich werde haben durch sie« 8,10a.13a. Damit wird auch die gegenüber dem ersten Absatz veränderte Perspektive ausgedrückt. Genau in der Mitte ragt 8,13

wie ein Gipfel auf: In dem Absatz 8,10-16 gehen ihm 7 Kola vorauf und folgen ihm noch 7 Kola. Durch »das Zusammenleben mit ihr« in 8,16c wird das Themawort des vorhergehenden Absatzes aufgegriffen und damit, wie auch durch das mehrfache »sie« (anstelle von »Weisheit« in 8,10a.13a.16a.b.c), durch »jung« 8,10b.2a und »Tapfer(keit)« 8,15b.7d eine Verknüpfung mit 8,2-9 hergestellt.

Der letzte Absatz *8,17-21* bietet nach den Aorist-Partizipien in 8,17a.b.21a und dem Imperfekt in 8,18e wieder einen Fortgang der Erzählung mit Verben im Aorist (8,21c-d). Die *Inklusion* »(in / aus) meinem Herzen« in 8,17b.21d markiert Anfang und Ende des Absatzes. Die rhetorische Reihung der sorgsamen »Herzensüberlegung« in 8,17c-18d nach dem Schema a-bbb-a ist in der recht freien Übertragung der EÜ nicht mehr erkennbar. Mehrere Wörter verknüpfen 8,17-21 mit den beiden vorhergehenden Absätzen: »Sorgen« 8,17b.9c, »Unsterblichkeit« 8,17c.13a, »gute Abstammung / Verwandtschaft« 8,17c.3a, »Liebe(n)« 8,18a.2a, »Mühen« 8,18b.7b, »Reichtum« 8,18b.5a, »Klugheit« 8,18c.21b.6a.7c, »Freude / freundliche Gabe« 8,21b.16d. Während im ersten und dritten Absatz vom »Suchen« (8,2a.b.18e) gesprochen wird, richtet sich im mittleren der Blick auf das künftige »Haben« (8,10a.13a). 8,21 greift 7,7 (»ich betete«) wieder auf und bildet zugleich den Abschluß des ersten Abschnitts und die Themenankündigung zum folgenden großen Gebet 9,1-18, dem zweiten Abschnitt des mittleren Buchteils. Die EÜ läßt in 8,21c »und ich bat ihn« unübersetzt.

Gott liebt die Weisheit, lebt mit ihr zusammen, sie ist Eingeweihte seines Wissens, Auswählerin seiner Werke, allen Gütern und Werten überlegen: Mit ihr will er (Salomo) zusammenleben 8,2-9 (vgl. 7,13-22a)

Wie in *8,2* wird bereits in Spr 7,4 und Sir 15,2-6 und bes. in Sir 51,13-21 die »Attraktivität« der Weisheit in erotischer Sprache gepriesen (8,2c »ich wurde Liebhaber ihrer Schönheit« erscheint in EÜ nur abgemildert). Die Weisheit ist die »erste Liebe« des jungen Salomo (vgl. Spr 5,18f.). Sie hat alles, was eine Braut begehrenswert macht: Schönheit, edle Abstammung, Reichtum. Ebenso wie in 8,2 wird in *8,3-4* die Herkunft der Weisheit von Gott mit Metaphern aus dem Bereich Verwandtschaft, Nähe, Liebe und Intimität umschrieben. Zu den Titeln »Eingeweihte« 8,4a, einem Fachwort der Mysterienreligionen, »Auswählerin seiner Werke« 8,4b und »Werkmeisterin, Konstrukteurin« 8,6b s.o. zu 7,12.

8,5-8 preisen die Überlegenheit der Weisheit gegenüber den »im Leben« (8,5a.7e) hochgeschätzten materiellen, ethischen und geistigen Werten (Reichtum, Klugheit, Gerechtigkeit, Vielerfahrenheit), die von ihr erwirkt werden. Zur »Klugheit« s.o. zu 3,15; 6,15 und 7,16; während in 8,6a mehr die biblische Bedeutung von »praktischer Lebensklugkeit, Kunstfertigkeit« angezielt ist, wird die Klugheit in 8,7c innerhalb der verbreiteten Vierergruppe der griechischen popularphilosophischen Tugendlehre genannt. Auch die »Gerechtigkeit« kommt zweimal vor: im biblischen Sinn in 8,7a und als eine der vier griechischen »Kardinaltugenden« in 8,7d (s.o. zu 1,1.15 und den EXKURS »›Gerechtigkeit‹ in der hellenistisch-ägyptischen Umwelt und im Buch der Weisheit«). Ausdrücklich wird das Eingangsmotto des Buches »Liebt (die) Gerechtigkeit!« (1,1a) in 8,7a aufgegriffen und so die gedankliche Verknüpfung des zweiten mit dem ersten Buchteil nochmals verdeutlicht: Die Weisheit wird gepriesen, weil sie die Gerechtigkeit und damit alle Tugenden lehrt und als Früchte ihrer Mühen erntet. Wahrscheinlich übernimmt der Sprecher hier eine Deutung der »tüchtigen Frau« in Spr 31,10-31 als Allegorie auf die Weisheit. Dagegen spiegelt *8,7e* die stoische ethische Diskussion und Lehre, daß die Tugend und das sittlich Gute das im Ganzen und auf Dauer *Nützliche* sei zur Erreichung des Lebensziels des Menschen und der menschlichen Gemeinschaft.

»Wenn aber jemand auch Vielerfahrenheit begehrt« *8,8a:* Die Formulierung ist auch im Ausdruck parallel zu 8,7a. Erfahrung ist Wissen aus Anschauung und aus Begegnung mit Dingen und Menschen statt durch Studium oder Vermittlung von Lehrern. Da die Weisheit in der engstdenkbaren Weise Gott verbunden ist – was von ihm gesagt wird, kann auch von ihr gesagt werden – , hat sie auch unvermittelte Kenntnis über das Vergangene und eine Vorstellung des Künftigen *8,8b*, und sie kann dieses Wissen in Sinnsprüchen und gebundener Rede formulieren *8,8c;* zur »Auflösung von Rätseln« vgl. Spr 1,6; 1 Kön 10,1-9; Sir 47,17. Sie hat das Wissen Gottes selbst *8,8d-e.* Nur er kennt im voraus seine »Zeichen und Wunder«: Auch in 10,16 sind dies die Kennwörter für die Ereignisse bei der Herausführung aus Ägypten, der Rettung am Meer und der Führung durch die Wüste, wie häufig in der Schrift, z.B. Ex 7,3; Dtn 4,34; Ps 78,43. Nur Gott kennt die »Ergebnisse von Zeitpunkten und Zeitabschnitten«. Diese Wendung kommt in der Bibel nur noch im Danielbuch vor: im Gebet Daniels Dan 2,21 und im Bekenntnis

Nabuchodonosors Dan^{LXX} 4,37 zugleich mit »Zeichen und Wundern«. Da solche Erfahrung nicht »gelernt« werden kann, möchte Salomo daran Anteil erhalten durch »Zusammenleben« mit der Weisheit *8,9a.* In Bezug auf ihr Zusammenleben mit Gott 8,3a trägt sie die Bezeichnungen »Eingeweihte« in sein Wissen, »Auswählerin« seiner Werke 8,4; für einen Menschen aber wird sie nur »Ratgeberin« zu allem Guten, »Ermunterung, Trost« bei Sorgen und Trauer 8,9b-c sein können.

Salomo über sein Zusammenleben mit der Weisheit und dessen Auswirkungen 8,10-16 (vgl. 7,7-12)

Der Absatz läßt den jungen (8,10b) Salomo gleich nach seinem Regierungsantritt und unmittelbar vor seinem Gebet in Gibeon beschreiben, was er in Zukunft »haben wird durch sie« 8,10a.13a, d.h. nachdem Gott ihm die Weisheit entsprechend seiner Zusage geschenkt haben wird. Bei der Aufzählung der vorteilhaften Auswirkungen auf das öffentliche und private Leben des Königs, die der Umgang und das Zusammenleben mit der Weisheit (8,16b-c) mit sich bringen wird, wertet der Verfasser frei die Salomoüberlieferungen der Heiligen Schrift aus (1 Kön 3 – 10; 2 Chr 1 – 9; Spr; Hld; Ps). Im Anschluß an diese Überlieferungen wird sein Ansehen beim Volk, seine Ehrung bei den Alten trotz seiner Jugend (*8,10*) und seine sogar internationale Beachtung (*8,11b.14-15*) als Folge seiner Begabung mit der Weisheit gesehen, die ihm auch eine scharfsichtige Rechtsprechung *8,11a* ermöglichte, vgl. das Salomonische Urteil 1 Kön 3,16-28. Die Achtungsbezeigungen werden in *8,12* ähnlich wie in Ijob 29,7-10.21-23 beschrieben. In *8,13* ist vom Kontext her die »Unsterblichkeit« durch das Gedenken der Nachwelt gemeint, beispielsweise wenn die von Salomo handelnden Texte der Heiligen Schrift gelesen werden. Aber bereits in der Aufnahme dieses Gedankens im nächsten Absatz (8,17c) wird die weitergehende Bedeutung von Unsterblichkeit, wie sie im ersten Buchteil dargelegt wurde, wachgerufen (s.o. zu 1,15; 3,4; 4,1f.). *8,14f.* ist wohl von 1 Kön 5,1.4; 9,20f. her formuliert, geht aber schließlich mit »tapfer im Krieg« darüber hinaus, um das Bild eines »idealen Königs« zu zeichnen, der gütig ist gegenüber dem eigenen Volk und furchtgebietend nach außen, vgl. Spr 8,15 »durch mich regieren die Könige«. Geradezu idyllisch ungetrübt sind die Erwartungen des jungen Salomo an sein häusliches Zusammenleben mit der Weisheit *8,16* (vgl. Spr 31,10-31).

Salomo suchte von Jugend an, die Weisheit zu sich zu nehmen, und flehte deshalb zum Herrn um sie im folgenden Gebet 8,17-21 (vgl. 7,1-6)

»Dies«, was der junge Salomo nach *8,17a-b* bedachte und sorgfältig erwog, wird in dem fünf Kola umfassenden Daß-Satz *8,17c-18d* ausgebreitet, der die Überlegungen seit 8,2 zusammenfassend aufnimmt; zu den Rückbezügen auf die Absätze 8,2-9 und 8,10-16 s.o.

8,19-20 ist die beliebteste Stelle, um den Platonismus des Verfassers nachzuweisen und ihm die Überzeugung von der Präexistenz der Seele vor der Zeugung und Geburt zuzuschreiben. Tatsächlich ist die Ausdrucksweise hier sehr ungeschützt: »Ich kam in einen unbefleckten Leib« 8,20. Sie ist wohl, wie mehrere sehr viel explizitere Darlegungen bei PHILON von Alexandrien, aus mittelplatonischer Philosophie übernommen, vgl. die ausführliche Erörterung bei C. Larcher und G. Scarpat. Vom Kontext her liegt jedoch die Absicht einer anthropologischen Lehraussage denkbar fern. Innerhalb der Ringkomposition ist der entsprechende Absatz 7,1-6 mitzuhören: In Zeugung, Geburt und Kindheit war Salomo »allen gleich«. Er ist suchend herumgegangen, um die Weisheit zu sich zu nehmen, da er sie nicht von sich her hatte 8,18e. Was 8,19 in alltäglicher Ausdrucksweise sagt: »Ich war ein wohlgestaltetes Kind mit guten geistigen und charakterlichen Anlagen«, wird in 8,20 in »moderner philosophischer« Terminologie noch einmal anders formuliert. Mit »oder vielmehr«, »eher aber, wenn man so will« wird oft eine Selbstkorrektur eingeleitet. Der Sprecher zeigt sich wieder unbekümmert um Systemfolgerungen (s.o. zu 7,22 – 8,1). Nicht von Spekulationen über einen verschiedenen Zeitpunkt der Erschaffung von »Seele« und »Leib« oder über die Weise ihrer Verbindung und Trennbarkeit im platonischen Sinne ist die Rede (s.o. zu 1,4), sondern davon, daß auch die beachtlichsten körperlichen, moralischen und intellektuellen Beschaffenheiten das Finden, Gewinnen und Besitzen der Weisheit nicht bereits in sich schließen oder notwendig nach sich ziehen. Sie kann nur von Gott *geschenkt* werden

8,21a. Und sogar diese Erkenntnis, daß Weisheit nicht angeboren oder durch Begabung und eigene Anstrengung erwerbbar, sondern Gunst, freundliche Gabe Gottes ist *8,21b,* war Wirkung der mit der Weisheit verbundenen Klugheit, also schon unverdientes Geschenk. »Deshalb wandte ich mich an den HERRN und flehte ihn an und sprach aus meinem ganzen Herzen« *8,21c-d* (vgl. Dtn 6,5 u.ö.). Damit wird das folgende große Gebet um die im Vorangehenden gepriesene und in sich und ihren Wirkungen beschriebene Weisheit eingeleitet.

Um die Eigenart der Ausgestaltung des Gebets Salomos im Buch der Weisheit besser zu erfassen, mag ein in der hellenistischen Zeit verbreitetes Gebet, der Zeushymnus des Kleanthes*, hilfreich sein:

Der Zeus-Hymnus des KLEANTHES

Erhabenster der Unsterblichen, vielnamiger, stets alles beherrschender
Zeus, Herr über die Natur, der du alles nach dem Gesetz lenkst,
sei gegrüßt! Denn dich anzusprechen, ziemt sich für alle Sterblichen.
Denn aus dir sind wir entstanden, da wir des Gottes Abbild erlost haben
als einzige von allem, was lebt und sich sterblich über die Erde bewegt.
Deshalb will ich dich preisen und deine Macht immer besingen.
Dir folgt diese ganze Welt, sich um die Erde drehend,
so wie du sie führst, und freiwillig läßt sie sich von dir beherrschen.
Als einen solchen Gehilfen hältst du in deinen unbezwinglichen Händen
den zweischneidigen, feurigen, ewig lebenden Blitz.
Unter dessen Schlägen vollenden sich alle Werke der Natur;
durch ihn lenkst du die allgemeine Vernunft, die durch alles
hindurchgeht und sich mit dem großen und mit den kleinen Lichtern mischt.
Durch sie bist du so groß, der Höchste, König für immer.

Und kein Werk geschieht auf der Erde ohne dich, Gottheit,
weder in der göttlichen Äthersphäre noch im Meer,
außer all dem, was die Schlechten in ihrer eigenen Torheit tun.
Aber du weißt sowohl das Ungerade gerade zu machen
wie das Ungeordnete zu ordnen, und das Nicht-Liebe ist dir lieb.
Denn so hast du zu einem alles zusammengefügt, das Gute mit dem Schlechten,
daß eine Vernunft, ewig seiend, aus allem entsteht;
die lassen fliehend beiseite alle die unter den Sterblichen, die schlecht
sind, die Unseligen, die sich zwar immer nach dem Erwerb von Gütern sehnen,
aber des Gottes allgemeines Gesetz weder sehen noch vernehmen;
wenn sie ihm mit Verstand folgten, dann hätten sie ein gutes Leben.

Sie selbst dagegen stürzen ohne Verstand auf das Übel los, jeder auf ein anderes; die einen richten ihren von schlimmem Streit beseelten Eifer auf den Ruhm, die anderen sind ohne Ordnung auf Gewinne erpicht, wieder andere auf Nichtstun und lustvolle Tätigkeiten des Körpers...

Zeus, du Allesgeber, Dunkelumwölkter, Herr mit dem hellen Blitz,
so bewahre die Menschen vor verderblicher Unerfahrenheit!
Die vertreibe, Vater, von der Seele und gib, daß wir Einsicht erlangen,
auf die gestützt du zusammen mit dem Recht alles lenkst,
damit wir, so geehrt, dir Ehre erstatten,
indem wir deine Werke unaufhörlich preisen, wie es sich ziemt
für einen Sterblichen; denn weder für Menschen gibt es eine andere größere
Ehrengabe noch für Götter, als das allgemeine Gesetz stets, wie es recht ist, zu preisen.

»Der Hymnus war dazu bestimmt, bei den religiösen Feiern der Schulgemeinde vorgetragen zu werden. Kleanthes schließt sich im Stil an die griechischen Kulthymnen an, beginnt in ihrer Weise mit der ›Vielnamigkeit‹ des Gottes, in der sich seine vielfach sich entfaltende Macht spiegelt, denkt aber selbst dabei daran, daß für die Stoiker Zeus auch Physis (Natur), Prónoia (Vorsehung), Heimarmene (Schicksal) heißen kann. Zeus ist der Logos, der auch dem Menschen Vernunft und Sprache verliehen hat. Er ist der Herr der Natur, der mit seinem Blitze – in diesem gewinnt das Feuer, das die Welt durchdringt, seine sinnfällige Gestalt, so daß philosophische und religiös-mythische Vorstellungen sich verbinden können – das All lenkt und allen Dingen Leben und Spannkraft gibt. Er ist aber auch der göttliche Logos, dem die Menschen für ihr Tun verantwortlich sind. Und hier bricht Kleanthes' persönliche Frömmigkeit am stärksten durch: Während die Stoa grundsätzlich davon ausging, daß der Mensch aus eigener Kraft sein Lebensziel erreichen könne, schwindet Kleanthes angesichts der göttlichen Majestät das stolze Bewußtsein eigener Leistung, und er schließt mit dem inbrünstigen Gebet an den himmlischen ›Vater‹, die Menschenkinder auf den rechten Weg zu führen.«

Aus: *M. Pohlenz, Stoa und Stoiker, Bd. I, Zürich: Artemis 1950, 366-367; Übersetzung nach: Die griechische Literatur in Text und Darstellung IV: Hellenismus, hg. Bernd Effe, Stuttgart: Reclam 1985, 156-159; vgl. SVF I Nr. 537.*

2. Das große Gebet Salomos um Weisheit 9,1-18 (= EÜ 9,1-19)

In Kap. 9 faltet der Verfasser 1 Kön 3,6-9 bzw. 2 Chr 1,8-10 in origineller Weise zu einem großen Gebet aus, in dem sich die Begrenztheit und Schwäche des Menschen und zugleich die Größe seiner Berufung durch Gott zur Welt- und Gesellschaftsgestaltung *in Gerechtigkeit* spiegelt. Dabei zieht er noch andere biblische Texte, z.B. Jes 43,1-7, mit heran. Was der Gottesglaube angesichts der *conditio humana* erschließt, wird an der Gestalt des weltberühmten weisen Königs Salomo gezeigt, der im Gedankengang des Buches der Weisheit repräsentativ und beispielhaft für *jeden Menschen* steht, der die »Gerechtigkeit liebt« und Gott um Weisheit bittet. Salomo erlangte alles menschlich Erstrebbare: Reichtum, politische Macht, gerechtes Urteil, universales Wissen, dichterische Begabung, langes und glückliches Leben, gesellschaftliche Anerkennung, Unvergessenheit im Gedächtnis der Nachwelt. Aber er war ein Mensch wie jeder andere. Alles, was ihn auszeichnete, hat er als Geschenk von Gott erhalten, nachdem er die *Weisheit* erbeten hatte. Nur diese allumfassende Gottesgabe, *Gottes Geist*, ermöglicht menschenwürdiges Zusammenleben durch eindringliche Erkenntnis des *Willens Gottes* und des darin angezielten Heilsvorhabens Gottes für die Menschen. Der Schöpfer und Erlöser hat sich in der Geschichte (»Gott der Väter« 9,1) als der Liebende und den Menschen in seiner geschaffenen Freiheit Anerkennende gezeigt (»Herr des Erbarmens« 9,1); vgl. die zentrale biblische Glaubensformel in Ex 34,6.

Die Grundstruktur und viele Einzelelemente der Gebetsbitte, die Salomo bald nach seinem Regierungsantritt anläßlich eines großen Brandopfers auf der Kulthöhe Gibeon während einer nächtlichen Traumvision auf Gottes Aufforderung hin äußert, sind in der hier erfolgten Umgestaltung noch deutlich erkennbar. Einem Rückblick auf Gottes bisheriges Wirken (in 1 Kön 3 an David; in Weish 9 an *jedem* Menschen seit der Erschaffung der Welt und des Menschen) folgt ein Blick auf die gegenwärtige Situation Salomos und seine Bitte: in 1 Kön 3,9 um ein »hörendes Herz, um für Dein Volk Recht zu schaffen und zu unterscheiden zwischen Gut und Böse«, in 2 Chr 1,8-10 weniger bildhaft und umfassender um »Weisheit und Einsicht«. Diese Bitte wird in Weish 9 jedoch dreifach variiert und dadurch intensiviert.

9,1-18 ist das Zentrum des mittleren Buchteils und damit auch Höhepunkt des ganzen Buches der Weisheit. »Durch die Weisheit ... (den) Menschen« 9,2a und »(die) Menschen ... durch die Weisheit« 9,18b.c (= EÜ 9,18b.19) bilden eine auffällige Inklusion. Kunstvoll ist das Gebet in drei ›Strophen‹ (VV. 1-6 / 7-12 / 13-18) als *Ringkomposition* gestaltet, d.h. die erste und die dritte Strophe entsprechen sich spiegelsymmetrisch, ebenso innerhalb der mittleren Strophe die VV.7-9 und VV.10c-12. Im Zentrum der mittleren Strophe und zugleich des ganzen Gebets steht die Hauptbitte in 9,10a-b: »Sende sie [= die Weisheit] vom heiligen Himmel aus, / und von deinem herrlichen Thron her schicke sie!«. Diese Bitte bildet in anderer Formulierung auch schon die Mitte der ersten Strophe in 9,4: »Gib mir die Beisitzerin auf deinem Thron, die Weisheit, / und sprich mir die Zugehörigkeit zu deinen Kindern nicht ab!«, und in der dritten Strophe klingt sie in 9,17ab-b nochmals auf: (Kein Mensch kann die Ordnung der Welt und Gottes Willen erfassen), »wenn du nicht Weisheit gegeben / und deinen heiligen Geist von der Höhe her geschickt hast.« Als Gedankenfolge des Gebets ergibt sich:

- *Erste Strophe* (Inklusion »Weisheit, Mensch« 9,2.6): Salomo als schwacher Mensch wie jeder andere (vgl. 7,1-6; 8,17-21) erbittet die Weisheit, damit er Kind Gottes sein (vgl. 2,13-18) und den an alle Menschen ergangenen Schöpfungsauftrag erfüllen kann.
- *Zweite Strophe* (Inklusion »dein Volk« 9,7.12): Nur auf die Sendung der Weisheit hin wird er der berühmte König, kluge Richter und Tempelerbauer sein können.
- *Dritte Strophe* (Inklusion »Mensch« 9,13.18): Nie konnten Menschen von sich aus den Willen und Heilsplan Gottes erkennen und gerettet werden, wenn Gott ihnen nicht die Weisheit, seinen Geist, gesandt hatte.

Über die Funktionen von Kap. 9 innerhalb des Enkómion-Schemas s.o. bei 6,22-25.

Bitte um die Weisheit, damit der schwache, kurzlebige Mensch seinen Schöpfungsauftrag erfüllen kann 9,1-6 (vgl. 9,13-18)

Die auffällige Anrede »Gott der Väter« nimmt Stellen wie Ex 3,13.15; 4,5 auf und öffnet dadurch den Horizont des Gebetes rückwärts in die Geschichte. Der Angesprochene wird identifiziert als der Gott Abrahams, der Gott Isaaks und der Gott Jakobs, der »Väter« und Verheißungsträger; so hatte ihn Mose genannt und so wurde er in 1 Chr 29,18-20 noch von David angeredet. Die zweite Anrede »Gott des Erbarmens« hat als nächsten Bezug wohl die mehrfach in den Psalmen vorkommende Anrufung: »Erbarme dich meiner, o Gott / o Herr« (Ps 51,3; 6,3; 9,14; 24,16 u.ö.), die im *Kyrie eleison!* der Liturgie bis heute weiterlebt. Zugleich wird damit auf den Höhepunkt der Sinaioffenbarung zurückgegriffen: »JHWH! JHWH! (Er ist) ein liebender und anerkennender (= barmherziger und gnädiger) Gott, langmütig und reich an Huld und Treue; er bewahrt Tausenden Huld, nimmt Schuld, Untreue und Sünde weg...« (Ex 34,6f). Das in *9,1* von der EÜ mit »Erbarmen« und in Ex 34,6f mit »Huld« übersetzte Wort bedeutet »Freundlichkeit, Güte, Loyalität, Solidarität; Bereitschaft, über das Pflichtgemäße hinaus für den anderen da zu sein«.

9,1b enthält die im Alten Orient, besonders in Ägypten, verbreitete Vorstellung von der »Schöpfung durch das Wort«, die den Schöpfungsbericht in Gen 1 prägt; vgl. auch Ps 33,6; Sir 42,15; Jdt 16,14. In der deutschen Übersetzung ist nicht nachahmbar, daß 9,1a-b zwar die einzelnen Wörter aus dem Gebet Salomos in 1 Kön^{LXX} 3,6 verwendet (wörtlich: »*Du hast gemacht* mit deinem Knecht David, meinem *Vater*, großes *Erbarmen...*«), aber sie zu einer Anrede ausweitet, die Schöpfung und Geschichte einbezieht.

9,2 »und der du durch deine Weisheit den Menschen bereitet (EÜ: geschaffen) hast«: zur »Schöpfung durch / in / mit Weisheit« s.o. zu 7,27; vgl. Spr 3,19; Jer 10,12; Ps 104,24. Was an den genannten Stellen über die Weltschöpfung gesagt wird, ist hier auf den Menschen im besonderen angewandt. Das in der Septuaginta seltene Verb »bereiten« benutzt Weish relativ häufig. Hintergrund der Verwendung im Sinne von »erschaffen« könnten Schriftstellen wie Jes^{LXX} 45,7 sein (wörtlich:) »Ich bin es, der bereitet hat Licht und gemacht hat Finsternis, der macht Wohlergehen (Frieden) und erschafft Übel; ich bin der HERR, der dies alles macht«. Jes^{LXX} 43,1-7 enthält mehrere der in Weish 9 vorkommenden Gedanken: Gott als Schöpfer und Erlöser / Retter (43,1-3); vgl. Weish 9,2a.18c (= EÜ 9,2a.19): Gott erschafft und rettet den Menschen durch die Weisheit. Jakob-Israel als Söhne und Töchter des HERRN (43,6); vgl. Weish 9,4b.7. Die in Jes 43,7; 45,7 beabsichtigte Gleichbedeutung von »erschaffen, bereiten, formen, machen« ist in Weish 9,1b.2a.b aufgenommen.

9,2b-3 bezieht sich auf den bei der Schöpfung dem Menschen gegebenen Auftrag nach Gen 1,26.28 und formuliert ihn unter Einbeziehung von 1 Kön 3,6.9; 9,4 neu. Anstelle des in Gen 1 verwendeten Wortes für »herrschen« über die Mitgeschöpfe setzt der Verfasser »Gebieter sein« (EÜ: herrschen), »verwalten« (EÜ: leiten) und »Recht sprechen, Rechtsentscheidungen fällen« (EÜ: Gericht halten). »Gebieter sein« wird sonst nur von Gott selbst gesagt (so auch 12,16.18), und »verwalten« kommt in der Bibel überhaupt nur noch in Weish 12,15 vor, ebenfalls mit Gott als Subjekt. *9,3a-b* »In Heiligkeit und Gerechtigkeit und Geradheit der Seele« (EÜ: in rechter Gesinnung): Die Art, wie der Mensch diesen Auftrag durchführen soll, bestimmt der Verfasser mit ähnlichen Worten, wie Salomos Gebet von David redete: »wie (David) gegangen ist vor dir in Wahrheit / Treue und in Gerechtigkeit und in Geradheit des Herzens mit dir« (1 Kön 3,6). Zu »Heiligkeit / Frömmigkeit und Gerechtigkeit« s.o. den EXKURS zu 1,15. Die in Weish nur hier vorkommende Wendung »in Geradheit der Seele« könnte dem Verfasser auch deshalb an dieser Stelle geeignet erschienen sein, da »Geradheit« in den Psalmen mehrfach Gottes Königtum und Richten kennzeichnet, vgl. Ps 9,9; 45,7; 67,5; 75,3; 96,10; 98,9. Es ist also ein Auftrag zu einer Lebensführung als Repräsentant Gottes und als König, den jeder Mensch erhalten hat.

9,4 Die Bitte »Gib mir...« ist ebenfalls gegenüber dem Salomogebet neu formuliert: Nicht nur ein »hörendes Herz, um Recht zu sprechen...« (1 Kön 3,9) oder »Weisheit und Wissen« (1 Chr 1,10) wird erbeten, sondern »die Beisitzerin auf deinem Thron, die Weisheit«. In 6,14 dürfte der Verfasser den Titel *pár-hedros* »danebensitzend, aufwartend, assistierend, mitthronend« im Anschluß an Spr^{LXX} 1,21; 8,3 verwendet haben: Danach »sitzt« die Weisheit »neben« den Toren von Fürsten. In 9,4 ist jedoch die Anspielung auf einen Titel der Göttin Isis unüberhörbar; s.o. die Isis-Aretalogie von Kyme Z. 45: Isis ist Throngenossin des Sarapis auf dem Sonnenwagen; in anderen Zusammenhängen thront sie neben Osiris. Dieses Prädikat der Isis stammt seinerseits aus der griechischen Götterlehre: Dort ist vor allem *Díke* (das Recht) oder *Thémis* (das Gesetz, Recht) *párhedros* des *Zeus*. Das Preislied auf die Weisheit in 7,22 – 8,1 hat aber zur Genüge klargestellt, daß die Einzigkeit Gottes nicht angetastet wird, welche Titel auch immer der Weisheit zugeschrieben werden. Er allein ist der Schöpfer »von allem«, der Sendende und Schenkende. Bei aller Nähe und Teilhabe an ihm ist die Weisheit gerade nicht eine »Göttin« und Mutter des Königs (= der Menschen), sondern Geschenk Gottes, dessen Empfang Menschen zu Söhnen und Töchtern *Gottes* macht: *9,4b* »und sprich mir die Zugehörigkeit zu deinen Kindern nicht ab!« Die Gabe der Weisheit von Gott her ist der innere Grund der Gotteskindschaft: s.o. zu 2,12-16 über die Bedeutung von *paîs* »Kind; Knecht / Diener« und *doûlos* »Knecht / Diener« und die Anwendung des aus dem Königs- und Israel-Kontext stammenden Vater – Sohn / Kind-Verhältnisses auf den Gerechten; zum Verhältnis Weisheit-Gerechtigkeit vgl. auch 8,5-8. Zur Bitte in 9,4 vgl. den letzten Absatz im Zeus-Hymnus des Kleanthes!

9,5 Die Begründung der Bitte greift zwar auf 1 Kön 3,7-8 zurück, nimmt aber über Salomo hinaus (»noch jung und unerfahren«) *jeden* Menschen in den Blick und läßt den Sprecher sich als »dein Knecht« bezeichnen, eine Bescheidenheitsformulierung für »ich« gegenüber einem Höhergestellten, und noch verstärkt als »Sohn deiner Magd«, d.h. als hausgeborenen Sklaven, der zur Familie des Herrn gehört (vgl. Ps 116,16; 86,16), der als Mensch (s.o. zu 7,1-6) schwach, kurzlebig und »zu gering an Einsicht zum Rechtsprechen und (Leben nach den) Gesetzen« ist. *9,6* »Denn wenn jemand unter den Menschen auch (noch so) vollkommen (an Fähigkeiten, Qualitäten, Tugenden) wäre, solange (ihm) die von dir (kommende) Weisheit fehlt, wird er für nichts gehalten werden« (vgl. 3,17). Mit dem in Weish nur hier vorkommenden Wort »vollkommen« dürfte der Verfasser sich auf die den Stoikern zugeschriebene Auffassung beziehen, der Vollkommene (= Weise) habe alle Tugenden und bedürfe nichts anderen. Er stimmt dieser Auffassung mit einer wesentlichen Modifikation zu, die jedoch die stoische Konzeption in ihr Gegenteil wendet: Nicht die durch eigene Askese und Anstrengung erreichte, sondern ausschließlich die von Gott geschenkte Weisheit verleiht Gütern, Fähigkeiten und Tugenden Sinn und bleibenden Wert.

Bitte um Sendung der Weisheit, damit der König [Salomo] seine Pflichten erfüllen kann 9,7-12

Die als kleine Ringkomposition gestaltete zweite Strophe nimmt in den Anfangs- und Schlußkola Salomo selbst, allerdings weiterhin ohne Namensnennung, in den Blick und das, was von ihm in der Heiligen Schrift erzählt wird: als König 9,7a.12c, als Richter 9,7b.12b und als Tempelerbauer 9,8.12a. In der Mitte 9,10a-b dieser Strophe steht wieder, intensiviert durch den synonymen Parallelismus, die Bitte um Sendung der Weisheit Gottes; die Bitte ist umrahmt von weiteren Bestimmungen der Eigenart und Fähigkeiten dieser Weisheit 9,9 und 9,10c-11.

9,7 »Du« (und niemand sonst) »bist es, der mich vorgezogen (EÜ: erwählt) hat als König über dein Volk / und als Richter über deine Söhne und Töchter«: Diese synonym parallelen Kola greifen 1 Kön 3,6-9 (2 Chr 1,8-10) mit bezeichnenden Akzenten auf. Salomo war nicht der Erstgeborene Davids, sondern einer unter mindestens 16 Söhnen; daß gerade er die Nachfolge Davids antreten konnte, hatte eine schwierige Vorgeschichte (2 Sam 10 – 1 Kön 2) und war durchaus nicht selbstverständlich. »Könige« und »Richter« standen auch in 6,1 im synonymen Parallelismus: Rechtsprechen war immer die vornehmste Aufgabe der Könige. Gleich nach dem Gebet in Gibeon und seiner Begabung durch Gott mit der Weisheit wird als erste Amtshandlung des jungen Königs das »salomonische Urteil« erzählt (1 Kön 3,16-28). Während bisher im Buch der Weisheit das Wort *laós* »Volk« nur allgemein und im Plural vorkam (4,15; 6,21; in 3,8 und 8,14 fast gleichbedeutend mit *éthnē* nichtjüdische »Völker, Nationen«), wird in 9,7 zum ersten Mal und von da an immer *laós* nur noch im Singular und für Israel verwendet »dein Volk«, »heiliges Volk«, »Gottes Volk«, während *éthnos* in der Ein- oder Mehrzahl nicht-israelitische Völkerschaften bezeichnet. Von »deinen (= Gottes) Söhnen *und Töchtern*« ist in der ganzen Heiligen Schrift nur noch an drei weiteren Stellen die Rede: Jes 43,6; Dtn 32,19; 2 Kor 6,18. Zur Herkunft und Bedeutung der Bezeichnung »Sohn / Tochter / Kind Gottes« s.o. zu 2,12-16. Daß hier der weibliche Teil des Gottesvolkes ausdrücklich hervorgehoben wird, könnte dadurch veranlaßt sein, daß zwei *Frauen* als erste den jungen König als Richter in Anspruch nehmen und das berühmt gewordene Urteil ganz Israel die Weisheit Salomos erkennen läßt.

9,8 Den Tempelbau hatte Gott nach der Heiligen Schrift schon zu Lebzeiten Davids für die Regierungszeit von dessen Sohn und Nachfolger (2 Sam 7,12f.) angekündigt, aber nicht dem Salomo selbst direkt befohlen; daher in 9,8a die unbestimmte Ausdrucksweise (vgl. 1 Kön 5,17-19). Die Bezeichnung des Berges (Zion), auf dem der Tempel von Salomo gebaut wurde, als »dein (mein / sein = des HERRN) heiliger Berg« entlehnt der Verfasser den Psalmen (z.B. 2,6; 3,5; 15,1 u.ö.) und dem Jesajabuch (z.B. 11,9; 56,7; 57,13; 65,11.25). Die in 2 Chr 3,1 und späteren jüdischen Traditionen (vgl. D. Winston) erfolgte Ineinssetzung mit dem Berg Morija, auf dem Abraham, als er von Gott »erprobt« wurde und Gehorsamsbereitschaft sogar zur Opferung seines Sohnes Isaak erwies (Gen 22), erscheint hier nicht. »In der Stadt deiner *Zelterrichtung*« (EÜ: Wohnung) umschreibt das nicht namentlich genannte Jerusalem mit einem in der Septuaginta sehr seltenen Wort (nur noch 1 Chr 28,2; Tob 1,4; Ez 37,27; 2 Mak 14,35). In 9,8b wird der (große Brandopfer-)Altar nach dem Tempel wohl deshalb eigens erwähnt, weil Salomo vor diesem stehend nach 1 Kön 8,22.54; 2 Chr 6,12 sein feierliches Tempelweihgebet gesprochen und ihn während der sieben Tage eines (Laubhütten-)Festes eingeweiht hatte. »Eine Nachbildung (des) heiligen Zeltes, das du von Anfang an im voraus bereitet / erschaffen hattest« nimmt Ex 25,9.40 auf: Gott hatte Mose auf dem Sinai eine *tabnít* (Bauzeichnung, Modell) der »Wohnung und ihrer Einrichtung« gezeigt. Als Nachbildung davon sollte das Zelt in der Wüste ausgestattet werden und vor allem später der Tempel. An diese Schriftstelle vom himmlischen Urbild und dem Tempel als irdischem Abbild der Gotteswohnung hat sich eine reiche jüdische Überlieferung angeschlossen (zahlreiche Hinweise bei D. Winston); vgl. auch Hebr 8,2; 9,11; Offb 13,6. Tempelbau des Königs und Schöpfung Gottes (»von Anfang an im voraus«) werden in eine enge Beziehung zueinander gebracht.

9,9 Wie schon mehrfach im mittleren Buchteil, dem Enkómion auf die Weisheit, werden im Gebet Salomos Aussagen aus der Selbstvorstellung der Weisheit in Spr 8,22-31 aufgenommen, hier über ihre Kenntnis der Pläne Gottes bei der Erschaffung der Welt und ihr Dabeisein. Daher weiß sie auch, was »in den Augen« Gottes gefallend und richtig ist.

9,10a-b Die zentrale Bitte wird in zwei synonym parallelen, chiastisch angeordneten Zeilen (a – b / b' – a') ausgesprochen. Sie ist wohl der Bitte in Ps 43,3 nachgebildet: »Sende dein Licht und deine Treue / Wahrheit; sie werden mich leiten, sie werden mich bringen zu deinem heiligen Berg und zu deiner Wohnung«. Die Hinzufügung von »heilig« zu Himmel ist sonst nicht gebräuchlich und dient wie »dein herrlicher Thron« dazu, Gott selbst zu umschreiben.

9,10c-11c In 9,9 wurden die Weisheit und ihr Wirken in Bezug auf Gott betrachtet, nach der Bitte 9,10a-b wendet sich die Aufmerksamkeit ihrem erhofften Wirken mit und in dem Betenden zu. Während es sonst in der Bibel Menschen sind, die sich abmühen, ist es hier die von Gott gesandte und den Beter mit ihm verbindende Weisheit, die seine Mühen teilt und ihn das Gott Wohlgefällige erkennen läßt. Das Wort »wohlgefällig« kommt in dieser Form in der Bibel nur noch in 4,10 über Henoch vor; häufiger ist »gefallend« s. 9,9c.18b. 9,11 begründet das Mitwirkenkönnen der Weisheit zu einem gottgefallenden Leben des Beters: »Sie weiß und versteht alles«, s.o. zu 8,4. »Den Weg zeigen und führen« hat in der Schrift immer Gott zum Subjekt, direkt oder vermittelt; vgl. Ps 43,3 »dein Licht und deine Wahrheit«, Ps 139,10 »deine Hand«, Ps 143,10 »dein guter Geist«, Jes 63,14 »der Geist des HERRN«. »Auf dem Weg führen« steht zunächst im Zusammenhang des Exodus und der Führung durch die Wüste, von dorther auch in Gebeten und in der Weisheitsliteratur für die Führung im individuellen Leben; bei den drei Vorkommen im Buch der Weisheit wird die Weisheit als Subjekt genannt (9,11; 10,10.17). Das Adverb »besonnen, klug, beherrscht« ist einmalig in der Septuaginta; das zugehörige Substantiv »Zucht und Maß, Besonnenheit« (s.o. 8,7) begegnet nur in den griechisch verfaßten Büchern des Alten Testaments (z.B. 2 Makk 4,37). Die EÜ übersetzt *dóxa* »Herrlichkeit« in 9,11c mit »Lichtglanz« wohl von der Lichtmetaphorik in 7,26 her: »Widerschein des ewigen Lichts«. Aber das Verb »schützen« legt in 9,11c die Bedeutungsnuance »strahlende Macht, Kraft« nahe. Auch in 7,25 steht die »Macht Gottes« zur »Herrlichkeit des Allherrschers« synonym parallel, in 7,26 die »Wirkkraft Gottes« zum »ewigen Licht«. Ihre *dóxa* hat die Weisheit von ihrem Aussendungsort (9,10b) her.

9,12 nimmt in umgekehrter Reihenfolge und im Futur die in 9,7-8 in Vergangenheitsform genannten Haupttätigkeiten Salomos wieder auf:

a. der Tempelerbauer: »meine Werke« (EÜ: mein Handeln) »werden angenommen sein«; »angenommen« (vgl. im Deutschen »angenehm«) nimmt variierend »gefallend« 9,9c und »wohlgefällig« 9,10d wieder auf;

b. der gerechte Richter: 1 Kön 3,9 entsprechend ist in 9,12b das streitschlichtende, gerechte Rechtsprechen gemeint, nicht nur allgemein das »Regieren«, wie die EÜ übersetzt;
c. der König: im Unterschied zu 9,10b steht in 9,12c wie 9,4a »Throne« in der Mehrzahl, gemeint ist deshalb eher »Königtum, Königsein«, wie es 1 Kön 3,6 von David sagt (s.o. zu 9,3). Solcher königlichen Lebensführung »würdig« sein wird der Beter nur durch inniges Zusammenleben mit der Weisheit (s.o. zu 8,2-21).

Nur die Gabe der Weisheit, die Sendung des heiligen Geistes, läßt Menschen den Willen Gottes erkennen und recht handeln 9,13-18 (vgl. 9,1-6)

In der dritten »Strophe« begründet der Betende die Dringlichkeit seiner Bitte um die Weisheit. Er geht dabei in die Wir-Form über (9,14b.16a-b) und wird so zum Repräsentanten der »Sterblichen« (9,14a), »derer auf der Erde« (9,18a), der Menschen. Wegen seiner Begrenztheit und Erdgebundenheit ist kein Mensch fähig, den Willen Gottes zu erkennen, wenn Gott ihm nicht die Weisheit schenkt. Hat er sie aber erhalten, dann führt sie ihn zum *Heil.* 9,18 ist abschließendes *summarium* von Kap. 9 und *zugleich Themenankündigung* und Überleitung zum letzten Abschnitt im mittleren Buchteil. Die Bezeichnung als »Überschrift zu Kap. 10« ist zwar *inhaltlich* berechtigt, verkennt aber die Zugehörigkeit von 9,18 zum großen Gebet und die Funktion darin. Die letzte Gebetsstrophe hat drei ungleiche Unterabschnitte (9,13-$17a^{a}$. $17a^{b}$-b. 18), die chiastisch den Unterabschnitten der ersten Strophe (9,5-6. 4. 1-3) entsprechen.

In der Edition von J. Ziegler und im Anschluß daran in der EÜ sind in 9,17a zwei Kola in eine Zeile gesetzt. Dadurch wird die Struktur verwischt. Die erste Hälfte von 9,17a bildet mit 9,16c einen synonymen Parallelismus, die zweite Hälfte von 9,17a mit 9,17b:
16c Das aber im Himmel – wer hat es ergründet?
$17a^{a}$ Deinen Willen aber – wer hat (ihn) erkannt?
$17a^{b}$ wenn du nicht Weisheit geschenkt hast
17b und gesandt deinen heiligen Geist aus der Höhe?
Um keine Verwirrung entstehen zu lassen, wurde oben und wird im Folgenden auf die erste Hälfte von 9,17a mit $17a^{a}$ und auf die zweite Hälfte mit $17a^{b}$ verwiesen.

9,13-17a^{a} Der erste Unterabschnitt ist wieder als kleine Ringkomposition gestaltet: Den äußeren Ring bilden rhetorische Fragepaare »Wer...?!« (VV. 13a.13b und VV. 16c.17a^{a}). Solche Fragen begegnen in der Bibel vor allem in zweierlei Kontext:

1. Um die absolute Überlegenheit, Unvergleichlichkeit und schöpferische Allmacht Gottes zu umschreiben. Die Antwort auf diese Fragen wäre immer: Niemand, kein Mensch (vgl. Ijob 38 – 39; Jes 40,12-14; Röm 11,33-34).
2. Um das Geheimnis Gottes darzustellen, zu dem der Mensch von sich aus keine Möglichkeit des Zugriffs oder Zugangs hat, außer wenn sie ihm von Gott selbst *geschenkt* wird (vgl. Sir 1,1-10; Dtn 30,12-14; Bar 3,29-38).

Aus dem Textgefüge ist bestimmbar, in welchem Sinne *9,13a.17a*^{a} »Gottes / Deine *boulé*« zu verstehen ist: weniger als der Geschichts-»*Plan* Gottes« (so die EÜ), den er allein, auch trotz menschlichen Fehlverhaltens, durchführt – diese Bedeutung von *boulé* Gottes begegnet in anderen Texten – , sondern eher als »Absicht, *Wille Gottes*«, die man kennen und tun muß, um »König«, d.h. gerecht und weise zu werden. Diese Kenntnis kann aber nicht durch eigenes Bemühen erreicht, sondern nur von Gott als Geschenk gewährt werden (9,17a^{b}-b). Ein solches Verständnis wird bestätigt durch die Entsprechung im synonymen Parallelismus von *boulé* Gottes in 9,13a zu »was der HERR will« in 9,13b. Ebenso vereindeutigt die Parallelstellung von »Deine *boulé*« 9,17a^{a} die Bedeutung des Ausdrucks »das im Himmel« 9,16c. Andererseits ist es für den Verfasser, wie für das übrige AT, selbstverständlich, daß das Erste immer das »Evangelium« (Heilstat Gottes, Rettung, Geschenk) war und ist, und ebenso, daß der »Wille Gottes« als Anspruch, Forderung, Weisung, Gesetz (s.o. zu 6,3-4) sich immer im Raum des zuvor Geschenkten bewegt und auf Heil, Rettung, Erlösung für den darauf Hörenden zielt als Heils-»Plan Gottes«. Darin liegt die Berechtigung zu der Übersetzung »Plan« in der EÜ.

Der innere Ring *9,14a-b* und *9,16a-b* drückt in Parallelismen die Begrenztheit, Fehlbarkeit und Mühe menschlichen Denkens und Erfassens sogar von ›auf der Hand‹ liegenden innerweltlichen Problemen aus.

Das Zentrum des ersten Unterabschnitts *9,15* klingt zunächst ganz wie eine Anspielung auf Platon, z.B. auf *Phaidon* 81C: »... eine vom *Körper*haften ganz durchsetzte *Seele,* die der Umgang und das Zusammensein mit dem *Körper* wegen des ständigen Zusammenseins und wegen der *vielfachen Bemühung* um ihn mit ihm hat verwachsen lassen. (Das *Körper*hafte) muß man sich denken als *lastend* und *schwer* und *erdhaft* und sichtbar, so daß dadurch eine solche *Seele beschwert* wird und wieder in den Bereich des Sichtbaren gezogen...« (Wortübereinstimmungen mit Weish 9,15 *kursiv*). Unbefangen benutzt der Verfasser auch an dieser Stelle (s.o. zu 7,22 – 8,1 und zu 8,19-20) in der zeitgenössischen Schulphilosophie und Bildungssprache verbreitete Begriffe, um damit jedoch eine durchaus unplatonische, gut biblische Konzeption und *seine* Gedanken auszudrücken. Hier geht es um die Leib- und Erdgebundenheit des Menschen als Grund seiner Beschränktheit und Schwäche (vgl. 9,5-6) und seiner Blindheit und Blicktrübung für den Willen Gottes, d.h. für seine eigene Berufung und seine Möglichkeiten, nämlich die Gerechtigkeit zu lieben und sich die Weisheit schenken zu lassen.

Die beiden Kola 9,17a^{b}-b »wenn du nicht Weisheit geschenkt hast / und gesandt deinen heiligen Geist aus der Höhe«, ein verneinter Bedingungssatz in synonymem Parallelismus, »beantworten« die rhetorischen Fragen von 9,13a.b.16c.17a^{a}. Die Weisheit ist »heiliger«, d.h. Gottes Geist (9,17a^{b}.b), der Kenntnis und Verstehen des Willens Gottes von innen her erschließt 9,18b. Mit »Weisheit« bezeichnet der Sprecher hier also Gott selbst, insofern er sich offenbart und Gemeinschaft mit sich schenkt.

9,18 (EÜ 9,18-19). Die EÜ läßt »und« zu Beginn von 9,18a und von 9,18c = EÜ 9,19 unübersetzt und verändert in 9,18b »wurden belehrt« zu »lernten«. Die das Gebet abschließenden drei Kola (zu der Entsprechung s.o. zu 9,1-3) machen deutlich, daß mit der Sendung des Geistes (= der Weisheit) auch die prophetischen Themen Umkehr und Sündenvergebung (9,18a), inneres, persönliches Erfassen des Gotteswillens (9,18b) und Rettung, Erlösung (9,18c) aufgenommen sind. Das letztgenannte ist ein zentrales Thema im dritten Buchteil, vgl. 14,4.5; 16,7.11; 18,5.

Die »Korrektur der Wege derer auf der Erde« (9,18a) wird im folgenden Kap. 10 ebenso wie das Gerettetwerden (9,18c) an Beispielen vor Augen gestellt. Das Verb steht in jedem der drei Kola im sog. »theologischen Passiv«, d.h. handelndes Subjekt ist Gott, der durch seine Weisheit und seinen Geist (»und so« 9,18a) auf das Handeln und die Einsicht der Menschen so eingewirkt hat, daß sie ihrem Schöpfungs- und Geschichtsauftrag nachkommen konnten (= gerettet wurden). Der Blick in die Vergangenheit soll in der Gegenwart ermutigen.

Weisheit – heiliger Geist – Wille Gottes – Tora nach dem Buch der Weisheit auf dem Hintergrund anderer Bücher des Alten Testaments

In nachexilischer Zeit scheinen in der jüdischen Literatur, anhand deren man Lesen und Schreiben lernte und die Tradition weitergab, mehrere Überlieferungsströme zusammengeführt zu werden: die gemeinorientalische Erfahrungsweisheit im Sinne von Kunstfertigkeit, Lebenskunst, Wissen, Reflexion, Philosophie(artigem) mit Ethik, Theodizee u.ä. und eine Weisheit, die von Gott kommt und nur von ihm geschenkt werden kann. Die genannten Aspekte finden sich bereits in 1 Kön 3 – 10 vereint. Ein neuer »Ort«, über Weisheit nachzusinnen, entsteht mit der im Exil beginnenden »Theologie der Tora«: Als die Grundpfeiler der israelitisch-judäischen Religion und Volksidentität zusammengebrochen schienen (Königtum, Land, Tempel, Zion), blieb als gemeinsame religiöse Basis nur die »Tora des Mose«. Die Worte der Propheten und andere Schriften wurden in verschiedener Weise in die Verschriftung der Tora einbezogen oder als eigene Bücher dazu in Beziehung gesehen.

Ein Muster der Zusammenfügung von Reflexion auf die Tora im Sinne von Selbstoffenbarung Gottes und seines Willens, Auserwählung und Führung des Volkes in der Geschichte, Bund und Verheißung und von Weisheitstradition liegt in *Dtn 4,1-40* (bes. 4,5-8) vor, einem der jüngsten Abschnitte im Buch Deuteronomium. Auch dort begegnen interessanterweise schon rhetorische Fragen (Dtn 4,7-8.32-34) wie in Weish 9,13-17.

Ausgangsstelle für theologische Tora-Spekulationen bis in die rabbinische Zeit war immer *Spr 8*, der Rückgriff auf diesen Text zeigte sich auch im Buch der Weisheit mehrfach. Ganz ausdrücklich geschieht die Ineinssetzung der Weisheit mit dem »Bundesbuch des höchsten Gottes, dem Gesetz, das Mose uns auftrug« in *Sir 24,23-29* durch den Verfasser des Buches Jesus Sirach im Anschluß an das »Lob der Weisheit« in Ich-Form (Sir 24,1-22).

Weish 9,13-17 steht *Sir 1,1-10* durch mehrere Elemente nahe: Auf zwei rhetorische Fragen im Futur (Sir 1,2-3, die EÜ setzt sie in die Vergangenheit; die Futura in Weish 9,13a.b setzt die EÜ in die Gegenwart) folgen vier Fragen im Aorist (Sir 1,6-7; vgl. Weish 9,16c.17a[a]). Das Vokabular der Fragen ist ähnlich. Aber es besteht ein Unterschied: In Weish 9,13-17 geht es um den »Willen Gottes«, in Sir 1 um die »Wurzel und die Geheimnisse der Weisheit«; vgl. Sir 1,20 »Wurzel der Weisheit ist, den HERRN zu fürchten« und die das Sirach-Buch prägenden Erwägungen, worin die Gottesfurcht bzw. Furcht des HERRN besteht, z.B. 2,15-18.

Sir geht am weitesten in der Identifikation von Weisheit und Tora des Mose. Das Buch der Weisheit ist ihm darin nicht gefolgt, auch nicht die besonders *Ijob 28* und Dtn 4 aufnehmende große Ermahnung zur Weisheit in *Baruch 3,9 – 4,4,* wenn auch Bar 4,1 recht nahe an Sir heranreicht. Danach ist das Buch der Gebote Gottes, das Gesetz, der *Weg zur* Weisheit bzw. zum Wissen. Zum Konzeptionsunterschied zwischen Bar und Weish s.u.

M. Gilbert faßt seine Beobachtungen zu »Weisheit und Gesetz« in Weish 9 so zusammen: »Der Wille Gottes ist für den Menschen angezeigt in der Tora. Aber auch wo er sich durch die Tora an den Menschen wendet, gehört er zum Bereich Gottes, der dem Menschen durch seine eigenen Kräfte nicht zugänglich ist. ›Nicht zugänglich‹ ist nach Weish 9 aber nicht so sehr die Tora als an Israel ergangene Gabe, sondern deren Kenntnis und Verstehen von innen her. Für dieses tiefe Erfassen des Willens Gottes muß Gott selbst seine Weisheit und seinen Geist schenken (9,17a[b]-b).«

Dieser letztgenannte Gedanke von Weish 9,17a[b]-b führt eine Reihe vor allem prophetischer Texte fort: z.B. *Jer 31,31-34* über den neuen Bund: »Ich lege mein Gesetz in sie hinein und schreibe es auf ihr Herz«, vgl. Jer 24,7: »Ich gebe ihnen ein Herz, mich zu erkennen, daß ich JHWH bin«; *Ez 36,16-38,* bes. 36,26-27: »Ich gebe euch ein neues Herz, und einen neuen Geist gebe ich in euer Inneres, und ich entferne das Herz von Stein aus eurem Fleisch und gebe euch ein Herz von Fleisch. Und meinen Geist gebe ich in euer Inneres, und ich mache, daß ihr geht nach meinen Gesetzen und meine Satzungen beobachtet und tut.« Die Vorstellung von einer neuen Erschließung von Gottes Wort und Willen durch eine Tätigkeit Gottes selbst (»aufs Herz schreiben, Geist geben«) begegnet dann auch in den Psalmen, z.B. *Ps 143,10:* »Lehre mich, deinen Willen zu tun, denn du bist mein Gott; / dein guter ($LXX^{B.S.A}$: heiliger) Geist leite mich auf ebenem Land«; *Ps 51,12-13:* »Ein reines Herz erschaffe mir, Gott, / und einen beständigen Geist mach neu in meinem Innern. Wirf mich nicht weg vor dir, / und deinen heiligen Geist nimm nicht von mir«. Die Wendung »(dein) heiliger Geist« begegnet (außer in Weish 9,17b; Ps 51,13) nur selten im Alten Testament: Jes 63,10.11; Dan^{LXX} 5,12; 6,4; Weish 1,5. Die Vorstellung vom »Ausgießen des Geistes (über alles Fleisch)« (*Ez 39,29; Sach 12,10; Joel 3,1*) könnte mit *Num 11,29* zusammenhängen.

In Sir 1,9-10 ist Joel 3,1 aufgenommen und mit der Weisheitstradition verbunden: »Er hat sie (die Weisheit) ausgegossen über alle seine Werke, / bei allem Fleisch entsprechend seiner Gabe.« Aber anders als die Prophetenbücher (Jer, Ez, Joel) erwartet Jesus Sirach nicht eine Erneuerung in der Zukunft und spricht nicht von einer verheißenen Sündenvergebung und Erlösung wie Jer und Ez; die Weisheit wurde vielmehr allen Menschen, wenn auch je nach Gottesfurcht unterschiedlich, *von Anfang an* geschenkt und ist Israel in der Tora gegeben und ebenso deren Verständnis, vgl. Sir 17,1-14.

Weish 9,17a^{b}-b macht einerseits die in Sir 1,9-10 implizierte Gleichsetzung (Weisheit = »dein heiliger Geist«) durch den Parallelismus ausdrücklich, folgt aber nicht Sir 24,23-29 in der Gleichsetzung mit der Tora des Mose, sondern wahrt die bei den Propheten genannte Verbindung der Geistgabe mit Sündenvergebung, Rettung, Erlösung *in der Geschichte* (9,18) und nicht bereits »von Anfang an«.

In der Heiligen Schrift geht es meist darum, das, was Gott gefällt, zu *tun*, in Weish 9,9c.10d.18b jedoch darum, dies *zu wissen, zu erkennen*, darüber *belehrt zu werden*. Die nächste Parallele dazu findet sich in der bereits erwähnten Ermahnung zur Weisheit im Buch Baruch: »Selig sind wir, (das Volk) Israel, denn das, was Gott gefällt, ist uns bekannt« (Bar 4,4). Durch den Kontext in Bar ist deutlich, daß mit dem, »was Gott gefällt«, der *Weg zur Erkenntnis* bzw. *zur Weisheit* (3,37) gemeint ist, d.h. »das Buch der Gebote Gottes und das Gesetz, das in Ewigkeit existiert« (4,1). Der Verfasser von Weish denkt etwas anders: Weisheit und heiliger Geist sind erforderlich, *um überhaupt das Gesetz als Willen Gottes von innen her zu erfassen*; die Wirkungen der Geistgabe sind dann aber »praktisch«: Korrektur der Wege der Menschen, Rettung und Erlösung (9,18a.c).

Nach: Maurice GILBERT, Volonté de Dieu et don de la Sagesse (Sg 9,17s.), NRTh 93 (1971) 145-166.

Der Zusammenhang von Gabe des heiligen Geistes, Sündenvergebung, Gebotseinhaltung und Gotteskindschaft nach dem Jubiläenbuch

I [19]Mose fiel nieder auf sein Angesicht und betete und sagte: »Herr, mein Gott, verlasse nicht dein Volk und dein Erbe, damit sie nicht einhergehen in der Irrung ihrer Herzen. Und liefere sie nicht aus in die Hand der Völker, so daß diese sie beherrschen, und daß sie sie nicht zwingen, daß sie sündigen vor dir. [20]Hoch sei, Herr, dein Erbarmen über deinem Volk! Und schaffe ihnen einen rechten Geist! Und nicht beherrsche sie der Geist Belchors, sie anzuklagen vor dir und sie zu verstricken, weg von allen Wegen der Gerechtigkeit, so daß sie zugrunde gehen, weg von deinem Angesicht. [21]Denn sie sind dein Volk und dein Erbe, das du errettet hast mit deiner großen Macht aus der Hand der Ägypter. Schaffe ihnen ein reines Herz und einen heiligen Geist, und sie mögen nicht verstrickt werden in ihrer Sünde von jetzt an und bis in Ewigkeit.«

[22]Und es sagte der Herr zu Mose: »Ich kenne ihren Widerspruch und ihre Gedanken und ihren harten Nacken. Und sie werden nicht hören, bis wenn sie erkennen ihre Sünde und die Sünden ihrer Väter. [23]Und nach diesem werden sie umkehren zu mir in aller Rechtschaffenheit und mit ganzem Herzen und mit ganzer Seele. Und ich werde beschneiden die Vorhaut ihres Herzens und die Vorhaut des Herzens ihrer Nachkommen. Und ich werde ihnen schaffen einen heiligen Geist. Und ich werde sie rein machen, damit sie sich nicht von mir

wenden von diesem Tag an bis in Ewigkeit. [24]Und es werden anhängen ihre Seelen mir und allem meinem Gebot. Und sie werden mein Gebot tun. Und ich werde ihnen Vater sein, und sie werden meine Kinder sein. [25]Und sie alle werden genannt werden Kinder des lebendigen Gottes. Und es werden sie kennen alle Engel und alle Geister. Und sie sollen sie kennen, daß sie meine Kinder sind und ich ihr Vater in Rechtschafffenheit und Gerechtigkeit und daß ich sie liebe.« (Jub I 19-25).

»(Das Jubiläenbuch) ist der Versuch, die durch den Hellenismus bedrohte Identität des Volkes durch Rückgriff auf Vätertraditionen herzustellen... Träger ist eine antihellenistische priesterliche restaurative Reformgruppe, die sowohl mit den Asidäern als auch mit der kurz danach entstandenen Qumrangruppe in enger historischer Verbindung steht... Aufgrund des verwendeten Bibeltextes und der Vertrautheit mit geographischen und zeitgeschichtlichen Gegebenheiten Palästinas kommt als Entstehungsort wohl nur Palästina, näherhin Jerusalem, in Frage... Ein Zeitpunkt zwischen 145 und 140 v.Chr. ist wohl der annehmbarste für die Entstehung des Jub.« Klaus Berger, Das Buch der Jubiläen, JShrZ II/3, Gütersloh 1981, 198-200.

3. Die rettende Wirksamkeit der Weisheit vom Anfang bis zum Exodus 10,1 – 11,1

Im Schlußsatz des großen Gebets (9,18), der zur *Synkrisis* (»Vergleich«: s.o. den Exkurs bei 6,22-25), dem letzten Abschnitt des Enkómions auf die Weisheit, überleitet, wird bereits angekündigt, in welcher Perspektive die Machttaten und Tugenden der Weisheit in der Geschichte, d.h. das Wirken Gottes in und durch seine den Menschen mitgeteilte Weisheit, betrachtet und gepriesen werden soll: als korrigierend-vergebend, weisend, rettend. Abweichend vom üblichen Vorgehen in einer *Synkrisis*, nämlich die gepriesene Person oder Sache verwandtem Ähnlichem gegenüberzustellen, um durch den Vergleich ihre Überlegenheit und Vorzüge hervorzuheben, wird in Kap. 10 jedoch nicht die Weisheit mit jemand oder etwas anderem verglichen, vielmehr werden eine Reihe von Personen aus der Genesis und die Israeliten nach der Darstellung in Ex 1 – 15, dic alle durch die Weisheit gerettet und vor Unheil bewahrt wurden, verglichen mit den jeweiligen Gegenfiguren, die den Untergang fanden.

Inklusionen (»behütete« 10,1.5.[12]; »rettete« 10,6.9.[13.15]; »zeigte ... und gab ihm« 10,10.14) markieren die ersten drei Unterabschnitte (10,1-5. 6-9. 10-14); der vierte (10,15 – 11,1) hebt sich von den anderen vor allem dadurch ab, daß nicht mehr eine Einzelperson, sondern »das heilige Volk« vor Augen gestellt wird.

Ein Kap. 10 prägendes stilistisches Element mit strukturierender Funktion sind die *Anaphern.* Bezugnehmend auf die zuletzt in der Themenvorankündigung genannte *Weisheit* (9,18c) beginnt jeweils, wenn die Darstellung sich der nächsten Person zuwendet, das erste Kolon mit betontem »sie« (10,1.5.6.10.13.15; in der EÜ nur in 10,1.15 erkennbar). Dadurch entsteht eine besondere Vereindringlichung; vgl. dazu die Isis-Aretalogie von Maroneia und die »Ich bin«-Anaphern in der Isis-Aretalogie von Kyme. Die *Re-Nominalisierung* (d.h. die durch das anaphorische Pronomen »sie« sechsmal ersetzte »Weisheit« wird zusätzlich viermal in 10,4.8.9.21 auch ausdrücklich genannt) trägt wohl nur in 10,8-9 zur Gliederung von Kap. 10 bei (zu 10,4.21 s.u.).

Charakteristisch für die Gedankenführung sind sodann die *Antonomasien,* d.h. die durch die Weisheit vor Unheil bewahrten und geretteten Personen und ihre Kontrastfiguren werden *nicht* mit ihren aus den Büchern Genesis und Exodus bekannten *Namen,* sondern durch kennzeichnende Attribute oder Verweiswörter eingeführt (s.o. zu 4,10-14 über Henoch). Durch die besondere Systematisierung: »Vater der Welt« für Adam, »Gerechte(r)« für Noach, Abraham, Lot, Jakob, Josef und die Israeliten, »Ungerechter« für Kain, »Frevler« für die Sodomiter und die Ägypter, »heiliges Volk, untadeliges Geschlecht, Heilige« für die Israeliten, »Bedrückervolk 15b, Feinde 19a« für die Ägypter, erstellt der Verfasser eine *Reihe von Beispielen* des rettenden Wirkens der Weisheit zugunsten der Gerechten in der Vergangenheit, um so die Hoffnung auf Rettung in der Gegenwart bei allen, die sich um Gerechtigkeit bemühen und die Gabe der Weisheit erbitten, zu stärken.

Jeder Figur, die durch die Weisheit bewahrt oder gerettet wurde, wird in dieser besonderen Form der *Synkrisis* als Kontrast ein Vergehen oder eine negative Gegenfigur, die gebrandmarkt wird oder aus eigenem Verschulden untergeht, vergleichend zur Seite gestellt.

So ergibt sich folgende Gliederung für 10,1 – 11,1:

	Vers	*Hauptfigur*	*Vergehen / Kontrastfigur(en)*
I	1-2	Adam	Adams Sünde;
	3	(Bruder Abel)	Kain (Zorn, Mord)
	4	Noach	Folge der Sünde Kains: Sintflut
	5	Abraham	die einmütige Schlechtigkeit der Heiden; Abrahams (vielleicht überstarke) Sohnesliebe
II	6-7	Lot	die Perversität der Sodomiter; die Ungläubigkeit von Lots Frau
	8-9		*Zwischenbilanz* der bisherigen Exempelreihe: Schaden, Blindheit und »Torheit« derer, die die Weisheit unbeachtet lassen; sie sind negatives »Denkmal«; ihre Diener und Verehrer aber rettet die Weisheit.
III	10-12	Jakob	Zorn Esaus; Habgier Labans; Nachstellungen von Feinden
	13-14	Josef	Sünde der Brüder; verleumdende Lüge der Frau Potifars
IV	15-21	Israeliten	Bedrückung durch die Ägypter; Feinde
	11,1		*Zusammenfassender* Abschluß und *Vorankündigung* des Folgenden.

Zur Herkunft und Bedeutung der literarischen Form »Beispielreihe« in Weish 10

In einigen deuterokanonischen und apokryphen Schriften des Alten und im Neuen Testament finden sich ähnliche zu Beispielreihen geraffte Zusammenstellungen von Gestalten und Ereignissen der Heiligen Schrift: In seiner testamentartigen

Abschiedsrede führt der Priester Mattatias als Vorbilder für Gesetzeseifer und Hoffen auf Gott »unsere Väter« von Abraham bis Daniel an (*1 Makk 2,50-61*), dabei steht der Name der beispielhaft Genannten jeweils am Anfang eines Satzes. Das flehentliche Gebet zum »König des Himmels und Gebieter der ganzen Schöpfung«, er möge doch den König Ptolemäus (IV. Philopator, nach 217 v. Chr.) am freventlich beabsichtigten Betreten des Jerusalemer Tempels hindern (*3 Makk 2,1-20*), beginnt der Hohepriester Simon (II.) mit einer Reihe von Beispielen von der Schöpfung bis zur Tempelweihe, die zeigen, wie Gott in der Geschichte immer Hochmut und Frevel bestraft hat; der Anfang jeder Beispielepisode ist dabei durch anaphorisches »Du« gekennzeichnet (3 Makk 2,3.4.5.6.9). Der Landpriester Eleasar führt in seinem Gebet um Rettung für die »Nachkommen Abrahams und Kinder des geheiligten Jakob« vor ihren Feinden (*3 Makk 6,1-15*) eine Beispielreihe an, die von der Rettung vor dem Pharao bis zu Daniel in der Löwengrube und Jona im Seeungeheuer reicht; wieder eröffnet anaphorisches »Du« jeweils die Beispielepisoden (3 Makk 6,4.5[zweimal].6.7). Zur Begründung seiner Frage, ob auch beim Jüngsten Gericht die Gerechten für die Frevler noch Fürbitte einlegen können, verweist Esra auf die Reihe von Fürbittern von Abraham bis Hiskija (*4 Esra 7,106-110*). In *Hebr 11* stellt der Verfasser die »Wolke von Zeugen des Glaubens« in einer langen Beispielreihe vor Augen, beginnend mit Abel; 18 mal verwendet er »durch Glauben« als Anapher.

Bei der Untersuchung der *Herkunft* der erst in hellenistischer Zeit in jüdischen Schriften begegnenden literarischen Form »Beispielreihe« ist zunächst an die älteren biblischen Schriften zu denken. Eine Wurzel der Beispielreihen bilden die *Geschichtssummarien* und systematischen Rückblicke in *Reden* an Wendepunkten der Geschichte und in *Gebeten,* z.B. Dtn 26,5-9 (bekenntnisförmig vorgetragene Rekapitulation der Geschichte Gottes mit seinem Volk vom Hinabziehen nach Ägypten bis zum Erntenkönnen im Land Kanaan); *Jos 24* und *1 Sam 12* (Geschichtsrückblicke in Reden beim literarischen Übergang von der »Landnahme« zur »Zeit der Richter« und von der »Richterzeit« zur Zeit der Königreiche); *Ez 16; 20; 23* (prophetische Geschichtssummarien); *Neh 9,7-31* (Geschichtsrückblick im Bußgebet). In *Jdt 5,5-21* beantwortet ein Nichtjude, der Ammoniter Achior, die Frage des Holofernes: »Wer ist dieses Volk?« durch einen dreiteiligen Geschichtsrückblick auf die Rettungstaten ihres Gottes: Nur wenn die Israeliten sich von ihm abwendeten, könnten sie bezwungen werden. Eine andere Wurzel stellen die *Geschichtspsalmen* (z.B. Ps 78; 105; 106) dar: Einer thematischen Ankündigung folgt der Aufweis anhand ausgewählter Episoden aus der überlieferten Geschichte Gottes mit seinem Volk.

Die Herkunft der »Beispielreihen« ist damit zwar inhaltlich, aber noch nicht der *formalen Gestaltung* nach geklärt. Diese dürfte maßgeblich von der *griechischen Literatur* her beeinflußt sein (Rhetorik; Prosa, Epos, Lyrik). Im Anschluß an Armin Schmitt lassen sich als formale Kennzeichen erheben: 1. eine Überschrift bzw. eine Themenankündigung im Kontext, die den Schwerpunkt und das Ziel der Beispielreihe erkennen läßt; 2. die Überschrift oder die angekündigte These werden anhand einer Reihe von Personen der Vergangenheit oder des Mythos erläutert und »bewiesen«; 3. von den einzelnen Personen werden nur die Fakten genannt, die zum Beweis der These dienen; 4. Wiederholungen von Wörtern aus der Überschrift bzw. der Themenankündigung intensivieren und gliedern die Reihe. Armin Schmitt konnte auch für die *Antonomasie* griechischen Einfluß wahrscheinlich machen, z.B. von den »Charakteren« des Theophrast (371-287 v.Chr.) her, wo Figuren nicht mit ihrem Namen, sondern als *Typen* auftreten (Schalk, Schmeichler, Schwätzer, u.ä.). Die auffällige Bedeutung der Anaphern für die Gliederung von Weish 10 dürfte mit der Verwendung von Anaphern schon in der griechischen Literatur, vor allem aber in hellenistischen Hymnen zusammenhängen (s.o. die Isis-Aretalogien von Maroneia und Kyme).

Welche *Bedeutung* es hat, daß in Weish 10 die Gattung »Beispielreihe« in anaphorischer Form mit dem Darstellungsmittel »Vergleich« gewählt wurde, läßt sich so umschreiben: »Es geht nicht um eine bloße Historisierung, sondern vor allem um eine *Aktualisierung der Heilsgeschichte.* Indem nämlich Personen verschiedener Epochen mit dem Wort ›Gerechter‹

belegt werden, stellt man sie auf die gleiche Ebene. Das zeitliche Intervall ist damit relativiert; für sie alle gilt: Als ›Gerechte‹ haben sie die heilsame und rettende Macht der Weisheit an sich erfahren, zu welcher Zeit sie auch lebten. Diese Typisierung läßt der Hoffnung Raum, daß für hier und heute das Gleiche gilt.«

Nach: A. Schmitt, Struktur, Herkunft und Bedeutung der Beispielreihe in Weish 10, BZ 21 (1977) 1-22, zit.: 21.

Die Weisheit bewahrte den Ersterschaffenen, sie rettete den Gerechten aus der Flut und behütete einen anderen Gerechten untadelig: Adam, Noach, Abraham (10,1-5)

10,1-2 Wörtlich: »Diese hat (den) erstgestalteten Vater der Welt, / (der zunächst) allein erschaffen (worden war), bewahrt / und herausgenommen aus (der) eigenen Übertretung (Fall) / und ihm Kraft gegeben, Gewalt zu gewinnen über alle«. Diese Stilisierung von Gen 1 – 3 ist bemerkenswert und könnte, wie viele Stellen im Weisheitsbuch, ältere jüdische exegetische Traditionen spiegeln. »Erstgestalteter« hieß Adam bereits in 7,1. Die EÜ übersetzt beide Stellen verschieden. Die »Welt«, zu der Adam »Vater« ist, bezeichnet zunächst die Menschheit, dann auch, von dem ihm gegebenen Auftrag her (s.o. zu 9,2-3), die ganze Schöpfung Gottes, die dem Menschen anvertraut ist. Die Wendung »*allein* erschaffen« könnte darauf hinweisen, daß die übrigen Menschen durch Zeugung und Geburt ins Leben treten, nur Adam (und Eva) nach Gen 2 »von der Hand Gottes geformt wurden«; aber der Sprecher betrachtet *alle* Menschen als von Gott erschaffen (s.u. 15,8.11.16). Wahrscheinlicher ist, daß die Bewahrung und Begleitung Adams durch die Weisheit *vor und nach* der Erschaffung der ihm art- und würdegleichen Frau hervorgehoben werden soll. Dabei nimmt das Wort »allein (erschaffen)« Gen 2,18 auf: »Es ist nicht gut, daß der Mensch *allein* ist«; den Beistand der Weisheit brauchte der Mensch bereits bei der richtigen Benennung der Tiere Gen 2,19-20, unter denen er aber keine gleichrangige Partnerin fand. Die nach Gen 3 von Mann und Frau gemeinsam begangene Verfehlung kann der Sprecher durch seine Formulierung ausdrücklich dem ersten Menschen zuschreiben (»aus der *eigenen* Übertretung«) und schiebt die Verantwortung dafür nicht »der Frau« zu, wie es manche Männer später gern taten. Daß die Weisheit Adam »herausgenommen (befreit) hat« aus seinem Sündenfall, meint wohl nicht nur, daß der Straffluch in Gen 3,14-19 ja nicht ihn, sondern die Schlange und die Erde getroffen hat. Wahrscheinlicher ist, daß hier auf eine Auslegungstradition angespielt wird, die im »Leben Adams und Evas« (s.o. zu 2,24) breit ausgeschmückt überliefert ist: Adam und Eva hätten nach ihrer Vertreibung aus dem Paradies getrauert und Buße getan. Diese innere Umkehr ist nach 10,1 rettende Tat der Weisheit (s.o. zu 9,17 über den Zusammenhang Weisheit – heiliger Geist – Umkehr und Sündenvergebung; vgl. Ez 36,26-29). *10,2* scheint den Segen und den Verwaltungs- und Herrschaftsauftrag (Gen 1,28-30) erst nach dem Sündenfall (Gen 3) und der Umkehr anzusetzen, wie auch Noah und seine Söhne *nach* der Sintflut von Gott gesegnet und beauftragt wurden (Gen 9,1-3).

10,3-4 Außer seinem eigenen Vergehen wird Adam als Kontrastfigur Kain als »Ungerechter« gegenübergestellt; Adam selbst einen »Gerechten« zu nennen, wie es bei den folgenden Personen der Beispielreihe geschieht, angefangen von Noach, war wohl in Anbetracht der Sündenfallerzählung (Gen 3) kaum möglich. Durch seinen Zorn (Gen^{TM} 4,5) trennte Kain sich von der Weisheit und brachte eine Lawine von Gewalttätigkeit in Gang (»brudermordende Leidenschaft«), die ihn selbst und seine Nachkommen mitriß. Nach Gen 6,5.11-13 war der Grund für die Sintflut, daß »die Erde voll war von Gewalt«. Als Auslöser der Flut steht Kain als Kontrastfigur auch Noach, dem »Gerechten« (Gen 6,9), gegenüber. Nach der Bewahrung Adams »hat die Weisheit die wegen ihm (= Kain) überflutete Erde *wieder* gerettet« und ermöglichte einen Neuanfang, vgl. den Bund Gottes mit Noach Gen 9,1-17. Auf die Erzählung von der Arche in Gen 6 – 8 verweist Salomo sehr knapp: »indem sie den Gerechten mittels einfachen Holzes steuerte«. Während in Gen eine recht stattliche Konstruktion nach Anweisung Gottes beschrieben wird, soll hier wohl die Nutzlosigkeit der Arche ohne die »Steuermannskunst« der Weisheit betont werden. Dieser Begriff aus der Seefahrt, den er in 14,6 nochmals im Zusammenhang der Rettung Noachs von der Hand Gottes verwendet, dürfte dem Verfasser aus mehreren Gründen als besonders geeignet erschienen sein. Schon die klassische griechische Sprache verwendet »das Steuerruder führen« für »regieren, leiten«. Bereits bei PLATON und dann besonders in der Stoa wird mehrfach die »steuernde« Tätigkeit des *Lógos* (Vernunft, Geist, Gott) bedacht. Die Isis *pelágia* wird in Gebeten und Litaneien als Patronin der Seefahrt und als »Steuerfrau« gepriesen (vgl. Isisaretalogie von Kyme Z. 39.43.49.50; Hymnus I des Isidor Z. 5-3 v.u.). Durch die ausdrückliche Wiedernennung der Weisheit (Re-Nominalisierung), die Aufnahme des Stichwortes »sie rettete« aus der Ankündigung in 9,18c (EÜ 9,19) und die Anapher »diese« in 10,5 (in der EÜ nicht erkennbar) ist 10,1-4 als eigener kleiner Unterabschnitt markiert.

10,5 Die genaue Übersetzung lautet: »Diese hat, auch als (die) Völker in Einmütigkeit von Schlechtigkeit aufgerührt waren, den Gerechten erkannt und ihn untadelig (vor) Gott behütet und stark bewahrt gegenüber (seiner) Kindesliebe.« Darin kondensiert der Sprecher die ausführlichen Abrahamerzählungen von Gen 11; 12; 15; 17; 22 in knappestmöglichen Stichworten.

Eigentümlicherweise war es nach Weish 10,5 nicht die *Sprache* der Völker, die Gott verwirrt hat. So hieß es in Gen 11,7.9, und von dorther sind in der EÜ »Sprache« und »sie wurden getrennt« in Weish 10,5a eingetragen. Vielmehr wurden die *Völker selbst verwirrt* »aufgrund ihrer Einhelligkeit im Bösesein«. Die dahinter stehende Auslegungstradition geht deutlicher aus der Schrift PHILONS »Über die Verwirrung der Sprachen« hervor. Der Turmbau zu Babel ist danach ein Zeugnis der Hybris der Menschen, ihrer einmütigen Selbstüberhebung.

Der babylonische Name »Babel (= Gottes-Tor)« war in Gen^{MT} 11,9 durch das ähnlich klingende hebräische Wort *balal* »einrühren, vermischen, durcheinanderbringen, verwirren« erklärt worden: »Deshalb nannte man ihren Namen Babel; denn dort *balal* (verwirrte) der HERR die Lippe (= Sprache) der ganzen Erde, und von dort zerstreute sie der HERR über die ganze Erde«. Die Septuaginta übersetzt: »Deshalb wurde ihr Name gerufen *Synchysis* (Vermischung, *Verwirrung*); denn dort *verwirrte* der HERR die Lippen der ganzen Erde, und von dort zerstreute sie Gott der HERR über die ganze Erde«. *Synchysis* ist im Anschluß an die Septuaginta bei PHILON daher der ›Name der Schlechtigkeit‹; er bezeichne die »Stadt des Böseseins, den Turm der Gottlosigkeit«. Gen 11,31 gab keine Begründung an, weshalb Terach mit seinem Sohn Abram und dessen Frau Saraj und seinem Enkel Lot aus Ur (LXX: + aus dem *Land*) der

Chaldäer (= Babylonier) wegzog; aber schon Jos 24,3 und danach die jüdische Tradition (so z.B. Jdt 5,6-8) betrachteten immer Abram als die treibende Kraft, der wegen seiner Verehrung des einen wahren Gottes nicht in Babylonien blieb, der »Stadt des Böseseins, dem Turm der Gottlosigkeit«.

Ihn »erkannte« (im Sinne von: »anerkannte, erwählte, liebte«) die Weisheit; vielleicht ist an die Segenszusagen nach Gen 12,2-3 zu denken. Wohl in Aufnahme von Gen 15,6 »und Abram glaubte Gott, und (das) wurde ihm zur *Gerechtigkeit* angerechnet« wird er »Gerechter« genannt. Mit »untadelig« übersetzt die Septuaginta in Gen 17,1 das hebräische Wort »vollkommen, ganz« in der Aufforderung Gottes an Abram: »Wandle vor mir und sei ganz!« – die Weisheit hat ihn dabei behütet.

Schließlich sieht der Sprecher die Weisheit auch wirksam im Gehorsam Abrahams, der nach Gen 22 sogar bereit und stark genug war, seinen geliebten Sohn Isaak, durch den ihm im Alter noch zahlreiche Nachkommenschaft verheißen war, als Brandopfer anzubieten – wenn Gott so etwas wirklich wolle.

Sie riß den Gerechten aus dem Untergang (Lot). Zwischenbilanz: Wer an der Weisheit vorüberging, erlitt Schaden, ihre Verehrer aber riß sie aus Schwierigkeiten (10,6-7.8-9)

Der zweite Unterabschnitt beginnt wieder mit der Anapher »diese« und wird durch die Inklusion »(sie) rettete« in 10,6.9 markiert. Lot wird »Gerechter« genannt von dem Fürbitt-»Handel« Abrahams mit Gott in Gen 18,22-33 her.

10,6 Einzig hier in der Heiligen Schrift wird das Wort »Pentápolis« (Fünfstadtgebiet) verwendet. Nach Gen 19,23-25 ließ der Herr Schwefel und Feuer regnen auf Sodom und Gomorra und vernichtete »diese Städte und den ganzen Umkreis«. Daß *fünf* Städte gemeint seien, nämlich Sodom, Gomorra, Adma, Zebojim und Bela = Zoar, von denen Zoar als Zuflucht Lots nach Gen 19,20-22 jedoch nicht zerstört wurde, entnahm die Auslegungstradition wohl aus Gen 14,2.8; vgl. Dtn 29,22: Dort werden ohne Erwähnung der Fünfzahl die vier zerstörten Städte namentlich genannt. Die Fünferliste ist nach D. Winston schon in einem Handelsdokument aus Ebla (ca. 2500 v.Chr.) belegt und dürfte eine uralte Tradition darstellen. Man lokalisierte die Städte am Südende des Toten Meeres. Die Weisheit sei es gewesen, die Lot rettete vor dem Zugriff der »Frevler« (vgl. Gen 19,9-11), die dann bei dem Schwefel- und Feuerregen umkamen, während Lot mit seiner Frau und zwei Töchtern fliehen konnte.

10,7 Während beim Turmbau zu Babel die »Schlechtigkeit« in der gemeinsamen Hybris der Menschen bestand, lag sie bei Sodom und der Pentápolis in deren gewalttätiger Unmoral, deren Bestrafung von der Landschaft immer noch bezeugt wird:

Flavius Josephus beschreibt die Gegend so: »An seine (= des Toten Meeres) Ufer grenzt das Sodomiterland, einst ein glückliches Fleckchen Erde, da es fruchtbare Gefilde und wohlhabende Städte aufwies, jetzt aber völlig vom Feuer zerstört. Es soll wegen der Gottlosigkeit seiner Bewohner durch Blitze in Brand gesetzt worden sein. Noch heute finden sich die Spuren des vom Himmel gesandten Feuers, und es sind im See die schattenhaften Umrisse von fünf Städten zu sehen. Auch erzeugt sich stets von neuem Asche in gewissen Früchten, welche an Farbe eßbaren ähnlich sind; pflückt man sie aber mit der Hand, so lösen sie sich in Staub und Asche auf. So werden die Sagen über das Land der Sodomiter durch den Augenschein bestätigt« (*Jüdischer Krieg*, IV, 483-485).

Mehrere Wörter aus 4,3-6 kehren in 10,6-7 wieder: Frevler, Früchte zur Unzeit und unreif, Zeugnis im Sinne von: Aufweis der Strafwürdigkeit. Während qualmendes Land und ungenießbare Früchte Zeugnis geben von der Schlechtigkeit der Sodomiter, ist eine Salzsäule am Toten Meer »Denkmal« (mit dem Beiklang von »Grab«) der ungläubigen, d.h. nicht auf Gottes Rettung nach vorn schauenden Frau Lots, die entgegen Gottes Weisung (Gen 19,17) »hinter sich blickte und zur Salzsäule wurde« (Gen 19,26).

10,8 Eingeleitet durch eine Re-Nominalisierung und »denn« (in der EÜ ausgelassen) zieht der Sprecher verallgemeinernd eine Lehre aus dem Ergehen der Frau Lots und der Pentápolis, die der Nachwelt ein so unübersehbares Denkmal ihrer je verschiedenen »Torheit« hinterlassen haben. Daß sie »sich selbst schädigten, so daß sie das Gute nicht erkannten«, gilt aber auch von den davor betrachteten Kontrastfiguren (Kain und den Babyloniern). *10,9* mit erneuter Re-Nominalisierung faßt zusammen, was sich an allen »Verehrern« der Weisheit, die beschrieben wurden, erwiesen hat: Die Weisheit hat sie aus ihren Nöten gerettet.

Sie leitete den Gerechten, zeigte ihm das Königtum Gottes, bewahrte ihn vor Feinden; sie verließ ihn nicht im Kerker, deckte Verleumdungen auf und gab ihm dauerhaftes Ansehen: Jakob, Josef (10,10-14)

Eine auffällige Inklusion »sie zeigte ... und gab ihm« in 10,10.14 (in der EÜ unkenntlich: »sie zeigte ... und enthüllte ihm / sie überführte *alle* ... und verlieh ihm«) umschließt zwei jeweils mit anaphorischem »diese« beginnende Unterabschnitte.

10,10-12 Im ersten Unterabschnitt wird *Jakob* als Flüchtling vor dem Zorn seines Bruders Esau (Gen 27,41-45) »Gerechter« genannt aufgrund einer Auslegung, die sich ähnlich auch bei PHILON findet: Wer sich vom Zorn abwendet (»flieht«), ist weise und gerecht. Die »geraden Wege«, auf denen ihn die Weisheit führt, bezeichnen wohl weniger die geographisch kürzeste Strecke nach Harran und von dort nach Kanaan, sondern eher das stete Verhalten, die »Tugend« Jakobs im Sinne von Jes 40,3 »Macht eben die Wege für unsern Gott«, von Ps 27,11 »Führe mich auf ebenem Weg angesichts meiner Feinde« oder von Ps 23,2 »Er führt mich auf Wegen der Gerechtigkeit«.

»Sie zeigte ihm (das) Königtum Gottes und gab ihm Kenntnis des Heiligen« nimmt die Traumvision Jakobs in Betel auf; vgl. Gen 28,12-15: »Er träumte: Und siehe eine Leiter, auf die Erde gestellt, und ihr Ende an den Himmel reichend; und siehe, Engel Gottes stiegen auf ihr hinauf und hinab; und siehe, der HERR stand auf ihr; er sagte ... «. Im Blick auf die Bedeutung von »Königsein« im Buch der Weisheit (s.o. zu 6,9-11) und auf Ausführungen PHILONS zu Jakob (s. dazu G. Scarpat) könnte damit, daß die Weisheit Jakob bei seiner Traumvision das *Königsein Gottes* zeigte, gemeint sein: Jakob erfuhr die rettenwollende Nähe Gottes, er lernte Weisheit und Gerechtigkeit; dafür spricht auch das (synonym parallele) Kolon: »und sie gab ihm Kenntnis von Heiligem« (EÜ: und enthüllte ihm heilige Geheimnisse). Die »heiligen« Dinge (neutr. plur.), deren *Kenntnis* die Weisheit Jakob schenkt, dürfte die Weisheit selber sein, wie sie z.B. das 4. Makkabäerbuch in Aufnahme stoischer Formulierungen umschreibt: »Weisheit ist Erkenntnis der göttlichen und der menschlichen Dinge samt ihren jeweiligen Ursachen. Sie besteht näherhin in der *paideía* (Erziehung, Bildung), die uns das

Gesetz angedeihen läßt, durch die wir voll Ehrfurcht die göttlichen Dinge erlernen und zu unserem Nutzen die menschlichen« (4 Makk 1,16-17). Andere Ausleger vermuteten, mit den beiden Kola würden nur die Worte des aus seinem Traum erwachenden Jakob in Gen 28,16-17 umschrieben: »Wirklich, der HERR ist an diesem Ort, und ich wußte es nicht ... Hier ist nichts anderes als das Haus Gottes und das Tor des Himmels«.

Sehr gerafft werden danach die in Gen 29 – 31 ausführlich erzählten Mühen Jakobs genannt, bei denen die Weisheit ihm reichen Ertrag schenkt, so daß er seine Frauen bei ihrem als habgierig und unterdrückerisch bezeichneten Vater Laban auslösen kann. In der ersten Hälfte von 10,12 werden Gen 31,22-54 (Laban verfolgt mit seinen Brüdern den mit Frauen, Kindern und Vieh geflüchteten Jakob) und Gen 32,4-13 (Esau zieht seinem Bruder Jakob mit 400 Mann entgegen) verdichtet. In der zweiten Hälfte von 10,12 verwendet der Sprecher hellenistische Wettkampfterminologie zur Darstellung des nächtlichen Ringkampfes Jakobs mit einem »Mann« am Jabbok (Gen 32,25-31): »Sie leitete für ihn (als Kampfrichterin) einen kraftvollen Kampf (und erklärte ihn zum Sieger)«. Diese rätselhafte Szene in Gen 32 hat schon immer zu Sinndeutungen angeregt; vgl. Hos^{MT} 12,5 »Er kämpfte mit einem Engel und gewann die Oberhand, er weinte und flehte ihn um Gnade an«. Der Sprecher erklärt die Episode als Lernsituation für Jakob, daß die »ehrfürchtige Frömmigkeit« mächtiger (EÜ: stärker) ist als alles andere. Damit legt der Sprecher Gen^{LXX} 32,29 aus: »Israel wird dein Name sein, denn du bist *kraftvoll* gewesen mit Gott und mit Menschen *mächtig*«.

Der typisch griechische Begriff *eusébeia* »Ehrfurcht vor den Göttern und den von ihnen gesetzten Ordnungen; die rechte Haltung gegenüber den Göttern« (zur *eusébeia* als Tugend s.o. den Exkurs »Gerechtigkeit« zu 1,15) kommt im ganzen Buch nur hier vor. Damit greift der Verfasser wieder einen hellenistischen Idealbegriff auf (s.o. zu 1,4.5 *sophía* und *paideía*), der durch Spr^{LXX} 1,7 und Jes^{LXX} 11,2 als Übersetzung von »JHWH-Furcht« bereits eingeführt war. Die übrige Septuaginta, ausgenommen 4 Makk, zeigt große Zurückhaltung gegenüber dem Begriff *eusébeia*, den PHILON unbefangen häufig gebraucht.

10,13-14 Mit anaphorischem »diese« wird der Verweis auf die *Josefserzählung* (Gen 37 – 50) eingeleitet als weiteres Beispiel für die Rettungstaten der Weisheit. Josef erhält den Titel »Gerechter« einerseits wohl als Opfer des Neides und des Verbrechens der Brüder, die ihn als Sklaven *verkauften*, und der Verleumdung der Frau Potifars, vor deren Verführung zum Ehebruch (»*Sünde*«) die Weisheit den Josef rettete; andererseits heißt er hier »Gerechter«, weil »in ihm der Geist Gottes ist ... und niemand verständig und weise ist wie er« (Gen 41,38f).

Das Wort *lákkos* »Grube« (EÜ: Kerker) steht in Gen^{LXX} 37,24 für die Zisterne, in die die Brüder Josef warfen, und in Gen^{LXX} 40,15 für das Gefängnis, in das Potifar den Josef werfen ließ. Da Weish 10,13 aber erst nach dem Verkauf Josefs einsetzt mit der Rettung vor der Verführung durch Potifars Frau, ist 10,14 vom Gefängnis in Ägypten zu verstehen. Daß die Weisheit mit ihm in die Kerkergrube hinabgestiegen war (vgl. Gen 39,21 »der Herr war mit Josef«), zeigt sich an der Begabung Josefs, Träume richtig deuten zu können. Diese brachte ihm schließlich eine königsgleiche Stellung ein (Gen 41,41-45), in der er sogar Vorgesetzter derer wurde, die ihn ins Gefängnis gebracht hatten.

In dem nicht auf Gen rückführbaren Kolon »Als Lügner zeigte (erwies) sie diejenigen, die ihn beschuldigt (kritisiert) hatten«, wird wieder die Vertrautheit des Verfassers mit Auslegungstraditionen, die uns auch aus anderen jüdischen Schriften bekannt sind, deutlich: »Ich aber, töricht und verwegen, verachtete ihn und redete üble Worte über ihn«, sagt Asenet in reuevoller Rückschau (*Josef und Asenet* 6,3). In seinem Testament erinnert Josef seine Kinder und Brüder daran: »In Verleumdung (war ich), aber er (Gott) verteidigte mich. In bitteren Worten der Ägypter, aber er riß mich heraus. Im Neid der Mitsklaven, aber er erhöhte mich« (Test12Patr: TestJos 1,7). Das Interesse des Verfassers an der Einbeziehung dieser Tradition spiegelt auch seine eigenen Hoffnungen bezüglich der Situation der Juden in Ägypten.

Das letzte Kolon des Josef-Abschnitts »und sie gab ihm ewige Herrlichkeit« nimmt zwar das Stichwort *dóxa* (Ehre, Ansehen, Herrlichkeit; EÜ: Ruhm, Rang) aus Gen 45,13 auf: »... und berichtet meinem Vater all meine *dóxa* in Ägypten!«, gibt ihm aber durch die Hinzufügung von »ewig« einen stark veränderten und neuen

Sinn: Josef wird nicht nur auf Dauer im Gedächtnis der Juden bleiben, insbesondere derer in Ägypten, als »Gerechter« hat er auch Anteil erhalten an der Herrlichkeit Gottes (s.o. zu 2,22-23; 3,1-9; 7,25; 8,13).

Sie rettete das heilige Volk aus der Nation der Bedränger (10,15-21; 11,1)

Das siebte und längste Beispiel der Reihe, durch Stellung und Ausführlichkeit besonders hervorgehoben, setzt mit dem letzten anaphorischen »diese« ein. Es bildet den Abschluß von Kap. 10 und damit des zweiten Buchteils und zugleich eine Vorausumschreibung des dritten Buchteils, d.h. der folgenden Buchhälfte, die ebenfalls die Erzählungen von Exodus und Wüstenwanderung meditiert und auch in ein Lob des persönlich angeredeten HERRN mündet (10,20f.; 19,9.22).

Der Sprecher hält sich sorgsam an die Erzählfolge im Buch Exodus: *10,15* die Unterdrückung der Israeliten in Ägypten (Ex 1; 2,23 – 6,1); *10,16* durch Mose jeweils angekündigte »Zeichen und Wunder«, die ägyptischen Plagen (Ex 7 – 12,30); *10,17* die »Plünderung der Ägypter« (Ex 12,35f.) gedeutet als Wiedergutmachung des vorenthaltenen Lohnes, und die Führung zum Roten Meer (Ex 13,17-22); *10,18* der Durchzug durch das Rote Meer (Ex 14,15-22); *10,19-21* Waffennahme von den toten Ägyptern (ausdeutende Weiterführung von Ex 14,30) und Lied der Geretteten (Ex 15,1-21).

Das Rettungshandeln Gottes durch die Weisheit als Medium seiner Nähe und Zuwendung wird in diesem letzten Beispiel nicht wie bei den vorangehenden an einer Einzelperson, sondern am *Volk* Israel gezeigt. Von der werbenden und zur Identifikation einladenden Absicht des Buches her werden, wie zuvor beim »weisen« Salomo, bei Adam, bei den »gerechten« Abraham, Noach, Lot, Jakob und Josef, bewußt nicht die dunklen und problematischen Seiten hervorgekehrt, sondern die hellen und vorbildlichen. Im Blick auf ihre Erwählung und Berufung (Ex 19,4-6) werden die Kinder Israels »heiliges Volk«, »untadeliger Same« (EÜ: Geschlecht) und »Gerechte« genannt, während die Anderen verallgemeinernd als abschreckender Kontrast gezeichnet werden, auch dabei geht es selbstverständlich nicht um eine individuell würdigende Beurteilung: »Volk von Bedrückern«, »schreckliche Könige«, »Feinde«, »Frevler«.

10,15 Ausdrücklich wird aus Ex 3,9 »Ich habe die Unterdrückung gesehen, mit der (die) Ägypter sie unterdrücken« das charakteristische Stichwort über das Elend der Israeliten in Ägypten aufgenommen. *10,16* Anders als im Jesajabuch (s.o. zu 2,10-20) übersetzt die Septuaginta das Wort *'æbæd* in Ex 4,10; 14,31 u.ö. nicht mit *doûlos* »Knecht, Sklave« oder *paîs* »Kind, Knecht«, sondern mit »Diener«. Diesen Sprachgebrauch »(Mose,) der Diener des HERRN« greift der Sprecher auf. Er beschreibt Moses Beauftragung mit der Führung des Volkes aus Ägypten trotz der Weigerung des Pharao, sie ziehen zu lassen, und seine Bevollmächtigung, Zeichen und Wunder zu wirken, als Eingehen der Weisheit in ihn (s.o. zu 1,4a; 7,27c-28; 9,17; vgl. Jes^{MT} 63,11).

»Könige« in der Mehrzahl, obwohl nur der Pharao gemeint sein kann, nennt für den Ägyptenaufenthalt auch Ps 105,30, wohl in rhetorischer Steigerung; vgl. auch die Mehrzahl in Ex 4,19; ein Vorgriff auf die späteren kriegerischen Auseinandersetzungen mit Königen bis zum Einzug in Kanaan (Ps 135,9-11 und Ps 136,16-22) ist weniger wahrscheinlich.

10,17 Das in Ex 3,21-22 und 11,2 angeordnete und in Ex 12,36 als geschehen erzählte Ausleihen und Einbehalten von silbernen und goldenen Gefäßen und von Gewändern (die »Beraubung der Ägypter«) konnte ein moralisches Problem aufwerfen. Möglicherweise stellt bereits Gen 15,14 einen frühen entschärfenden Kommentar dar: »Und über das Volk, das sie als Sklaven hält, werde ich Gericht halten, und sie werden mit großem Besitz hinausziehen«.

PHILON von Alexandrien scheint in seinem *Leben Moses* in diesem Zusammenhang auf antijüdische Polemiken von Zeitgenossen zu reagieren: »[140]Als sie (die Israeliten), gejagt und verfolgt, sich ihre edle Herkunft bewußt machten, wagten sie ein mutiges Unternehmen, wie es bei freien Menschen zu erwarten ist, die nicht vergessen haben, was ihnen ungerechterweise durch Nachstellungen angetan wurde. [141]Große Beute nämlich nahmen sie mit sich, die sie teils sich selbst, teils ihren Tragtieren aufluden: nicht aus Geldgier oder, wie jemand sie beschuldigen könnte, aus Begierde nach fremdem Hab und Gut – woher (sollte die gekommen sein)? – vielmehr nahmen sie erstens den geschuldeten Lohn mit für die ganze Zeit, die sie Dienst getan hatten, zweitens aber vergalten sie die durch ihre Versklavung erlittene Kränkung in geringfügigerem und nicht in gleichem Maße. Wo gibt es nämlich eine materielle Strafe, die dem Vergehen des Raubes der Freiheit angemessen wäre, für die ja Vernunft Besitzende nicht nur ihre Habe wegzugeben, sondern sogar zu sterben bereit sind?! [142]Unter beiden Rücksichten handelten sie recht, ob sie nun – wie im Frieden – Lohn nahmen, der ihnen vorenthalten worden war von denen, die sich eine lange Zeit hindurch weigerten zu zahlen, oder ob sie es – wie im Krieg – für richtig hielten, die Habe ihrer Feinde nach dem Recht des Siegers mitzunehmen. Denn diese (die Ägypter) hatten mit dem Unrecht begonnen, indem sie Fremde und Schutzerflehende, wie ich bereits früher ausgeführt habe, zu Sklaven machten wie Kriegsgefangene; jene (die Israeliten) aber wehrten sich nur, als sich eine günstige Gelegenheit bot, ohne eine Ausrüstung mit Waffen zur Verfügung zu haben, wobei DER GERECHTE sich wie ein Schild vor sie stellte und schützend seine Hand über sie hielt.« *(Leben Moses* I 140-142).

Der Sprecher beschränkt sich in 10,17 darauf, aus der wohl auch PHILON bereits vorgegebenen Auslegungstradition zu Ex 12,36 (vgl. Jub 48,18) nur die Erklärung ›vorenthaltener Lohn für Mühen (Fronarbeit)‹ aufzunehmen. Das in Ex^{LXX} 3,22 und 12,36 begegnende Wort *skyleúo* »einem Gefallenen Waffen und Rüstung abnehmen« (lat. *spoliare*) verwendet er auch noch, aber erst in *10,20* als exegetische Ergänzung zu Ex 14,30: Am Morgen nach dem Durchzug durch das Rote Meer »sah Israel die Ägypter tot am Ufer liegen«. Erst dort fand die (dann unanstößige) *spoliatio* statt (Aneignung der Rüstung und Habe der Gefallenen).

Die Wendung »sie führte sie auf wunderbarem Weg« verbindet die Redeweise vom wunderbaren und ehrfurchtgebietenden Handeln Gottes (z.B. Ex 34,10) mit der in Ex 13,17 beschriebenen ungewöhnlichen Route: »und Gott führte sie nicht den Weg ins Philisterland«, also die Straße am Mittelmeer entlang. In Ex 13,21-22 »geht der HERR ihnen bei Tage in einer Wolkensäule voran«. Schon früh wird diese Wolke als Schatten und Schutz gebend gepriesen: Ps 105,39 »Eine Wolke breitete er aus als Decke (Schutz) / und Feuer, um die Nacht zu erleuchten«; Num^{LXX} 10,36 fügt zum MT »schattengebend« hinzu. Im Anschluß an diese Auslegungstradition nennt der Sprecher als Rettungstätigkeit der Weisheit den »Schutz«, ohne die Wolke noch ausdrücklich zu nennen. Für den Ausdruck »und zu Sternenlicht in der Nacht« war weniger eine rationalistische Absicht bestimmend, die Feuersäule in Ex 13,21 durch ein »natürliches« Phänomen zu »erklären«, vielmehr war ein Text- und Verständnisproblem in Ex^{MT} 14,20 zu lösen.

Ex^{MT} 14,20 lautet: »Und sie (die Wolkensäule) zog zwischen das Lager der Ägypter und das Lager Israels; *und es wurde die Wolke und die Finsternis, und sie erleuchtete die Nacht*, und sie kamen einander nicht nahe während der ganzen Nacht.« Ex^{LXX} 14,20 übersetzt entweder eine andere hebräische Vorlage, oder aber sie glättet den Text: »Und sie zog mitten zwischen das Lager der Ägypter und das Lager Israels *und blieb stehen; und es wurde Finsternis und Dunkelheit, und die Nacht verging*, und sie stießen nicht aufeinander während der ganzen Nacht.« Die EÜ beseitigt die Schwierigkeit durch eine freie Hinzufügung: »*Blitze* erhellten die Nacht«.

Die in Weish 10,17d erkennbare Auslegungstradition scheint dem Text von Ex^{MT} 14,20 mit Hilfe von Ex 10,22-23 und 14,24 einen Sinn abgewonnen zu haben: Wie in der Plagenerzählung die Finsternis sich drei Tage lang ausschließlich auf die Ägypter auswirkte, während ganz Israel Licht hatte an seinen Aufenthaltsorten, so wirkte auch die Wolke (in Ex 14,24 heißt sie »Feuer- und Wolkensäule«) zwischen den Heeren in Ex^{MT} 14,20. Den Ägyptern bereitete sie Finsternis, den Israeliten aber erleuchtete sie die Nacht. Ausführlich wird diese gegensätzliche Doppelwirkung der Nacht, tiefe Finsternis für die »Unbelehrbaren« und Licht für »deine Heiligen«, in Weish 17,1 – 18,4 betrachtet. In 17,5 wird auch der Ausdruck »Sternenlicht« wieder verwendet.

Daß Gott durch seine Weisheit der Wolke zwischen den Lagern Doppelwirkung verlieh, rettete die Israeliten: Bei den Ägyptern erzeugte die Finsternis Verwirrung und Chaos, bei den Israeliten gab das Sternenlicht Orientierung.

10,18 »Rotes Meer« ist in der Septuaginta durchgehend Übersetzung des »Schilfmeers« (*jam suf* im MT). Nur hier und in 19,7 wird damit im Buch ein *Name* genannt. Die bildhafte Ausdrucksweise in Ex 14,22.29 »und die Wasser waren ihnen eine Mauer zu ihrer Rechten und zu ihrer Linken« reduziert der Sprecher auf das Gemeinte: Die Weisheit »führte sie hindurch durch viel Wasser«. *10,19* gibt zuerst Ex 14,28 wieder (die Weisheit läßt das Meer die Feinde überfluten), »ergänzt« aber dann, was vor Ex 14,30 »fehlt«: (Die Weisheit) mußte die Toten erst aus der Meerestiefe *aufwirbeln,* bevor die Israeliten sie »tot am Meeresstrand sehen« konnten. *10,20a* gibt die »richtige« Situation an, in der die Plünderung der »Frevler« stattfand (s.o. zu 10,17).

Auch Flavius Josephus kennt diese Auslegung: »Als nun am folgenden Tage die sturmbewegten Meereswogen die Waffen der Ägypter ans Gestade geworfen hatten, ließ Mose, der darin ein Zeichen der Vorsehung Gottes erblickte, diese sammeln und rüstete mit ihnen die Hebräer aus, damit diesen von jetzt an die Wehr nicht fehle.« (*Antiq* II, 349).

In *10,20b-c* berichtet der Sprecher nicht nur über das Lied des Mose, der Mirjam und der Israeliten, sondern geht auch selbst in die direkte Anrede des HERRN über; die Du-Anrede kehrt im dritten Buchteil noch mehrfach wieder und läßt ihn als eine große betende Geschichtsbetrachtung erscheinen.

Die *Weisheit* war es nach *10,21,* die den bis dahin zum rechten Gotteslob nicht Fähigen und Willigen den Mund öffnete und die Stimmen von Kindern verständlich singen ließ. Bestimmte Formulierungen lassen wieder Problemlösungen erkennen, die der Verfasser wohl aus der exegetischen Tradition übernahm:

Warum ist »einmütig« hinzuzufügen? Das Lied beginnt »*Ich* will singen dem HERRN«, in der Einleitung dazu in Ex 15,1 hatte es aber geheißen: »Damals sang Mose und die Israeliten dieses Lied dem HERRN und *sie sagten*« – also sangen Mose, Mirjam und die Israeliten *einmütig* und konnten so wie Einer »Ich« sagen.
Wer war »stumm« und warum muß die Weisheit ihren Mund öffnen? Nach den Äußerungen von Furcht und Mißtrauen hatte Mose in Ex 14,14 tadelnd zu den Israeliten gesagt: » Der HERR ist es, der für euch kämpfen wird – ihr aber sollt stillschweigen!« (EÜ: ihr aber könnt ruhig abwarten). Wenn die so zum Stummbleiben Aufgeforderten, die dann auch tatsächlich bis Ex 15,1 kein Wort mehr sagen, zu singen beginnen, muß ihnen Gott durch die Weisheit den Mund wieder geöffnet haben.
Warum muß man sagen, daß auch kleine Kinder das Lied am Schilfmeer mitsangen? Eine Beobachtung zu *Ex 15,2* könnte zu der in Weish 10,21b erkennbaren Tradition geführt haben und war Ausgangspunkt mehrerer rabbinischer Auslegungen: »*Dieser* ist mein Gott...«, kann man nur sagen, wenn man jemanden *wiedererkennt.* Nun hatte der HERR sich aber bis Ex 15 nur dem Mose geoffenbart. Von den Israeliten können ihn also nur *wiedererkennen* und das Lied mitsingen, die ihn bereits erfahren haben: die seit der Anordnung von Ex 1,22 in den Nil geworfenen neugeborenen Jungen, die der HERR gerettet hat; der »Beweis« für diese Rettung wird in rabbinischen Schriften über das Wort »werfen« und Ez 16,5 geführt. Sobald man vermuten konnte, daß gerettete Kinder beim Durchzug durch das Meer dabei waren, konnte auch Ps 8,3 »Aus dem Munde von Kindern und Säuglingen...« in die Auslegung einbezogen werden.

Nach: Peter ENNS, A Retelling of the Song at the Sea in Wis 10,20-21, Bib 76 (1995) 1-14.

Zum letzten Mal wird in *11,1* die Weisheit als handelnd vorgestellt. Der Satz gehört deshalb formal noch zum Vorangehenden und enthält eine Themenankündigung zum folgenden letzten Buchteil. Die Stichwortverkettung von 11,1 *euhódosen* »sie ließ gelingen« mit 11,2 *dihódeusan* »sie durchzogen« ist im Deutschen nicht nachahmbar.

»Mittels eines heiligen Propheten«: Mose wird in Dtn 18,15.18; 34,10-12 und Hos 12,1 »Prophet« genannt (s.o. zu 10,16 »Diener des HERRN«). »Was sie unternahmen« (wörtlich: ihre Werke) bezeichnet wohl die Wüstenwanderung.

Die Gestalt und Bedeutung der Weisheit
Im Enkómion 6,22 – 11,1 mit der dazu überleitenden Bindeperikope 6,12-21 hat der Sprecher in der begehrenswerten, strahlend schönen Frauengestalt der Weisheit *Gott selbst* gepriesen. In ihr machte Salomo Gottes *Transzendenz* anschaubar, daß der Schöpfer der von ihm geschaffenen Welt gegenübersteht und nicht ein Teil von ihr ist, und zugleich seine *Immanenz,* daß Gott diese Welt beständig im Dasein hält, sie und insbesondere die Menschen in ihr liebt, sich ihnen geoffenbart hat und sie zur Gemeinschaft mit sich einlädt.

Die Könige müssen sie suchen, und sie läßt sich von jedem Menschen finden. Aber niemandem ist sie angeboren, alle können sie nur als *Geschenk* von Gott erbitten, sie ist sein heiliger Geist. Denn er allein besitzt sie, er zeigt sich in ihr und teilt sich in ihr mit. Das Zusammenleben mit ihr offenbart den Willen Gottes und ermöglicht dem Menschen ein Gott wohlgefallendes Leben. Die auch in erotischen Bildern beschriebene Verbundenheit mit ihr führt nicht nur zu Tugend und Bildung, Macht und Glück, sondern vor allem zur Freundschaft mit Gott, der den Menschen zur Unvergänglichkeit erschaffen hat. Sie ist Voraussetzung und Innenseite der Gerechtigkeit (15,3). Der Anfang der Weisheit ist, sie zu begehren (6,12-16). Und selbst diesem Begehren kommt sie schon zuvor (6,13). Weisheit ist nicht als gegenständliches Ziel vorzustellen, vielmehr ist der Weg zu ihr, die Suche nach ihr, bereits Teilhabe an ihr. In späterer und ganz anderer Terminologie wird das hier mit »Weisheit« Gemeinte als *zuvorkommende und heiligmachende Gnade* ausgedrückt.

Auch wenn in 7,22 – 8,1 von der Weisheit hymnisch wie sonst von Göttinnen und Göttern gesprochen wird, ist sie doch gerade keine »Göttin« wie Isis. Es gibt nur *einen* Gott und Schöpfer von allem, der auch die Weisheit schenkt, die an *seinen* Eigenschaften und Titeln teilhat (8,2-9). Was von Gott gesagt wird (sich finden lassen, retten, lieben; menschenfreundlich), wird auch von ihr gesagt. Durch die *literarische Personifikation* der Weisheit (s. zu 7,12) wird ein einseitig oder vorwiegend »männliches« Gottesbild als abwegig erkennbar. Ebenso wie der »männliche« bei der Schöpfung beteiligte, alles heilende und richtende *Lógos* Gottes (9,1; 16,12; 18,14-16), so umschreibt auch die »weibliche« *Sophía* das *Wirken Gottes und die menschliche Erfahrung* davon. Ihr ist im Buch der Weisheit, wohl im Blick auf die stark verbreitete Isis-Verehrung, umfassende Aufmerksamkeit und Raum gewidmet. Indem der Verfasser auf biblischen Texten wie Spr 8, Sir 1. 24 u.a. aufbaut, unternimmt er es mittels der Gestalt der »Weisheit« in origineller Weise, das liebevolle, personhafte Mit-Sein Gottes mit den Menschen zu reflektieren und in der philosophischen Bildungssprache seiner Gegenwart auszudrücken.

»Weisheit ist letztlich nichts anderes als die dem Menschen freundlich zugekehrte Seite Gottes, wobei der Gerechte der wahre Mensch ist und die Gottlosen die Bestimmung ihres Menschseins verfehlen.« (Ulrich OFFERHAUS, Zur Komposition und Intention der Sapientia Salomonis, Diss. Bonn 1981, 367 Anm. 130).

III. Gott preisende Vergegenwärtigung der Rettungsgeschichte seines Volkes seit dem Exodus und der Führung in der Wüste als Motivation für ein Leben in Gerechtigkeit (11,2 - 19,22)

Beinahe unmerklich läßt der Verfasser den dritten und letzten Buchteil beginnen, der der Länge nach die Hälfte des Buches ausmacht. Der Eindruck des gleitenden Übergangs wird durch die *Doppelfunktion von 10,15 – 11,1 (Bindeperikope)* bewirkt: Dieser Abschnitt ist als *siebter* Vergleich, durch das anaphorische »diese« am Anfang in 10,15 und die Renominalisierung der »Weisheit« am Ende in 10,21, fest in Kap. 10, den *Synkrisis*-Teil des *Enkómions* über die Weisheit, und damit in den zweiten Buchteil, eingebunden. Der Satz 11,1 hat wie das ganze Kap. 10 »sie« (die Weisheit) zum Subjekt; im dritten Buchteil wird die Weisheit danach nur noch in 14,2.5 genannt. Andererseits enthalten die in 10,15 – 11,1 als Rettungstaten der Weisheit nur knapp angedeuteten Begebenheiten in Ägypten (Plagen, Zeichen und Wunder, Durchzug durch das Rote Meer) das Anschauungsmaterial, mit dessen Hilfe im dritten Buchteil in den sieben Gegenüberstellungen jeweils ausführlich die Strafwirkung der Natur illustriert wird.

Auch im letzten Teil seines Buches geht der Verfasser nicht einfach nacherzählend die Bücher Ex – Num oder Dtn entlang, vielmehr systematisiert er den aus Ex 7 – 17, Num 11; 20; 21 und Dtn 8 ausgewählten Stoff eigenständig; dabei orientiert er sich für die *Reihenfolge* seiner Ausführungen an den Strafen, die nach Ex 7 – 14 die Ägypter treffen, und stellt ihnen die gleichzeitige Verschonung der Gerechten bzw. Wohltaten an ihnen aus denselben oder anderen Kontexten gegenüber.

Der dritte Buchteil begründet ermutigend die mottoartige Mahnung »Liebt (die) Gerechtigkeit!« (1,1) in der Form einer dankbar Gott preisenden Erinnerung an den Exodus und an die Führung in der Wüste. Wie einst beim Exodus und in der Wüste die Natur und der Kosmos den Gerechten, dem Volk Gottes, zur Wohltat wurden, während dieselbe Natur den »Feinden« Strafe, Qual und Untergang gebracht hatte, so wird auch *einst* (vgl. 5,1) der von Gott in Dienst genommene Kosmos je verschieden auf die Gerechten und die Frevler wirken – zur Rettung oder zur Bestrafung.

Auffällig ist der den ganzen Buchteil durchziehende *Wechsel von Du-Anrede* an Gott und *Rede über* ihn, wie er sich auch in manchen anderen Texten der Bibel, die Exodus und Wüstenzug aufgreifen, findet, z.B. Ps 77; 106; 135 und Jes 63,7 – 64,11; demgegenüber sind Ps 78; 105; 114 durchgehend in der dritten Person formuliert; ganz in der Anredeform steht Ps 104. Als direktes Vorbild für seine eigenständige hymnisch-meditative Rückschau auf Exodus und Wüstenzug, die von Gebetsanreden durchwirkt ist, dürfte dem Sprecher das Mose-Mirjam-Lied in Ex 15 gedient haben: Dort umrahmt das beschreibende Lob (in der dritten Person Ex 15,1-5.18-19) die preisende Anrede (Ex 15,6-17).

Der dritte Buchteil ist in *fünf Abschnitte* mit *sieben Gegenüberstellungen* gegliedert. Dabei schließen sich *zwei grundsätzliche* Darlegungen an den ersten Abschnitt an und leiten den zweiten ein, und der fünfte Abschnitt mündet in eine Art *Summarium* mit einem hymnischen Schlußruf. Zwei *Prinzipien* leiten die Darstellung: Die gleichen Naturkräfte können nach dem Plan Gottes entgegengesetzte Wirkungen haben *11,5* (Strafen bei den »Feinden« und *Wohltaten* bei den »Gerechten«); und: »Wodurch jemand sündigt, dadurch wird er bestraft« *11,16.*

Für 11,2 – 19,22 zeigt sich demnach folgender Aufbau:

		11,2-3	Einleitende Situationsangabe
I	1	11,4-14	*Wasser* als Strafe und als Wohltat
		11,5	*Leitprinzip I:* Die Wirkung derselben Naturelemente als Strafen oder als Wohltaten
II		11,15 – 16,14	Strafen und Wohltaten durch *Tiere*
		11,16	*Leitprinzip II:* »Womit jemand sündigt, damit wird er bestraft«.

Durch 11,15-16 und 12,23-27 und 15,18-19 werden eingerahmt:

11,15 – 12,27	*Grundüberlegung I:* »Über die Milde Gottes« *oder:* »Was bedeutet ›Gott straft‹? Über die Liebe Gottes zu

			seiner Schöpfung, seine Gerechtigkeit und seine Menschenfreundlichkeit«.
		13,1 – 15,19	*Grundüberlegung II:* »Über die Verweigerung der Anerkennung des wahren Gottes« *oder:* »Über die Torheit des Götzendienstes«.
	2	16,1-4	*Tiere* als Qual und als genußvolle Nahrung
	3	16,5-14	*Bisse von Tieren* zur mahnenden Erinnerung und Rettung und als Strafe
III	4	16,15-29	Hagel und Unwetter – *Brot vom Himmel (Manna)*
IV	5	17,1 – 18,4	Finsternis – *Licht und Feuersäule*
V		18,5 – 19,22	Tod – *Errettung*
		18,5	Überschriftartige Einführung
	6	18,6-25	Tod der ägyptischen Erstgeburt – Israels Erfahrung des »Zorns« und die *Unterwerfung des »Verderbers«*
	7	19,1-5	Sichnichterinnern und Tod – *unerwarteter rettender Weg durch das Rote Meer*
		19,6-21	*Summarium:* Der Kosmos im Dienst Gottes für sein Volk. Anschauen, Sicherinnern und Gott loben *oder* Sichnichterinnern, Nichtwahrnehmen und Fall in Finsternis, Tod
		19,22	Dankbar Gott preisender *Ausruf*

Weish 11 – 19 ist in Aufbau und Vorgehen originell und läßt sich keiner geläufigen literarischen *Gattung* einfachhin zuordnen. Der aktualisierend auslegende Umgang mit der Heiligen Schrift hat manche dazu veranlaßt, diesen Buchteil als »*Midrasch*« zu bezeichnen. Aber ein Midrasch (»Erforschung, Auslegung« der Schrift) kann recht verschiedene literarische Formen annehmen und ist keine »Gattung« im eigentlichen Sinne wie z.B. Brief, Sentenzensammlung, Lehrerzählung, Bußgebet, Abschiedsrede oder Danklied. Die in vergleichenden Gegenüberstellungen fortschreitende Darstellungsweise trägt Züge einer hellenistischen *Synkrisis* (s.o. zu 6,22 – 11,1); wie dort steht auch in Weish der schwächere Teil in der

Regel voran. Eine einfache Zuordnung zu dieser Bezeichnung würde aber sowohl die ständige, jedoch nie ausdrückliche Bezugnahme auf die Heilige Schrift, die so charakteristisch ist für Weish 11 – 19, außer acht lassen als auch den eigentümlichen Wechsel zwischen Darlegung und direkter Anrede Gottes. Außerdem haben die Gegenüberstellungen nicht die in einer *Synkrisis* zu erwartende Absicht, die Überlegenheit einer Person, ihre Eigenschaften oder Leistungen gegenüber den zum Vergleich herangezogenen Taten oder Personen hervorzukehren, vielmehr geht es um den Lobpreis der Macht Gottes, der alle Elemente seiner Schöpfung zur Bestrafung oder aber als Wohltat wirken lassen kann.

Innerhalb des als *Logos protreptikós* (Werbeschrift) zu bezeichnenden ganzen Buches hat der dritte Teil die Aufgabe, das »Werbeziel« durch den Rückgriff auf die Erzählungen im Pentateuch zu begründen und damit zugleich die Berechtigung der Hoffnung für alle, die der Aufforderung zur Gerechtigkeit in ihrer Lebensführung nachkommen, zu veranschaulichen.

1. Wasser als Strafe und als Wohltat (11,2-3.4-14)

In der »Bindeperikope« 10,15 – 11,1 wurde schon das »heilige Volk« eingeführt, das am Beginn des dritten Buchteils unbetont durch »sie« als Subjekt aufgenommen wird. Zur Stichwortverknüpfung »sie durchzogen« s.o. bei 11,1.

11,2-3 bilden den situierenden Auftakt zum Folgenden. In 5,7 hatten die Frevler bei der Rückschau auf ihr Leben geklagt: »Wir durchzogen weglose Wüsten« und hinzugefügt: »Den Weg des HERRN aber haben wir nicht erkannt.« Die Bezeichnung »heiliges Volk« deutet bereits an, daß dessen Glieder in der Wüste den »Weg des HERRN« erkennen. Mit den »Gegnern und Feinden«, die erfolgreich abgewehrt wurden, sind wohl die Amalekiter, Edomiter, Moabiter und andere, auf die die Israeliten bei ihrem Wüstenzug stießen, gemeint.

»Durst / dürsten« kommt im ganzen Buch nur in 11,4$^{(2x)}$.8.14 vor und prägt als *Thema-Wort* den Absatz *11,4-14.* Gott schenkt Wasser als »Heilmittel« gegen den Durst, wenn sein Volk ihn anruft – sogar aus dem Felsen heraus (Ex 17,3-7; Num 20,3-13; Dtn 8,15).

11,5 Beim Stichwort »Wasser« (11,4) nennt der Sprecher den Grundgedanken seiner Schriftbetrachtung im letzten Buchteil: An den Erzählungen vom Exodus und vom Wüstenzug ist ablesbar, daß Gott dieselben Elemente seiner Schöpfung sowohl zur »Bestrafung der Feinde« als auch zur »Wohltat« in der Not für die »Gerechten« wirken zu lassen vermag. Ausführlich und hymnusartig wird eine ähnliche Betrachtungsweise der Schöpfung schon in Sir 39,12-35 vorgetragen, thesenartig kurzgefaßt in 39,27: »(Dies) alles wird den Guten (LXX: Frommen) zum Guten dienen, ebenso den Schlechten (LXX: Sündern) zum Schlechten sich wandeln«.

Daß Wörter mit den Wortstämmen »strafen« und »wohltun« fünfmal *zusammen* verwendet werden, zeigt, daß es sich dabei um einen dem Verfasser wichtigen Gedanken handelt: In *3,4-5* werden mit Hilfe dieses Wortpaares der Anschein (Strafe: qualvolles, ehrloses Ende) und die Wirklichkeit (Wohltat: Prüfung durch Gott; gefüllte, nicht leere Hoffnung auf Unsterblichkeit) beim Tode des Gerechten einander gegenübergestellt. In *11,5* wird einleitend die verschiedene Wirkung von Wasser als Strafe oder als Wohltat festgestellt, und in *11,13* wird diese Doppelwirkung als Erfahrung der Ägypter beschrieben, die sie dazu bringt, den HERRN wahrzunehmen. In *16,1-2* wird an Tieren gezeigt, daß Gott sie als Strafe (Ungeziefer, eklige, giftige Tiere) oder als Wohltat (Wachteln zur Nahrung) einsetzen kann. Schließlich wird in einer Gott preisenden Anrede der Gedanke nochmals ganz grundsätzlich in *16,24* ausgesprochen: »Denn die Schöpfung, die dir, der sie gemacht hat, dienstbar ist, / streckt sich aus zur Bestrafung gegen die Ungerechten / und entspannt sich zum Wohltun für die, die auf dich ihr Vertrauen gesetzt haben.«

11,6-8 Die Ägypter konnten ihren Durst aus dem Nil, der sonst das ganze Land mit Frischwasser versorgte, damals aber zur Strafe für das Kindermordedikt (Ex 1,15-22) blutgetrübt war, nicht stillen (Ex 7,14-25). Die erste »Plage« wird im Buch Exodus noch nicht als Spiegelstrafe (s.u. zu 11,15-16) mit dem Kindermord verbunden. Eine derartige Begründung war dem Verfasser jedoch durch die Auslegungstradition bekannt; darauf lassen Ausführungen bei Philon und rabbinische Überlieferungen schließen. Während der Durst angesichts des ungenießbar gewordenen Nilwassers für die Ägypter eine Strafe war, hatte der Durst der Israeliten zu Beginn des Wüstenzuges erzieherische Bedeutung: Sie sollten am eigenen Leibe, wenn auch liebevoll gemildert, erfahren, wie die Feinde, die Frevler, unter den schmerzenden Gerichtsstrafen litten (zu »Gericht« s.o. zu 1,1-5.6-10). *11,9-10* erläutern in zwei parallel formulierten

Sätzen (a-b-a'-b'; die EÜ läßt das »denn« zu Beginn von 11,10 aus) die »Pädagogik« Gottes. Der Sprecher nimmt darin Formulierungen aus Dtn 8,26 auf und führt sie weiter: Die Wendung »wie ein ^{MT}Mann (^{LXX}Mensch) seinen Sohn erzieht« aus Dtn 8,5 verdeutlicht er zu »wie ein *Vater*«; zur Vater-Bezeichnung Gottes und zu Leiden als Prüfung und Läuterung s.o. zu 2,12-16.17-20; 3,16. Er fügt der *Erprobung* eine Belehrungsabsicht über das Ergehen der Frevler hinzu und einen Hinweis auf die völlig andere Gotteserfahrung der Frevler (»strenger König, der untersucht und verurteilt«).

11,11-12 ist mit G. Scarpat zu übersetzen: »Alle ohne Ausnahme wurden in gleicher Weise geplagt; / denn doppelte Trauer hatte sie erfaßt / und Seufzen bei der Erinnerung an das Vergangene«. Die Partizipien »abwesende« (EÜ: fern) und »anwesende« (EÜ: als sie ihnen noch nahe waren) bilden einen Merismus*. Dementsprechend ist in 11,12 nicht »zweifach« im Sinne von »zweierlei«, sondern »doppelt« (= besonders intensiv; vgl. Jes 40,2) zu übersetzen.

Auch *11,13* ist in der EÜ mißverständlich: Nicht die Bestrafung (der Ägypter) wurde (den Israeliten) zur Wohltat, sondern das gleiche Element (Wasser), das bei den Ägyptern als Strafmittel eingesetzt war, hatte ihnen (den Israeliten in der Wüste) als Wohltat gedient. Als die Ägypter davon hörten, »spürten« sie den HERRN; vgl. Ex 7,5 »dann werden (die Ägypter) erkennen, daß ich der HERR bin«.

In *11,14c* ist die EÜ mit der Übertragung » ... nachdem sie einen *viel schlimmeren* Durst gelitten hatten als die Gerechten« irreleitend. Die korrekte Übersetzung lautet: »Den bei (seiner) Aussetzung einst (in den Nil) Geworfenen, den sie verhöhnend abgewiesen hatten, / den bestaunten sie am Ende der Ereignisse, / nachdem sie *nicht nach Gleichem* wie Gerechte gedürstet hatten«. Von 11,14 her wird erkennbar, daß dem Verfasser bei seiner Formulierung von 11,4-14 auch noch eine metaphorische (bzw. allegorische) Auslegung des Durstes, des Felsens und der Wassergabe vor Augen stand. Das hat G. Scarpat durch Heranziehung der Werke PHILONS und Flavius JOSEPHUS' aufgezeigt. Deshalb dürften mit den »Gerechten« in 11,14c auch nicht nur die Israeliten der Erzählungen in Ex – Num gemeint sein, sondern Gerechte, wie sie in Weish 1 – 6 gekennzeichnet wurden.

In 11,4a »sie dürsteten und riefen dich an« denkt der Sprecher offensichtlich weniger an Ex 17,3: »Das Volk dürstete (in Refidim) nach Wasser und murrte gegen Mose«, sondern eher an Texte wie Ps 63,2: »Gott, du mein Gott, dich suche ich, / meine Seele dürstet nach dir. / Nach dir schmachtet mein Leib / wie dürres, lechzendes Land nach Wasser« oder Ps 143: »Herr, höre mein Gebet, vernimm mein Flehen, / in deiner Treue erhöre mich, in deiner Gerechtigkeit! ... Ich breite die Hände aus zu dir hin, / meine Seele dürstet nach dir wie lechzendes Land«, vgl. Ps 42,3. Demgegenüber hatten die Ägypter »nicht nach Gleichem« (11,14) gedürstet. Daß ein solcher »Durst« gemeint ist, zeigt auch die Verwendung des nur noch in 16,9 begegnenden Wortes »Heilmittel«. Die EÜ umschreibt dieses Wort in 11,4c wenig glücklich mit »so daß sie (ihren Durst) stillen konnten«. Vgl. Ex 15,26 »denn ich bin der Herr, der dich Heilende« (EÜ: dein Arzt) und Hos 11,3 »Sie aber haben nicht erkannt, daß ich sie heilen wollte« (ebenfalls im Kontext der Frühzeit nach dem Exodus).

Den »harten (hochzackigen) Felsen« (Dtn 8,15) hatte PHILON allegorisch erklärt als »die Weisheit Gottes, die er als höchste seinen übrigen Eigenschaften (Kräften) voranstellte, aus der er die von Liebe zu Gott erfüllten Seelen tränkt« (*Allegorische Erklärung des heiligen Gesetzbuches* II, 86). Ähnlich: »Mit dem harten und unzerstörbaren Fels aber deutet er (Mose) klar auf Gottes Weisheit, die Amme, Pflegerin und Ernährerin derer, die nach unsterblicher Kost begehren« (*Über die Nachstellungen, die das Schlechte dem Besseren bereitet* 115), vgl. auch oben zu 7,12. Paulus setzt in 1 Kor 10,4 ähnliche Deutungen des Felsens als bekannt voraus: »Und alle tranken den gleichen geistlichen Trank; sie tranken nämlich aus dem geistlichen Felsen, der sie begleitete, der Fels aber war der Christus«.

Während in 11,4b schlicht »Wasser« gegeben wurde (wie es in Ex 17,6 verheißen war), formuliert *11,7b:* »Du hast ihnen *reichliches* Wasser gegeben, unverhofft«. Das mag an Num 20,11 anschließen: »... und es kam *viel* Wasser heraus (aus dem Felsen)«. Eine dem »unverhofft« entsprechende Wendung findet sich bei Flavius JOSEPHUS: Mose sagte, als »*nicht erhoffte* Rettung werde ihnen ein Strom aus dem Felsen fließen ... *viel* Wasser ... ein Geschenk, das Gott gibt« (*Antiq* III, 37-38). Erhellend sind auch die Hinweise PHILONS zu den Namen des Mose und seiner Schwester: Die Tochter des Pharao »gibt dem Kind den Namen Moyses, etymologisch: weil sie ihn aus dem Wasser gezogen habe; denn ›das Wasser‹ nennen die Ägypter *môy*« (*Leben Moses* I, 17); die gleiche Etymologie gibt Flavius JOSEPHUS (*Contra Ap.* I, 286); in *Antiq* II, 228 fügt er noch eine weitere Erklärung hinzu: »*yses* aber nennen die Ägypter diejenigen, die man dem Wasser entreißt«. Gegenüber diesen Volksetymologien dürfte der Name »Mose« tatsächlich aber von äg. *ms* »geboren, Kind« herzuleiten sein, vgl. Kamose, Achmose, Thutmose; auch die Kurzform Mose ohne einen Gottesnamen ist belegt. Bei Flavius JOSEPHUS ist der Name der Schwester, die beobachtete, was mit dem kleinen Mose im Binsenkörbchen geschehen würde (Ex 2,4), »Mariamme« (Mirjam), PHILON aber teilt mit: »... die Schwester des Mose wird bei uns allegorisch *Hoffnung* genannt« (*Über die Träume* II, 142).

Behält man solche dem Verfasser geläufigen Auslegungen im Blick, wird die innere Zusammengehörigkeit von *11,7a-b* erkennbar und 11,7 gewinnt eine zusätzliche Bedeutung: »Zur Strafe für den Kindermordbefehl (und zu dessen Überwindung, im Gegenzug) / gabst du ihnen reichliches Wasser unverhofft«, d.h.: den Mose. Wenn damit die Assoziationen des Verfassers erfaßt sind, wird noch besser verständlich, weshalb abschließend in *11,14* Mose und Durst zusammengefügt sind und warum der »heilige Prophet« im themenankündigenden Schlußvers (11,1) der voranstehenden Bindeperikope derart hervorgehoben wird.

2. Strafen und Wohltaten durch Tiere (11,15 – 16,14)

Durch die *erste Gegenüberstellung* (11,4-14: wohltuende und strafende Wirkung von *Wasser*) hatte sich für den Gedankengang des Buches ein doppeltes *Problem* ergeben:

a. Was kann überhaupt, wenn es von Gott ausgesagt wird, »Strafe / strafen« (11,5.8.13.16; 12,14.15.27; 14,10; sonst in Weish noch: 3,4; 16,1.2.9.24; 18,11.22; 19,4) bedeuten? Er ist doch der Schöpfer und Retter / Erlöser, der alles geschaffen hat zum *Sein* und zu *unvergänglichem Leben* (1,13-15; 2,22-24)! Wozu ist Gottes *Strafen* gut oder sinnvoll? Diese Frage behandelt die *theologische Überlegung I* (11,15 – 12,27), die man überschreiben könnte: »Über die Milde Gottes« oder »Über die Liebe Gottes zu seiner Schöpfung, seine Gerechtigkeit und seine Menschenfreundlichkeit«.

b. Das andere Problem: Weshalb, für welche Vergehen, straft

Gott diejenigen, »die in Lebenstorheit unrecht leben« (12,23)? Hierauf antwortet die lange *Überlegung II* (13,1 – 15,19) »Über die Verweigerung der Anerkennung des wahren Gottes« bzw. »Über die ›Torheit‹ des Götzendienstes«. Durch die rahmenden Hinweise (11,15-16; 12,23-27 und 15,18-19) sind die beiden Überlegungen I und II als Einleitung zu den *Gegenüberstellungen 2 und 3* gekennzeichnet (16,1-4. 5-14: die strafenden und heilsamen Wirkungen von *Tieren*) und unlöslich mit ihnen verknüpft.

Bei den ausführlichen Darlegungen zu (a.) und (b.) handelt es sich also nicht um beliebige Einschübe oder um Nebenthemen behandelnde Exkurse, sondern um die prinzipielle theologische Begründung für die Darstellungsweise im dritten Buchteil, ja sogar im ganzen Buch der Weisheit.

a. Grundsätzliche Überlegung I:

»Über die Milde Gottes« oder: *»Was bedeutet ›Gott straft‹? Über die Liebe Gottes zu seiner Schöpfung, seine Gerechtigkeit und seine Menschenfreundlichkeit« (11,15 – 12,27)*

Die *Überlegung I* hat folgenden Aufbau und Gedankengang:

11,15-16 Zur Eröffnung des Abschnitts 11,15 – 16,14 wird als Darstellungsprinzip die Proportions-Analogie Sünde – Strafe (bzw. Strafinstrument) genannt: Das Mittel der Verfehlung wird in der Hand Gottes auch zum Mittel der Strafe.

11,17 – 12,1 Die Proportionalität besteht aber gerade nicht zwischen der Größe der Sünde und dem Ausmaß der Strafe: Obwohl Gott es in seiner Schöpfer-Allmacht könnte (11,17-20), straft er auch große Sünden verhältnismäßig geringfügig und schont alles, da er alle seine Geschöpfe *liebt.* Die Liebe Gottes ist verläßlich und richtet sich auf *alle* Geschöpfe; seine Allmacht, die sie erschaffen hat und im Leben erhält, ist die Grundlage dieser Ordnung; seine Großmut ist nicht Schwäche, vielmehr ist Barmherzigkeit der Erweis seiner Allmacht.

12,2 *Summarium* des voraufgehenden Abschnitts: Die maßvolle Züchtigung durch Gott hat zum Ziel, daß die Sünder sich vom Bösen abwenden und zu glaubendem Vertrauen auf den Herrn gelangen.

12,3-21 Darlegung an einem Beispiel und universale Betrachtung.

- 3-11 An den früheren Bewohnern des Landes (Kanaanäer) wird die Milde Gottes beim Strafen und seine Absicht, Gelegenheit zur Umkehr zu geben, gezeigt.
- 12 *Zentrum* von 12,3-21: Ein Urteil über das Erbarmen oder das Züchtigen Gottes steht niemandem sonst, vielmehr allein dem souveränen Schöpfer zu.
- 13-21 Gottes Macht, Gerechtigkeit und Schonung und deren Ziel: Abkehr aller vom Bösen und Einladung zur Nachahmung seiner Menschenfreundlichkeit.

12,22 *Summarium* zu 12,3-21.

12,23-27 Zusammenfassung der *Überlegung I,* Weiterführung der rahmenden Hinweise von 11,15-16 und Überleitung zur anschließenden *Überlegung II* (13,1 – 15,19).

Außer den alttestamentlichen Texten, die den Anschauungshintergrund der Ausführungen bilden (Ex, Num, Dtn, Jos, Ri), nimmt der Verfasser in 11,15 – 12,27 inhaltlich Anliegen und Gedanken seiner kulturellen Umwelt auf. Deutlich erkennbar ist das Bemühen, vom Gottesbild jeden Zug von Willkür, Despotie und Grausamkeit zu fernzuhalten und statt dessen Gottes Großmut, Barmherzigkeit, Gerechtigkeit und Menschenfreundlichkeit zu betonen. In ähnlicher Weise werden im *Aristeasbrief,* einem Werk ebenfalls aus alexandrinischem diasporajüdischem Milieu (Ende 2. Jh. v.C.), die *Philanthropie*-Ideale des hellenistischen Königtums als *Nachahmung Gottes,* wohl im Anschluß an hellenistische Schriften über das Königtum, erörtert. A. Schmitt konnte die Übereinstimmung mit dieser Schrift bis in die Wortwahl aufzeigen: Großmut, Gerechtigkeit und Menschenfreundlichkeit als königliche und göttliche Attribute.

11,15 lautet, wörtlich übersetzt: »Anstelle (für, als Konsequenz, als Lohn bzw. Strafe) ihrer *unverständigen Gedanken* von *Unrecht* (Gesetzwidrigkeit), / durch die sie irregeleitet unvernünftige Kriechtiere und unbedeutendes Getier (als göttlich) verehrten, / ließest du los gegen sie eine Menge unvernünftiger Lebewesen zur Bestrafung.« In der EÜ ist durch die Übersetzung »frevlerische Torheit« der Bezug zu 1,5 unerkennbar geworden. Die Formulierung »ließest du los...« (EÜ: sandtest du) in *11,15c* nimmt das Wortspiel »entlassen – loslassen« aus Ex^{MT} 8,17, nachgeahmt in der Septuaginta, auf: »Wenn du mein Volk nicht entläßt, lasse ich los gegen dich ... die Hundsfliege (Bremse; EÜ: Ungeziefer)«. Die Zweckangabe der Sendung einer Menge unvernünftiger Tiere »zur Bestrafung« am Ende von 11,15c läßt die EÜ aus, da sie ›anstelle von‹ zu Beginn von 11,15a übersetzt hat mit ›zur Strafe für‹. In Ex 7,4-5 kündigte der HERR an: »... ich werde hinausführen mein Volk ... aus dem Lande Ägypten mit großen Strafgerichten (LXX: mit großer Bestrafung). Und die Ägypter werden erkennen, daß ich der HERR bin ...« Während nach Ex 7,5.17; 8,6.18; 9,14.29; 11,7; 14,4.18 durch die Plagen und Zeichen der Pharao und die Ägypter, nach Ex 10,2 die Israeliten und ihre Nachkommen erkennen sollen, wer und wie der HERR ist, wird in Weish 11,15-16 die Bestrafung nicht direkt mit der Erkenntnis des HERRN verbunden, sondern zunächst mit der Erkenntnis der Proportions-Analogie Sünde – Strafmittel.

Jedes der drei Kola in 11,15 ist aus einem anderen terminologischen Zusammenhang heraus formuliert: 11,15a nimmt weisheitlichen Sprachgebrauch auf, 11,15b die Sprache allgemeiner Religionskritik an der Tierverehrung in Ägypten und 11,15c die Sprache der Plagenerzählungen im Buch Exodus.

11,16 nennt das zweite Darstellungsprinzip (neben 11,5) bei der Gestaltung von Weish 11 – 19. Der Verfasser hat es aus der jüdischen Tradition übernommen. »... wird gestraft« ist sog. »theologisches« Passiv, d.h. Gott ist letztlich der Handelnde. Der Gedanke, daß aus den Erfahrungen mit der Welt und in der Geschichte Erkenntnis über Gott, sein Wesen und Handeln, und über das richtige Verhalten ihm gegenüber gewonnen werden kann und soll, ist dem Sprecher ein durchgehendes Anliegen (vgl. 10,12; 11,9.13; 13,19; 16,8.18.21.22.26-28).

Zur Deutung des Prinzips »Wodurch jemand sündigt, ebendadurch wird er gestraft« (11,16)

Die zur Herkunft und Bedeutung dieses Satzes vorgetragenen Hypothesen hat M. Gilbert übersichtlich zusammengestellt. Sie alle sind hilfreich, das in 11,16 Gemeinte präziser zu erfassen:

1. 11,16 stehe in der Nähe zum *ius talionis* (»Auge für Auge, Zahn für Zahn«): Die Strafe entspricht dem Delikt und erfolgt zu Lebzeiten des Täters.

Aber: Die *talio* gehört zum Gesetzes- und Rechtsprechungsbereich und dient dem zwischenmenschlichen Schadensausgleich; sie richtet sich auf Streitfälle und wird durch richterliches Urteil verfügt für ein Verbrechen an einem anderen Menschen; sie bezieht sich auf die Entsprechung von Schadenszufügung und Ersatzleistung oder Strafe – dies alles trifft in 11,16 nicht zu.

2. Es sei das Prinzip der immanenten Gerechtigkeit gemeint, wie sie z.B. in Ijob 4,8 ausgedrückt ist: »Wer Unrecht pflügt, wer Unheil sät, erntet es auch«; vgl. Gal 6,7: »Man erntet, was man gesät hat«.

Aber: Die Betrachtungsweise im Buch der Weisheit wird damit nicht erfaßt.

3. Es gehe um das Bumerang-Prinzip (eine Waffe, die sich gegen einen selbst kehrt) wie im Sprichwort: »Wer andern eine Grube gräbt, fällt selbst hinein«, vgl. Ps 7,16-17; 9,16-17; 35,7-8 und oft in Ps, Spr, Sir. Vgl. Obd 15: »Was du getan hast, das tut man dir an; dein Tun fällt zurück auf dich selbst« (über Edom).

Aber: Bei diesem Bumerang-Prinzip geht es um zwischenmenschliche (tatsächlich ausgeführte oder nur geplante) Vergehen. Das »Unrecht«, von dem in 11,15 die Rede ist, der Tierkult der Ägypter, gehört jedoch zu einem anderen, nämlich dem unmittelbar religiösen Bereich.

4. Schrifttexte über proportionale Vergeltung von seiten Gottes seien das Vorbild, z.B. Jes 33,1: »Wenn du alles zerstört hast, wirst du selber zerstört« (über Assur); Jer 50,15.29: »Ja, das ist die Rache des HERRN. Nehmt Rache an Babel!

Was es getan hat, tut an ihm!« Besonders das Zweite Makkabäerbuch verweist durchgehend auf Spiegelstrafen: Jason, der seinen Bruder Onias hinterlistig aus dem Hohepriesteramt verdrängt hatte, wird selbst hinterrücks verdrängt und kommt wie sein Bruder in der Fremde um (4,26; 5,8-10), Menelaos stirbt in heißer Asche wegen seiner Verbrechen gegen den Brandopferaltar (13,8) usw.

Aber: In Weish 11,15f. steht nicht das Ausmaß oder die Bemessung der Vergeltung im Blick.

5. Die nächstverwandte Formulierung findet sich in den *Testamenten der XII Patriarchen* (Grundstock aus dem 2. Jh. v.Chr.), TestGad V, 10: Gad haßte seinen Bruder Josef elf Monate lang und beteiligte sich an seinem Verkauf; er erlitt ein elfmonatiges Leberleiden, »denn wodurch der Mensch gesetzwidrig handelt, ebendadurch wird er auch bestraft«. Leber produziert Galle, man stellte sie sich als Sitz von Zorn und Haß vor. Von Gads »Leber« ging sein Haß aus, an ihr wurde er gestraft.

Aber: Zwar stimmen hier wie auch in Weish 11,15f. »Instrument« des Vergehens und der Bestrafung überein, nicht jedoch das Vergehen (Haß, Verkauf) und die Bestrafung (Gad wird nicht gehaßt und verkauft).

Nach: Maurice Gilbert, On est puni par où l'on pêche (Sg 11,16), *in:* Fschr. M. Delcor (AOAT 215), Kevelaer & Neukirchen-Vluyn 1985, 183-191.

Die Besonderheit in Weish 11,15f. besteht darin, daß das Mittel der Verfehlung (hier: die *Tiere*, die die Ägypter verehrten) in der Hand Gottes zum Mittel der Strafe werden, allerdings nur ihrer Gattung nach (»*Tiere*«), nicht genau nach den *Arten* der im einzelnen verehrten Tiere (z.B. Kuh, Stier, Schlange, Katze, Löwin, Ibis, Falke, Skarabäus-Käfer, Frosch/Kröte, Krokodil u.a.).

Warum besteht aber nach Weish gerade *nicht* eine Proportionalität zwischen der Größe der Verfehlung und dem Ausmaß der Strafe? Die Antwort auf diese Frage erfolgt im Abschnitt 11,17 – 12,2, in dem 11,23 und 12,2 »Spitzensätze« bilden.

11,17-20 Das Wort »Menge« in 11,17c bildet ein mit 11,15c verknüpfendes Stichwort. »All*mächtig*« 11,17a und »*Macht*« 11,20c markieren als *Inklusion* einen Unterabschnitt. In den Gegenüberstellungen 2 und 3 in Kap. 16 werden nur kleine Tierchen aufgeführt: ekliges Getier, Stechmücken und Heuschrecken. Daß die Ägypter für ihr Vergehen (11,15) mit so minimaler Strafe belegt wurden, lag durchaus nicht am Nicht-Können Gottes.

11,17 »Deine allmächtige Hand«: Das Adjektiv »allmächtig« kommt in der Septuaginta nur in Weish vor und dürfte eine Eigenprägung des Verfassers in der griechischen Sprache sein. Er verwendet es in 7,23 vom »Geist« in der Weisheit, in 18,15 vom »Wort« Gottes und hier in 11,17 von der »Hand« Gottes. Mit »Hand« wird im AT häufig die Macht Gottes umschrieben (s.o. zu 3,1), besonders aber einerseits das machtvolle Wirken Gottes bei den Plagen in Ägypten Ex 7,4-5; 9,3.15 und bei der Herausführung Ex 13,3.9.14; 14,31 und andererseits in Schöpfungskontexten (z.B. Jes 41,20; 45,11f.; 48,13; 66,2).

Das Attribut »allmächtig« gehört in den Bereich der bekennenden und Gott preisenden Sprache. Aus solchen Bezeichnungen »abzuleiten«, daß Gott Bestimmtes tun oder verhindern »müßte«, um das »Recht« dieser Gebetssprache zu erweisen, wäre im Grunde der Versuch, ihn zu einem Bestandteil der von uns überschaubaren Welt zu machen und unserer Beurteilung zu unterstellen (s. auch oben zu 1,2). Die Überlegungen des Sprechers in *11,17c-19,* was Gott alles als schlimme Strafe hätte einsetzen können von Bären und Löwen bis zu sagenhaften Ungeheuern, sind darum auch nicht historische oder metaphysische Behauptungen, sondern hymnische Anrede (»*deine* Hand«) an den als gerecht und erbarmungsvoll geglaubten Schöpfer. Hymnisches Reden antwortet nicht theoretisch-argumentativ auf die Theodizee-Frage: »Wie ist das Vorhandensein von Sünde, Bosheit, Leiden und Unrecht vereinbar mit der *Allmacht* eines liebenden und gerechten Schöpfers?«, sondern »praktisch«, indem es die nur freier Zustimmung erkennbaren Zeichen seines Wirkens glaubend wahrnimmt und Gott *als Gott* anerkennt, dem es sogar die Erlösung von der Theodizee-Frage zutraut.

Der »ungeformte Stoff« ist ein bereits von Platon und Aristoteles verwendeter Ausdruck, den dann auch die Stoiker und PHILON gebrauchen. Wieder benutzt der Verfasser hier einen Ausdruck aus der philosophischen Bildungssprache seiner Zeit, ohne jedoch die möglichen Systemimplikationen »ungeschaffene Urmaterie« als Gegenkonzeption zu einer »Erschaffung aus dem Nichts« mitzuübernehmen. Daß Gott *alles* erschaffen hat, steht weder für PHILON noch für den Verfasser in Frage (1,14). Der platonisch-stoische Ausdruck verweist hier auf das »Tohuwabohu« am Beginn der Schöpfung nach Gen 1,2.

11,20 Aber auch ohne alle Werkzeuge hätten die Frevler durch einen bloßen Wink Gottes fallen können.

Wahrscheinlich ist gegen die griechischen Handschriften der arabischen Übersetzung zu folgen: Sie las wohl *neúmati* »durch einen Wink« statt *pneúmati* »durch den Geist; Wind«, vgl. 2 Makk 8,18. Die EÜ scheint in 11,20a und in 11,20c *pneumat-* zu lesen, übersetzt aber in 11,20a »Hauch« und in 11,20c »Sturm«.

Oder Gott hätte sie durch seinen mächtigen Geist worfeln können: Die wörtlichen Anklänge an die Endgerichtsszene in 5,23 sind unüberhörbar. Zu *díke* (Recht, Strafgericht) s.o. zu 1,8.

Das vierte Kolon von 11,20 bildet genau die Mitte des Abschnitts 11,15 – 12,2 (16 Kola gehen voran und 16 folgen). Die Dreiergruppe Maß-Zahl-Gewicht ist charakteristisch für die griechische Kultur. Die Trias war möglicherweise schon vor Platon sprichwörtlich und begegnet nicht nur in philosophischen Schriften. Sie hat keine ganz feststehende Form; Singular oder Plural kommen vor, sie kann substantivisch, adjektivisch oder durch Verben formuliert sein. Sie ist auch dem griechischsprechenden Judentum geläufig. In 11,20d benutzt der Sprecher die Dreiergruppe vielleicht von Ijob 28,24-27 her (Gewicht-Maß-zählen) und schon im Blick auf die Paraphrasierung von Jes 40,12-15, die in 11,22 folgen wird: Niemand kann Erde und Himmel messen und wiegen. Er bezeichnet damit die physische und moralische Ordnung, die der Schöpfer der Welt gesetzt hat und die er wahrt, als »ausgewogen-angemessen«.

Daß der Verfasser mit seinen Überlegungen (alexandrinische?) jüdische Tradition verwertet, kann der folgende Abschnitt aus PHILONS *Leben Moses* zeigen:

»[109]Man könnte vielleicht die Frage aufwerfen: Weshalb strafte er das Land durch die so unscheinbaren und verachteten Geschöpfe und nicht vielmehr durch Bären, Löwen und Panther und andere Arten der wilden Tiere, die Menschenfleisch angreifen oder wenigstens doch durch die in Ägypten einheimischen Nattern, deren Biß sofort unfehlbar tödlich wirkt? [110]Wer das wirklich nicht weiß, der lerne folgendes: Erstens wollte Gott die Bewohner des Landes mehr warnen als verderben; denn hätte er sie völlig vernichten wollen, so hätte er nicht Tiere gewissermaßen als Helfer für seine Strafen gebraucht, sondern die sonst von Gott verhängten Übel, den Hunger und die Pest. [111]Außerdem möge er noch folgende Lehre sich merken, die für das ganze Leben notwendig ist. Welche aber ist dies? Wenn Menschen Krieg führen, suchen sie zur Bundesgenossenschaft die tüchtigsten Hilfskräfte aus, um dadurch der eigenen Schwäche abzuhelfen. Gott aber, die oberste und größte Macht, braucht nichts; will er aber einmal, sozusagen, Werkzeuge für seine Strafen gebrauchen, so wählt er nicht die stärksten und größten, um deren Stärke er sich nicht im geringsten kümmert, sondern verleiht den unbedeutenden und kleinen unüberwindliche und unwiderstehliche Kraft und bestraft durch sie die Frevler. So auch in diesem Falle. [112]Denn was ist unbedeutender als eine Mücke? Und doch war sie so stark, daß ganz Ägypten in Verzweiflung geriet und zu dem Ausruf gezwungen wurde: ›Das ist der *Finger* Gottes!‹ (Ex 8,15); die *Hand* Gottes nämlich könne auch die gesamte bewohnte Erde von einem Ende bis zum andern, ja noch mehr, auch das ganze Weltall, nicht ertragen.«

Philon, Leben Moses I, 109-112.

11,21 – 12,1 Nach der *negativen* Überlegung, was Gott trotz seiner Schöpfer-Allmacht *nicht* getan hat und tut, folgt nun die *positive* Darlegung, weshalb er auch große Sünden verhältnismäßig geringfügig straft. Auffällig ist die diesen Abschnitt prägende Häufung der all-Aussagen: 11,21a.23a$^{(2x)}$.24a.26; 12,1a.

11,21-22 greifen das Thema der Schöpferallmacht Gottes (11,17-20) nochmals auf. 11,21a kehrt mit fast gleichen Worten später in 12,18c wieder. Die Antwort auf die rhetorische Frage: »Wer könnte Widerstand leisten...« gibt in ähnlichem Kontext das Gebet Mordechais in Est 4,17b-c: »Niemand gibt es, der sich dir widersetzen kann....« *11,22* nimmt Jes^{MT} 40,12-15 (bes. 42,15) auf, einen hymnischen Text über den Schöpfer und souveränen Lenker der Geschichte.

11,23 bildet den inhaltlichen Höhepunkt und Kern der ersten Hälfte des Abschnitts: Die Allmacht Gottes ist der Ermöglichungsgrund seiner All-Barmherzigkeit und zeigt sich darin angesichts der Sünden der Menschen. Die Uneingeschränktheit wird durch das zweifache »alle« hervorgehoben. Das Tagesgebet vom 26. Sonntag im Jahreskreis nimmt diesen Gedanken (zusammen mit 12,16) auf: »Gott, du zeigst deine Allmacht vor allem im Erbarmen und im Verschonen. Höre nicht auf, uns deine Gnade zuzuwenden, und gib uns, die wir auf unserem Lebensweg deinen Verheißungen zueilen, Anteil an den himmlischen Gütern!« Ziel des erbarmenden »Vorbeisehens« an den Verfehlungen ist die *metánoia* der Menschen: Umdenken, Umkehr, Buße, Reue. Dies ist ein dem Sprecher besonders wichtiger Gedanke, auf den er noch zweimal (12,10.19; vgl. 12,2c) innerhalb der Grundüberlegung I zurückkommt.

In der Mitte des Abschnitts 11,21 – 12,2 nennt *11,24* den tiefsten Grund, weshalb Gottes Allmacht sich gerade im Erbarmen gegenüber *allen* äußert: weil er alles liebt, was er geschaffen hat, und nichts davon verabscheut oder haßt. *11,25* umschreibt in der Form einer rhetorischen Doppelfrage, was mit *creatio continua* gemeint ist: Nur das, was von Gott ins Dasein gerufen und darin gehalten wird, *bleibt* (EÜ: hat Bestand). 11,24-25 entfalten das Thema »Schöpfung aus Liebe« auf dem Hintergrund von Gen 1 »... und er sah, daß es (sehr) gut war« und von Ex 34,6f. (vgl. Ps 145,89).

Die folgenden zwei Einzeiler unterstreichen das Gesagte: *11,26* ist in Form und Inhalt fast parallel zu 11,23a: schonen // sich erbarmen; zu eigen haben // vermögen. Aber die Anrede fällt auf: Der Sprecher verwendet *despótes* »Gebieter« (EÜ: Herr, s.o. zu 6,1-2) als Gottesbezeichnung, wenn es um das Verhältnis Gottes zur Welt geht (6,7; 8,3; 13,3.9); dagegen benutzt er, wenn die Beziehung zu den Menschen im Blick ist (1,9; 2,13; 3,8.10.14; 4,13.17f.; 5,7.15f.; 9,1; 10,20; 11,13; 12,2 u.ö.), den Titel *kyrios* »Herr« (s.o. zu 1,1). Erbarmen und Schonung werden durch diese Anrede umfassend Gott *als dem Schöpfer* und nicht nur als dem in der Geschichte hier und dort wirkenden HERRN zugeordnet. Das Attribut »Lebenliebender« (EÜ: Freund des Lebens) schließt eine bewußte Bedeutungsumprägung durch den Sprecher ein: In klassischen griechischen Texten hat das Wort »sein Leben liebend« (z.B. beim Kampf) die Bedeutung »feige«; vgl. Joh 12,25 »wer sein Leben liebt, verliert es« (EÜ: wer an seinem Leben hängt). Durch den Kontext verleiht der Sprecher dem Wort eindeutig positiven Sinn: Der Schöpfer liebt und achtet alles, dem er Leben gegeben hat und das ihm gehört. Die Begründung dafür gibt der zweite Einzeiler *12,1:* Gottes eigener unvergänglicher Geist ist in *allen* (s.o. zu 1,7) – ohne ethnische oder sonstige Einschränkungen!

12,2 faßt den voraufgehenden Abschnitt (*Inklusion* »sündigen« in 11,16 und 12,2) mit anderen Worten in Anredeform schlußfolgernd zusammen (»darum«). Eine genaue Übersetzung lautet: »Darum bestrafst du die Sichverfehlenden jedesmal nur wenig / und mahnst sie, indem du sie an das erinnerst, wodurch sie sündigen / damit sie sich von der Bosheit abwenden und zum Vertrauen gelangen auf dich, HERR.« Das hier verwendete Wort »mahnen« (den Kopf zurechtsetzen, vorhalten, warnen, korrigieren, züchtigen) kommt nur in 11,10; 12,2.26 vor: Was in 11,10 vom Vater-Verhalten Gottes gegenüber »ihnen« (dem heiligen Volk) gesagt wurde, das gilt hier von *allen* Sichverfehlenden! Das Ziel der »Pädagogik« Gottes bei den Züchtigungen ist »Umkehr« (11,23b; 12,10a.19d.20c; vgl. Ijob 28,28). 12,2 nimmt so alle Themen des voraufgehenden Abschnitts auf: die maßvolle Züchtigung, die Sünde der Menschen und das Ziel des Handelns Gottes. Die Liebe Gottes ist verläßlich und richtet sich auf alle Geschöpfe; seine Macht, die sie erschaffen hat und im Leben erhält, ist die Grundlage dieser Ordnung, seine Großmut ist nicht Schwäche, vielmehr ist Barmherzigkeit der Erweis seiner Allmacht.

12,3-22 erläutert am Beispiel der früheren Bewohner des Landes (Kanaanäer) die Milde Gottes beim Strafen und seine Absicht, Gelegenheit zur Umkehr zu geben. Die *Gliederung* des zweiten Abschnitts 12,3-27 ist durch Inklusionen, Verschränkungen und Themaworte erkennbar, dabei stechen Zentren jeweils inhaltlich hervor:

12,3-11	An den früheren Bewohnern des Landes (Kanaanäer) wird die Milde Gottes beim Strafen und seine Absicht, Gelegenheit zur Umkehr zu geben, gezeigt:
3-7	ist nur *ein* Satz (*Inklusionen* wohn-, Land, dein/dir);
8a	*Mitte* von 12,3-11 (10 Kola stehen davor und danach);
8b-11	(durch 8c »nach und nach« – 10a »nach und nach gabst du« – 11b »du gabst« miteinander verschränkt); darin *Mitte:* 10a.

12,12 Vier rhetorische Fragen bilden die *Mitte* von 12,3-21: Ein Urteil über das Erbarmen oder das Züchtigen Gottes steht niemandem sonst, vielmehr allein dem souveränen Schöpfer zu.

12,13-21 Gottes Macht, Gerechtigkeit und Schonung und deren Ziel: Abkehr aller vom Bösen und Einladung zur Nachahmung seiner Menschenfreundlichkeit

Inklusion »du hast gerichtet« 12,13b.21a (EÜ: du hast geurteilt / bestraft); »richten« ist zugleich *Themawort* des ganzen Abschnitts 12,3-22: 12,10.13.18a.22b.c (in der EÜ jeweils anders übersetzt).

13-15 *Themawort* »recht-«: (12,13b nicht ungerecht; 12,15(2x) gerecht; 12,16a Gerechtigkeit).

16a bildet die *Mitte* von 12,13-18 und verschränkt ein *Themawort* von 12,16b18 »Stärke« mit dem von 12,1315 »*Gerechtigkeit*«.
Inklusion »schonen/Schonung« (EÜ: Nachsicht) 12,16b-18b; *Themaworte* sind »Stärke« 12,16a.17a.18a; »Macht« 12,17a.18c; »Schonung« 12,16b.18b.

19-21 formen ein kunstvolles Geflecht: Auf jeweils ein Kolon im Aorist folgt zweimal ein *hóti*-Satz (12,19); die daran anschließenden fünf Kola bilden eine kleine Ringkomposition, wobei 20a und 21b ebenso wie 20b und 21a antithetisch zueinander um 20c als *Mitte* gruppiert sind.

12,22 bildet ein *Summarium* zu 12,3-21: »also, folglich« (in der EÜ ausgelassen); Aufnahme des Themawortes von 12,3-21 »richten« im Aktiv und im Passiv.

12,23-27 *Zusammenfassung* von *Überlegung I*, zugleich Wiederaufnahme der Themenvorankündigung in 11,15f. und Überleitung zur gleich anschließenden *Überlegung II: Stichwortverkettung* »zu wissen ... sie erkannten« 12,27c / 13,1b.c

12,3 Der Ausdruck »das heilige Land« kommt in der Schrift nur in Sach 2,16 und 2 Makk 1,7 vor, mit der Bestimmung »dein« ist es einmalig (sinngemäß gleichbedeutend: Lev 25,23; Hos 9,3; Jer 2,7; Ez 38,16 u.ö.). Die »einstigen Bewohner« sind die Kanaanäer. Sie dienen als veranschaulichendes Beispiel (»auch«) für das zuvor Dargelegte (»denn« zu Beginn von 12,3 ist in der EÜ ausgelassen). Die Israeliten hatten sich nach dem Auszug aus Ägypten vor allem mit ihnen auseinanderzusetzen. Sie werden zusammen mit den Ägyptern in Lev 18,3 genannt als solche, deren Bräuche Israel auf keinen Fall übernehmen darf. Auch ihnen werden vor allem Vergehen im Bereich der Gottesverehrung zur Last gelegt. Daß Fehlverhalten in diesem Bereich zu Verfehlungen auf der zwischenmenschlichen Ebene führt, wird der Sprecher in 14,11-31 darlegen. Die Betrachtung der Kanaanäer an dieser Stelle ist außerdem naheliegend, da auch sie von *Tieren* (s.u. zu 12,8b) maßvoll (»nach und nach«) geplagt werden wie die Ägypter (11,15) und in (etwas veränderter) Entsprechung zu 11,16 ihre Strafe erleiden (wegen der Tötung von Kindern werden sie selbst schließlich vernichtet, wie es in Gen 9,5-6 festgesetzt war).

12,4 Diese früheren Landesbewohner wurden Objekte des »Hasses« Gottes entsprechend Ps 5,6: »Du haßt alle, die Unheil / Übles (LXX: Gesetzlosigkeit) tun«. Als Gründe für diesen »Haß« werden zusammenfassend genannt: »das Ausführen von widerlichsten Werken der Magie und von unheiligen Riten«. Der in 12,5 schon früh gestörte, nicht mehr einwandfrei rekonstruierbare und in der EÜ nicht glücklich erfaßte Text nennt in *12,5-6* vier Beschuldigungen: erbarmungslose Töter von Kindern – Tischgemeinschaft von Leuten, die Innereien, Menschenfleisch und -blut, verzehren – an einer Kultversammlung teilnehmende Eingeweihte – Eltern, die mit eigener Hand hilflose Leben (= Kinder) töten. Als Quelle für solche Kennzeichnung der vormaligen Bewohner geht der Sprecher von Ausdrücken der Schrift aus, bezieht aber auch die magische und die Mysterienpraxis seiner eigenen Umwelt mit ein. Zu »Magie« vgl. Ex 7,11 (Zauberkünste der Weisen des Pharao) und s.u. zu 17,7-11. »Unheilige (sakrilegische) Riten« nimmt den Sprachgebrauch der Septuaginta auf.

Teletaí »Riten, Einweihungen« übersetzt in 1 Kön 15,12 (polemisch?) Tempelprostitution. In Am^{LXX} 7,9 könnte der Übersetzer Ähnliches gelesen haben. In Hos^{LXX} 4,14 und Dtn^{LXX} 23,18 werden mit *tele-* verwandte Wörter als Übersetzung für weibliche oder männliche Prostituierte benutzt. *Teletaí* ist das übliche Wort für »Einweihung in die Mysterien«.

Weshalb schon in der Septuaginta und dann besonders auffallend in Weish Fachausdrücke der zeitgenössischen Mysterienreligionen, z.B. »Einweihung, Festriten, Eingeweihte, Kultmahl, Verehrerkreis, Prozessionsgruppe« (vgl. oben zu 8,4), zur Bezeichnung verabscheuter kanaanäischer Bräuche verwendet werden, kann ein Abschnitt aus PHILONS Auslegung des Gebots der Alleinverehrung des HERRN erhellen:

PHILON von Alexandria, Über die Einzelgesetze

[319]Ferner schließt der Gesetzgeber noch das Weihen- und Mysterienwesen und ähnlichen wahnwitzigen Schwindel aus der heiligen Gesetzgebung aus, da er es nicht für richtig hält, dass Menschen, die in einer solchen Gemeinschaft aufgewachsen sind, verzückte Schwärmereien mitmachen, an mystischen Fabeln hängen und die Wahrheit missachten, Dingen aus dem Bereiche nächtlichen Dunkels nacheilen und sich über das hinwegsetzen, was des Tageslichtes würdig ist. ›Keiner von den Jüngern und Anhängern Mosis soll also in Mysterien einführen oder eingeführt werden‹ (leicht verändertes Zitat des Zusatzes der Septuaginta in Dtn 23,18); beides, das Lehren wie das Erlernen von Mysterien, ist keine geringe Sünde. [320]Denn wenn diese schön und förderlich sind, warum, ihr Eingeweihten, schliesst ihr euch zusammen in tiefer Finsternis ab und nützet so nur drei oder vier Menschen, statt allen zu helfen, indem ihr auf offenem Markte eure nützlichen Lehren vortragt, damit allen die freie Teilnahme an einem besseren und glücklicheren Dasein ermöglicht würde; denn die Tugend darf man nicht mißgünstig vorenthalten. [321]Wer Schädliches tut, mag sich schämen und Schlupfwinkel, Erdhöhlen und tiefe Finsternis aufsuchen, er mag sich verbergen und all sein frevelhaftes Tun in Schatten hüllen, damit es niemand sieht. Wer aber gemeinnützig wirkt, der trete offen hervor und schreite am hellen Tage mitten über den Markt, um dichte Menschenhaufen anzutreffen, im reinen Sonnenlicht sein eigenes Leben erstrahlen zu lassen und mit Hilfe der wichtigsten Sinne den Versammelten zu nützen ... [323] ... In Wahrheit kommt es aber oft vor, dass von den guten Menschen keiner sich in die Mysterien einweihen lässt, dafür aber bisweilen Räuber und Seeräuber und Haufen von verworfenen, sittenlosen Frauen, wofern sie nur den Einführenden und den Hierophanten Geld bezahlen. Verbannt und vertrieben werden sollen mithin alle diese Menschen aus einem Staate und einer Rechtsordnung, wo das Schöne und das Wahre um seiner selbst willen geehrt wird...

Aus: PHILON, Über die Einzelgesetze I 319-323, übers. v. I. Heinemann, in: Philos Werke II, Breslau 1910, 99-100.

Daß dem Verfasser die Mysterienreligionen seiner Zeit als ernstzunehmende Gefährdung seiner Adressaten erschienen, zeigte sich bereits im zweiten Buchteil (s. dort die Bezugnahmen auf Isis-Texte) und wird in 14,15-26 erneut deutlich werden. Dabei befindet er sich ganz offensichtlich nicht in verständnisvollem Gespräch mit Teilnehmern an solchen Mysterien, sondern spricht »von außen« über sie zu Mitjuden.

»Erbarmungslose Kindertöter« nimmt wohl Texte wie Dtn 12,31 auf: »Wenn du dem HERRN, deinem Gott dienst, sollst du nicht das Gleiche tun wie die Völker, die bei deinem Angriff vernichtet worden sind und deren Land du in Besitz genommen hast; denn sie haben, wenn sie ihren Göttern dienten, alle Greuel begangen, die der HERR haßt. Sie haben sogar ihre Söhne und Töchter im Feuer verbrannt, wenn sie ihren Göttern dienten«; vgl. Dtn 18,10. In Israel und Juda scheint das Kinderopfer jedoch noch lange ein ernstes Problem gewesen zu sein, vgl. Jer 19,5; Ez 16,20-21; Jes 57,5; 2 Kön 17,31. »Eingeweideessend« kommt sonst nirgends in der Bibel vor, und in der übrigen Literatur nur einmal als Attribut des Adlers, der die Leber des angeketteten Prometheus frißt. Auch wird nirgends in der Schrift den Kanaanäern das Verzehren von Menschenfleisch und -blut (Kannibalismus) vorgeworfen. Der Verfasser scheint hier eine scharf-polemische Ablehnung der Mysterienkulte seiner Zeit anhand der Beschreibung der Praktiken der früheren Kanaanäer im sprachlichen Gewand klassischer griechischer Tragödienstoffe vorzutragen.

»Der Autor, wahrscheinlich ein griechisch gebildeter Jude in Alexandria, dürfte solche Theaterstücke« (über Kindermord und/oder Kannibalismus: z.B. *Medea*, *Bacchae* und *Heracles Furens* von Euripides oder *Choephoroi* und *Agamemnon* von Aischylos) »in der Schule gelesen und Aufführungen davon gesehen haben. Er dachte bei der Formulierung von 12,3-7 nicht an eine Tragödie im besonderen, erst recht zitierte er nicht aus einer von ihnen... Die einfachste Erklärung ist, daß er bei der Beschreibung von Menschen, die Kinder schlachten und opfern, nach der Art der ihm bekannten prägnantesten Darstellungen, nämlich der griechischen Dramen, formulierte... wie wenn jemand englischer Muttersprache, wenn er über Königsmord schreibt, in die Ausdrucksweise von *Macbeth* oder *Hamlet* hinübergleitet... Man könnte auch vermuten, daß die Verwendung der Sprache der Tragödien bewußt geschah; dann würde der Sprecher andeuten, daß, was in Weish 12 von den Kanaanäern gesagt wird, auch für die Griechen gilt und für jeden, der eine Neigung zu griechischer Religion in ihren ekstatischen Formen (Mysterienkulten) hegt.«

Nach: David Gill, The Greek Sources of Wisdom XII 3-7, VT 15 (1965), 383-386).

Die so schrecklicher Vergehen schuldigen Voreinwohner des Landes »wolltest du vernichten durch die Hände unserer Väter« (vgl. Num^{LXX} 33,52; Dtn 2,12; 33,27). Die »Väter« bezeichnen hier (anders als z.B. in 12,21 und 18,6) nicht die Erzväter Abraham, Isaak und Jakob, sondern die Exodus-, Wüsten- und Landnahmegeneration. *12,7* nennt als *Ziel* der Beseitigung der schlimmen Vorbevölkerung eine »würdige Besiedlung des in deinen Augen allerkostbarsten Landes durch Kinder Gottes«. Hier nimmt der Sprecher Texte wie Dtn 11,9-12 auf: »... Es ist ein Land, um das der HERR sich kümmert. Stets ruhen auf ihm die Augen des HERRN, deines Gottes, vom Anfang des Jahres bis zum Ende des Jahres.« Zu den »Gotteskindern« vgl. Jes 1,2.4; Hos 11,1; Ex 4,22f.; Dtn 14,1f. und oben zu 2,13-16; 9,4.

12,8a bildet die Mitte des Unterabschnitts 12,3-11 und läßt deshalb auch inhaltlich einen »Spitzensatz« erwarten. Mit den Aussagen in 12,4a.6b »du haßtest...(und) wolltest (sie) vernichten« (EÜ: beschlossest...) war ja ein Problem für das menschenfreundliche Gottesbild des Verfassers entstanden: Galt denn die in 11,21 – 12,2 allem und *allen* sich zuwendende, allesvermögende barmherzige Liebe Gottes, sein Nichthassen und Nichtverabscheuen von irgendetwas oder jemandem (11,23-24; vgl. 1,13-14) nicht auch den Kanaanäern? Die Antwort in 12,8a ist eindeutig: Selbst sich so extrem Vergehende (Kannibalismus an den eigenen Kindern) *schont* Gott, *weil sie Menschen sind.* Nicht nur die menschliche *Schwachheit* ist hier im Blick (so z.B. Ps 78,38f.; 103,14-16 und bes. Sir 18,8-14), sondern vor allem die *Menschenwürde* (vgl. Gen 1,26f.; Ps 8,5). Die hohe Achtung vor diesem Gut ist der Heiligen Schrift und der »modernen« stoischen Ethik gemeinsam. In 12,19.22 wird der Sprecher diesen Gedanken nochmals aufnehmen und weiterführen. Das »(je)doch« am Anfang von 12,8 markiert den Gegensatz zwischen dem tatsächlichen Verhalten Gottes (12,8-10) und dem, was »eigentlich« zu erwarten gewesen wäre (hassen, vernichten wollen). Das Gesetz von Gen 9,5-6 wurde den Kanaanäern gegenüber nicht sofort angewendet, sie wurden auch *nicht* »durch die Hände unserer Väter« vernichtet.

12,8b-11 Der kleine Unterabschnitt faltet 12,8a aus und nennt in der Mitte (12,10a) auch die Absicht solcher Schonung sogar von übelsten Verbrechern: ihnen Raum und Zeit *zur Umkehr* zu gewähren. An den drei Stellen, an denen im AT *ha-ṣirʿáh* (die »Wespen, Hornissen« im kollektiven Singular *oder* »Panik, Schrecken«?) vorkommt, nämlich Ex 23,28; Dtn 7,20; Jos 24,12 (immer zusammen mit »ich / Gott / er« als Subjekt und »vor dir / euch her ... senden« als Verb), übersetzt die Septuaginta »Wespen*nest*(er)«. Die Übersetzung »Wespen« (EÜ: Hornissen) hat der Verfasser in 12,8b wohl nicht selbst geschaffen; sie wird auch von PHILON verwendet. Den Gedanken der »allmählichen« Vertreibung bzw. Vernichtung der Vorbewohner aus Kanaan durch die als »Vortrupp« (in der EÜ ausgelassen) vorangeschickten Wespen übernimmt der Sprecher aus Ex 23,27-33 bzw. Dtn 7,20-24. Er verbessert aber das hebraisierende *katà mikròn mikrón* »ein bißchen, ein bißchen« der Septuaginta in klassisch griechisches *katà brachý* »(jeweils kurz): nach und nach«, vgl. 12,2a. Inhaltlich parallel zu 11,17-20 bedenkt *12,9,* das ebenfalls mit einer Litótes* »nicht nicht-könnend« beginnt, welche Sofort- und Totalstrafen Gott hätte einsetzen können: Unterwerfung der Frevler unter die Gerechten in einer »ordentlichen« Schlacht, Ausrottung »auf einen Schlag« durch schreckliche Tiere, oder durch ein scharfes Wort. Zu »Wort« vgl. den »mächtigen Geist« in 11,20c.

12,10a »Aber indem du (nur) nach und nach straftest, gabst du (immer wieder) Raum zum Umdenken«. Das Verb *krínein* »unterscheiden, Recht sprechen, urteilen, strafen« kehrt als eine Art Leitmotiv in 11,9; 12,10.13.18.21.22b.c immer wieder, wird aber in der EÜ jeweils anders übersetzt, obwohl die Bedeutung ganz einheitlich ist: »ein Urteil fällen und die Strafe vollstrecken«. Zur Wichtigkeit der *metánoia* im Denken des Verfassers s.o. zu 11,23 und 12,2. 12,10a wird in 12,19-22 wiederaufgegriffen und anwendend fortgeführt. Das »nach und nach« der Strafvollstreckung hatte seinen Grund also nicht in der Ohnmacht Gottes (12,9), sondern in seiner erbarmenden Absicht (12,10a).

12,10b-11 erläutert, weshalb es schließlich doch zur Vertreibung bzw. Vernichtung der Kanaanäer kam: Gott weiß sehr wohl (wieder mit einer *Litótes* »nicht unwissend«), daß das Ziel seiner Milde bei denen nicht erreicht wird, die die Gelegenheit zur Umkehr und Denkänderung nicht ergreifen *wollen,* denen ihre Bosheit zur zweiten Natur geworden ist. Die Übertragung in der EÜ »ihr Ursprung ... angeboren ... von Anfang an verflucht« könnte irreführen. Es geht im Kontext um eine selbstverschuldete oder freiwillig übernommene, alles durchwirkende Prägung durch Bosheit, nicht unmittelbar um die Erbsündenproblematik oder gar um eine Prädestination (Vorausbestimmung durch Gott) zum Bösen. *12,11a* liefert die Begründung (»denn« ist in der EÜ ausgelassen) für das negative Urteil in 12,10b-d durch den Verweis auf den Fluch Noachs über seinen Sohn Kanaan; dabei muß der sexuelle und Rausch-Kontext von Gen 9,25 mitgehört werden. *12,11b* schließt wieder an 12,10a an: Daß Gott mit den Kanaanäern nicht sofort entsprechend Gen 9,5-6 verfuhr, sondern (relative) Straflosigkeit gewährte, geschah nicht aus Furcht vor einem Höheren, sondern ist gerade sein Wesen, vgl. 11,23.

12,12 hebt mit vier, zu zwei Paaren geordneten und auch in der Länge sich steigernden, rhetorischen »Wer«-Fragen in juristischer Sprache die Souveränität des Schöpfers hervor (vgl. Jes 45,9; Ijob 9,9.12). *12,13-15* beantworten diese Fragen und begründen die Unanfechtbarkeit des richterlichen und die Strafe vollstreckenden Handelns Gottes; das Thema-Wort »richten und die Strafe vollstrecken« prägt die ganze Perikope (12,13.18.21.22). Er ist nicht nur der einzige Gott, sondern auch einer, dessen Eigenart liebende Fürsorge für alle und Gerechtigkeit ist; keine sonstige Autorität, kein König oder Machthaber, ist legitimiert, ihn in Frage zu stellen, wörtlich »dir herausfordernd ins Gesicht zu schauen«, in Bezug auf diejenigen, die bestraft werden. Mit »das All verwalten« wird wieder stoische Terminologie in Dienst genommen (s.o. zu 9,3).

12,16 bildet das Zentrum des Unterabschnitts 12,13-18. Die *Leitworte* des Unterabschnitts, *Gerecht(igkeit)* (12,13.15.16), *Kraft* (12,16.17.18) und *Schonung* (12,16.18) werden hier in ihrer inneren Zusammengehörigkeit gezeigt. Im Gegensatz zur Rede der »Frevler« über sich selbst in 2,11 (»Unsere Macht sei Richtschnur, was Recht ist!« Gewalt geht vor Recht) sind in Gott Macht, Gerechtigkeit und Barmherzigkeit in ihrem Ursprung verbunden. Dies erläutern 12,17-18 (das einleitende »denn« ist in der EÜ ausgelassen).

In *12,17* wird unterschieden zwischen *Unkenntnis* der vollkommenen Kraft Gottes »wenn jemand sie ihm nicht zutraut« (EÜ: nicht an sie glaubt), wie z.B. der Pharao nach der ersten Begegnung mit Mose (s. die Verdeutlichung in 12,23-25), und ihrer Ignorierung und *Ablehnung*, nachdem jemand schon seine Kraft erfahren hat wie z.B. der Pharao nach den ersten Plagen (vgl. 12,26-27). In jedem Fall wird Gottes Kraft schließlich unbezweifelbar erkannt (»du zeigst – du strafst«).

12,18 Jedoch setzt Gott als Richter diese Kraft, die ihm jederzeit zur Verfügung steht, nicht willkürlich und rücksichtslos ein, sondern mit Milde und großer Nachsicht. Durch das »uns« wird das bisher über Kanaan und Ägypten Gesagte ausdrücklich ausgeweitet auf Israel und die Gegenwart und zugleich zu 12,19-21.22 übergeleitet.

12,19-21 Die schon in der klassischen griechischen Ethik behandelte *Philanthropía* (»Menschenfreundlichkeit«, Achtung der Menschenwürde auch des Unterlegenen, Schwächeren oder sogar Straffälligen), die in hellenistischen Traktaten über das Königsideal eine wichtige Rolle spielt, wird in *12,19* als Lernziel der erinnernden Vergegenwärtigung des Verhaltens Gottes bezeichnet. Die in den hellenistischen Abhandlungen dem König zugeordnete *imitatio Dei* (Nachahmung Gottes, »Nachfolge«) wird hier dem »Gerechten«, jedem aus dem Volk Gottes, abverlangt und zuerkannt. Aber die dem Gottesvolk Angehörenden (»deine Söhne / Kinder«) haben die Fähigkeit dazu nicht aufgrund eigener Fehler- und Sündlosigkeit, sondern weil Gott ihnen (wie auch allen Sündern: vgl. 12,10a) *Umkehr* (*metánoia*, Hinwendung zu ihm) zu schenken verheißen hat. Diese Hoffnung begründen *12,20-21* in einer Schlußfolgerung. »Denn« ist in der EÜ wieder ausgelassen; dazu folgt die EÜ in 12,20bc einer wohl zu korrigierenden textkritischen Entscheidung von J. Ziegler; eine ausführliche Begründung für die Lesart *diésosas* anstatt *diéseos* und die Aufteilung von 12,20 in vier anstelle von drei Kola gibt G. Scarpat. Es ist demnach zu übersetzen: »[20a]Denn wenn du (schon die) Feinde deiner Kinder, obwohl (sie) todeswürdig(e Verbrechen begangen hatten,) / [b]mit so großer Behutsamkeit straftest / [c]und *(sie) rettetest*, indem du ihnen Zeiten und Ort gabst, / [d]sich von der Bosheit abzuwenden (vgl. 12,2), / [21a]mit wie großer Genauigkeit (erst) hast du deine Söhne gerichtet (vgl. 12,13), / [b]deren Vätern du Eide und Bundesschlüsse mit guten Verheißungen gegeben hattest!«

12,22 zieht die Folgerung (»also« ist in der EÜ ausgelassen) für die Gegenwart: Die Lehre aus der Vergangenheit wird zur Aufforderung und Ermutigung für *uns.* Die präzise Entsprechung von

12,22 zu 12,19 hilft, das Gemeinte klar zu erfassen: »lehren // erziehen«; in Spr^{LXX} 3,12 steht wie in 12,22a parallel zu »erziehen« das Wort »geißeln« (zitiert in Hebr 12,6); »dein Volk // uns; durch solches Wirken // du geißelst unsere Feinde in unzähligen Weisen«.

Alle griechischen Handschriften lesen hier ein nirgends sonst vorkommendes Wort »in Zehntausendfältigkeit, in unzähligen Weisen« (vgl. Ps 32,10). Die Übersetzung »zehntausend*fach*« (so die EÜ) könnte das Mißverständnis fördern, es gehe um unverhältnismäßig hohe Strafen. Vom näheren (12,22b.c) und weiteren Kontext (seit 11,15) und der Entsprechung zu 12,19 her nehmen viele neuere Erklärer ein sehr frühes Abschreiberversehen an: Aus ursprünglichem *metrióteti* »mit Maß, maßvoll« sei *myrióteti* geworden durch Verlesung von ET zu Y, vgl. 11,20d. Mit der EÜ ist aber doch wohl den griechischen Handschriften zu folgen; eine überzeugende Begründung dafür liefert G. Scarpat.

Weitere Entsprechungen zu 12,19: »der Gerechte muß menschenfreundlich sein // wir sollen uns, wenn wir richten, um deine Güte bemühen; du hast deine Kinder mit der guten Hoffnung erfüllt, daß du bei Sünden Umkehr schenkst // wenn wir aber gerichtet werden, dürfen wir Barmherzigkeit erwarten«.

Armin Schmitt (1988) führt drei zeitgenössische Faktoren an, die für die intensive Auseinandersetzung des Verfassers des Weisheitsbuches mit dem Thema des strafenden Gottes ausschlaggebend gewesen sein mögen: Die *Philanthropía,* die in einem Gottesbild der Großmut, Huld und Gerechtigkeit verankert ist, bestimmte irenische Strömungen und schließlich juristische Theorie und Praxis der ptolemäischen Ära, die vor allem im Strafrecht und Prozeßwesen einen humanen Grundzug erkennen läßt; die Problematisierung von Eroberungskriegen; das hellenistische Rechtsempfinden mit prozessualen Berufungsmöglichkeiten und von Milde geprägten Strafen (gegenüber dem späteren brutalen Strafwesen der Römer mit seinen barbarischen Exekutionsformen von Kreuzigung und Verurteilung *ad bestias*).

Ohne die alten Überlieferungen anzutasten, gelingt es dem Verfasser, sein von der Offenbarung am Sinai geprägtes Gottesbild (s.u. zu 15,1: »Du aber, unser Gott, bist gütig und treu, langmütig und in Liebe / Barmherzigkeit verwaltend das All«; vgl. Ex 34,6) durch zeitgenössische Anliegen und Hochschätzung menschlicher Werte noch tiefer zu erschließen. In der Situation einer diskriminierten Minorität dafür zu werben, auch dem Feind die Menschenwürde nicht abzusprechen (vgl. 12,8) und mit ihm in der Nachfolge Gottes, des »Freundes des Lebens«, der alle seine Geschöpfe liebt und keines verabscheut (11,24-26), umzugehen, aber auch die eigenen Verfehlungen anzuerkennen und auf die Barmherzigkeit Gottes zu hoffen, ist Zeugnis wahren Glaubens.

12,23-27 Der kleine Absatz erfüllt mehrere Funktionen: Er steht am Ende der *Überlegung I* und verknüpft diese mit dem Gedankengang des übrigen dritten Buchteils. Die EÜ läßt das einleitende »von dem her, daher« aus. Zugleich ist er *Themenankündigung* für die nun folgende *Überlegung II* (13,1 – 15,19), zu der hin auch eine unüberhörbare *Stichwortverkettung* (»zu wissen ... sie erkannten« 12,27c / 13,1b.c) besteht. Der Absatz ist in zwei parallelen, sich steigernden Stufen angeordnet. Vorwegnehmend nennt zunächst 12,23a die Verfehlung (»*unrecht* leben in *Torheit*«), und 12,23b beschreibt die Strafe (»mittels der von ihnen selbst begangenen Greuel«). Die Verfehlung wird in 12,24 ausführlicher erläutert (die EÜ läßt »denn« am Anfang aus), die Strafe (»darum«) in 12,25. Mit »die aber« (EÜ: wer sich aber...) setzt die zweite Stufe ein: wieder zunächst vorwegnehmend 12,26a die Verhärtung (sich nicht mahnen, warnen lassen) und 12,26b die künftige Erfahrung eines Gerichts bzw. einer Strafe, die Gott entspricht (die EÜ fügt »Macht« hinzu). 12,27a-c nennt dann (wieder mit »denn« eingeleitet), worin die »Feinde« sich nicht korrigieren und warnen ließen, und 12,27d (»deshalb«) das Eintreten der endgültigen Strafe.

12,23 Daß und wie die »Torheit« (der Götzen- und Tierverehrung) zum Unrechttun im zwischenmenschlichen Bereich führt, wird der Sprecher in 14,11-31 darlegen. Das Substantiv »Torheit« wurde auch beim Verweis auf die Sodomiter 10,8 benutzt; vgl. das zugehörige Adjektiv »töricht« in 12,24c. »Greuel, Scheusale« (was Gott verabscheut) bezeichnen in der Septuaginta, neben anderen Gottes Gebot verletzenden Handlungen, insbesondere die Aktivitäten der Götzenverehrung und die Götzenbilder selbst, hier die Tiere, die Götter symbolisieren.

12,24 gibt die eigentliche Verfehlung an: Sie haben als Götter betrachtet (vgl. 13,3a und 12,27b; 13,2c) »von den widerlichen sogar die verachtetsten unter den Tieren« und sich nach Art törichter Kleinkinder täuschen lassen. Die Täuschung wurde nach 12,27 offenbar, als die Ägypter durch Tiere, die sie für Götter hielten, nicht geheilt und gerettet, sondern geplagt wurden.

12,25-26 Dem entsprach die Weise der Strafe. Im Anschluß an Jes^{LXX} 66,3c-4a: »Und diese erwählten ihre Wege und ihre Scheusale, die ihre Seele wollte; und ich werde erwählen ihre *empaígmata* (was mit ihnen Scherz, Spiel treibt), und ich werde ihnen die Verfehlungen vergelten« und an Ex^{LXX} 10,2: »... damit ihr erzählen könnt in die Ohren eurer Kinder und Enkel, wie sehr ich *empépaicha* (Spiele getrieben habe) mit den Ägyptern, und meine Zeichen, die ich bei ihnen getan habe« (vgl. 1 Sam 6,6) formuliert der Sprecher die Strafe in einem im Deutschen kaum nachahmbaren Wortspiel: »Darum hast du wie unvernünftigen *paisín* (Kindern) die Strafe als *empaigmós* (Spiel mit ihnen) geschickt. Sie aber werden, da sie sich durch *paígnia* (Spiele, Scherze) von Strafandrohung nicht warnen ließen, eine Gott entsprechende Strafe erfahren.«

12,27 Zum ersten Mal (noch: 18,1.11.19; 19,13) begegnet hier das Wort »(er)leiden«. Der Sprecher sieht in solchem Leiden eine (letzte) Gelegenheit zur Umkehr (s.o. zu 12,20) und einen möglichen »Ort« der Erfahrung und Anerkennung des »wahren Gottes« (in der Septuaginta einmaliger Ausdruck) – oder aber die Vorstufe der selbstverschuldet endgültigen Strafe, die für die Ägypter beim Untergang im Roten Meer eintreten wird.

b. Grundsätzliche Überlegung II:
»Über die Verweigerung der Anerkennung des wahren Gottes« oder: *»Über die Torheit des Götzendienstes« (13,1 – 15,19)*

Nachdem der Sprecher in der theologischen *Überlegung I* (11,15 – 12,27) »Über die Liebe Gottes zu seiner Schöpfung, seine Gerechtigkeit und seine Menschenfreundlichkeit« den positiven Sinn und das Ziel von Gottes »Strafen« dargelegt hat, wendet er sich in der schon durch ihre Länge auffallenden *Überlegung II* der Frage zu, *welche* Vergehen denn nun Gott in der beschriebenen Art straft. In der Themenankündigung 12,23-27 wurde bereits die zentrale Verfehlung formuliert: »sie hielten ... für Götter« 12,24b.27b. In der nun folgenden Darlegung kehrt dieser Vorwurf (Verletzung des ersten und zweiten der Zehn Gebote) verschieden ausgefaltet mehrfach wieder: 13,2.3.10; 14,8.15.21; 15,8.15.

Der Sprecher greift in dieser zweiten Überlegung mit eigenständigen Akzenten und Ergänzungen auf Erörterungen zurück, wie sie in hellenistisch-jüdischen Synagogen und Lehrhäusern vorgetragen wurden. Nach dem Zeugnis PHILONS gab es in Alexandrien auch außerhalb des jüdischen Stadtviertels »Delta« sehr viele Synagogen. Dort lebendige Auslegungstraditionen kann das folgende PHILON-Zitat oder ein Blick auf Röm 1,18-32 zeigen; eine unmittelbare literarische Kenntnis von Weish oder PHILON-Schriften und Abhängigkeit davon läßt sich für Paulus aber wohl nicht erschließen (s. dazu im einzelnen Michael Theobald, SKK-NT 6/1, S. 54-70). In solchen Ausdeutungen wird nicht eine religionsgeschichtlich einfühlsame Erfassung und Wertung anderer Religionen und ein nachtastendes Verständnis ihrer Symbolik angezielt, vielmehr drückt sich in diesen Texten ein erzieherisches und apologetisches Anliegen aus: In Fortführung der alttestamentlichen Ablehnung jeglicher Fremdgötterverehrung in Israel-Juda werden aristotelisch-stoische Argumentationen zur Stärkung der Plausibilität des eigenen jüdischen Monotheismus und seines Bilderverbots in Dienst genommen. Pointiert wird in Weish 13 – 15 und in Röm 1 der innere Zusammenhang von verfehlter Gottesvorstellung mit Unrecht und Sittenverfall im menschlichen Zusammenleben hervorgehoben.

»[3]Welche von denen, die die Frömmigkeit als ihre wichtigste Aufgabe angeben, kann man zu Recht mit ihnen (= den Therapeuten) vergleichen? Etwa die, welche die Elemente verehren, Erde, Wasser, Luft und Feuer? Ihnen verliehen die einen solche, die anderen solche Bezeichnungen; das Feuer nennen sie, wie ich glaube, Hephaistos nach *éxhapsis* (Anzünden); die Luft heißt Hera, weil sie sich nach oben hebt (*aíresthai*) und in die Höhe steigt, das Wasser Poseidon, vielleicht weil es trinkbar (*potós*) ist, die Erde Demeter, insofern sie die Mutter aller Pflanzen und Lebewesen zu sein scheint. [4]Diese Namen sind jedoch Erfindungen von Betrügern (Sophisten), die Elemente aber sind leblose, aus sich selbst unbewegte Materie, die dem Künstler als Substrat vorgegeben ist für alle Arten von Gestalten und Qualitäten. [5]Soll man aber diejenigen mit den Therapeuten vergleichen, welche die Produkte aus den Elementen verehren, die Sonne, den Mond oder die anderen Planeten oder Fixsterne oder den gesamten Himmel und die gesamte Welt? Auch sie entstanden nicht aus sich selbst, sondern wurden geschaffen von einem Werkmeister, der in seiner Kenntnis höchst vollkommen ist. [6]Aber diejenigen, welche die Halbgötter verehren? Das ist sogar lächerlich...

[7]Wie aber steht es mit denen, welche verschiedene Arten von Götterstatuen verehren? Deren Substanz sind Steine und Hölzer, die bis vor kurzem völlig ungestaltet waren. Steinmetzen und Holzschnitzer lösten sie aus ihrem natürlichen Verbund, und die mit ihnen verschwisterten und verwandten Teile wurden zu Urnen und Waschschüsseln, in denen man die Füße wäscht, und zu irgendwelchen anderen, recht verächtlichen Gefäßen, die mehr zum Gebrauch im Verborgenen als in aller Öffentlichkeit dienen.
[8]Die Götter, welche bei den Ägyptern verehrt werden, auch nur zu erwähnen ziemt sich nicht. Die Ägypter haben unvernünftige Lebewesen, und zwar nicht nur zahme, sondern auch völlig wilde Tiere zu göttlichen Ehren erhoben, Tiere aus jeder Gattung, die sich unter dem Mond befindet: von den Landtieren den Löwen, von den Tieren, die im Wasser leben, das bei ihnen einheimische Krokodil, von denen, die fliegen können, den Falken und den ägyptischen Ibis. [9]Und obschon sie sehen, daß diese Lebewesen geboren werden, der Nahrung bedürfen, unersättlich im Fressen, voll von Kot und giftig sind, Menschen fressen, von allen möglichen Krankheiten befallen werden können und nicht nur ein natürliches, sondern oft auch ein gewaltsames Ende finden, verehren sie sie; als friedliche Menschen verehren sie ungezähmte, wilde Tiere; mit Vernunft begabt verehren sie Vernunftloses; mit der Verwandtschaft des Göttlichen ausgezeichnet verehren sie Lebewesen, die nicht einmal mit Scheusalen wie Thersites vergleichbar sind; als Gebieter und Herren verehren sie solche, die von Natur aus Untergebene und Sklaven sind.«

Aus: PHILON von Alexandrien, Über das betrachtende Leben 3-9. Ähnliche Zusammenstellungen, meist bei der Behandlung des ersten und zweiten Gebots, finden sich auch in anderen Schriften PHILONS: Über den Dekalog 52-81; Über die Einzelgesetze 13-35; Über das Zusammenleben um der Bildung willen 133.

Die *Rahmensätze,* die die grundsätzlichen Überlegungen I und II einschließen (11,15-16; 12,23-27 und 15,18-19) und so bei ihnen Akzente setzen und Hör- bzw. Leseperspektiven bieten, benutzen Wendungen und Wörter aus diesen Überlegungen und aus den Gegenüberstellungen 2 und 3: z.B. »Ungeziefer« 11,15b und 16,1; »irregehen« 11,15b und 12,24; 13,6; 14,22; vgl. noch 1,12; 2,21; 5,6; 17,1b; 15,4; »unrecht leben« 12,23a und 14,28; »peinigen« 12,23b und 16,1.4; »Greuel« 12,23b und 14,11; »widerliche ... Tiere« 12,24b und 15,18; »töricht« 12,24c (EÜ: unverständig) und 14,11; 15,5 (EÜ: Toren); im Superlativ 15,14 (EÜ: ganz unverständig); »Kleinkinder« 12,24c und 15,14; »vernunftlos / unvernünftig« 11,15b und 12,25a (vgl. auch 15,18b); »Strafe, Vollstreckung eines Gerichtsurteils« 12,25b.26b (s.o. zu 12,10); »warnen« 12,26a und 11,10; 12,2; 16,6. Auch von diesem Verweisnetz her ist es berechtigt, den ganzen Abschnitt 11,15 – 16,14 als *eine* große gegliederte Einheit zu betrachten (s.o. zu 11,15).

Die zweite Überlegung hat *zwei rahmende kürzere und einen ausführlichen mittleren Abschnitt.* Jeder wird markant durch eine sich steigernde negative Bewertung eingeleitet:

13,1	»Verstandlos (EÜ: töricht) waren alle Menschen, denen...«
13,10	»Unglücklich (EÜ: unselig) aber waren und auf Totes hatten ihre Hoffnung gesetzt diejenigen, die...«
15,14	»Am törichtsten (EÜ: ganz unverständig) aber und elender als Kleinkinder (EÜ: ärmer als eines Kindes Seele) waren alle...«

Die Götter- bzw. Götzenverehrer werden so in drei Kategorien eingeteilt:

13,1-9	Vergötterer der Elemente (nur drei der vier werden genannt) und von Gestirnen, Sonne und Mond.
13,10 – 15,13	Verehrer von Götterbildern aus Silber, Gold, Stein, Holz, Ton und anderen Stoffen.
15,14-19	Die Ägypter, die außer den selbstverfertigten Götterbildern, die in der mittleren Gruppe besprochen wurden, auch noch verschiedenste Tiere verehren.

Eine ganz ähnliche Anordnung, noch erweitert um die Verehrung der Halbgötter, liegt auch in PHILON, *Über den Dekalog* 52-81 vor.

Die Verehrer der kosmischen Elemente, der Gestirne, der Sonne und des Mondes erkannten und erschlossen aus dem Geschaffenen nicht den Schöpfer und Gebieter (13,1-9).

Durch die Stichworte »wissen (EÜ: erkennen)« und »sie (an)erkannten« in 13,1 ist der Abschnitt 13,1-9 mit dem Vorhergehenden (s. 12,27c) verbunden und zugleich als Neueinsatz davon abgehoben. Die Wendung »sie waren fähig ... zu wissen (erkennen)« 13,1b.9a bildet eine *Inklusion* (in der EÜ durch verschiedene Übersetzung der gleichen Wörter nicht erkennbar). Den Abschnitt prägen als *Themawörter* »sehen« 13,1b.7b (EÜ: Anblick; schauen) und »die Werke« 13,1c.7a; außerdem die häufigen und verschiedenen Gottesbezeichnungen: »Gott« 13,1a; »der Seiende« 13,1b (so wird in Ex^{LXX} 3,14 der Mose geoffenbarte Gottesname JHWH übertragen); »der Werkmeister, Konstrukteur, Architekt« 13,1c (s.o. zu

7,12.22a; 8,6: dort ist die weibliche Form dieser Bezeichnung ein Prädikat der Weisheit); »der Gebieter« 13,3b.9c (s.o. zu 11,26); »der Urheber« 13,3c; »der (sie) bereitet (EÜ: geschaffen) hat« 13,4b (s.o. zu 9,2); »der Schöpfer« 13,5b.

Die drei Gedankenschritte sind stilistisch deutlich markiert: 13,1-2 (»Verstandlos sind... / und sie waren nicht fähig... / und sie anerkannten nicht, sondern hielten ...«), 13,3-5 (»wenn sie einerseits..., / denn... // wenn sie andererseits..., / denn... «) und 13,6-9 (»aber dennoch verdienen sie..., / denn... // doch (wiederum) sind sie nicht..., / denn...«).

13,1-2 Das erste Kolon faßt das Ergebnis der in 13,3-9 folgenden Erörterung vorwegnehmend und beurteilend zusammen. Die Formulierung »verstandlos, hohl, nichtig«, bezogen auf »alle Menschen von Natur aus, bei denen Unkenntnis Gottes war«, übernimmt der Sprecher aus Jes^{LXX} 44,9. Dort werden allerdings die Bildner von Götterfiguren so beurteilt, denen der Sprecher sich erst in dem langen Mittelabschnitt 13,10 – 15,13 zuwenden wird. Das Kolon klingt wie ein negativer Makarismus, eine »Unseligpreisung«.

Eine ansprechende Vermutung für die Herkunft der biblisch sonst nicht belegten Wendung »alle Menschen von Natur aus« nennt Maurice Gilbert in seiner grundlegenden Analyse zu Weish 13 – 15: Könnte hier eine Anspielung vorliegen auf den damals in gebildeten Kreisen vielleicht bekannten Anfangssatz der berühmten *Metaphysiká* des Aristoteles: »Alle Menschen streben von Natur aus danach zu wissen...«? Dann würde hier zugleich das negative Ergebnis dieses Naturstrebens bezüglich der Erkenntnis des wahren Gottes festgestellt. Im zweiten Buchteil, dem *Enkómion* auf die Weisheit, hatte der Sprecher ja dargelegt, daß Erkenntnis Gottes und seines Willens und damit Gerechtigkeit, ausschließlich durch die von Gott selbst geschenkte Weisheit möglich ist (s.o. zu 9,1-18, bes. 9,13-17).

»Von Natur aus«, ohne das zu suchende und zu erbittende Geschenk der Weisheit, blieben auch die Philosophen, über die der Abschnitt 13,1-9 spricht, in einer »Nichterkenntnis Gottes«. »Und aus den sichtbaren Gütern waren sie nicht fähig zu erkennen (wissen) den Seienden / und anerkannten nicht, als sie den Werken ihre Aufmerksamkeit zuwandten, den gestaltenden Meister«. Die EÜ entfernt sich durch Umschreibungen vom Text und läßt nicht erkennen, daß der Sprecher hier das schlußfolgernde Denken und die philosophische Reflexion auf die Bedingungen der Möglichkeit des Wahrgenommenen in den Blick nimmt.

Die mit »sondern« (13,2) eingeleitete Reihe, die aufzählt, was alles die in 13,1 Genannten »für Götter hielten«, ist auffällig. Das in der EÜ zu »Götter« gestellte Attribut »weltbeherrschend« gehört zu den »Himmelsleuchten«. Die Nennung jedes Gegenstands der Vergötterung beginnt mit »oder«, die sechs Einzel- und Gruppenobjekte sind in zwei Reihen mit sich verdoppelnder Wortzahl angeordnet: 1 – 1 – 2 (13,2a: Feuer – Geist – flüchtige Luft), 2 – 2 – 4 (13,2b-c: Kreis [der] Gestirne – gewalttätiges Wasser – Leuchten [des] Himmels, Herrscher [der] Welt). Polemiken gegen die Verehrung von Sonne, Mond und Sternen sind aus vielen Büchern des AT vertraut, die hier vorgenommene Reihung begegnet aber dort nirgends. Von den bei PHILON mehrmals genannten vier kosmischen Elementen erscheinen nur drei (Feuer, Luft, Wasser). Ganz ungewöhnlich ist die Nennung von *pneuma* »Geist« (EÜ: Wind) zwischen Feuer und Luft: möglicherweise ein Hinweis auf die stoische Lehre, daß der Geist, der alles durchwaltende Gott, aus Feuer und Luft bestehe. Was meint »Kreis der Gestirne«? Nur den Zodiakos (Tierkreis von zwölf Sternbildern) oder auch andere Sterne, Sternbilder und die Planeten? Sonne und Mond sind in allen altorientalischen Religionen den Hochgöttern zugeordnet. Anstatt ihnen eine weltbeherrschende Funktion zuzuerkennen, werden sie hier, wie schon in Gen 1,14.16, herabgestuft und entmythisiert zu »Himmelsleuchten«.

Weish 13,1-9 und die philosophische Gotteserkenntnis

Das Verhältnis von Weish 13,1-9 zur zeitgenössischen Popularphilosophie ist besonders von Friedo Ricken untersucht worden:

»Die begriffliche Gestaltung der in Weish 13,1-9 verarbeiteten biblischen Gedanken dürfte sich ... schwerlich ohne einen Einfluß stoisch beeinflußter griechischer Popularphilosophie erklären lassen. Auf eine Beziehung zur Stoa weist besonders Weish 13,3.4 hin, wo von zwei möglichen Wegen die Rede ist, auf denen die ›Toren‹ zur Annahme gekommen seien, daß Elemente und Gestirne göttliche Wesen sind. Der eine führe über die Schönheit der Weltordnung, der andere über den Schrecken, den außergewöhnliche Naturerscheinungen dem Menschen einflößen. Die Stelle liest sich wie eine Auseinandersetzung mit den beiden letzten Punkten eines bei Cicero erhaltenen Lehrstücks des *Kleanthes** (SVF I 528), nach dem es vier Gründe gibt, die empirisch im Menschen die Vorstellung der Gottheit geweckt haben: das Vorherwissen der Zukunft; die Erfahrung der großen Wohltaten, die der Mensch von der Natur empfängt; der Schrecken, den Blitz, Donner und alle außergewöhnlichen Naturerscheinungen einflößen; schließlich der bedeutendste Grund: Ordnung, Schönheit und Gleichmaß der Himmelsbewegung.

Weish 13,3.4 erkennt diese Wege an, fordert aber, sie über die geschöpfliche Ordnung hinaus bis zu Gott zu Ende zu gehen. Auch diese Kritik kann sich an einen stoischen Schulbeweis anschließen: Wenn sich in der Natur etwas findet, das menschlicher Geist und menschliche Kraft nicht hervorzubringen vermögen, dann ist, ... wer solches hervorbringt, besser als der Mensch. Der Mensch aber kann nicht hervorbringen, was es alles in der Welt gibt; wer das vermochte, der ist dem Menschen überlegen. Wer aber könnte dem Menschen überlegen sein außer Gott? Also existiert Gott« (so *Chrysippos** nach *Cicero* SVF II, 1011f.).

»Diese beiden Hinweise (in 13,3.4) erlauben es, eine Beziehung zur Stoa auch für die Gedanken in 13,1-9 zu vermuten, die Allgemeingut der nacharistotelischen Popularphilosophie und der antiken Volksreligion sind. So dürfte 13,1 außer dem biblischen Schöpfungsgedanken eine Anspielung auf die sich in der Stoa findende, ursprünglich aristotelische Lehre enthalten, aus der geordneten Bewegung und Schönheit der Welt lasse sich auf einen göttlichen Lenker und Baumeister schließen. Aber nach der Auffassung des Verfassers der Weish dringen die Stoiker nicht vor zur Erkenntnis des wahren Gottes..., sie bleiben vielmehr bei den Elementen und Himmelskörpern stehen und sehen in ihnen göttliche Wesen. Damit dürfte er sich gegen die von der Stoa aufgenommene uralte Lehre von der Beseeltheit und Göttlichkeit der Gestirne, insbesondere der Sonne, richten und die stoische Vergottung der Elemente angreifen, wie sie sich etwa ausdrückt in der allegorischen Umdeutung der mythischen Göttergestalten auf die Elemente, vor allem auf Feuer und Äther.

Man darf annehmen, daß die Weish hier eine besonders den Akademikern* und Epikureern geläufige Polemik aufgreift und umdeutet. Während die akademische Skepsis die Möglichkeit der Gotteserkenntnis und Epikur die Fürsorge der Götter für die Welt bestreiten wollen, wendet sich der Verfasser der Weish gegen den stoischen Immanentismus, wie er ihn versteht, um an dessen Stelle die biblische Lehre von der Erhabenheit Gottes über seine Schöpfung zu setzen.«

Aus: Friedo RICKEN, Gab es eine hellenistische Vorlage für Weish 13 – 15 ? Bib 49 (1968) 54-86, zit. 60-62.

Die bisweilen geäußerte Vermutung, der Verfasser gehe hier nicht auf stoische popularphilosophische und astrologische

Vorstellungen ein, sondern direkt auf solche aus dem Alten Ägypten, die sich noch in ptolemäischer und römischer Zeit übers Land verstreut finden lassen, erweist sich als unwahrscheinlich: Sie läßt den Kontext unbeachtet (schlußfolgernde Gotteserkenntnis) und übersieht, daß der Gottesverehrung der Ägypter ausdrücklich ein eigener Abschnitt 15,14-19 gewidmet ist. Sie ignoriert außerdem die Ähnlichkeit zur Darstellung der Götterverehrung bei Philon, der noch deutlicher stoische Konzeptionen in den Blick nimmt, z.B. durch die Benennung der vier Elemente mit griechischen Götternamen. Wenn ein derartiger Aufweisversuch dann schließlich mehrfach zu dem Urteil gelangt, der Verfasser habe die ägyptische Tradition grundsätzlich mißverstanden, wird er eher eine »Korrektur« der Ausführungen des Verfassers als eine Hilfe zum Verständnis.

13,3-5 Zu den beiden bei Cicero überlieferten Überlegungen des Kleanthes* s.o.! Wenn schon der Kosmos und seine Bestandteile so schön sind, daß die Philosophen sie für Götter hielten, wie überlegen erst muß ihr Gebieter sein! Denn die Existenz eines solchen ist vorauszusetzen, da die Dinge sich nicht selbst erschaffen haben. Die Faszination von Wirkkraft, Größe und Schönheit der Geschöpfe müßte zur Anerkennung des noch mächtigeren Schöpfers führen. Der Sprecher verwendet in diesem Absatz typisch griechische Gedanken (»Gottesbeweis« aus der *Schönheit* des Geschaffenen) und philosophische Fachausdrücke: *dynamis* »Potenz, Möglichkeit« und *enérgeia* »Akt, Wirken« bilden ein aristotelisches Wortpaar, haben hier aber nur mehr ihren schlichten Wortsinn »Macht und Wirkkraft«; *analog* »entsprechend, verhältnismäßig« begegnet an dieser Stelle wohl zum ersten Mal innerhalb der griechischen Literatur im Argumentationszusammenhang der Gotteserkenntnis. Indem die EÜ den Text »aus der Größe und Schönheit der Geschöpfe wird in Entsprechung dazu der Schöpfer geschaut« übersetzt mit »von der Größe ... läßt sich auf ihren Schöpfer schließen«, verlagert sie das Gewicht der Aussage allzustark vom Symbolisch-Kontemplativen zum nur logischen Schlußverfahren.

13,6-9 Die Philosophen finden in 13,6-7 eine ähnlich milde Beurteilung wie die (stoischen) »Diener und Verehrer der Sonne, des Mondes, des ganzen Himmels und der Welt und ihrer vorzüglichsten Teile« bei PHILON, *Über den Dekalog* 65. Der Sprecher billigt ihnen zu, was er im ersten Buchteil ausdrücklich als Beginn eines guten Weges herausgestellt hatte (s.o. zu 6,12 »suchen und finden wollen« bezüglich der Weisheit). Die Überzeugung, daß man die »schönen Werke« durchforschen und herauszufinden versuchen soll, was »die Welt im Innersten zusammenhält«, um darin und dadurch die noch größere Macht und Schönheit des Schöpfers zu erschauen und zu erschließen, teilt der Sprecher mit ihnen – nur dürften sie nicht beim Vorläufigen und Vorletzten, dem schönen Sichtbaren, stehen bleiben, das sei nicht entschuldbar. Das theologisch-systematische Problem, ob es unabhängig von und vorgängig zur geschichtlichen Selbstoffenbarung Gottes an Israel eine Erkenntnis eben dieses wahren Gottes überhaupt geben könne, stellt sich dem Verfasser nicht: Seine tatsächlichen Leser sind ja Juden, und ihnen gilt das Gesagte.

Die Verfertiger und Verehrer von Götterbildern aus unterschiedlichstem Material mit verschiedener Form und Gestalt verkehrten den Segen auf den Werken der Schöpfung zum Fluch über die Bilder und über sich selbst (13,10 – 15,13).

Dieser mittlere Abschnitt ist der umfangreichste und wurde als *Ringkomposition* gestaltet:

	13,10	*These* über die Götzenbilder (»Totes«) und ihre Verehrer (»unglücklich«)
A.	13,11-19	Der Holzbearbeiter
B.	14,1-10	Auf Holz kann je nach Verwendung Segen oder Fluch liegen (*in 14,3-6 Anredeform*)
C.	14,11-31	Die Herkunft der Götzenbildanfertigungen und deren verheerende soziale Folgen; die Strafe für die Verfertiger, die Verehrer und die Götzenbilder selbst
B'.	15,1-6	Sündenvergebung und ewiges Leben durch Anerkennung des wahren Gottes (*in 15,1-3 Anredeform*)

A'. 15,7-13 Der Töpfer: die guten Möglichkeiten der Keramik und ihre Perversion bei der Götzenherstellung

Während in A. und A'. der gewöhnliche Alltag, Handwerk und Geschäft betrachtet werden, steht in B. und B'. die Heilsgeschichte im Blick (Rettung am Roten Meer; Noach; Sinaibund); der Mittelteil C. ist vom Thema Schöpfung und vom Dekalog her geprägt.

Die Wörter »Werk(e)«, »Hände/Hand« 13,10b.e und die im Folgenden nicht mehr erwähnten Materialien Gold, Silber und Stein (nur in 14,21 sind Steine im Plural nochmals genannt) markieren 13,10 als erste kleine Einheit des Unterabschnittes 13,10-19, der durch eine aus denselben Wörtern zusammen mit »tot« in 13,10.18-19 gebildete *Inklusion* und die *Leitworte* »nutz-/ gebrauchen« 13,10e.11d.13a.18c, »gut-« 13,11a.b.c.13a.14a und »Lebe(wese)n« 13,10d.11d.14a.18a gekennzeichnet ist (in der EÜ fast völlig unerkennbar). Der folgende Absatz 14,1-10 beginnt wie 13,11 mit »irgendein« (EÜ: *ein* [Holzschnitzer] 13,11; *ein anderer* 14,1) und zeigt sich so als Neueinsatz.

13,10 hat die Funktion einer zusammenfassenden These oder *Überschrift* für den langen Abschnitt 13,10 – 15,13. Vorwegnehmend werden diejenigen, die von Menschenhand Angefertigtes als »Götter« bezeichnen und anrufen, ganz gleich aus welchem Material und nach der Gestalt welcher Lebewesen diese Götzenbilder hergestellt wurden, beurteilt: Sie sind zu bedauern und haben auf Totes ihre Hoffung gesetzt. Der Rückverweis auf 3,4.11.18 und 5,14 im ersten Buchteil ist unüberhörbar.

A. Der Holzbearbeiter 13,11-19

Neben den in 13,10 nur knapp erwähnten Materialien Gold, Silber und Stein werden zwei andere ausführlich behandelt: *Holz* (hier in 13,11-19; mit einem anderen Beispiel fortgeführt in 14,1-10) und *Ton* (in 15,7-13).

13,11-15 Diese Einheit bildet grammatisch einen überlangen Bedingungssatz (13,11-15; in der EÜ nicht nachgeahmt), dem aber kein entsprechender Hauptsatz folgt. Dieser *Anakoluth* (unvollständiges Satzgefüge) beginnt mit »wenn aber auch irgendein Holzbearbeiter...«. Darin werden sieben Arbeitsgänge, unter denen der *mittlere* durch doppelte Länge hervorgehoben ist, in ihrer zeitlichen Abfolge genannt: einen Baum absägen und entrinden (11a-b), Fertigung eines Gebrauchsgegenstandes (11c-d), Verwendung der Holzabfälle zum Essenkochen (12a-b), Herumformen am knotigen, für sonst nichts mehr verwendbaren Abfall als Feierabendbeschäftigung (13a-d), bis das Stück Menschen- oder Tiergestalt hat (13e-14a), Grundieren und Anstreichen (14b-c), Anlegen einer Wandnische und Befestigung des Bildes mit einem Nagel (15a-b).

13,16 »Damit es (= das Bild) also nicht herunterfiel, traf er Fürsorge für es, / wissend, daß es unfähig ist, sich selbst zu helfen; / denn es ist ja (nur ein) Bild und benötigt Hilfe«: In einem schlußfolgernden Resümee (die EÜ läßt »also« aus) blickt der Sprecher auf die Tätigkeit des Holzbearbeiters zurück und stellt die völlige Hilflosigkeit des gefertigten Bildes fest, das der »Fürsorge« (s.u. zu 14,3a) des Herstellers bedarf – bis zum Nagel in der Wand.

13,17-19 Diese kleine Einheit ist durch ein im Deutschen nicht nachahmbares »zwar« in 13,16a und das »aber« in 3,17a mit 3,16 eng verknüpft: Obwohl der Bildanfertiger dies alles sehr wohl weiß, richtet er dennoch in allen möglichen Anliegen Bittgebete an diesen Gegenstand! 13,17-19 sind stilistisch geschliffen formuliert: Von Bitten in je zwei Kola um je dreierlei (Besitz-Ehe-Kinder 13,17a-b; Geschäfte-Handwerk-Erfolg seiner Hände 13,19a-b) werden vier Monokola mit Bitten in je einem Anliegen (Gesundheit, Leben, Beistand, gute Reise 13,17c-18c) eingerahmt; die Anliegen werden *anaphorisch* sechsmal mit der gleichen Präposition *perí* »um, für« eingeleitet (variiert in 13,17c; im Deutschen kaum nachahmbar), sechs verschiedene Verben des Flehens und Anredens werden eingesetzt, sechs Charakterisierungen des Bildes werden gegeben (unbelebt, schwach, tot, erfahrungslos, gehunfähig, völlig kraftlos). Da das angerufene Bild selber nichts von dem Erbetenen besitzt, kann es erst recht Derartiges nicht gewähren.

Der Absatz steht inhaltlich in der biblischen Tradition der »Verspottung von Götterbildern«, z.B. Jes 44,9-20; Jer 10,3-16; Ps 115, 4-8 = 135,15-18; Bar 6 (= Brief des Jeremia) 7-72; Bel und der Drache (Dan 14). Diese Texte entfalten angesichts der Erfahrungen der Juden, die in der Diaspora mit den beeindruckenden, kunstvoll gestalteten religiösen Bauten, Statuen, Fresken und Gemälden anderer Völker konfrontiert wurden, das Erste und Zweite Gebot des Dekalogs: »Du sollst neben mir keine anderen Götter haben. Du sollst dir kein Gottesbildnis machen, das irgend etwas darstellt am Himmel droben, auf der Erde unten oder im Wasser unter der Erde« (Ex 20,3-4 = Dtn 5,7-8; vgl. Dtn 4,16-18.28). Der Bezug darauf ist in Weish 13,13e-14a.16c erkennbar. Der Sprecher zeigt in 13,10-19 und 15,7-13 zwar die gleiche Ausführlichkeit und inhaltliche Tendenz der Darstellung wie Jes 44,9-20, stimmt aber nur in vier Wörtern (Handwerker, er sättigte sich, formen, beten) völlig damit überein und erweist sich bei näherem Zusehen in der inhaltlichen und literarischen Gestaltung als originell. Aus der griechischen Philosophie seit PLATON stammt in diesem Absatz wohl nur die Bezeichnung »unbelebt« 13,17b für das Götterbild. Der Sprecher versteht »unbelebt« aber von Gen 2,7 her: Dem Bild wurde nicht wie dem Menschen nach seiner Modellierung durch Gott »Lebensodem« eingehaucht (das kann Gott allein), es wurde nie zu einem »lebenden Wesen«, es ist »tot« (13,18a.10a). Der Sprecher verwendet »unbelebt« vielleicht auch, um auszudrücken, daß die Verehrung von Bildern noch abwegiger ist als die Verehrung der in 13,2 genannten Sterne und Planeten, die zwar auch nicht leben, sich aber bewegen. Wie schon zu Beginn dieser grundsätzlichen Überlegung ausgeführt wurde, sind als Adressaten der Darstellung natürlich nicht die Anhänger fremder Religionen im Blick – diese würden bereits die Ineinssetzung von Götterbild und verehrter Gottheit als unzutreffend abweisen –, sondern Mitjuden.

B. Holz kann je nach Verwendung Instrument der Vorsehung Gottes oder fluchbelastetes Erzeugnis von Gottlosigkeit sein 14,1-10

Durch »irgendeiner wieder« (EÜ: ein anderer) und die betont vorangestellte »Seefahrt« ist deutlich, daß ein zweites Beispiel aus einem anderen Tätigkeitsfeld folgen soll. Darauf verweist auch die Aufnahme der Wörter »herstellen« (EÜ: machen) und »bearbeiten« aus 13,11, dem Anfang des ersten Beispiels, in 14,2 (in der EÜ nicht erkennbar). »Geschäfte« bildet eine *Stichwortverkettung* (in der EÜ unkenntlich: »Gewinn« 13,19, »Erwerb(strieb)« 14,2). Das *Themawort* »Holz« 14,1b.5b.7 (die EÜ fügt ohne Anhalt im Text auch in 14,8 noch »Holz« hinzu) markiert 14,1-7 als Absatz, innerhalb dessen 14,1-2 einführend das Problem benennt und 14,3-7 (*Inklusion* »[ge]steuert« 14,3.6) als Gebetsanrede mit abschließender Verallgemeinerung (14,7) formuliert ist. 14,8-10 stellt dem auf der richtigen Verwendung von Holz ruhenden Segen (14,3-7) Fluch, Verhaßtsein und Strafe beim Mißbrauch als Götzenbild gegenüber. Dabei bilden die beiden Monokola 14,9.10 schon eine *Themenankündigung* des folgenden Abschnitts 14,11-31.

14,1-2 An die Betrachtung der Herstellung eines Götterbildes aus *Holz* und dessen verfehlter Anrufung in vielen Anliegen (13,11-19) schließt der Sprecher ein weiteres Beispiel an, in dem es ebenfalls um die Verwendung von Holz geht. Holz kann verwendet werden als Baustoff für Schiffe, um das Meer zu überqueren, oder aber mißbräuchlich als Bugfigur, die jemand um Hilfe in den Gefahren des Meeres »anschreit« (EÜ: ruft an). Handelsinteressen haben zur Erfindung von Schiffen angeregt, das ist die übereinstimmende Auffassung antiker Autoren. Dem fügt der Sprecher noch eine biblisch klingende Bemerkung bei: »Als Werkmeisterin aber hat (die) Weisheit (sie) hergestellt«. Die EÜ übersetzt hier textfern: »und die Weisheit eines Künstlers (hat das Fahrzeug) hergestellt.«

»Weisheit« ist in Ex 31,3; 35,31-33 die Bezeichnung für den kunstfertigen und handwerklichen Sachverstand, Modellskizzen und Baupläne zu entwerfen und sie im vorgesehenen Material (Metall, Stein, Holz) durchzuführen. Der bewußte Anklang an 7,22a und 8,6 läßt erkennen, daß der Sprecher auch handwerkliches Können und Wirken nicht unabhängig von einer Begabung durch Gott betrachtet.

14,3-6 Die eigentliche Begründung für die Behauptung in 14,1b, die als Götterbild angeflehte Bugfigur sei gebrechlicher als das ebenfalls aus Holz gefertigte Schiff, gibt das erste Kolon der Gebetsanrede *14,3a.* Zur Vaterbezeichnung und -anrede Gottes s.o. zu 2,12-16. 14,2 (ersinnen und herstellen; Erwerbstrieb und handwerkliche Kunstfertigkeit) war nur Vorstufe zu 14,3: (sicher) *steuern – deine Vorsehung*. Händler oder andere Reisende kommen nicht deshalb übers Meer an ihr Ziel, weil sie eine Bugfigur verehren, sondern weil Gott in väterlicher Fürsorge das ganze Unternehmen, von der Schiffsidee über die technische Verwirklichung in der Werft bis zum Kurshalten am Steuerruder, begleitet.

Das mit »Vorsehung« übersetzte Wort *prónoia* »Vorherwissen und Vorsorge, Fürsorge« hatte bei den Philosophen der Stoa eine wichtige Bedeutung gewonnen; es war austauschbar mit Natur, Weltprinzip, Vernunft, Gott – es blieb aber immer dem Schicksal untergeordnet, den unabänderlichen Naturgesetzen, der Notwendigkeit der Folge von Ursache und Wirkung. Demgegenüber wird die Göttin Isis als Gebieterin über das Schicksal gepriesen, s.o. zu 8,1 die Isis-Aretalogie von Kyme Z. 55-56.

Die göttliche Weltordnung wird in der Stoa mehrfach mit dem *Steuern* eines Schiffes erläutert. Im Zeus-Hymnus des Stoikers KLEANTHES* wird die »*Vater*«-Anrede an Zeus verbunden mit dem Bild vom Steuermann (»nach dem Gesetz und zusammen mit dem Recht lenkst (= steuerst) du alles«: s.o. zu 8,21, Anfang und letzter Teil des Hymnus.

Der Sprecher nimmt hier also wieder stoische Ausdrucksweise in Dienst, ohne aber, wie sich in den folgenden Kola zeigt, die damit verbundene Gotteskonzeption mitzuübernehmen. Denn der biblische Gott ist nicht eine im Grunde unpersönliche Weltvernunft und somit selber Welt, sondern ein liebendes, rettendes, fürsorgendes Gegenüber zu seiner Schöpfung. Wie einst in den heilsgeschichtlichen Ereignissen (14,3b-c.6) wirkt er bis heute dort, wo Menschen das von ihm Geschaffene nach seinem Willen bearbeiten und benutzen (14,4-5).

Die fast wörtliche Übereinstimmung von *14,3b-c* mit Ps 77,20 und Jes 43,16 (vgl. Ps 106,7-9) zeigt, daß der Sprecher als erstes Beispiel der lenkenden väterlichen Fürsorge Gottes die sichere Führung durch das Rote Meer beim Exodus im Sinn hat; schon 14,1a blickte mit »Wogen« und »durchqueren« darauf voraus. Diese Führung bedeutet für den Sprecher zugleich den Aufweis, »daß du aus allem retten kannst« *14,4a.* Als Beispiel aus der Alltagserfahrung fügt er in *14,4b* hinzu, daß Händler und andere Passagiere nicht die Schiffsbaukunst (s.o. 14,2b) beherrschen müssen, um eine Seereise zu beginnen; denn nicht die Schiffskonstruktion oder die Steuerkunst, sondern Gott rettet auf dem Meer, das in Israel, aber auch bei vielen anderen Völkern, immer als gefährlich und unbeherrschbar empfunden wurde.

14,5a Immer noch in Gebetsform bekennt der Sprecher sich zu Gott, der will, daß die Werke seiner Weisheit (s.o. zu 7,12) nicht untätig (die EÜ deutet sachgemäß: ungenutzt) sind, vgl. den Schöpfungsauftrag Gen 1,28 und oben zu 9,2-3. Hier kommt zum letzten Mal im Buch die »Weisheit« vor; aber nach 10,21 ist die ganze betende und lobende Meditation in den Kap. 11 – 19 Wirkung der Weisheit. Die in 14,5a geäußerte Überzeugung berechtigt nach *14,5b* immer wieder Menschen, ihr Leben einem im Verhältnis zum riesigen Meer winzigen Holz anzuvertrauen, sogar auf einem Floß haben sie Rettung durch Gott erfahren *14,5c.* Mit diesem Gedanken hat der Sprecher schon zu seinem zweiten Beispiel aus der Heilsgeschichte hingeführt: der Rettung Noachs auf einem »Floß«, in der Arche.

14,6 Daß die Riesen wegen ihrer Überheblichkeit zugrundegegangen seien, ist erst eine spätere Deutung der Bezugsstelle Gen 6,1-4, die sich aber bereits in Sir 16,7-8 (vgl. 3 Makk 2,4) und auch bei Flavius JOSEPHUS (*Antiq* I, 73.100) findet. Während die auf ihre Kraft stolzen Giganten bei der Sintflut umkamen, flüchtete sich der gerechte Noach auf ein Floß (s.o. 10,4 »wertloses Holz«), das »von deiner Hand gesteuert« und so vor dem Untergang bewahrt wurde. Die Ausdrücke »Weisheit« (10,4), »Vorsehung / Fürsorge« (14,3) und »Hand« (14,6) sind Metaphern für Gott selbst (s.o. zu 7,22a), der an seiner Schöpfung in der Geschichte wirkt (»steuert«). Statt mit einem mehr in die Vergangenheit schauenden Begriff (geretteter) »Rest« (vgl. Gen 7,23) umschreibt der Sprecher zukunftsorientiert Noach mit seiner Familie und den Tierpaaren als »die Hoffnung des Kosmos«, die »der Welt einen Samen zur Hervorbringung (EÜ: Samen eines neuen Geschlechts) hinterließ« und könnte dabei von Texten wie Ijob 14,7 angeregt sein: »Für den Baum besteht noch *Hoffnung* / ist er gefällt, so treibt er wieder / sein Sprößling bleibt nicht aus«, im Unterschied zu einem gestorbenen Menschen.

14,7 Ein merksatzartiger Einzeiler faßt die genannten Beispiele zusammen und ergänzt 14,5a inhaltlich: Wenn der Mensch Holz im Einklang mit dem ihm von Gott gegebenen Schöpfungsauftrag, für den er mit Geist und Weisheit begabt wurde, bearbeitet und verwendet (plant – baut – steuert), dann »geschieht dadurch Gerechtigkeit« (s.o. zu 1,15 den Exkurs, 3. Abschnitt; zum »gerechten« Noach s.o. zu 10,4), und Gott läßt Segen darauf ruhen. Über die seit Ambrosius (4. Jh. n.Chr.) belegte Anwendung von 14,7 auf die Heilsbedeutung des Kreuzes Jesu, die natürlich noch nicht im

Blickfeld des Buches der Weisheit liegt, bietet M. Gilbert, La critique 114-124, eine gute Übersicht.

14,8-10 formulieren den Gegen-Satz zu 14,7: Auf dem »Handgemachten«, dem der Name »Gott« beigelegt wurde, und ebenso auf dem, der es gemacht hat, lasten Fluch, Verhaßtsein und Strafe, d.h. es ist ein Selbstausschluß vom Segen eingetreten. Dieser Selbstausschluß wird jedoch als Handeln Gottes empfunden und projizierend so bezeichnet. In der Septuaginta ist »Handgemachtes« mehrfach Übersetzung für »Götze« oder »Götzenbild«. Durch Wortanklänge weisen 14,8-10 auf den Beginn das Abschnitts 13,10 zurück und leiten zum folgenden langen Mittelteil 14,11-31 über.

C. *Die Herkunft der Götzenbildanfertigungen und deren verheerende soziale Folgen; die Strafe für die Verfertiger, für die Verehrer und für die Götzenbilder selbst 14,11-31*

Dieses Zentrum der ganzen *grundsätzlichen Überlegung II* ist ebenfalls mit großer Sorgfalt aufgebaut: Rahmenstücke, in denen allein das Wort »Götzenbilder« vorkommt (14,11a.12a. und 14,27a.29a.30b; sonst im Buch nur noch in 15,15) dienen als thematische Einführung (*14,11-14*) und als Zusammenfassung (*14,27-31*) zu der Darlegung in *14,15-26.* Genau in der *Mitte* (*14,21c*) befindet sich der Gipfelsatz: »Den unmitteilbaren Namen haben sie Steinen und Hölzern beigelegt!« Vgl. dazu Jes 42,8: »Ich bin JHWH, das ist mein Name; / ich überlasse die Ehre, die mir gebührt, keinem andern, / meinen Ruhm nicht den Götzen!«

Prägend für den Abschnitt 14,11-31 ist das im griechischen AT überhaupt nur im Buch der Weisheit verwendete Wort *threskeía* »religiöse Verehrung (erweisen)«: Es kommt ausschließlich im vorankündigenden Rahmen 11,15 und in 14,16b.18a.27a vor. 14,15-20 wird durch das *Themawort* »ehren« (14,15c.17a.c.18b. 20b) als Absatz gekennzeichnet. Formal und inhaltlich sind 14,15c und 14,20b einander ähnlich; 14,16 und 14,22 beginnen mit einem auffälligen »dann, darauf« (in der EÜ ausgelassen) und markieren jeweils den Einsatz von Unterabschnitten.
Verklammerungen bilden das Wort »Anfang« (14,12a.27b), die Wendung »ein Bildnis machen« 14,15b.17c, »geheime Kulte und festliche Bräuche« in 14,15d.23a, »Übel« in 14,22c.27b.(29b.30b), »Meineid« in 14,25b.28b und Wörter vom Wortstamm *-seb-* (14,16a.20b). In der EÜ ist die letztgenannte Verklammerung nicht erkennbar: *asebés* »gegen Gottesverehrung gerichtet, gottlos« 14,16a (EÜ: frevelhaft) und *sébasma* »als göttlich

zu Verehrendes« 14,20b (EÜ: betete wie einen Gott an). Der *Thema-*Wortstamm *-dik-* »(un)*Recht*(es)« in 14,28b.29b.30a.c.31b.c und das *Themawort* »schwören« in 14,29b.30c.31a schließlich bestimmen das zusammenfassende Rahmenstück 14,27-31.

14,11-14 begründen, weshalb eine »Heimsuchung« (EÜ: das Gericht) an den Götzenbildern der Völker stattfinden wird (zu *episkopé* s.o. zu 2,20). »Darum« in 14,11a.14b markiert als *Inklusion* dieses Rahmenstück. Das erste »darum«-Kolon wird in 14,11b-14a inhaltlich ausgefaltet (»weil... denn... denn... denn«), das zweite schaut mit anderen Worten zusammenfassend auf diese Ausfaltung zurück: »Und darum wurde ihnen ein jähes Ende zugedacht.« Der Sprecher greift hier Jer 10,15 (im Kontext von Jer 10,2-16) auf und führt es begründend fort. Aus an sich guten Schöpfungswerken sind »Greuel, Scheusale« gemacht worden. Diese Bezeichnung für Götzenbilder findet sich im AT häufig und in den verschiedensten Büchern, z.B. Dtn 7,25f.; 32,16; 2 Kön 23,13; Jes 2,8.20; Jer 7,30. »Fallen und Fangnetz« (EÜ: Anstoß und Schlinge): Zu diesem Bild von der Jagd vgl. Jos 23,13; Ps 69,23; 140,6; 141,9.

Durch die Mittelstellung im ersten Rahmenstück hervorgehoben ist *14,12:* »Denn Ersinnen von Götzenbildern (war) der Anfang der Unzucht, ihre Erfindung aber die Verderbnis von Leben« (die EÜ umschreibt deutend). »Unzucht« (nur hier in Weish) steht im AT nicht nur für Prostitution und sexuelle Verfehlung, sondern auch für Untreue, sowohl zwischen Menschen als auch zwischen Israel und seinem Gott (vgl. bes. Hos). Die Untreue, innere Abwendung, beginnt im zwischenmenschlichen wie im religiösen Bereich »gedanklich« (14,12a, an Beispielen erläutert in 14,15-20) und führt »praktisch« zu verderbter Lebensführung (14,12b, ausgefaltet in 14,23-26). »Erfindung« bezeichnet die technische Verwirklichung gegenüber dem gedanklichen »Ersinnen«.

14,13-14 führen 14,11 weiter: Götzenbilder sind nicht bereits mit der Schöpfung gegeben (s.o. zu 1,14), sondern kamen durch die »Eitelkeit, Denkleere, Abirrung« von Menschen in die Welt (s.o. zu 1,13; 2,24), ihr Ende wird das dieser Menschen selber sein; an der Unvergänglichkeit Gottes und der Gerechten haben sie keinen Anteil (s.o. zu 1,15; 2,23; 5,15-23). Dabei könnte 14,13 als Anwendung von Jes 43,10 »Vor mir wurde kein Gott geformt, / und auch nach mir wird es keinen geben« oder Jes 44,6 »Ich bin der Erste, ich bin der Letzte, außer mir gibt es keinen Gott« u.ä. formuliert sein.

Beispiele solcher Verirrung werden im folgenden Absatz *14,15-26* erörtert, und zwar werden zunächst Situationen und Interessen genannt, die zur Anfertigung und Verehrung von Bildern als Gott führten (14,15-20):

- die Trauer eines Vaters über sein früh verstorbenes Kind *14,15* und die Verwendung solcher Bilder in Mysterienkulten (zu dem, woran der Sprecher bei »geheimen Kulten und festlichen Bräuchen« in *14,15d.23a* denkt, s.o. zu 12,4-6). In 14,15 dürfte eine rationalistische »Erklärung« der Dionysos-Mythen, in *14,23* eine Anspielung auf die Dionysos-Mysterien und die Bacchanalien* gegeben sein. Die hervorgehobene Umschreibung dieser Mysterien in 14,23 spiegelt möglicherweise Überlieferungen, wie sie das dritte Makkabäerbuch über die Nötigung von Juden in Ägypten zur Kultteilnahme und über ihre Brandmarkung mit dem Efeublatt (Dionysos-Zeichen) erzählt; daran wurde bei einem Befreiungsfest Anfang Juli von den alexandrinischen Juden jeweils erinnert (3 Makk 2,28-31);
- die Gesetz gewordene Verehrung von Statuen als Repräsentationen des Herrschers *14,16-17;*
- Künstlerehrgeiz und -können *14,18-19;*
- die maßlose Bewunderung eines schönen Werkes, zu der die Menge sich verführen läßt *14,20.*

An diese Beispiele ist eine Wertung »Hinterhalt für das Leben« (die EÜ deutet sachgemäß: der Welt zum Verhängnis; vgl. 14,11) und eine zusammenfassende Charakterisierung solchen Fehlverhaltens angeschlossen (zu *14,21* als Spitzensatz s.o.).

Das Priesterdekret von Kanopos zu Ehren von Ptolemaios III. Euergetes, seiner Schwestergattin Berenike und ihrer verstorbenen Tochter Berenike vom 7. März 238 v.Chr.

(Datum)... »Beschluß: Die Vorsteher der Tempel, die Propheten, die Obersten des Geheimnisses, die Priester, die die Götterbilder mit ihren Gewändern bekleiden, die Schreiber des Gottesbuches, die das Ritual der Opfer kennen, die Gottesväter und alle Priester, die aus den Heiligtümern von Ober- und Unterägypten zum Geburtstag und Thronbesteigungsfest seiner Majestät gekommen sind, sagen: ... (Das Königspaar hat das Land beglückt,

für die heiligen Tiere gesorgt, die geraubten Götterbilder aus Persien zurückgebracht, das Land vor Krieg bewahrt, Gerichte eingesetzt, Hungersnot abgewehrt ... zu seiner Ehre soll eine eigene Priesterschaft eingerichtet und ein fünftägiges Fest mit Prozession gefeiert werden ...)
Da war nun eine Tochter zuteil geworden dem König von Ober- und Unterägypten, Ptolemaios ewig-lebend-geliebt-von-Ptah, und der Herrin der beiden Länder, Berenike, den beiden Göttern-Wohltäter. Sie wurde Berenike genannt, und sie wurde zur Herrscherin erhoben. Da geschah es nun, während sie noch Jungfrau war, daß sie plötzlich in den Himmel eintrat« (das Töchterchen starb im Alter von ca. 9 Jahren). »Die Priester ... veranstalteten eine große Trauerprozession sofort, als das Ereignis stattgefunden hatte. Sie baten vor dem König und der Herrscherin und gaben es in ihr Herz, daß diese Göttin« (d.h. die verstorbene kleine Berenike) »zusammen mit Osiris ruhen sollte in dem Gotteshaus von Kanopos ... Wenn nun der Einzug des Osiris in der Barke in dieses Gotteshaus in jedem Jahre stattfindet..., dann sollen alle Mitglieder der Tempel des ersten Ranges Brandopfer darbringen auf den Räucheraltären ...
Nach allen diesen Darbringungen, die üblich waren, seit sie eine Göttin geworden war, und nach der Reinigung ihrer Trauer ... machten sie [die Priester] einen Beschluß, daß Worte der Kraft« (d.h. ein ehrendes Ritual) »in Ewigkeit vollzogen würden für die Herrscherin Berenike, die Tochter der beiden Götter-Wohltäter in allen Tempeln von Ägypten ... Es soll ein viertägiges Fest mit einer Flußfahrt gefeiert werden für sie ... Man soll ein Bildnis dieser Göttin aus Gold aufstellen, eingelegt mit allen kostbaren Steinen, in den Tempeln des ersten Ranges und in allen Häusern des zweiten Ranges. Es soll in dem Gotteshaus ruhen. Ein Gottesdiener oder einer von den Priestern, der zu dem großen Reinigungsdienst ausgewählt ist, um die Götter mit ihren Gewändern zu bekleiden, soll es in der Prozession erscheinen lassen in seiner Umarmung an dem Tag des Erscheinens und an allen Festen der Götter. Denn alle Leute sollen das Bildnis sehen und sollen es anbeten in seiner Pracht...«

Aus: Günther ROEDER, Kulte, Orakel und Naturverehrung im Alten Ägypten, Zürich-Stuttgart: Artemis 1960, 142-166.

In *14,22-26* wird auf die schlimmen Folgen der Götzenbildverehrung für das menschliche Zusammenleben verwiesen. Einleitend nennt der Sprecher die beschriebene Anfertigung und Verehrung von Bildern und Statuen als Götter ein »Irregehen in Bezug auf die Erkenntnis Gottes« (14,22a), eine »Unwissenheit« (14,22b). Bei stoischen Philosophen wird mehrfach (wie schon bei PLATON) die »Unwissenheit« als Ursache aller Laster dargestellt und das »Wissen« als Grund der Tugenden. Die stoisch geprägte Bildungssprache seiner Zeit mag die Wahl des *Wortes* »Unwissenheit«, das sonst in der Septuaginta einen »Gesetzesverstoß aus Versehen, aus Unkenntnis« bedeutet, beeinflußt haben, der Sprecher verwendet es aber in einem biblisch gefüllten Sinn: »Unwissenheit« ist »Übel-Denken bezüglich Gottes, indem man Götzenbildern Aufmerksamkeit schenkt« (14,30b); vgl. demgegenüber die Mahnung in 1,1b.

Das Fehlen von Gotteserkenntnis war bereits in Hos 4,1-2 als Wurzel aller sozialen Unordnung bezeichnet worden; die Untrennbarkeit der beiden Tafeln des Dekalogs, die unauflösliche Einheit von Gottes- und Nächstenliebe, ist zentrales jüdisches Erbe.

Diese »Lebensweise in einem großen *Krieg* von Unwissenheit« (die EÜ umschreibt) werde auch noch als »Friede« bezeichnet *14,22.* Hier dürfte auf den außerhalb Italiens beginnenden Kult des Kaisers Augustus und die *pax Romana*, die so häufig gepriesene, aber für alle Unterworfenen gar nicht erfreuliche »Friedenszeit« des Augustus angespielt sein. Darüberhinaus macht David WINSTON auf Texte in der kynisch-stoischen Literatur und bei PHILON zum Thema »Krieg-im-Frieden« aufmerksam.

»Wer inmitten des kriegslosen Friedens den dauernden ununterbrochenen Kampf aller Menschen gegeneinander sieht, den persönlichen wie den politischen, der nicht nur zwischen Völkern, Ländern, Städten und Dörfern, sondern auch zwischen einzelnen Häusern und einzelnen Menschen geführt wird, würde er denn hier nicht Tag und Nacht mahnen, schelten, zurechtweisen, zur Besinnung rufen...? Denn alle Kriegstaten geschehen im Frieden: man plündert, raubt, entführt in die Gefangenschaft, macht Beute, zerstört, mißhandelt, verstümmelt, schändet, schneidet die Ehre ab, mordet meuchlerisch, tötet öffentlich...«

PHILON, Über die Verwirrung der Sprachen 46-47.

14,23-26 Katalogartig zählt der Sprecher 22 Verfehlungen auf, beginnend mit einer auffälligen *Alliteration,* d.h. die zwei Worte des erstgenannten Vergehens (kindermörderische Festbräuche, s.o. zu 12,4-6) beginnen mit *T*, dem letzten der 22 Buchstaben des hebräischen Alphabets *Taw*, und das letztgenannte Laster (Ausschweifung, EÜ: Zügellosigkeit) beginnt und endet mit *A*, dem ersten Buchstaben *Alef.* Die Zahl 22 war ein beliebtes jüdisches Ordnungsschema, das z.B. Flavius JOSEPHUS als Anzahl der biblischen Bücher nennt. Der jüdische Leser verstand also den Hinweis: Alle Verbrechen und Laster (d.h. sittliche Verkehrtheiten »von Z bis A«) entspringen der Verehrung von Götzenbildern. Die Form von *Lasterkatalogen* ist seit PLATON in der griechischsprachigen Literatur belegt. In hellenistischer und römischer Zeit wird sie in verschiedenen jüdischen Schriften einschließlich des Neuen Testaments (vgl. Test12Patr Ruben 3,3-8; PHILON, Cherub 92; 1 Thess 4,4-6; Gal 5,19-21; Röm 1,29-31; Eph 4,17-19; Kol 3,5-9) zur Anprangerung torafernen, oft mit dem Götzendienst verbundenen »heidnischen« Verhaltens verwendet. *Inhaltlich neu* gegenüber den bereits an verschiedenen Stellen in der Septuaginta verurteilten Vergehen ist nur die Umschreibung der (Dionysos-)Mysterien in 14,23 (vgl. zu 14,15).

14,27-31 faßt als zweites Rahmenstück sowohl den Absatz 14, 22-26 als auch den Abschnitt 14,11-31 zusammen (zu den Signalen s.o. zu 14,11). *14,27a* Die Götterbilder sind »namenlos« oder »unnennbar«, weil ihnen einerseits der »unmitteilbare Name« (Gott, JHWH) nicht zukommt (14,21) und sie nur als Produkt eitler und sündiger Menschen in die Welt gekommen sind (14,14.31) und andererseits Gott ausdrücklich verboten hat, sie auch nur zu nennen (Ex 23,13; Jos 23,7). In *14,27b* wird 14,12 »*Ersinnen* von Götzenbildern war Anfang der Unzucht, / ihre *Erfindung* aber die Verderbnis von Leben« aufgenommen und gesteigert: Die gottgleiche *Verehrung* der Götzenbilder war Anfang und Ursache und Gipfel von *allem* Schlimmen. Die Herabwürdigung Gottes und seine Verkennung als etwas von Menschen Gemachtes pervertiert die Religiosität und zerstört menschenwürdiges Zusammenleben.

Dafür werden in *14,28* vier Beispiele genannt. Wie in 14,29-31 deutlich wird, kommt es dem Sprecher vor allem auf das vierte an, zum einen, weil der Meineid in der jüdischen Tradition immer im Zusammenhang mit dem Gebot des Dekalogs »Du sollst den Namen des Herrn, deines Gottes nicht mißbrauchen...« (Ex 20,7; Dtn 5,11) gesehen wurde, zum anderen wohl deshalb, weil Juden mit Eiden unter Anrufung der Götter alltäglich und ständig konfrontiert waren. Die drei ersten Beispiele leiten zum vierten über:

- die orgiastischen Exzesse bei Festen und Umzügen (14,23) und die damit verbundene sexuelle Zügellosigkeit (14,24);

- die Ausnutzung der Leichtgläubigkeit der Leute durch prophetisches Gebaren, Mantik, Wahrsagerei: Im gleichen Maße, wie der Glaube an den wahren Gott abnimmt, wächst der Aberglaube.
- Leben in Ungerechtigkeit, wie der Lasterkatalog 14,25-26 aufzählt;
- leichtfertig geleistete Meineide (14,25b; vgl. schon Jer 5,2.7).

14,29-31 Eide hatten im öffentlichen und privaten Leben eine grundlegende Bedeutung: Verträge, Loyalität, Aussagen vor Gericht, Versprechen, überhaupt jede Form der Glaubwürdigkeit und Verbindlichkeit und Verläßlichkeit beruhten auf ihnen. Bei der Ablegung eines Eides wurden Götter oder Herrscher(-Bilder) als Zeugen und Garanten der Wahrhaftigkeit des Eidinhaltes angerufen. Da die Bilder und Statuen aber »unbelebt« sind (s.o. zu 13,17) und jeder das weiß, braucht man bei Meineiden und Schwüren, die man gar nicht einzuhalten beabsichtigt, von ihnen her auch keinen Schaden und keine Strafe zu befürchten (*14,29*). Demgegenüber stellt der Sprecher fest: Für beides werden die gerechten (Strafen) sie einholen (*14,30*a). Das mit »beides« Gemeinte wird dann erläutert: Sie haben sich an Götzenbilder gewandt und damit »übel (= herabwürdigend, bös-falsch) über Gott gedacht« (*14,30b*; s.o. zu 14,22 und vor allem zu 1,1), und sie haben »unrecht geschworen mit Hinterlist« (s.o. zu 1,5) und dabei »Heiligkeit verachtet« (*14,30c*). Die EÜ fügt zu »Heiligkeit« noch »des Eides« hinzu und verengt dadurch die Bedeutung: Heiligkeit ist nach 5,19 einerseits eine Eigenschaft Gottes, zum anderen ist sie ein Geschenk an den Menschen (2,22; 9,3), das er sich durch sein Denken und Verhalten zu eigen machen kann – oder aber verachten. Der Meineid und der nicht ernst gemeinte Schwur sind Mißachtung Gottes und der Menschen.

14,31 Da die Götzenbilder, bei denen man schwört, keine den Menschen gegenüber selbständige Macht haben, sind es auch nicht diese, sondern »die *díke* der Sichverfehlenden«, d.h. das schuldaufdeckend-strafende *Recht* (s.o. zu 1,8) gegenüber den Sündern, das »die Übertretung der Unge*rechte*n immer überkommt«. Die EÜ verdeckt durch die Übersetzung »gebührende Strafe«, daß es Gott selber ist, der das Recht bewirkt. Wurde in 14,11-14 den Götzen*bildern* Heimsuchung und jähes Ende angekündigt, wird nach

14,30a.31b-c das *Recht* über die Götzen*verehrer* kommen. Aus dem Zusammenhang ist deutlich, daß es dem Verfasser nicht um apokalyptische Voraussagen, sondern um Paränese, um dringende Mahnung an Mitjuden geht.

B'. Sündenvergebung und ewiges Leben durch Anerkennung des wahren Gottes (15,1-6)

Wie der in der Ringkomposition (13,10 – 15,13) entsprechende Abschnitt 14,1-10 enthält auch 15,1-6 eine bekenntnisartige *Anrede* Gottes (15,1-3), hier in der Wir-Form an den wahren (d.h. einzigen und treuen), sündenvergebenden Gott. Das Stichwort »sündigen« in 15,2a.b verklammert den Abschnitt mit 14,31b; es kommt sonst nur in der ersten grundsätzlichen Überlegung 11,16; 12,2.11 und am Ende des nächsten Abschnitts (15,13) vor. Ein auffallendes »uns / unser« in 15,1.4 kennzeichnet den Beginn der Unterabsätze 15,1-3 und 15,4-6, wobei letzterer schon zu den folgenden Ausführungen überleitet: 15,6 verweist zurück auf 13,10 (»Hoffnungen«) und 14,10 (»anfertigend«; die EÜ hat in 14,10 *Bildner*) und kündigt zugleich die noch folgenden Abschnitte 15,7-13 und 15,14-19 an.

In *15,1-2* formuliert der Sprecher die Kurzfassung der biblischen Gottesoffenbarung (Ex 34,6-7) in einem Bekenntnis eigenständig neu. Die Form der *Anrede* »(Du aber,) unser Gott« begegnet im AT mehrfach, z.B. »HERR, unser Gott« in Jes^{LXX} 26,12-13, s.u. zu 15,2; Ps 106,47; Jer 3,22; Neh 9,32; Bar 2,15; 3,6. Anderen Texten der Bibel, die die Zentralformel von Ex 34,6f. zitieren und variieren, z.B. [Num 14,18;] Ps 86,5; 100,5; [103,8;] 145,8-9; Nah 1,3.7; [Jona 4,2; Joel 2,13; 2 Chr 30,; Neh 9,17; Sir 2,11] (vgl. Röm 2,4), entnimmt der Sprecher als erstes der vier Gott bezeichnenden Attribute »gütig«; dieses Wort kommt in Ex 34 und den in [ ] gesetzten Wiederaufnahmen nicht vor. Im Preislied auf die Weisheit hatte er es bereits als Adverb verwendet, um damit zu kennzeichnen, *wie* (Gott durch) die Weisheit alles *durchwaltet* (s.o. zu 8,1).

Das zweite Attribut in 15,1a lautet »(und) *wahr*«. Die EÜ versetzt das »und«, so daß der Eindruck einer Reihe von 3 + 1 anstelle von 2 + 2 entsteht, und übersetzt »wahrhaftig«. Durch »wahr«, das in der ganzen Bibel als Attribut Gottes nur in Weish 12,27; 15,1; Röm 3,24; Joh 3,33 vorkommt, ändert der Sprecher das »wahrhaftig« mit der Bedeutung »wahre = beständige, verläßliche Zusagen gebend; stark an Treue« aus Ex^{LXX} 34,6 und gewinnt durch den Kontrast zum vorangehenden Abschnitt 14,11-31 die zusätzliche Bedeutung *»wahr« im Gegensatz* zu »irrig, nicht zu Recht, von Menschen ersonnen und gefertigt, nicht persönlich ansprechbar, unbelebt«.

Das dritte Attribut »langmütig« ist ebenfalls aus Ex^{LXX} 34,6 entnommen (für hebr. »langsam im Zürnen«). Das vierte »in liebendem Erbarmen alles durchwaltend« verbindet Inhalte von Ex 34,6 »erbarmend-liebend, groß in loyaler Verbundenheit« mit dem Gedanken der königlichen Souveränität und Macht, die seit langem von griechischen Philosophen, insbesondere der Stoa, und dann auch griechischsprechenden Juden (z.B. Aristeasbrief*, PHILON, Flavius JOSEPHUS) der Vernunft, der Vorsehung, Gott zugesprochen wurden (s.o. zu 8,1).

15,2 veranschaulicht und begründet das Bekenntnis in 15,1. In *15,2a* »denn selbst in dem Falle, daß wir sündigen« blickt der Sprecher (wie Ex 34) auf die Verehrung des Goldenen Kalbes (Ex 32) zurück und bezieht sich auf die Bitte des Mose in Ex^{MT} 34,9 »... und vergib unsere Schuld und unsere Sünde, und mach uns zu deinem Erbteil!« oder in der Septuaginta-Fassung: »... und du wirst unsere Sünden und unsere Gesetzwidrigkeiten vergeben, und wir werden dir gehören«. Aufgrund des daraufhin in Ex 34,10-27 (erneut) geschlossenen Bundes und der jahrhundertelangen Erfahrung des jüdischen Volkes mit seinem Gott setzt der Sprecher das Futur ins Präsens: »Wir gehören dir« und schließt sich mit den Lesern darin zusammen. Das in der EÜ mit »Stärke« übersetzte Wort bedeutet die »Herrschergewalt und Königsvollmacht«, die sich im Kontext durch das Verzeihen von Sünde und Abfall und die Bereitschaft Gottes zum Bundesschluß erwiesen hat. Das in 15,2a.b zweimal gesetzte Partizip »(aner)kennend« übersetzt die EÜ verschieden: »kennen – wissen«; dasselbe Wort im Infinitiv wird in 15,3b nochmals verwendet und so der Gegensatz zu den verschiedenen Weisen des Nicht-(aner)Kennens (s.o. zu 12,27; 13,1; unten 16,16) hervorgehoben. Vgl. Jes^{LXX} 26,12-13: »HERR, unser Gott, Frieden gib uns! Denn alles hast du uns verliehen. HERR, unser Gott, nimm uns in Besitz! Herr, außer dir (aner)kennen wir keinen anderen, deinen Namen nennen wir.«

15,3 bildet gewissermaßen das Herz des ganzen Buches. Zum letzten Mal begegnet das Wort »Gerechtigkeit« in einer Art zusammenfassender »Definition« als begründende Erläuterung des voranstehenden Bekenntnisses: »Denn dich kennen ist vollkommene Gerechtigkeit, / und deine Vollmacht (s.o. zu 15,2a) anzuerkennen ist Wurzel der Unsterblichkeit« (s.o. zu 1,15 mit dem EXKURS »Gerechtigkeit«). Mit »Gerechtigkeit« bezeichnet der Sprecher also Überzeugung, Haltung und Handeln des in dem »Wir« gemeinten Gottesvolkes, nämlich die Anerkennung des einzigen wahren Gottes und seiner Verfügungsmacht als Schöpfer und die Treue zu der Erwählung als Gottes Eigentum (»wir werden / wollen nicht sündigen« 15,2b). Solche Gerechtigkeit ist »Wurzel der Unsterblichkeit«, d.h. sie führt zur Gemeinschaft mit Gott, der allein von sich aus »Unsterblichkeit« besitzt.

15,4-5 Während 15,3 das »wir gehören dir, weil wir deine souveräne Macht (in Schöpfung und Geschichte) anerkennen« positiv ausfaltete, wird das »Wir« nunmehr negativ abgegrenzt. 15,4a nimmt Bezug auf 14,22a (»irreführen«, EÜ: verführen), 14,12a (»Ersinnen« von Götzenbildern) und auf 1,4a (»Schlimmes erstellend«). Die Malkunst und die Farbigkeit der Bilder und Statuen werden, weil sie der Götzenverehrung dienen, abfällig beurteilt (und nicht ästhetisch gewertet). Ihr Anblick richtet den 'Appetit' von Toren (Gegensatz: Gerechte) auf eine den Lebensatem entbehrende Gestalt eines toten Bildes und damit weg von einer Teilhabe an der Unsterblichkeit des Schöpfers.

15,6 Statt »Liebhaber (hingerissen von) der Schönheit der Weisheit« (8,2c) sind die Götzenanfertiger (s.o. 14,10), diejenigen, die solche Bilder gern anschauen, und die Götzenverehrer »Liebhaber (hingerissen) von Schlimmem«. Ihre Hoffnungen (s.o. zu 13,10; unten 15,10; 16,29; vgl. 3,4.11.18; 5,14) sind leer, weil auf Totes gerichtet.

A'. Der Töpfer: Die guten Möglichkeiten der Keramik und ihre Perversion bei der Götzenherstellung (15,7-13)

In Entsprechung zum Bearbeiter von Holz (13,11-19) am Anfang der Ringkomposition wird im letzten Abschnitt ein Handwerker betrachtet, der mit anderem Material arbeitet, nämlich mit Lehm oder Ton. Der Abschnitt ist im ersten Teil von dem *Thema-Wort* »formen« geprägt (15,7b.c.8a.9e); in 15,11a wird daran erinnert, daß mit Hilfe desselben Wortes »formen« (töpfern, bilden) in Gen 2,7 auch die Erschaffung des Menschen durch Gott erzählt wurde. Eine *Inklusion* bildet das Wort »Gefäße« 15,7d.13b.

15,7 steht einleitend voran. Zwei Bezeichnungen für denselben Handwerker, 15,7a »Keramiker« (EÜ: Töpfer) und 15,7g »Lehmwerker« (EÜ: Töpfer), rahmen eine Beschreibung »Über die möglichen Produkte eines Töpfers«. Dabei werden Worte, die in 13,11d die Möglichkeiten des *Holz*-Handwerkers bezeichneten (Gefäß/Gerät, nützlich/brauchbar, Dienst/Gebrauch), in 15,7b.d.f wiederverwendet.

15,8-9 schildern die Perversion des Handwerks eines Töpfers, wenn er Götzen formt. Während beim Holzbearbeiter die Aufmerksamkeit der Hilflosigkeit des Schnitzbildes galt, das er aus Zeitvertreib und nur zur persönlichen »Andacht« angefertigt hatte, wendet sich der Sprecher nunmehr dem Geschäftemachen eines Handwerkers zu, der von einem Götterbild, das er selbst geformt hat, eine persönliche Hilfe wie der Holzbearbeiter (s.o. zu 13,17-19) gar nicht erwartet. Er, der selber »vor kurzem aus Erde entstanden ist und nach wenig Zeit zu ihr zurückkehrt, von der er genommen wurde« (vgl. Gen 3,19 in der Strafandrohung nach dem Sündenfall), spielt den »Richter« und Göttererschaffer.

Danach greift der Sprecher mit anderen Worten die in der hellenistischen Literatur verbreiteten resignativ-trotzigen Gedanken der Frevlerrede in 2,1-5 auf: Der kurze Kreislauf des Lebens »von Erde zu Erde«, bis dem Menschen das nur als Leihgabe und Kredit gewährte Leben wieder abgefordert wird, hält den Götzenanfertiger nicht von seinem Tun ab. Er formt einen verstandlosen »Gott« (EÜ: nichtigen; s.o. 13,1). Und da seine Kundschaft Plastiken aus Gold, Silber oder Bronze nicht erschwingen kann, modelliert er ihnen Kopien (EÜ: Trugbilder; wörtlich: Unechtes, Nichtoriginelles, s.o. zu 2,16a) aus dem viel billigeren Ton.

15,10-13 deuten und bewerten Intention und Verhalten eines Töpfers, der Götzen modelliert. Dazu zitiert der Sprecher den Schluß des Abschnitts über die Götzenanfertigung aus dem Jesajabuch in der Septuaginta-Fassung (MT hat einen anderen Wortlaut): »Erkennt: Asche ist ihr Herz, und sie gehen in die Irre, und niemand kann sein Leben herausreißen (retten)...« (Jes^{LXX} 44,20). »Herz« bezeichnet biblisch den Sitz des Intellekts *und* der Gefühle, des Erkennens *und* des Wollens eines Menschen, »Asche« dagegen einen ausgebrannten, zu nichts mehr dienlichen Rest, der unbeachtet verweht. Wessen Bemühen bis zur Erschöpfung (15,8a) dem Formen von Lehm zu einem »Gott«, den man verkaufen kann, gilt, dessen Hoffnung und Leben ist bedeutungsloser als das von ihm verwendete Material; vgl. die Kennzeichnung des Lebens(endes) der Frevler mit den gleichen Worten in 3,17-18; 4,19; 5,4; 12,23-27).

Als Grund für die dreigliedrige Bewertung in 15,10 wird in *15,11* die Nichtanerkennung des Schöpfers genannt, dessen Tätigkeit ebenfalls in drei Gliedern in Erinnerung gerufen wird. In seiner Formulierung verbindet der Sprecher den Wortlaut von Gen 2,7 (formen; Lebensatem einhauchen; lebendiges Wesen) mit Ausdrücken der stoischen Bildungssprache (*wirkende* Seele; *lebender* Geist). Die dahinter stehende Betrachtungsweise des Lebens zeichnet der Sprecher mit Metaphern, die seit PLATON in der griechischen Literatur weit verbreitet waren: Das Leben ist ein Spiel (s.o. zu 12,25-26), ein einträglicher Jahrmarkt. *Panegyrismós* bezeichnet wie »Kirmes, Messe« zunächst ein jährliches Fest an einem Heiligtum, ein Volksfest; die gewerblichen Begleitinteressen der Andenkenhändler, Essenverkäufer usw. an solchen Wallfahrtsorten, in Messestädten und bei Olympischen Spielen haben sich im Laufe der Jahrhunderte offenbar nur unwesentlich verändert. Die Äußerung des gewinnorientierten Töpfers in 15,12c war ebenfalls ein verbreiteter Topos, der sich später wiederfindet in der Antwort des Kaisers Vespasian an seinen Sohn Titus, der ihm vorhielt, er dürfe doch die Toilettenhäuschen (bis heute heißen sie französisch: *Vespasiennes*) in Rom nicht steuerpflichtig machen: *pecunia non olet* (Geld stinkt nicht). Die Rolle des geschäftlichen Gewinns als Antriebskraft hatte der Sprecher auch in 13,19; 14,2 schon erwähnt.

15,13 faßt den Töpferabschnitt zusammen und schließt zugleich den Mittelteil der grundsätzlichen Überlegung II ab. Wer, wie der Keramikhersteller und -händler, sagt, man müsse auch aus Schlimmem Gewinn machen, gibt durch diese »Entschuldigung« zu, daß er sich mehr als alle anderen auch dessen bewußt ist, daß er *sündigt* (s.o. zu 14,31). Die EÜ läßt mit der Übersetzung »(er) fertigt« für *demiurgón* nur die Bedeutung des Wortes in der Alltagssprache »als

Handwerker in öffentlichem Interesse arbeiten« erkennen, nicht seinen religiös-mythologischen Beiklang »als (untergeordneter) Schöpfergott wirken«. Indem der Töpfer sich entscheidet (s.o. zu 15,7g »Richter«), aus der erdhaften, also unbelebten, Materie neben zerbrechlichen Gefäßen auch Statuen, die als Götter verehrt werden, zu formen, vergeht er sich.

Die »Feinde deines Volkes« (= Ägypter) steigern noch die genannten Vergehen: Außer den Götzenbildern der Völker verehren sie auch widerliche Tiere (15,14-19)

15,14 nennt das Subjekt der folgenden Ausführungen und stellt überschriftartig die »These« voran: »Am törichtsten (EÜ: ganz unverständig) aber und elender als Kleinkinder (s.o. zu 12,14; EÜ: ärmer als eines Kindes Seele) waren alle Feinde deines Volkes, die es unterdrückt hatten«. Unübersehbar sind damit die Ägypter gemeint, sowohl die früheren zur Zeit des Exodus als auch die zeitgenössischen in der synkretistischen römisch-hellenistischen Umgebung des Verfassers und der Leser (15,18a steht im Präsens). 15,15-19 begründet die These (in der EÜ ist das einleitende »weil« ausgelassen) in zwei Abschnitten: »weil sie einerseits alle Götzenbilder der Völker für Götter hielten...« (15,15-17), und »andererseits sogar die widerlichsten Tiere göttlich verehren...« (15,18-19).

15,15-17 An 15,15a »weil sie ... für Götter hielten« schließt sich ein fünfgliedriger Relativsatz *15,15b-f* an, der sich inhaltlich an Ps 115,5-7 anlehnt und beschreibt, was die Götzenbilder mit ihren Augen, Nasen, Ohren, Fingern und Füßen nicht vermögen, aber mit anderen Worten. Auffällig ist, daß Mund und Kehle, die im Psalm am Anfang und Ende stehen, und die zugehörigen Fähigkeiten (Sprechen und Stimmehaben) nicht mitübernommen sind (vgl. Dtn 4,28). Denkt der Sprecher an eine Orakelpraxis, in der Götterbilder durch Kopfbewegung und dazu erklingende Laute »Antworten gaben«? Sicher hatte er von dem in der römischen Zeit berühmten »Weltwunder des singenden Memnonskolosses« gehört: Die nördliche der zwei ca. 20m hohen Sitzstatuen Amenophis III. in Theben-West erhielt bei einem Erdbeben (vor dem Jahre 27 v.Chr.) einen Sprung und »sang« bei der morgendlichen

Erwärmung; seit Reparaturarbeiten unter Septimius Severus 199 n.Chr. ist der Koloß wieder verstummt.

Vor die Fortsetzung des in 15,15a begonnenen »weil...«-Satzes sind als Parenthese *15,16-17* gesetzt: Der sterbliche Mensch hat Geist und Leben nur als Leihgabe (s.o. zu 15,8); »formen« kann er nur Unbelebtes, nicht etwas ihm Ähnliches, das kann nur Gott der Schöpfer: Gen 1,26f.; 2,7. Der Mensch bleibt jedoch allen göttlich verehrten Gegenständen (s.o. zu 14,20) immer überlegen, weil er *Leben* erhalten hat, sie aber nie. In *15,18a* folgt die zweite, das Vergehen spezifisch steigernde Hälfte des in 15,15a begonnenen »weil«-Satzes. In drei Gliedern (*15,18b.19a.b*) wird dann die Bezeichnung »ganz widerlich« für die (in Ägypten) verehrten Tiere begründet: Mit der Intelligenz anderer Tiere verglichen, sind sie diesen unterlegen (s.o. zu 11,15); sie sind auch nicht begehrenswert »schön« (s.o. zu 13,3-7), soweit man bei Tieren diese Bezeichnung überhaupt verwenden kann; und schließlich, da sie nicht als Anlaß zum Lob Gottes dienen und nicht dazu beitragen (vgl. Ps 148,10; Dan$^{LXX+Theod}$ 3,79-81), gilt ihnen auch nicht mehr der Segen über die ganze Schöpfung (s.o. zu 14,7) und über die Tiere im besonderen (Gen 1,21-22.25.28), denen der Segen nur durch den Menschen vermittelt zukommt. So zeigt sich noch einmal, daß die Kritik des Sprechers an der Vergötzung irgendeines Teiles oder Wesens der untermenschlichen Schöpfung aus seinem Gottesbild und seiner damit verbundenen hohen Einschätzung der *Menschenwürde* entspringt (s.o. zu 2,23; 9,2-3; 12,8; 15,1-3).

15,14-19 ist eine *Bindeperikope:* Als dritter und abschließender Abschnitt der grundsätzlichen Überlegung II greift sie zusammenfassend die seit 13,1 vorgetragene Kritik an der Götzenverehrung auf und wendet sie auf die »Feinde deines Volkes« an. Zugleich leitet sie mit dem Thema Tierverehrung (15,18-19) zur zweiten und dritten Gegenüberstellung (»Strafen und Wohltaten durch Tiere«) über (s.o. zu 11,15).

Gottes Strafen und Wohltaten durch Tiere I:

c. Tiere als Qual oder als genußvolle Nahrung 16,1-4

Der kurze Abschnitt ist durch die *Inklusion* »sie wurden gequält« (16,1b.4b) abgegrenzt. Durch Wiederholung werden als Leitwörter hervorgehoben: »Strafe(n)« 16,1a.2a (zusammen mit »wohltun«); »fremdartige Verkostung (außergewöhnlicher Genuß)« 16,2b.3e; »Begierde / begehren« 16,2b.3a; »entbehrend / Entbehrung« 16,3d.4a; »Appetit« 16,2b.3c; »Nahrung« 16,2c.3a. Mit dem unbetonten »sie« ist die zuletzt genannte Gruppe von Götzenverehrern gemeint (15,14b »die Feinde deines Volkes« wird in 16,4b »ihre Feinde« wiederaufgenommen).

Nachdem der Sprecher in 11,15 – 12,27 erörtert hat, was »Strafen« von Gott her bedeutet und mit welchem positiven Ziel es geschieht, und nachdem er in 13,1 – 15,19 dargelegt hat, für *welche* Vergehen die Götzenverehrer sich Strafen zuziehen, kann er im Folgenden »strafen« wie ein Kürzel verwenden und mit der in 11,4-14 begonnenen Reihe der Gegenüberstellungen fortfahren (s.o. zu 11,5). In der Erzählung von den ägyptischen Plagen (Ex 7 – 14), denen die Darstellung bezüglich der *Anordnung* folgt (s.o. zu 11,2), schließt sich an die Beschreibung des ungenießbar gewordenen Nilwassers die Erzählung von der Plage durch *Frösche* an. Das Wort »Frösche« verwendet der Sprecher aber nur einmal in seiner Schlußbetrachtung (19,10), in 16,1-4 dagegen gerade nicht (die Überschrift in der EÜ ist zu korrigieren). Stattdessen spricht er, in Aufnahme der »ganz widerlichen Lebewesen« (15,18a), von einer »Menge von Tieren«; in 11,15b trugen diese die zusätzliche Kennzeichnung »unbedeutend«, und neben ihnen waren »unvernünftige Kriechtiere« (Schlangen, Würmer, Reptilien) genannt.

Das nur in 11,15; 16,1 und 17,9 verwendete Wort *knódala* kommt sonst nie in der Septuaginta vor; es kann »Tiere« aller Art bezeichnen von winzigen Insekten bis zu Eseln oder wilden Tieren wie Löwen. Dieses eher seltene Wort benutzt der Verfasser als Oberbegriff, mit dem er sowohl einige der in Ägypten verehrten Tiere (z.B. die frosch- oder krötenköpfige bzw. -gestaltige Geburtshelfergöttin Heket, den käfergestaltigen Gott Chepri und verschiedene schlangengestaltige Göttinnen und Götter) als auch die in den

Plagenerzählungen erwähnten Tiere (Frösche Ex 7,26 – 8,11, Stechmücken Ex 8,12-15, Bremsen Ex 8,16-28 und Heuschrecken Ex 10,4-19) erfaßt. »Ungeziefer« in der EÜ (11,15 und 16,1) trifft nur einen Teil des Gemeinten, da dieses Wort ausschließlich Insekten bezeichnet; besser ist die Übersetzung von *knódala* mit »Getier« (so die EÜ in 17,9). Dabei mag ein abschätziger Unterton wie in »Viecher« mitklingen.

Während der Sprecher in 16,1-4 die »Strafen durch Tiere« anhand der appetitverderbenden Froschplage beschreibt, zieht er in 16,5-14 die »Bisse« von Heuschrecken und Bremsen heran für seine Gegenüberstellung zu Gottes »Wohltun durch Tiere«.

16,1 Das eröffnende »darum« verweist im besonderen auf die in 15,18-19 genannten Vergehen der Ägypter. »Durch ähnliche (wie die von ihnen verehrten, die EÜ ergänzt sachgemäß: Tiere) wurden sie entsprechend gestraft.« Es geht nicht um die Frage der Legitimation des Strafens (EÜ: »mit Recht«), sondern um eine Anwendung des in *11,16* (s.o.) benannten Prinzips. Die »Menge« von Getier in 16,1b (so auch in der Themenankündigung 11,15) entnimmt der Verfasser aus Ex 8,20 (die EÜ übersetzt dort »in Massen«) bei der Plage der Hundsfliegen bzw. Bremsen. Gott kann aber Tiere nach dem in *11,5* genannten Prinzip sowohl zur strafenden Qual der »Feinde« als auch zur Wohltat an seinem Volk einsetzen, in *16,2* als außergewöhnlichen Genuß zur Nahrung bei gierigem Hunger. Als Anhaltspunkt dieser Gegenüberstellung dient dem Sprecher die Erzählung von dem murrenden Verlangen der Israeliten nach Fleisch in der Wüste und der wunderbaren Sättigung durch Wachteln (Ex 16,3.12-13; Num 11,4.18.31-32; in den Lobpreis aufgenommen in Ps 78,26-29; 105,40).

16,3 (Die Sendung von Getier geschah mit der Wirkung,) »daß jene (= die Ägypter) ihr Verlangen nach Nahrung / vor Ekel vor den ihnen geschickten (Tieren) / und sogar ihren lebensnotwendigen Appetit verloren, / diese aber (= dein Volk) nur für eine kurze Zeit (der Speise) entbehrten / und dann an einem außergewöhnlichen Genuß Anteil erhielten«.

16,4 stellt nochmals »jene« (die Ägypter) und »diese« gegenüber, führt aber nicht aus, wozu es »notwendig war« (»sollte« in der EÜ gibt das im Text stehende »mußte« nicht wieder), »daß über *jene* tyrannisch Unterdrückenden eine unerbittliche Bedürftigkeit kam, *diesen* aber nur gezeigt zu werden brauchte, wie ihre Feinde gequält wurden«. Das Ziel der Sendung von Tieren und der Begierde nach Nahrung ist die Durchführung des Heils- und Rettungsplanes Gottes und bei »jenen und diesen« die Erkenntnis, daß er der HERR ist (vgl. oben zu 11,13.15c).

Gottes Strafen und Wohltaten durch Tiere II:

d. Bisse von Tieren als mahnende Erinnerung und Rettung oder als todbringende Strafe (16,5-14)

Die den Abschnitt markierenden Inklusionen (»-kommen« 16,5a.14b; »haben« 16,6b.13a) sind in der EÜ nicht erkennbar (»hereinbrach – entschwunden; bekamen – hast«). Der Abschnitt hat zwei zueinander parallele, je dreischrittige Unterabschnitte: In 16,5-10 bilden »Bisse« (16,5b.9a) eine Inklusion. Die Leitwörter »retten« (16,6b.7a.b.11b; 16,8b mittels anderem Wort: EÜ: »erlöst«) und »heilen« (16,9b.10b.12b) verschränken beide Unterabschnitte. Die Einzelschritte (A 5-6; B 7-8; C 9-10; A' 11; B' 12; C' 13-14) sind jeweils durch ein erklärendes »denn« verknüpft, ein siebtes »denn« steht im Schlußkolon von C (16,10b; die EÜ hat von den sieben nur zwei). Prägend für den Abschnitt ist auch die durchgehende Du-Anrede; im »wir« (16,8a »unsere«) schließt sich der Sprecher wieder mit dem Volk Gottes (damals beim Exodus) und in der Gegenwart mit den Lesern zusammen. Stichwortverkettungen zum vorhergehenden Abschnitt sind »überkam« (EÜ: hereinbrach; 16,4a.5a) und »(nur) für kurze (Zeit)« (16,3d.6a).

In der zweiten Gegenüberstellung 16,1-4 ging es um den Aufweis der Macht Gottes, Tiere mit strafender oder aber wohltuender Wirkung einzusetzen; deshalb erwähnte der Sprecher dort nicht das murrende Fehlverhalten der Israeliten (s.o. zu 1,10-11); daß er dies nicht verschweigen will, zeigt die Erwähnung des »Zornes« Gottes (16,5c) in der dritten Gegenüberstellung. In ihr ist auch die in einer Synkrisis übliche Reihenfolge (zuerst das schwächere, dann das bessere und hervorgehobene Glied) umgekehrt.

16,5-6 Während die Israeliten vor der Sendung der Wachteln »nur eine kurze Entbehrung« erlitten, wird als Steigerung nunmehr eine schlimme Begebenheit betrachtet: das Umkommen vieler Israeliten durch Bisse von Giftschlangen als Folge ihrer Auflehnung gegen Gott und gegen Mose (Num 21,4-9; vgl. Dtn 32,24). Aber selbst dieses als »Zorn« Gottes erfahrene Unglück währte »nicht bis zum Ende« (»Zorn« ähnlich nochmals 18,20); im Unterschied dazu kam über die Frevler erbarmungsloses Wüten »bis zum Ende« 19,1a. Vielmehr hatte die Erzeugung des kurzzeitigen Schreckens (vgl. Jes 54,7-8) als Ziel eine väterlich sorgende »Warnung« (so auch Flavius JOSEPHUS, *Antiq* III, 311; vgl. 1 Kor 10,9-11). »Warnung« kommt in der Septuaginta einzig hier vor; zur Bedeutung des entsprechenden Verbs s.o. zu 11,10; 12,2.26: Das Ziel der »Pädagogik« Gottes bei den Züchtigungen ist »Umkehr«. In dieser Not wurde ihnen ein »Symbol der Rettung« gegeben. Der Sprecher nimmt aus Num 21,7-9 weder die Fürsprache des Mose, noch den Befehl Gottes, ein Schlangenbild herzustellen und es anzuschauen, noch das Bild selber auf, sondern nur die »hohe Stange«, an der nach Num 21,8 die Eherne Schlange befestigt werden sollte (wohl zum Erweis, daß die tödliche Gefahr gefesselt und durch Gott besiegt war). Diese »hohe Stange« hatte die Septuaginta mit »Zeichen« wiedergegeben, der Sprecher ersetzt es durch das von ihm in ähnlicher Bedeutung verwendete *sýmbolon* (2,9; 5,13) und fügt »(der) Rettung« hinzu.

»Symbol« bezeichnet seiner ursprünglichen Bedeutung nach das abgebrochene Stück einer Sache (z.B. eines Ringes, Würfels, Täfelchens u.a.), das mit seinem Bruchrande zu dem anderen Stück paßte, so daß man beide zusammenlegen (*symbállein*) konnte. Solche Stücke bewahrte man als Erkennungs- und Beglaubigungszeichen auf. In seiner abgeleiteten Bedeutung bezeichnet dann Symbol ganz verschiedene Arten von Zeichen: Erkennungszeichen, Unterpfand, Vertrag, Vorzeichen, medizinisches Symptom und Zeichen im allgemeinen. Vom Kontext her wird man der Wiedergabe mit »Zeichen« den Vorzug geben. Der Autor will nämlich dem Schlangenbild jegliche innewohnende Kraft absprechen. Für ihn ist dieses nur das äußere Zeichen dafür, daß Gott selbst die Heilung wirkt (16,7.12). Die Rettung, die Israel in irdischer Not erfährt, ist ihrerseits das Zeichen der überraschenden Rettung der Gerechten (vgl. 5,2).

Nach: Hans MANESCHG, Die Erzählung von der ehernen Schlange (Num 21,4-9) in der Auslegung der frühen jüdischen Literatur (EHS 23/157), Frankfurt-Bern 1981, 126-127.

Die zweite Zielangabe am Ende von 16,6 »zur Erinnerung an das Gebot deines Gesetzes« (vgl. Ps 103,17f.; in der EÜ umschrieben) benennt *positiv,* wozu die verhängte Not dienen sollte (gegenüber der zunächst negativ klingenden ersten Zielbestimmung »zur Warnung«).

16,7-8 Um jedes magische Mißverständnis des »Symbols« auszuschließen, sagt der Sprecher ausdrücklich, daß das Angeschaute weder Ursache noch Vermittlung der Rettung war, vielmehr wurden die damals Überlebenden gerettet »durch dich, den Retter aller«. Die Anrede Gottes als »Retter« begegnet mehrfach in der Gebetssprache der Psalmen (»*mein* Retter«), auf das Volk bezogen vor allem im Jesajabuch, z.B.: »Ich bin Gott (MT: JHWH), und es gibt keinen anderen außer mir; ein gerechter (Gott) und *Retter* existiert nicht außer mir. *Wendet euch zu* mir und ihr werdet *gerettet werden,* ihr vom Äußersten (MT: alle Enden) der Erde. Ich bin Gott, und es gibt keinen anderen« (Jes^{LXX} 45,21f.). Durch den Anklang an dieses Gotteswort wird auch der Doppelsinn des Ausdrucks »wer sich hinwandte« erkennbar: Es ist sowohl im Sinne von Num 21,8 (wer hinblickt zur Schlange an der Stange) als auch von Jes 45,22 her (wer sich hinwendet zum HERRN) zu hören. Zur Universalisierung des Rettungsvermögens und -willens Gottes (»der Retter *aller;* der Erlösende aus *allem* Übel«) s.o. zu 14,3-6. In 16,8a wird das andere Glied der Gegenüberstellung (»unsere Feinde« s.o. zu 15,14b; 16,4b) genannt; wie bei der ersten Gegenüberstellung in 11,13 gewähren die Rettungs- und Wohltaten Gottes an seinem Volk auch ihnen (den Ägyptern) Möglichkeiten der Gotteserkenntnis und sind Aufforderungen zur Umkehr (s.o. zu 11,23; 12,2.10.19).

Könnte die Aufmerksamkeit, die der Sprecher der Erzählung von der Ehernen Schlange zuwendet, und die Art ihrer Darstellung von der Verehrung des *Heil- und Arztgottes Asklepios,* die sich, ausgehend von Trikka (Thessalien), dann von den weltberühmten sanatoriumsartigen Heiligtümern in Epidauros (Peloponnes) und Pergamon, in hellenistisch-römischer Zeit im ganzen Mittelmeerraum ausgebreitet hatte (ca. 500 Verehrungsstätten sind bekannt) mitbeeinflußt sein? Seit Ptolemäus V. Epiphanes (204-180 v.Chr.) war die Asklepiosverehrung auch in Ägypten eingeführt. Bekannte Heiligtümer befanden sich tief im Süden auf der Insel Philae (Gebiet des Ersten Nilkataraktes südlich von Assuan) und in Saqqara bei Memphis (Südspitze des Nildeltas, ca. 15 km südlich von Kairo; dort ineinsgesetzt mit dem altägyptischen Heilgott Imuthes / Imhotep). Im Asklepieion von Alexandria soll sogar eine große aus Äthiopien importierte Schlange gehalten worden sein. Kennzeichen des Asklepios (lat. Aesculapius) war der Äskulapstab, ein von der heiligen

Schlange umringelter Stab, der dann bis heute zum Zeichen der Ärzte wurde. Die Wortwurzeln der häufigsten Beinamen des Asklepios, »Retter«, der von Leiden befreit und vor Krankheiten bewahrt, und »Arzt«, spielen jedenfalls in 16,5-15 eine prägende Rolle: »rett-« 6b.7a.(8b).11b; »Arzt, heil-« 9b.10b.12a.b. Es dürfte wohl Absicht des Verfassers sein, daß er Schlangen nur als wütende Tiere mit todbringenden Bissen (16,5a-b) und als Ungeheuer mit giftspritzenden Zähnen (16,10a) darstellt, alles Retten und ärztliche Heilen aber ausschließlich dem HERRN und seinem Wort zuschreibt.

16,9-10 Hier findet die eigentliche Gegenüberstellung bezüglich der strafenden oder aber heilenden Wirkung von Tierbissen statt: »denn sie einerseits... – deine Kinder andererseits...«. Daß die Bisse der Heuschrecken und Bremsen (Stechmücken) die Ägypter *töteten,* fand der Sprecher nicht in den betreffenden Plagenerzählungen (Ex 8,12-15.16-28; 10,4-19), sondern in dem Wort des Pharao: »Betet zum HERRN, eurem Gott, er möge diesen *Tod* von mir wegnehmen!« (Ex 10,17). Damit bestätigte auch der Pharao, daß »sich kein Heilmittel für ihr Leben finden ließ«, nur der HERR konnte der Plage Einhalt gebieten. Vgl. auch die Hilflosigkeit der ägyptischen Wahrsager Ex 8,14f.; 9,11. Zur »Entsprechung« (EÜ: sie verdienten es ja) zwischen der Verehrung von Getier und der »Strafe von seiten solcher« (die EÜ fügt »Ungeziefer« hinzu) s.o. zu 16,1; 11,5.15f. Um die ganz andere Wirkung der Tierbisse auf die »Söhne (= Kinder)« hervorzuheben, steigert der Sprecher seine Ausdrucksweise: In 16,5b hatte er die auch für viele Israeliten nach Num 21,6 todbringenden Tiere »tückische Schlangen« genannt, nach 16,10a trugen selbst die Zähne von giftausstoßenden »Schlangenungeheuern« (wie Ex 7,9.10.12; vgl. Ps 91,13; von *drákon* stammt unser Wort »Drache«) nicht den Sieg über die »Söhne« Gottes davon, »denn deine (erbarmende) Liebe kam (ihnen helfend, schützend) entgegen und heilte sie«. Zur erbarmenden Liebe Gottes auch in Leiden und Gefahren s.o. zu 11,9.23; 12,22; 15,1 (9,1).

16,11 nimmt zunächst das in 16,6 Gesagte mit anderen Worten auf: »Zur Erinnerung« (= um sie zu erinnern) »an deine Worte«, also an das »Gebot deines Gesetzes« wie 16,6, aber darüber hinaus auch an die Verheißungen, Drohungen und Mahnungen, »wurden sie gestochen« (= »angespornt«: in der Septuaginta einmaliges Wort; vgl. Koh 12,11) »und schnell gerettet«. Dieser positiven Zielangabe wird in 16,11c-d gegenübergestellt, wozu es bei den Israeliten *nicht* kommen soll: zum Fall in tiefes Vergessen (vgl. z.B. die eindringlichen Mahnungen Dtn 4,9.23; 6,12; 8,11; 32,18). Als Folge und Begleitumstand des »Vergessens« beschreibt der Sprecher eine wichtige geistliche Erfahrung: Wer »vergißt«, d.h. Gottes Wohltaten und Schutz in Gefahr nicht dankbar anerkennt, wird sie auch bald nicht mehr wahrnehmen und schließlich ihnen gegenüber verschlossen sein. Dank für empfangene Gaben und immer wieder geschenkte Verzeihung und Bewußtsein der eigenen Schwäche und Schuld wachsen und schwinden im gleichen Maße, in dem jemand der religiösen Dimension seiner Erfahrung Aufmerksamkeit schenkt (= glaubt); vgl. auch unten zu 16,28. Die Übertragung in der EÜ »sich ungehindert deiner Wohltaten erfreuen« erfaßt den Text nur teilweise.

16,12 ist synonym parallel zu 16,7 formuliert und führt den Gedanken des »Rettens« auf das »Heilen« hin weiter. »Kraut und Pflaster« umschreiben die gesamte antike »Apotheke«; dabei steht »Kraut« für die *einzunehmenden* Medikamente (in der Regel Trank aus Zusammenstellungen von Heilkräutern), »Pflaster« für die künstlich hergestellten Heilmittel zur *äußeren* Anwendung. Als Verb ist sachgemäß mit beiden Wörtern »therapieren« verbunden (= ärztlich behandeln; EÜ: gesundmachen). Wie in 16,7 folgt auf eine abgewiesene Fehldeutung, eingeleitet durch »sondern«, die geradezu feierliche Bekenntnisaussage: »es machte sie gesund ... dein, HERR, alles heilendes Wort«. Damit wird zwar zunächst Bezug genommen auf das befehlende und verheißende Wort in Num 21,8: »Und der HERR *sagte* zu Mose: Mach dir eine Schlange und befestige sie auf einer Stange! Und es wird sein: Jeder Gebissene, der sie anblickt, wird leben.« Wie aber die mitzuhörenden parallelen Aussagen 16,7 (»Jeder, der sich hinwandte, wurde gerettet ... durch dich, den Retter aller«), 16,10b (»deine erbarmende Liebe ... heilte sie«) und 16,26c (»dein Ausspruch hält die dir Vertrauenden am Leben«) deutlich machen, möchte der Sprecher nicht nur beschreiben, was sich damals in der Wüste bei der Schlangenplage zeigte, sondern anläßlich der Rettung aus dieser Notlage preisend einen grundlegenden Wesenszug Gottes bekennen. Für seine Formulierung könnten dem Sprecher mehrere Texte als Vorbild gedient haben, z.B. Ps 107,20: »Er sendet ihnen sein Wort und heilt sie / und rettet sie vor ihrem Umkommen« oder Jes 55,11: »So ist es auch mit meinem Wort, das aus meinem Mund hervorgeht, / es kehrt nicht leer zu mir zurück / sondern bewirkt, was ich will, / und führt erfolgreich durch, wozu ich es gesandt habe«. Das »Wort« Gottes wird dabei dargestellt wie ein Bote, ein zum Handeln, Retten und Heilen Bevollmächtigter (für hebr. *dābār* steht in Weish wie auch sonst in der Septuaginta ohne erkennbaren Bedeutungsunterschied *lógos* und *rhêma*). Wie die »Weisheit« (s.o. zu 7,12.22a) ist auch das »Wort« Gottes eine literarische Personifikation, nicht eine selbständige personhafte Gestalt »neben« oder gar außerhalb von Gott. Das wird deutlich in der begründenden Fortführung 16,13 »denn *du* ...« und war schon vorgegeben in den mehrfach vom Sprecher herangezogenen Abschnitten der Heiligen Schrift, z.B.: »Ich bin der HERR, dein Arzt« Ex 15,26 oder »Lobe den HERRN, ... den all deine Schuld Verzeihenden und alle deine Krankheiten Heilenden« Ps 103,3. Während der Sprecher in der Gestalt der »Weisheit« den sich liebevoll mitteilenden und Zugang zu sich erschließenden Gott gepriesen hat (vor allem im zweiten Buchteil), besingt er in der Gestalt des »Wortes« (s. auch unten zu 18,15) den als König gebieterisch handelnden Gott, der erschafft, rettet, heilt und verzeiht, der aber den Schuldigen nicht für unschuldig erklärt und Abwendung von der Gerechtigkeit nicht folgenlos sein läßt (»straft«). Daß dies nicht aus Willkür geschieht, wurde in der ersten grundsätzlichen Überlegung (11,15 – 12,27) ausführlich erörtert.

16,13-14 steigert das bisher über Gottes Retten und Heilen Gesagte ganz umfassend: Ärzte mögen *heilen* oder Krankheiten lindern, Richter (z.B. Ri 3,9.31; 6,14f.36f.; 8,22; 10,1 u.ö.) und Feldherren mögen eine Stadt oder ein Land für ein gewisse Zeit vor einem militärischen Feind *retten* – Vollmacht über Tod und Leben aber hat niemand außer dem HERRN, dem Schöpfer und Erlöser – »du« (allein). Für diese Überzeugung stützt sich der Sprecher auf das Moselied Dtn 32,39 »Seht jetzt: Ich, ich bin es, / es gibt keinen Gott neben mir. / Ich töte und erhalte am Leben, / ich schlage und ich heile, / und es gibt niemand, der meiner Hand entreißen kann« und auf das Lied der Hanna 1 Sam 2,6 »Der HERR tötet und erhält am Leben, / er führt hinab zur Unterwelt und führt herauf« in der Formulierung, in der diese Liedaussagen in den Hymnus des Tobit aufgenommen wurden »... er züchtigt und erbarmt sich / er führt hinab in die Unterwelt und führt herauf, / und es gibt niemand, der seiner Hand entfliehen wird« *Tob 13,2* in der jüngeren (ägyptischen?) griechischen Fassung. Die Hinzufügung der »Tore« der Unterwelt, die in der Bibel und in der griechischen Mythologie als finsterer Kerker der Toten vorgestellt wurde, dürfte auf Ps 107, 17-20 verweisen; vgl. Ps 9,14. Dieser souveränen Vollmacht Gottes wird in *16,14* die Ohnmacht eines (jeden) Menschen als Kontrast gegenübergestellt: Er ist in der Lage zu töten, und zwar aus Bosheit; er kann aber allenfalls Unbelebtes gestalten (vgl. die zweite grundsätzliche Überlegung 13,1 – 15,19), über Geist und Leben jedoch hat er keinerlei Verfügung, um einen Toten wieder lebendig zu machen und einen in die Totenwelt Aufgenommenen daraus zu befreien. Nicht zufällig greift der Sprecher hier auf die hoffnungsleere Beschreibung der heillosen Flüchtigkeit und Unverfügbarkeit des Lebens in der Rede der »Frevler« 2,1-5 zurück. Wie schon in 3,1-9 (vgl. auch 5,1-23 und die Einleitungen zu Kap. 3 und 5) fällt die Zurückhaltung des Verfassers auf, das »Leben« jenseits der Todesgrenze, über das Gott auch Vollmacht besitzt, irgendwie näher zu bestimmen oder auszumalen. Daß der Sprecher hier im Zusammenhang mit der Schlangenplage in der Wüste außer den genannten und ähnlichen Stellen der Heiligen Schrift auch noch die Erzählungen über Totenerweckungen der Propheten Elija und Elischa im Blick habe, legt sich nicht nahe.

3. *Vom Himmel Gesandtes* als Strafe oder als Wohltat: Regengüsse, Feuer, Hagel oder Manna (16,15-29)

16,15-29 steht als dritter der fünf Abschnitte des dritten Buchteils (11,2 – 19,22) und als vierte der sieben Gegenüberstellungen darin hervorgehoben in der *Mitte.* Während Ex, Num und Dtn jeweils nur zwei oder drei »Zeichen und Wunder« aus der Wüstenzeit erzählen, betrachtet der Sprecher in den ersten Gegenüberstellungen *vier:* 1. Wasser aus dem Felsen; 2. Wachteln (nicht in Dtn); 3. giftige Schlangen (nicht in Ex); 4. Manna (in Num nur vorausgesetzt). Da das Wasser aus dem Felsen, die Wachteln und die Schlangenbisse als einmalige Ereignisse erzählt sind, das Manna aber eine Zeitlang kontinuierlich gegeben wurde, wird ihm in 16,15-29 der Platz im Zentrum gewidmet.

Welch hohe Bedeutung der Verfasser diesem während der ganzen Notzeit der Wüste gewährten Zeichen zumißt (nach Ex 16,35;

Jos 5,12 blieb das Manna erst aus, als die Israeliten von den Erträgen des Landes essen konnten), zeigt die Wiederaufnahme und Fortführung von 16,15-29 im Summarium zum dritten Buchteil 19,6-21 (s.u.). Pierre Dumoulin weist auf fünf Grundthemen hin, die der Sprecher in den Abschnitten über das Manna meditiert: Es ist alltäglich lebenerhaltende Nahrung; von seiner Herkunft aus dem Himmel her gehört es zu einer neuen Wirkweise der Schöpfung; es macht sinnenhaft erfahrbar und versinnbildlicht die Wirksamkeit des Wortes Gottes (als Quelle der Erkenntnis Gottes und seines Willens); es belehrt über das Gebet (als Bitte, als Danksagung, als Begegnung mit Gott); es ist Nahrung, die an der Unvergänglichkeit Gottes teilhaben läßt.

Das Monokolon *16,15* (Sentenz, Merkspruch in Anredeform) hat dabei eine Überleitungsfunktion: Es ist aus den in 16,13-14 zitierten Texten (vgl. *Tob 13,2*) gebildet und faßt als Summarium die dritte Gegenüberstellung 16,5-14 zusammen: Gottes Macht (»Hand«) erstreckt sich nicht nur auf die Welt der Lebenden, sondern auch auf die der Toten. Zugleich bildet 16,15 die durch »aber« (in der EÜ ausgelassen) abgesetzte Einleitung zu 16,15-29. Eine ähnliche Überleitungsfunktion hat 17,1a, ein jubelnder Ausruf, der das Voranstehende zusammenfaßt und zugleich den vierten Abschnitt bzw. die fünfte Gegenüberstellung 17,1 – 18,4 einleitet.

Leitworte des Abschnitts sind »Feuer« 16,16.17.19.22$^{(2x)}$.27 und »Wasser« 16,17.19.29. Einen ersten Unterabschnitt darin bildet 16,16-23; er ist durch die *Inklusion* »Regen(güsse), Hagel(schauer)« 16,16.22 markiert; der erste Absatz darin 16,16-19 ist geprägt durch »Frevler ... kennen« (16,16.18), der zweite, bis in die Wortwahl dem ersten parallele Absatz beginnt in 16,20 mit »stattdessen« (EÜ: dagegen) und wird durch die *Inklusion* »Nahrung / ernähren« 16,20.23 angezeigt. 16,24 formuliert in einer Art Zwischenbilanz die Einsicht, die aus der Darstellung in 16,15-23 zu gewinnen ist. Der zweite Unterabschnitt 16,25-29 zieht »Lehren« aus dem in 16,15-24 Erörterten.

Bereits in 12,27c, am Ende der Themenankündigung zu Kap. 13 – 15, begegnete die in *16,16* wiederkehrende Wendung »(durch Verhalten) leugnen, (Gott bzw. dich) zu kennen«; der Bezug ist in der EÜ wegen der unterschiedlichen Übersetzung unkenntlich: »nichts wissen wollen von« 12,27c; »behaupten, nicht zu kennen« 16,16a.

Da das Ziel der Anerkennung des wahren Gottes beim Pharao, seinen Religionssachverständigen und den Ägyptern nach dem Buch Exodus durch die Plagen nicht erreicht wurde (s.o. zu 11,15f.), sind sie als »Frevler« schuldig geworden (s.o. in der Einleitung den Abschnitt zur Übersetzung »Gerechte – Frevler«) und wurden »gegeißelt« (s.o. 12,22a) durch »unerbittliche« Naturkräfte (Regengüsse, Hagelschläge, Wolkenbrüche) und verzehrt von Feuer, die alle der Macht des Schöpfers gehorchen (»durch deinen kraftvollen Arm«) und seinen Zielen dienen (s.u. zu 16,24 und 19,6.18-21; vgl. 1,14; 5,17-20).

Einer ihm bekannten Ausgestaltung folgend (ähnlich auch PHILON, *Leben Moses* I 118f.) nimmt der Verfasser die Erzählung der (siebten) Plage aus Ex 9,13-35 auf. Der Regen, der in Ex^{MT} 9,33.34 nur beiläufig erwähnt wurde und in der Verbform »(Hagel) *regnen* lassen« in 9,18.23 mitklang, erhält dabei durch zwei Ausdrücke (beide im Plural, um Intensität und Wiederholung zu bezeichnen) eine hervorgehobene Bedeutung. Zusammen mit dem in Ägypten ebenfalls nur ganz selten vorkommenden Hagel wird der Regen *xénos* »ungewöhnlich« genannt (so auch die EÜ über den Tod im Roten Meer 19,5; dasselbe Wort hatte die EÜ beim Genuß der Wachteln in 16,2b.3e mit »fremdartig« übersetzt) und »unerbittlich« (die EÜ übersetzt hier mit »schrecklich«, in 16,4 jedoch mit »unabwendbar«). Während in Ex 9,23f. das »Feuer« nur »niederfuhr und mitten im Hagel flackernd zuckte«, bezeugen PHILON (s.o.) und der Verfasser eine Auslegung, wonach das »Feuer« Lebewesen »verzehrte«. Die bei der Hagelplage in Ex viel häufiger als das »Feuer« erwähnten (Donner-)»Stimmen« greift der Sprecher hier gar nicht auf.

16,17 Rabbinische Kommentare sprechen anläßlich von Ex 9,24 von einem »Wunder im Wunder: Das Feuer und der Hagel waren unter einander gemischt, und der Hagel besteht doch aus Wasser. Allein, um den Willen des Schöpfers zu vollziehen, schlossen beide Frieden mit einander« (so Raschi, zit. nach C.L.W. Grimm). Aus diesem »ganz Unerwartbaren« (EÜ: das Seltsamste; vgl. 5,2; 19,5) gewinnt der Sprecher seine Überzeugung, die er bereits im Leitprinzip I (s.o. zu 11,5) formuliert hatte und die den ganzen letzten Buchteil prägt: Der Kosmos (EÜ: Natur) und alle Naturphänomene und Elemente können von Gott eingesetzt werden zugunsten der »Gerechten«. Dabei nutzt der Sprecher die Beobachtung, daß in Ex 9 nur von »Feuer« gesprochen wird und nicht von »Blitz«; diesen hat die EÜ in Ex 9,23.24 eingetragen, aber für »Blitz« gibt es ein eigenes Wort im Hebräischen. Selbstverständlich ist dem Sprecher bewußt, daß mit dem »Feuer« in Ex 9 »Blitze« gemeint sind (s.u. 16,22d).

Midraschartig* wird in *16,18-19* die in 16,24 formulierte Überzeugung mit Angaben aus den Plagenerzählungen illustriert: Bald wurde das Feuer gemäßigt, um nicht alle Lebewesen zu verzehren; denn einerseits war in der folgenden Erzählung über die Heuschreckenplage (Ex 10) ja noch einiges zum Aufgefressenwerden übrig, was (das Feuer im) Hagel nicht vernichtet hatte, andererseits und vor allem wurden die als Strafen gesandten Tiere (s.o. zu 16,1-4.5-14) unversehrt gelassen. Letzteres entnahm der Sprecher daraus, daß die Heuschreckenplage in Ex 10 erst *nach* dem Hagel erzählt wird. Dadurch erhielten die »Frevler« noch eine Möglichkeit einzusehen, daß es sich um Gottes Gericht handelte. Bald brannte das Feuer mitten im Wasser mit einer Kraft »über die von Feuer hinaus«, um zu vernichten, was auf dem Land wuchs. Dieses wird wegen der Weigerung seiner Bewohner, Gott anzuerkennen, »ungerecht« genannt.

Diesen die Frevler verfolgenden und verzehrenden Vernichtungskräften (Regen, Hagel, Feuer) wird in *16,20* die (ebenfalls vom Himmel fallende) »Engelnahrung« gegenübergestellt, mit der der Angeredete (Du, Gott) sein Volk »gefüttert« hat (»füttern, speisen« verwendet auch Dtn 8,3.16), eingeleitet wie in 11,6; 16,2; 18,3 mit »demgegenüber, stattdessen«. Daß »normalerweise« weder in Ägypten noch in der Wüste Sinai etwas von oben auf die Erde fällt, dürfte den Verfasser zu der Gegenüberstellung von (siebter) Plage und Mannagabe angeregt haben.

Für seine Umschreibung des namentlich nicht genannten Manna nimmt der Sprecher einige Elemente aus der Erzählung in Ex 16 auf, läßt aber folgende dort wichtige Züge aus: das Murren des Volkes gegen Mose und Aaron und die Unterstellung einer Vernichtungsabsicht bei der Herausführung aus Ägypten in die Wüste (dieses Motiv hatte er bereits verwendet in der Warnung vor dem »Murren« und Verleumden in 1,1b.10-11); die gerechte Verteilung einer ausreichenden Mannamenge an jeden einzelnen ungeachtet des individuellen Sammelergebnisses; das Verbot der Sammlung von Manna auf Vorrat für den folgenden Tag; die Erkenntnis des Sabbats und der diesbezüglichen Weisungen (am sechsten Tag fiel die doppelte Menge Manna, am Sabbat keines), die z.B. bei PHILON ausführlich als prophetisches und mit einem Wunder bestätigtes Offenbarmachen des Sabbats durch Mose dargestellt wird (*Leben Moses* II, 258-269).

Aus den Erwähnungen des Manna im Buch Numeri übernimmt der Sprecher nicht die Überdrußäußerungen: »Es gibt kein Brot und kein Wasser, wir haben Widerwillen gegen das elende Brot« Num 21,5; ähnlich ist Num 11,6 zu verstehen: »Und jetzt vertrocknet unsere Kehle; nichts ist da; nur auf das Manna (fallen) unsere Augen.« Wohl aber verwendet er die Beschreibung von Num 11,7-9.

Die Formulierung »Engelnahrung« lehnt sich nicht an den MT-Text »Brot von Starken aß man«, sondern an die Septuaginta-Fassung von Ps 78,25a an: »Brot von *Engeln* aß (der) Mensch«. Damit ist nicht die Vorstellung verbunden, daß Engel Nahrung zu sich nähmen (vgl. die Bemerkung zum Problem von »essenden Engeln« in Tob 12,19); vielmehr wird so der Herkunftsbereich des Manna bezeichnet, das nicht unserer alltäglichen Erfahrungswelt angehört. Ps 78 seinerseits setzt schon das Nebeneinander der Mannadarstellungen in Ex und Num voraus und folgt dabei der Tendenz von Ex 16 (so auch Dtn 8,3-16; Ps 105,40; Neh 9,14-21; Weish 16,20-29).

»Fertiges (bereitetes) Brot« nimmt aus der zweifelnden Frage von Ps 78,19-20: »Wird Gott einen Tisch bereiten können in der Wüste? ... Kann er auch Brot geben oder Fleisch (LXX: einen Tisch) *bereiten* für sein Volk?« außer »Brot« nur den Wortstamm »bereit« positiv gewendet auf; die anschließend in Ps 78,22 gegebene Beurteilung dieser Frage: »Denn sie glaubten nicht an (vertrauten nicht auf) Gott, und vertrauten (LXX: hofften) nicht auf seine Rettung« läßt der Sprecher dann in 16,29 nachklingen.

Daß Gott das Manna »mühelos« (EÜ: unermüdlich) gewährte, verweist auf die lange Zeit der 40 Wüstenjahre. PHILON scheint dieselbe Auslegungstradition zu kennen, bezieht aber »ohne Mühe und Anstrengung« auf die Israeliten (*Leben Moses* II, 267).

16,20c (Brot), »das jeden Genuß zu bieten vermochte und jedem Geschmack sich anpaßte« ist der älteste Beleg für eine Erläuterung des Mannawunders, die später in mehreren rabbinischen Midraschim unterschiedlich ausgeformt und weitergeführt wird, z.B.: Es schmeckte nach Milch für Kinder, nach Brot für Erwachsene, nach Honig für Alte, nach in Öl und Honig Getunktem für Kranke (ExR zu Ex 16,4). Hervorgerufen wurde diese Auslegung durch die unterschiedliche Beschreibung von Gestalt und Geschmack des Manna in Ex und Num: Nach Ex 16,14.31 sah es aus »fein, knusprig (*oder:* schuppenartig? LXX: wie weißer Koriander) wie Reif auf der Erde ... und schmeckte wie Honigkuchen«; nach Num 11,7-8 war es »wie Koriandersamen, und sein Aussehen war wie das Aussehen von Bdellium (LXX: Eis, Kristall; Bdellium ist ein helles, durchsichtiges Baumharz)... Und sein Geschmack (LXX: Genuß) war wie der Geschmack von Ölkuchen«. Das zuletzt genannte seltene Wort für »Kuchen« ließ sich auch als (Geschmack) »nach (Mutter-) Brust« (Geschmack wie fette Muttermilch) verstehen: s.o. die erste der rabbinischen Deutungen.

16,21 Darin, daß das von Gott »Gewährte« (EÜ: deine Gabe) seinen Geschmack jeweils so änderte, wie jeder es wünschte, erkennt der Sprecher eine Offenbarung der »Süßigkeit« (die EÜ umschreibt sachgemäß: zarte Liebe) Gottes. Diese Metapher für die väterliche Liebe Gottes zu seinen »Kindern« ist in der ganzen Heiligen Schrift einmalig (vgl. allenfalls Ps 34,9 »Kostet und seht, wie gütig der Herr ist«) und vertieft die *grundsätzliche Überlegung I* (11,15 – 12,27) über die Liebe Gottes zu seiner Schöpfung und zu seinen Kindern im Besonderen.

Mystik und eucharistische Frömmigkeit haben seit der Väterzeit immer gern diese Stelle aus dem Buch der Weisheit verwendet. Zu Texten mit verwandtem Inhalt in der Heiligen Schrift und der altchristlichen Literatur vgl. Joseph Ziegler, *Dulcedo Dei.* Ein Beitrag zur Theologie der griechischen und lateinischen Bibel (Atl.Abh. 13,2), Münster 1937.

16,22-23 Mit Hilfe von Ps 148, einer Aufforderung zum Lob Gottes an die ganze Schöpfung, die dort in allen ihren Bereichen, Aspekten und Gliedern katalogartig angeredet wird, meditiert der Sprecher anhand der Mannatexte der Schrift darüber, daß Gott die Elemente und Naturerscheinungen in Dienst nehmen kann und daß sie alle ihrem Schöpfer gehorsam dienen. Die Reihe »Feuer, Hagel, Schnee, Eis, / Sturmwind, die (alle) sein Wort ausführen« begegnet in der Schrift nur in Ps^{LXX} 148,8 (Ps^{MT} 148,8 hat »Nebel« anstelle von »Eis«). Was in Num 11,8 von der Wirkung des Feuers auf das Manna gesagt wurde (man konnte es kochen; nach späteren Midraschim: auch braten; Manna hielt also dem Feuer stand und schmolz nicht), überträgt der Sprecher auf die Naturphänomene, mit denen das Manna verglichen wurde: Schnee (statt »Reif« wie Ex 16,14) und Eis (nach Num^{LXX} 11,7). Gerade die so unterschiedliche Wirkung des *Feuers* für die »Gerechten« (es verzehrt ihre Gegner, läßt aber noch Tiere zur Plage am Leben und tut seinen Dienst bei der Nahrungsbereitung 16,17.23) und bei den »Frevlern, Feinden« (es verzehrt sie; statt durch Wasser oder Hagel zu erlöschen, wird es darin noch stärker; es läßt sie das Gericht Gottes erkennen und vernichtet ihre Ernte 16,16-19.23) macht anschaulich, welche Einsicht der Sprecher wecken möchte.

16,24 Wie einst beim Exodus, kann die »Schöpfung« (dieses Wort kommt im Buch sonst nur noch in 2,6; 5,17 und 19,6 vor) im Dienst dessen, der sie »gemacht« hat, zur Bestrafung gegen die »Ungerechten« (= die sich der Gerechtigkeit verweigern) »sich spannen«, und ebenso zur Wohltat (Heilung und Rettung) für die, die auf ihn vertrauen, »sich lockern«. Die Wendung »für die auf dich Vertrauenden« verweist auf 3,9 zurück: Was im ersten Buchteil für die Gerechten auch nach einem schmählich erlittenen Tode erhofft wird (s.o. zu 3,1-9), findet hier im dritten Buchteil (s.u. noch zu 19,6-21) seine kosmologische Begründung (s. bereits 1,14; 5,17-22; 8,1; 11,17-21) und »naturphilosophische« Erläuterung: »Anspannen« (EÜ: seine Kräfte steigern) und »loslassen« (EÜ: Kräfte zurückhalten) ist ein seit PLATON verwendetes, in der Stoa dann häufiges Wortpaar. Sowohl bei der Ordnung der Naturelemente als auch bei der seelischen Gesundheit muß »Eutonie« (richtige Spannung) herrschen. Wie ja die Exodusgeschichte schon gezeigt hat, bedarf es keiner Veränderung der Naturgesetze oder anderer für einen hellenistisch gebildeten Menschen unwahrscheinlicher Annahmen, um die Hoffnung der Gerechten »voll Unsterblichkeit« (3,4; s.o. das behutsam angedeutete Motiv »über den Tod hinaus« in 16,13-14.15) verständlich und plausibel zu machen.

Schon die in 16,16-23 dargestellten Ereignisse sollten zum *Erkennen* führen: In 16,18c sollten die »Frevler« aufgrund der Wahrnehmung, daß die sie plagenden Tiere vom Feuer nicht verbrannt wurden, sich *bewußt werden*, daß sie durch Gottes Gericht geschlagen wurden. Was Gott seinem Volk so wunderbar zur Verfügung stellte, das Manna, ließ seine »Süßigkeit«, seine zarte Liebe zu seinen Kindern, *aufscheinen* 16,21. Schließlich sollten die »Kinder Gottes« *erkennen*, daß das Feuer, das von Hagel und Regen in seiner Wirkung noch gesteigert wurde und die Ernte der »Feinde« zerstörte, Schnee und Eis jedoch nichts anhaben konnte, wenn Gott den Gerechten Nahrung bereitete 16,22-23. In dem nun folgenden Unterabschnitt 16,25-29 geht es ganz ausdrücklich um das »Lernen«, d.h. darum, aus dem in der Geschichte Beobachteten die richtigen Folgerungen für die eigene Einstellung und Lebenspraxis zu ziehen.

16,25-26 nehmen zunächst mit anderen Worten auf, was 16,20-21 im Anschluß an Ex, Num und Ps beschrieben hatte. Als neues, in Ex und Num nicht enthaltenes Element (vgl. aber Ps 105,40 »sie baten«) wird im Anschluß an die Auslegungstradition hinzugefügt, daß die Schöpfung im Dienst an »deinem alle nährenden Geschenk« nur *auf ein Bittgebet hin* sich in alles Gewünschte verwandelte, »*damit* deine Söhne und Töchter (die Parallele ›dein Volk‹ in 16,20 erweist den inklusiven Sinn von ›Söhne‹), die du liebgewonnen hast, HERR, *lernen:* ...« Während vor der Sendung der Wachteln »dein Volk« (ohne Unterschied zu den Ägyptern) nur einen »gierigen Hunger« hatte, den Gott durch den außergewöhnlichen Fleischgenuß stillte (s.o. zu 16,2-3), hat die Erfahrung der Schlangenbisse in der Vorstellung des Sprechers bei den Israeliten eine heilsame Reinigung und Bekehrung (16,7) bewirkt, so daß nunmehr ihr Verlangen und Wollen sich nicht mehr in Murren und Verleumden Gottes ausdrückt, sondern im Bittgebet, das seine Güte und Freigebigkeit anerkennt.

Bereits die vorangehende Gegenüberstellung (Wirkungen der Bisse von Tieren) hatte deutlich gemacht, wie stark sich der Sprecher von magischen Vorstellungen absetzt: Nicht Gegenstände »retten« irgendjemand oder -etwas, sondern Gott allein (16,7). Sein *Wort* »heilt« (16,12) und »bewahrt« (16,26) – jedoch nicht ungeachtet des Verhaltens der Menschen, sondern nur diejenigen, die sich »des Gebotes deines Gesetzes« erinnern und »dein Wohltun« nicht vergessen (16,6.11) und die »dir vertrauen/glauben« (durch Gebet, Hoffnung und Lebensweise) 16,26, vgl. 1,2; 12,2; 18,6. Die zugleich mit dem Manna erteilte Lehre des wieder (wie in 16,12) angeredeten HERRN wird formuliert in ausdeutender und präzisierender Anlehnung an Dtn^{LXX} 8,3 (»... er hat dich mit dem Manna gespeist, ... um dich erkennen zu lassen [LXX: um dir zu verkündigen], daß nicht vom Brot allein der Mensch lebt; sondern von allem [LXX: jedem Wort], das aus dem Munde Gottes hervorgeht, lebt der Mensch«): Um die in Dtn 8,3 mögliche Gleichung Brot = Manna und die dadurch entstehende Entgegensetzung von Manna und (dein) »Wort« deutlich auszuschließen, ersetzt der Sprecher »Brot« durch »die Erzeugnisse (des Feldes) an Früchten«. Die Wendung »(der Mensch) lebt nicht (vom Brot) *allein*«, die mißverstanden werden könnte, als sei dem Wort Gottes eine nur ergänzende Bedeutung gegenüber dem »Brot« zuzuschreiben, ändert er zu »(sie) *nähren* (den) Menschen *nicht*«. Was der Sprecher mit »nähren« meint, wird aus 16,26c erkennbar: »bewahren« (im Sein und Leben im umfassenden Sinne, vgl. 1,13f.; 2,23f.; 3,1-9; 5,1-2.15-16).

Im Unterschied zum allegorischen Vorgehen PHILONS setzt der Verfasser jedoch Manna und »Wort« (Gottes) nicht gleich. Das Manna machte vielmehr sinnenhaft wahrnehmbar, was das »Wort« und darin Gott selbst im Glaubenden wirkt.

16,27-28 Im Zusammenhang (»denn«) mit der gerade dargelegten Lehre gewinnt der Sprecher eine weitere geistliche Erkenntnis, die immer und allen gilt (»damit erkennbar/offenkundig sei«: die EÜ verdunkelt die durch die Formulierung beabsichtigte Allgemeingültigkeit). Er verknüpft darin die in 16,22 (aus Num 11,8) erinnerte Feststellung, daß das schnee- und eisartige Manna dem ansonsten zerstörerischen Feuer standhielt und nicht schmolz, und die Beobachtung aus Ex^{LXX} 16,21, daß die Israeliten das Manna ganz früh jeden Morgen sammeln mußten, da es schmolz, sobald auch nur ein leichter Sonnenstrahl es durchwärmte, mit dem in den Psalmen so häufigen Motiv des »Gebets am Morgen, in der Frühe« (z.B. Ps 5,4; 17,15; 57,9f.; 78,34; 88,14; 90,14; 143,8). Die Danksagung (*Eucharistía*), die jeder Tagesarbeit voranzustellen ist, »bedeutet die volle Anerkennung, daß jede Gabe von Gott kommt, sie ist Lob, Dank, Staunen, Anbetung, vertrauensvolles Gebet, Antwort auf Gottes Liebe zu allen, die ihn bitten, und auf sein Wort, das alle, die an ihn glauben, im Leben bewahrt; Danksagung ist Begegnung mit Gott (16,28b) und, mehr noch als die Bitte, Zeichen der

Bereitschaft, von Gott Geschenke zu empfangen« (P. DUMOULIN 123). Dankbarkeit und Anerkennung des bereits Empfangenen machen erst weitere Geschenke, ihre Wahrnehmung und Annahme, möglich (s.o. zu 16,11). Damit vertieft der Verfasser die in Dtn 8 u.ö. so dringlich gegebene Aufforderung zur Erinnerung und zum Nichtvergessen. In der hohen Wertung der Dankbarkeit treffen sich biblisches und hellenistisches Ethos.

16,29 Das Wortspiel in dem chiastisch gebauten Schlußsatz (*evcharistían*) – *acharístou* – *áchreston* »(Danksagung 16,28) – undankbar – unnütz« läßt sich in der Übersetzung kaum nachahmen. Wenn die Söhne und Töchter, die der HERR liebgewonnen hat, undankbar sind, sich also wie die »Frevler« der Anerkennung Gottes und seiner Geschenke verschließen (vgl. 16,16; im Bild von 16,27: nicht vor Sonnenaufgang Manna sammeln), dann schmilzt ihre Hoffnung wie Reif (vgl. Ex 16,14.21) und zerrinnt wie Abwasser. Zum letzten Mal greift der Verfasser hier das in seinem Buch so wichtige Thema der Hoffnung ausdrücklich auf. Der Rückbezug auf die »Hoffnung des Frevlers« im ersten Buchteil 5,14 ist unüberhörbar; dort wurden derselbe Vergleich (Reif) und ähnliche Bilder spurlosen Vergehens verwendet als Kontrast zum »Leben auf immer« der Gerechten 5,15f. (vgl. noch zu 3,4.11.18; 13,10; 14,6; 15,6.10).

Der vom Manna geprägte Abschnitt gipfelt in dem Ausruf *17,1a*, der zugleich die nächste Gegenüberstellung eröffnet: »Ja (das in der EÜ ausgelassene »denn« hat hier zusammenfassende Bedeutung), groß sind deine Gerichtstaten (s.o. zu 16,18c.29; 12,25f.; 5,18; vgl. Ex^{LXX} 6,6) und schwierig darzulegen (EÜ: nicht zu ergründen)«.

4. *Nacht* als Strafe oder Wohltat: Finsternis, Angst – *Feuersäule, Licht* 17,1 – 18,4

Die fünfte Gegenüberstellung bedenkt, ausgehend von Ex 10,21-23, die Geltung der in 11,5.16 benannten Prinzipien anhand der unterschiedlichen Wirkungen der neunten Plage auf die »Gesetzlosen« (Finsternis) und auf »das heilige Volk« (Licht). Bezüglich der Darstellungsweise lassen sich mehrere Besonderheiten beobachten, die Luca MAZZINGHI in seiner grundlegenden Untersuchung so zusammenfaßt: eine ausgesuchte, zum Teil dichterische Wortwahl (35 Wörter aus Kap. 17 kommen sonst nirgends in der Septuaginta vor, viele andere werden außerhalb poetischer Texte nur sehr selten verwendet); ein auffälliges Zurücktreten des Parallelismus membrorum und eine stilistisch gefeilte Sprache (z.B. Häufung der Stilfigur des *Hyperbaton*; Rhythmisierung der Kola-Enden nach griechischen Versmaßen, dabei folgen z.B. in 17,16-21 die Endungen je zweier oder dreier Kola demselben Rhythmus); die Indienstnahme hellenistischer Unterweltsvorstellungen (»Abstieg zum Hades«, s.u. *Texte*) und deren zeitgenössischer psychologischer Deutungen; das Eingehen auf das Problem der weitverbreiteten Magie und der Mysterienreligionen. Das ganze Kapitel 17 prägt als Leitmotiv der Wortstamm *-phob-* (Furcht, Angst): 4a (nicht furchtfrei), 6b (voll Furcht, EÜ: schaurig), 9a (hielt in Furcht, EÜ: ängstigte), 12a.15c (EÜ 11a.14c Furcht), 19e (EÜ 18d Furcht einjagend).

In 17,9-20 folgt die EÜ nicht der Verseinteilung von J. Ziegler, sondern der in der Edition von A. Rahlfs und in der Vulgata; deshalb wird hier im Kommentar hinter die Versbezeichnung nach Ziegler jeweils die Numerierung der EÜ in Klammern gesetzt, z.B. 17,10 (EÜ 17,9c-d).

Die Zusammengehörigkeit des ganzen Abschnitts wird durch die *Inklusion* (»Finsternis, eingeschlossen« 17,2; 18,4) angezeigt. *17,1* hat überschriftartigen Charakter. Durch die Stellung genau in der Mitte von 17,2-21 (EÜ 17,2-20) ist das Monokolon *17,12* (EÜ 17,11) über die Wirkung des (schlechten) Gewissens auch thematisch hervorgehoben: 27 Kola stehen voran und 27 folgen bis zum Kapitelende. Als Unterabschnitte sind gekennzeichnet:

(1) Die »lange Nacht« der Gesetzlosen 17,2-6 (*Inklusion* »Nacht« 17,2.5).
(2) Das Versagen der Magie 17,7-11 (EÜ 17,7-10).
(3) Die höllische Furcht als Folge des mißachteten schlechten Gewissens 17,12-15 (EÜ 17,11-14); *Inklusionen:* »Furcht; Verrat (EÜ: Verzicht / Mutlosigkeit); erwart-«.
(4) Durch die Kette der Finsternis eingeschlossen in das Gefängnis der Furcht 17,16-21 (EÜ 17,15-20).
(5) Das gegenüber dieser Finsternis hell leuchtende Licht bei den Heiligen, den künftigen Überbringern des Gesetzes; *Inklusion* »Licht« 18,1.4, zugleich Stichwortverkettung mit 17,20 (EÜ 17,19).

17,1 beginnt mit einer bewundernden Feststellung, die die Hagel-Regen-Feuer-Manna-Erörterung abschließt und zugleich die Finsternis-Licht-Gegenüberstellung eröffnet (s.o. zu 16,15-29). Um die Ereignisse der Geschichte, hier von Exodus und Führung in der Wüste, richtig lesen und verstehen zu können als Offenbarung Gottes in seinem (»Gerichts-«)Handeln, bedarf es der *Zucht* und *Bildung* (s.o. zu 1,5; 2,12; 7,14; die EÜ überträgt sachgemäß: wer sich nicht belehren ließ). Wer sich solcher *paideía* verschließt, ging und geht *irre* (zu diesem dem Verfasser wichtigen Kontrastbegriff gegenüber dem rechten und guten Denken und Handeln s.o. zu 2,21; 5,6; 11,15; 12,24; 14,22; 15,4). Diese überschriftartige »Lehre« wird im folgenden illustriert.

Die Unterdrücker des heiligen Volkes als Gefangene einer langen Nacht (17,2-6)

17,2 Wie in 16,16 (vgl. noch 18,5) wird die Gegenüberstellung mit einer auffälligen Partizipialkonstruktion eröffnet: Partizip + nämlich (denn) + Infinitiv mit Objekt + Bezeichnung der ›anderen‹, wörtlich übersetzt:

16,16 leugnende nämlich dich zu kennen die Frevler ...
17,2 meinende nämlich zu unterdrücken das heilige Volk die Gesetzlosen...

»Unterdrücken« (EÜ: knechten) nimmt hier und in 15,14 das Wort aus Ex^{LXX} 1,13 auf: »Und die Ägypter *unterdrückten* die Israeliten mit Gewalt« (EÜ: gingen hart vor und machten zu Sklaven). Die Verwendung desselben Wortes in 2,10 und die Bezeichnung der Unterdrückenden als »Gesetzlose« macht die Situation ›einst in Ägypten‹ zu einem Musterbeispiel für die Unterdrückung und Diskriminierung der Gerechten, des heiligen Volkes (Ex 19,6), zu allen Zeiten (s.o. zu 2,10-20) und warnt so auch indirekt die zeitgenössischen jüdischen Adressaten, nicht zu solchen »Gesetzlosen« zu werden. Ähnlich wie im ersten Buchteil verwendet der Sprecher hier wieder den Gegensatz Anschein-Wirklichkeit (s.o. die Erläuterung vor 3,1). Die Finsternisplage zeigt, daß das Unterdrücken zwar Meinung, Absicht und Anschein war, in Wirklichkeit aber die Gesetzlosen gefangen und gefesselt dalagen (wie Tote).

Die Angaben von Ex 10,21-23 (eine Finsternis, die man betasten konnte [EÜ: stockdunkel], Finsternis von Dunkelheit [die Septuaginta fügt noch *Wirbelsturm* hinzu], drei Tage lang, so daß man einander nicht sehen und niemand sich von seinem Platz erheben konnte; dagegen hatten alle Israeliten Licht, wo immer sie sich aufhielten) legt der Sprecher in einer ganz eigenständigen Weise aus, anders als PHILON, der in seinem *Leben Moses* (I 123-126) rationalisierende Hypothesen über das Zustandekommen solcher Finsternis in Ägypten vorträgt, und auch anders als rabbinische Midraschim, die die Länge der Finsternis und die Unmöglichkeit sich zu bewegen erzählerisch ausfalten. Diese »lange Nacht« (zweimal heißt es in Ex 10,22.23 »drei Tage lang«) meditiert der Sprecher als Symbolbild für den Zustand und das Ergehen von »Gesetzlosen«, die vor der »ewigen Vorsehung« zu flüchten versuchten und sich damit von deren heilender und rettender Fürsorge selbst ausgeschlossen haben (vgl. Kap. 5, wo in der ›umdenkenden‹ Rückschau der Frevler auf ihr Leben z.T. die gleichen Wörter verwendet werden). Zu »Vorsehung« s.o. zu 14,3; EÜ entspricht mit der Übersetzung »von ... verbannt« anstelle von »Flüchtlinge vor ...« (vgl. 10,10) weniger dem Gedankengang.

17,3 Das assoziative Wortspiel im Text ist kaum nachzuahmen: »verborgen bleiben« und »Vergessen« gehören zum gleichen Wortstamm; darüber hinaus ist *léthe* »Vergessen« auch der Name eines Flusses in der Totenwelt. Mit den »geheimen Verfehlungen« werden zunächst einmal die Untaten des Frevlers bezeichnet, von denen dieser meint: »Er forscht nicht; es gibt keinen Gott ... Vergessen hat Gott, verborgen hat er sein Antlitz, er sieht nicht, nie (in Ewigkeit)« Ps 10,4.11 (ähnlich Jes 29,15). Nach dem Grundsatz von 11,16 geschieht den Gesetzlosen nun gerade dies. Unter der »lichtscheinlosen Decke des Vergessens« sind sie tatsächlich verborgen – aber wie in der Totenwelt: Gott gedenkt ihrer nicht mehr (s.o. zu 4,2). Jedoch verweisen »geheim« und »lichtschein-los« noch auf einen anderen Kontext: Seit PLATON (*Phaidros* 248-250) wird bei den meist nachts und im Geheimen gefeierten *Mysterien* vom »Lichtschein« des Feuers bei den Riten gesprochen. Die Mysterienriten, so gibt der Verfasser hier jedoch zu verstehen, schützen die Mysten nicht vor der Totenwelt, sondern sind schon deren Vorausbild, s.u. zu 17,21 (EÜ 17,20). Das gemeinsame Gefängnis der dichten Finsternis bringt die Gesetzlosen einander nicht näher, isoliert sie vielmehr voneinander (EÜ: auseinandergejagt) durch furchtbares Entsetzen und Halluzinationen.

17,4-5 Auch das in der Septuaginta nur in Weish 17,4.14 vorkommende Wort »Winkel« (die EÜ fügt in 17,4 hinzu »geheimster« und übersetzt in 17,14 [EÜ 17,13 ...aus den] »Tiefen«) ist mehrbödig zu hören: Es bezeichnet die innersten Räume eines Hauses, in denen sich am ehesten Sicherheit erwarten läßt, ebenso den hintersten Teil einer Höhle, der dem Einblick entzogen ist und Schutz bietet – der Ausdruck soll wohl auch die natürlichen oder künstlichen Grotten, in denen die Mysterien gefeiert wurden, anklingen lassen – und schließlich die Räume des Tartarus, der Totenwelt. »Bewahren« vor Furcht konnten weder die sicheren Häuser die Ägypter noch die geheimen Riten die Mysten, »bewahren« kann nur die Weisheit (s.o. zu 10,1.12) und damit Gott allein.

Die angsterzeugten und selbst wieder angstauslösenden subjektiven Einbildungen umschreibt der Sprecher in Anlehnung an Hadesbeschreibungen mit ganz seltenen Wörtern in auffälligen Wortstellungen: »(Wie ein Wasserfall) herabstürzende Geräusche« (die EÜ folgt einer anderen Lesart: schreckenerregendes Getöse) »umtosten sie, und düstere Gespenster mit traurigen Gesichtern erschienen«. Was sonst nachts Licht spenden kann, Fackeln oder offenes Feuer oder auch Sternenlicht, vermochte nicht, jene Totenreichs-Nacht zu erhellen. Das von der EÜ mit »entsetzlich« übersetzte Wort »stygnisch« enthält wiederum eine Anspielung auf die Totenwelt: Der Styx ist einer der Flüsse der Unterwelt und kann auch den Tod und die Unterwelt überhaupt bezeichnen.

17,6 Der »Feuerherd« meint einen Scheiterhaufen bei der Leichenverbrennung; dieser griechische Bestattungsbrauch war seit der Ptolemäerzeit auch in Ägypten eingeführt worden. Ein solcher Scheiterhaufen, der »von selbst« (»automatisch«), d.h. ohne erkennbare Ursache, und deshalb umso mehr angsterzeugend, brannte, »erschien ihnen nur«. Die zweite Hälfte von 17,6 lautet, genauer übersetzt: »In Schrecken versetzt durch jene nicht (deutlich) erkennbare Erscheinung, hielten sie das, was sie sahen, für noch schlimmer (als es war)«.

Aus den Argonautika des APOLLONIOS Rhodios*

Wie sie die weite Flut des kretischen Meeres durchfuhren,
schreckte sie plötzlich die Nacht, die bös und feindlich genannt wird.
Denn die verderbliche Nacht durchdrang kein Schimmer des Mondes,
noch ein Gestirn; es sank vom Himmel finsteres Chaos,
oder ein anderes Dunkel entstieg den Klüften des Abgrunds,
und so wußten sie nicht, ob sie dem Hades verfallen
oder den Wassern, und ratlos beließen die Helden dem Meere,
wie es die Fahrt bestimme...

Aus: Apollonios Rhodios, Die Argonauten IV 1694-1701, verdeutscht von Thassilo von Scheffer, Leipzig 1940, 205.

Aus der Aeneis des Publius VERGILIUS Maro*

Ihr Götter, die die Herrschaft über die Seelen haben, und lautlose Schatten / und Chaos (= die unendliche leere Finsternis) und Phlegeton (= Feuerstrom der Unterwelt), Räume bei Nacht weit schweigend, / es sei mir gestattet zu sagen, was ich hörte, mit eurer Zustimmung / kundzutun die Dinge, die tief in der Erde und im Dunkel verborgen sind.
Sie (= die Sibylle von Cumae und Aeneas) gingen unsichtbar in der bloßen Nacht durch den Schatten / und durch die leeren Häuser und öden Reiche des Dis (= Pluto, Unterweltsgott); / es war wie ein Gang durch Wald bei kargem Licht matten Mondscheins, / wenn Juppiter den Himmel verschattet und die finstere Nacht den Dingen ihre Farbe genommen hat.
Vor der Eingangshalle selbst und an den vordersten Schlünden des Orkus / haben ihre Lager aufgeschlagen der Gram und die rächenden Sorgen (= Qualen des Gewissens nach Verbrechen), / dort wohnen bleiche Krankheiten und das triste Alter, / und Angst und schlechtberatender Hunger und schäbiger Mangel, / schrecklich anzuschauende Gestalten, Tod und Mühsal, / auch der Schlaf, der Bruder des Todes, und böse Gelüste, / und auf der Seite gegenüber der todbringende Krieg / und die eisernen Gemächer der Eumeniden (= die ›Gütigen‹: Euphemismus für Furien, Plagegeister, personifiziertes böses Gewissen) und die vernunftberaubte Zwietracht, / in deren Schlangenhaar blutende Binden geflochten sind.
In der Mitte spannt ihre Äste und bejahrten Arme / eine düstere riesige Ulme; gemeinhin / heißt es, auf ihr haben ihren Platz die fruchtlosen Träume, und sie hängen unter allen ihren Blättern.
Und außerdem viele Ungeheuer verschiedener Art, / Kentauren (halb Mann, halb Pferd) haben am Eingang ihren Standort und zweigestaltige Scyllen (halb Frau, halb Hündin) / und der hundertdoppelte Briareus (ein Gigant mit hundert Armen und fünfzig Köpfen) und die lernäische Schlange, / schauerlich zischend, und die flammenbewaffnete Chimaera (vorn Löwe, mitten Ziege, hinten Drache), / Gorgonen (die schlangenbedeckten

Töchter des Phorcus, deren Anblick in Stein verwandelte) und Harpyien (räuberische Wesen) und die Gestalt eines dreileibigen Schattens.
Zitternd ergreift hier in plötzlicher Furcht sein Schwert / Aeneas und hält die gezückte Schneide ihnen entgegen, / und wenn nicht die kundige Begleiterin ihn belehrte, daß hier nur nichtige, körperlose Wesen / flattern als gehaltloses Bild einer Gestalt / würde er auf sie losrennen und umsonst mit dem Schwert auf die Schatten einschlagen.
Von hier beginnt der Weg, der zu den Wellen des Unterweltsflusses Acheron führt...

Lateinischer Text: P. Vergili Maronis Opera, ed. R.A.B. Mynors, Oxford 1969, 234-236: Aeneidos VI 264-295. Übersetzung von H.E.

Im selben VI. Gesang der Aeneis folgt später (548-627) eine Beschreibung des durch Feuerstrom, dreifache Mauer und schreckliche Wächter gegen jedes Entkommen gesicherten Gefängnisses, in dem der Unterweltsrichter Rhadamanthus Frevlern und Verbrechern in ›höllischer‹ Weise die Strafen zufügt, denen sie während ihres Lebens entgangen waren.

Aus dem Buch der Geheimnisse Gottes (slawisches Henochbuch Kap. 10)

1 Da nahmen mich die beiden (Männer, Engel) und trugen mich in des Himmels Norden. Dort zeigten sie mir einen fürchterlichen Ort. 2 Dort war Finsternis und Nebel, keinerlei Licht, nur Feuer und Flammen. Und Finsternis senkt sich auf jenen Ort. 3 Dort gibt es nur Frost, Eis und Kerker. Und grausame, mitleidlose Engel tragen Waffen und peinigen unbarmherzig. 4 Ich sprach: Wie fürchterlich ist dieser Ort! Da sagten die beiden zu mir: Henoch! Dieser Ort ist für die Unehrlichen bereitet, die auf Erden Gottloses tun. Sie treiben Zauberei und Beschwörung und rühmen sich ihrer Werke. 5 Sie stehlen heimlich Menschenseelen, lösen ein bindendes Joch, werden reich durch Gewalttat von fremdem Gut. Sie, die sättigen könnten, töten die Darbenden durch Hunger; sie die Nackte bekleiden könnten, ziehen sie vollends ganz aus. 6 Sie erkannten nicht ihren Schöpfer, sondern beteten eitle Götter an. Für alle diese ist dieser Ort bereitet zum ewigen Erbbesitz.

Aus: Paul RIESSLER, Altjüdisches Schrifttum außerhalb der Bibel, Augsburg 1928, 455.

Das zu den Apokalypsen gehörende Zweite Buch Henoch ist in zwei Fassungen (lang und kurz) ganz oder teilweise durch 20 Handschriften nur in slawischer Übersetzung erhalten. Dieser Übersetzung dürfte ein Original in griechischer Sprache aus Ägypten zugrundeliegen, das wohl im 1. Jh. n.Chr. verfaßt wurde. 2 Hen darf als ein Zeugnis für die jüdisch-hellenistischen Überlieferungen gelten, auf die der Verfasser des Buches der Weisheit in anderer Weise zurückgreift.

Das Versagen der Magie (17,7-11; EÜ 17,7-10)

17,7-8 In deutlich polemischer Absicht spricht der Verfasser von den »Tricks« (Spielereien, s.o. zu 12,25f.; 15,12) der praktizierten *Magie:* Sie lagen machtlos da (wie die Unterdrücker in 17,2), und die Überprüfung ihrer Prahlerei mit ihrer *Klugheit* (»sachkundiges Umgehenkönnen mit einer Situation«, s.o. zu 3,15; 6,15; 7,16; 8,6f.) ging beschämend aus. 17,8 erläutert die in 17,7 festgestellte Ohnmacht der Magie und zeigt sogar ihre Kontraproduktivität mit Ausdrücken, die in magischen Papyri und Mysterientexten begegnen. Statt, wie sie versprechen, Krankheiten der Seele (panische Furcht, Verwirrtheit) zu vertreiben, werden die Magie-Praktizierenden selber krank und von lächerlicher Ängstlichkeit befallen. »Lächerlich« nimmt wohl einen Fachausdruck aus den Dionysos-Mysterien auf: Die Teilnehmenden werden auch »Lacher« genannt; »Lachen« ist außerdem der Name einer der Figuren in den Dionysos-Prozessionen.

Die Plagenerzählung hatte in Ex 7,11.22 und 8,3 anerkennend den ägyptischen Weisen und »Zauberern« noch ähnliche Wirkungen wie Mose zugebilligt (sie verwandelten Stäbe in Schlangen und das Nilwasser in Blut und brachten ebenfalls Frösche über Ägypten); erst in Ex 8,14f. gerieten sie an Grenzen (sie konnten keine Stechmücken hervorbringen und sahen in solchem Können den Finger Gottes), und schließlich wurde in Ex 9,11 ihre völlige Niederlage festgestellt (sie waren selbst von den Geschwüren befallen).

Schon bei der Übersetzung des hebräischen Textes ins Griechische wird eine Veränderung in der jüdischen Betrachtungsweise der ägyptischen Religionssachverständigen und »Beschwörungspriester« erkennbar. Im Zusammenhang mit der Traumdeutung in der *Josefsgeschichte* (Gen 41,8) übersetzte die Septuaginta *ḥarṭummīm* (im Hebräischen ein Fremdwort, vermutlich aus dem Ägyptischen: »Oberster Vorlesepriester aus dem Ritualbuch, Beschwörungspriester«) noch ›neutral‹ mit »Exegeten, Deuter«; in der *Plagenerzählung* jedoch, in der es deutlicher um magische Praktiken geht, übersetzt die Septuaginta dasselbe Wort in Ex 7,11.22; 8,3.14f. mit »Beschwörer« (die einen Zauber über etwas singen oder sprechen) und in 9,11 mit »Zauberer« (*farmakoí:* Gift-/Heiltrankmischer); in 7,11 wird »Weise« nicht mehr sinnentsprechend mit *sofoí* (so Gen 41,8) sondern durch *sofistaí* (Redekünstler, Aufschneider) übersetzt.

In Weish 17,7-11 (EÜ 17,7-10) ist die schon in der Septuaginta beobachtbare Tendenz zur negativen Bewertung der Magie noch weiter fortgeschritten; vgl. schon oben zu 12,4: Die Kanaanäer wurden wegen ihrer

Magie und ihrer Mysterienpraxis von Gott gehaßt. Beides ist offenbar inzwischen zu einer verbreiteten Versuchung auch für ägyptische Juden und zu einer Gefährdung ihrer rechten Gottesverehrung geworden. Gerade in den Isismysterien verbinden sich Götzendienst und Magie (bereits im Alten Ägypten galt Isis auch als die »große Zauberin«, von der man Mittel gegen alle Krankheiten erwartete). Deshalb nennt der Sprecher die Vertreter der *magikè téchne* nicht schon bei den bisher behandelten Plagen, wo ihre »Tricks« noch einigermaßen erfolgreich waren, sondern erst im Zusammenhang mit der furchterregenden und lähmenden ägyptischen Finsternis, die ihre völlige Ohnmacht erwies (in Ex 10,21-23 sind die Beschwörer ja nicht einmal mehr erwähnt!).
Zu der in hellenistisch-römischer Zeit weit verbreiteten Magie, ihren Erscheinungsformen, Ritualen und erhaltenen Texten s. H.J. KLAUCK, Die religiöse Umwelt I, 169-184: »Die Magie«.

17,9-10 (EÜ 17,9) illustriert beispielhaft die maßlose Furcht der Magie-Vertreter. Absichtlich werden hier die »Viecher und Kriechtiere« aus 11,15 wieder aufgenommen und in ein nicht nachahmbares Wortspiel einbezogen: Nach 15,18 hatten die Ägypter solche Tiere (als Götter) *verehrt* (*seb-*), jetzt wurden sie bei deren bloßen Vorbeigleiten oder leisem Zischeln *aufgescheucht* (*-sob-*) wie Vögel, ›starben‹ vor Zittern und weigerten sich, auf irgendetwas hinzuschauen. Ihre ›Klugheit‹ zeigt sich als völlige Irrationalität.

17,11 (EÜ 17,10) bietet von der variierenden Textüberlieferung her ein Problem, ist aber in der Bedeutung klar: »Schlechtigkeit erweist sich als etwas in besonderer Weise Feiges, wenn sie (gerichtlich überführt,) verurteilt (und bestraft) wird; immer aber nimmt sie das Schlimme als noch größer an (als es ist), da sie beherrscht wird vom (schlechten) Gewissen«. Zum ersten und einzigen Mal in der Septuaginta wird hier das Wort *Syneídesis* zur Bezeichnung des »Gewissens« als innerer sittlicher Instanz verwendet (Bewußtsein und ethische Beurteilung des eigenen Tuns). Das übrige AT kennt zwar auch die Sache (meist ausgedrückt durch »Herz«, auch durch »Nieren« oder erzählerisch umschrieben), hat aber keinen eigenen Fachausdruck dafür entwickelt. Wie andere hellenistische Schriftsteller seit dem 1. Jh. v.Chr. und PHILON verwendet der Verfasser hier *Syneídesis* im Sinne des als innerer Zeuge anklagenden schlechten Gewissens, das einen Menschen wegen böser Taten drückt und in Spannung und Angst hält.

Ein solches »Bewußtsein« hat der Sprecher in 4,20; 5,1-13 anschaulich beschrieben. Die Bezugnahme auf die »Zählung« bei der »Heimsuchung« (4,20) und der Kontext von Kap. 17 (Finsternis-Unterwelt-Tod) lassen erkennen, welche Bedeutung der Verfasser dem (schlechten) Gewissen zumißt: Es ist Voranzeige des Endgerichts; es zu mißachten und sich nicht dem darin bezeugten wahren Gott zuzuwenden, ordnet einen Menschen endgültig dem Tod zu (s.o. zu 1,16).

Die höllische Furcht als Folge des mißachteten schlechten Gewissens (17,12-15; EÜ 17,11-14)

17,12-13 (EÜ 17,11-12) Das Monokolon 17,12 (EÜ 17,11) gibt eine einzigartige Definition von »Furcht«, die in 17,13 (EÜ 17,12) noch näher erläutert wird: »Denn Furcht ist nichts (anderes) als im Stich gelassen zu sein von den Hilf(strupp)en der Vernunft. Drinnen aber, unterlegen, schätzt die Erwartung die eigene Unwissenheit bezüglich der Ursache, die die Qual zufügt, als noch größer ein«. In der EÜ ist der Sinn infolge der Fehlübersetzung »Verzicht« (statt »Verrat; in der Not im Stich lassen«) und durch die irreführenden Hinzufügungen »je ... um so« und »solche Hilfe« nicht mehr leicht erkennbar.

Das Vierte Makkabäerbuch, ein philosophisches Lehrstück zu dem Thema »Die gottesfürchtige Vernunft als Alleingebieterin über die Leidenschaften«, definiert das mit »Vernunft« (Urteilskraft) übersetzte Wort *logismós* so: »Der *logismós* ist der Verstand, der mit klarer (gerader, richtiger) Überlegung *lógos* das Leben der Weisheit wählt. Weisheit wiederum ist Erkenntnis der göttlichen und menschlichen Dinge und ihrer jeweiligen Ursachen« (4 Makk 1,15-16).

Der Sprecher verwendet in 17,12-13 militärische Ausdrücke (Verrat; Hilfstruppen, Entsatz; drinnen = belagert, unterlegen) als Metaphern. Die sich der Magie und den Mysterien zugewandt und die Alarmglocke des schlechten Gewissens unbeachtet gelassen haben, »Zuchtlose« (ohne *paideía* 17,1b; EÜ: wer sich nicht belehren ließ) und »Gesetzlose« (17,2; EÜ: die Frevler), die den wahren Gott und sein Gesetz nicht anerkennen (»Unwissenheit«, aus der alle Verfehlungen folgen nach biblischem und stoischen Verständnis, s.o. zu 14,22), sind von *Furcht* (Angst) Belagerte, zu denen Hilfstruppen nicht mehr gelangen können. Furcht ist gebunden an das Gericht Gottes, sie ist Strafe: vorweggenommen in 17,12-15 (EÜ 17,11-14), endzeitlich erfahren »dann« in 5,1-2 und beim individuellen Tod in 18,17. Furcht zeigt die Niederlage, das Scheitern des Menschen, der glaubte, durch seine »Klugheit« die »Technik« zu besitzen, das, was die Seele krank macht (17,7-8), zu vertreiben. Sie endet in der »Hölle«.

L. MAZZINGHI verweist auf einen dem EPIKUR zugeschriebenen Vergleich, der sich auch in der Schrift des PHILODEMOS von Gadara (ca. 110-40 v.Chr.) *Über den Tod* findet: »Der mit der Furcht vor dem Tod konfrontierte Mensch ist wie eine belagerte Stadt ohne Mauern.«

Das Wort »Erwartung« kann positiven (wenn sie sich auf Gutes, Erfreuliches richtet: Hoffnung), neutralen (Blick nach vorn, was immer die Zukunft bringt) oder negativen Sinn (wenn sie sich auf Schlimmes richtet: Befürchtung) haben. Der Zusammenhang mit »Furcht« und »Hades« gibt in 17,13 (EÜ 17,12) der »Erwartung« die Färbung »Befürchtung«: Bei den Anhängern der Magie ist sie »unterlegen« (geschlagen, besiegt) und hat die Maßstäbe nüchterner Betrachtung und Einschätzenkönnens verloren (s.o. zu 17,9-10, EÜ 17,9).

»Ist das Gute da, ist Freude sein Begleiter, steht es zu erwarten, (gibt es) Hoffnung... Ganz entsprechend verhält es sich mit dem Gegenteil. Die Anwesenheit des Schlechten erzeugt Leid, die Erwartung Furcht. Furcht ist also nichts als Leid vor Leid, wie Hoffnung Freude vor Freude.«

PHILON, *Über die Namensänderung* 163.

Die »Ursache« für die Qual (die Furcht infolge des schlechten Gewissens) der Ägypter ist zunächst ihr Vergehen der Unterdrückung des heiligen Volkes und ihr Nichtanerkennen Gottes und seiner Weisungen (s. auch u. zu 18,18f.), aber letztlich die Leere und Sinnlosigkeit, die aus der Abwendung von Gott entsteht bzw. der liebende Gott selber (s.o. zu 11,15 – 12,27 »Was bedeutet: Gott straft?«). Dahin weist auch das Wort »zufügen, gewähren« (in EÜ ausgelassen), das sonst nur noch in 16,20 (Brot vom Himmel) und 18,3 (Feuersäule und nichtschadende Sonne) vorkommt, beidemale in der preisenden Gebetsform »du hast gewährt« (EÜ: gegeben).

17,14-15 (EÜ 17,13-14) Eine textnahe Übersetzung lautet: »Die aber, die während jener in Wirklichkeit machtlosen und aus (den) Winkeln eines machtlosen Hades über sie kommenden Nacht im selben Schlaf dalagen, wurden bald durch eingebildete Monster gejagt, bald durch das im Stichgelassensein von der Geisteskraft (durch der Seele Verrat) gelähmt; denn eine plötzliche und unerwartete Furcht ergoß sich über sie.«

»Die aber« greift über die vorangehenden Definitionen und Erläuterungen zurück auf die zuletzt genannten handelnden Personen (17,7-8), die Vertreter der Magie (als Repräsentanten der Ägypter). Eigentlich ist die Nacht die bevorzugte Zeit ihres Wirkens, hier aber die ihrer äußersten Schwäche.

»Machtlos« war die Nacht von Ex 10,21-23 und ist der Hades (die Totenwelt und der Tod, s.o. zu 1,14) »in Wirklichkeit« gegenüber der Macht Gottes; wenn sich aber jemand von Gott und seiner Gerechtigkeit im Denken und Verhalten abwendet (»Unwissenheit«) und »mit dem Tod ein Bündnis schließt«, wird er auch sein »Anteil« (s.o. zu 1,16; 2,23-24). Was Magie und Mysterien bewirken wollen, Schutz vor den »Mächten«, insbesondere der Macht des Todes, und »Erkenntnis« als Befreiung von der »Unwissenheit«, erreichen sie gerade nicht. Nur das »Anerkennen deiner Macht ist Wurzel der Unsterblichkeit« (s.o. zu 15,3).

Zu »Winkel« s.o. zu 17,4. »Derselbe Schlaf« bezieht sich auf den (Todes-)»Schlaf« im Hades. Kaum dem Zusammenhang entsprechend übersetzt die EÜ mit mehreren Auslegern: »die wie sonst schlafen wollten«; im Kontext geht es aber gerade um die selbstgewählte Zugehörigkeit zur Totenwelt durch Magie und Mysterien.

Die »eingebildeten Monster« (EÜ: Schreckgespenster) lassen 17,4 anklingen und nennen »äußere« Wirkungen der Furcht, die »inneren« Wirkungen werden bezeichnet durch »der Seele Verrat«. Damit wird 17,12 (EÜ 17,11) wiederaufgenommen: Deutlicher als »Vernunft« (*logismós*) benennt »Seele« den menschlichen Intellekt *und* den Willen, die während »jener Nacht« durch die plötzliche und unerwartete Furcht gelähmt sind.

Durch die Kette der Finsternis eingeschlossen in das Gefängnis der Furcht (17,16-21; EÜ 17,15-20)

17,16-18a (EÜ 17,15-16) Subjekt sind nunmehr wieder die im ersten Abschnitt 17,2-6 Genannten, also jeder (der »Gesetzlosen«). Das mit »Kerker« übersetzte Wort bezeichnet nicht einen Raum für eine vorübergehende Untersuchungshaft, sondern den (oft lebenslangen) Strafort. Beispielhaft werden drei Berufsgruppen genannt: Bauer, Hirt und »Schwerarbeiter in der Wüste« (EÜ: Taglöhner, der einsam arbeitete). Mit der letztgenannten Gruppe sind wohl die seit dem Alten Ägypten bekannten Lohnarbeiter in den Steinbrüchen, die zum Teil sehr weit außerhalb des Fruchtlandes und der Städte lagen (dort arbeiteten nicht nur Sklaven und Kriegsgefangene), und beim Transport Beschäftigte gemeint. Die Finsternis herrschte also nicht nur in den Städten, den Dörfern und deren unmittelbarer Umgebung, sondern »im ganzen Land Ägypten« (Ex 10,22).

Jeder wurde überrascht und mußte die unentrinnbare »Notwendigkeit« *(anánke,* EÜ: Zwang) erleiden: Der Sprecher verwendet hier (und in 19,4) einen seit PLATON für das »Schicksal« eingeführten Begriff, der dann in der Stoa sehr hohe Bedeutung gewann (»alles, was den Menschen im Guten oder Schlimmen unweigerlich bestimmt«), als Ausdruck für die Wirkung des *Handelns Gottes.* Während in der griechischen Religion und Philosophie auch die Götter dem Schicksal, der *Heimarméne, unterworfen* waren, ist es in der Überzeugung des Verfassers der wahre Gott, der über die »Notwendigkeit« *verfügt* und sie über Menschen (nach 19,4: entsprechend ihrem Verhalten) verhängt (vgl. auch Z. 55-56 des Isis-Hymnus von Kyme, s.o. nach 8,1). »Kette (der) Finsternis« und »wurden gebunden« (EÜ: wurden gefesselt) nehmen mit anderen Worten 17,2 »Gefesselte einer langen Nacht« auf.

17,18b-19 (EÜ 17,17-18) Wie die Dreiergruppe von Berufstätigen in 17,17a (EÜ 17,16a) wird mit »ob« in 17,18b eine *Siebenergruppe* eingeleitet (in EÜ 17,17a ist dieses zweite »ob« und in EÜ 17,17b-18c das »oder«, mit dem jedes der weiteren sechs Glieder beginnt, nicht mitübersetzt). Nach klassischen griechischen Vorbildern beschreibt der Sprecher in dichterischer Form die (Laute der) Natur – aber nicht, um Empfindungen des Glücks und der Freude über deren Schönheit auszudrücken oder bestimmte Naturereignisse nachzuzeichnen, sondern um zu zeigen, wie die an sich schön klingende und harmonisch sich bewegende Natur bei den »Gesetzlosen« sogar angststeigernd und lähmend wirken kann (s.o. zu 16,24). Die kunstvolle stilistische und rhythmische Variierung der sieben Kola läßt sich in der Übersetzung nicht nachahmen.

Es sind eigentlich nur harmlose, natürliche Geräusche und sogar wohlklingende Laute. Durch seine Wortwahl drückt der Sprecher aus, wie sie in dem furchtbestimmten Gefängnis der Finsternis wahrgenommen werden: Aus dem Wehen des Windes wird »Zischen, Pfeifen« (s.o. zu 17,9b), aus dem wohlklingenden Gesang der Vögel in den »weitausladenden Zweigen« (die EÜ fügt »der Bäume« hinzu) wird »Getöse« (das gleiche Wort in 17,4 beim Wasserfall); das wohltuende gleichmäßige Fließen des Wassers (*rhythmós*) wird zum »gewaltsam (reißenden) Strömen«, kullernde Steine werden als »rauher Lärm« gehört, das freudige Hüpfen (z.B. von Zicklein) als unsichtbares »Rennen«, Raubtierlaute (vom Hundegebell bis zum Löwenbrüllen) klingen schrecklich verstärkt, das eigentlich schöne und interessante Echo hallt (unheimlich) aus den Schluchten der Berge.

17,20-21 (EÜ 17,19-20) bildet den Abschluß von Kap. 17 (nur in 17,2.21 [EÜ 17,2.20] kommen Nacht und Finsternis *zusammen* vor) und zugleich die *Themenankündigung* für den anderen viel kürzeren Teil der Gegenüberstellung (18,1-4) über das stetige helle Licht, das »den Heiligen« auch während »jener Nacht« leuchtete. Das hervorgehobene *Licht* am Ende von 17,20a (EÜ 17,19a), *Finsternis* zweimal am Kolon-Ende (17,21b.c, EÜ 17,20) und der Künftiges ausdrückende Wortstamm *mell-* (17,21b; 18,4c) stellen *Stichwortverbindungen* zum nächsten Absatz dar. Die Blickrichtung verlagert sich; die bisher im Blick stehenden »Gesetzlosen«, die Anhänger von Magie und Mysterien, heißen nur noch »jene«.

»Die ganze Welt wurde bestrahlt durch strahlendes Licht«: Der Sprecher deutet Ex 10,23 (»und für alle Israeliten war Licht an ihren Aufenthaltsorten«) in einer auffällig universalistischen Weise (vgl. schon zu 12,1.8). Die *ganze Welt* wird bestrahlt (»Kosmos« umfaßt das Universum, die Erde und die Menschheit), nicht nur esoterisch eine kleine Gruppe. Finsternis ist selbstverschuldete Sündenfolge, kein Verhängnis. Der Hades besitzt von sich her keine Herrschaftsmacht auf der Erde (s.o. 1,14). Und diese ganze Welt «war beschäftigt mit unbehinderten Werken« (die EÜ übersetzt frei), wie es der Schöpfer von den Werken seiner Weisheit will (s.o. zu 14,5).

»Allein über jene«, die den *allen* Licht und Leben anbietenden Gott nicht anerkannten, »war schwere Nacht gebreitet / als Bild der Finsternis, die sie übernehmen sollte, / sich selbst aber waren sie schwerer als (die) Finsternis«. Zusammenfassend nennt der Sprecher hier noch einmal die drei Dimensionen der Finsternis: Sie war die neunte Plage damals beim Exodus; sie machte als vorausanzeigendes Bild den Hades gegenwärtig, da die Gesetzlosen dem Tod Macht über sich zuerkannt hatten; sie war Zeichen der Sünde (vgl. Spr 2,13), aufgedeckt vom schwer drückenden Gewissen, das völlig lähmende Furcht bewirkte.

Die Kombination von »strahlend, Licht, Bild, übernehmen, Nacht, Sonne« kommt nur noch einmal vor, und zwar in 7,26.29-30 im Zentrum des zweiten Buchteils, des *Enkómions* auf die Weisheit. Die unüberhörbare Anspielung macht deutlich: Nur mit Hilfe der das Tageslicht noch überstrahlenden *Weisheit*, die auch von Bosheit nicht überwunden wird, kann man der Finsternis und dem sich darin ankündigenden Tod entgehen (vgl. auch 5,6).

Das helle Licht bei den Heiligen, den künftigen Überbringern des Gesetzes (18,1-4)

»Licht« (1a.4a.c) ist *Inklusion* und zugleich thematisches *Leitwort* dieses Absatzes, der den Höhepunkt der fünften Gegenüberstellung bildet. Der Sprecher wendet sich wieder in direkter Anrede an Gott, wie er es zuletzt in 17,1a getan hatte (18,1a.3c.4b).

18,1-2 Sind schon die Gerichtsentscheide Gottes »groß« (17,1a), so ist das von ihm geschenkte *Licht,* konkretes Symbol von Freude und Heil (vgl. Jes 60,1-3) und Umschreibung Gottes selbst (s.o. zu 7,26 »ewiges Licht«), »sehr groß«. Die zwei verschiedenen Wörter für »heilig« in 17,2 und 18,1 erklären und ergänzen einander: Wenn das Volk in 17,2 *hágios* genannt wird, steht die besondere Zugehörigkeit zu Gott im Blick, Auserwählung und Bund (vgl. Ex 19,4-6); *hósioi* in 18,1 macht deutlich, daß es nicht um eine magische oder übergestülpte Heiligkeit geht, sondern um eine in treuem Bemühen, den Willen Gottes zu tun, frei übernommene (s. zu 3,9; 7,27; vgl. auch 10,15 und 18,9).

In 18,1b fügt die EÜ »die anderen« hinzu, damit deutlich wird, daß in 18,1b-2b die Ägypter das im Text nicht ausgedrückte Subjekt sind. Könnte »ihre Stimme hörend, eine Gestalt aber nicht sehend« eine Anspielung sein auf Dtn 4,12 (»Stimme von Worten [wart] ihr hörend, und Gestalt wart ihr nicht sehend« über Israel bei der Offenbarung am Sinai)? Dann würde der Sprecher selbst in der verzweifelten Finsternissituation noch ein offenbarungsähnliches

Angebot mit einer letzten Möglichkeit zum »Umdenken« (s. zu 12,2.10.19) erblicken. Aber bis zuletzt hat der Pharao als Repräsentant der Ägypter »nicht gehört« auf Mose, Aaron und die Israeliten (Ex 7,4.22; 8,11.15; 9,12; 11,9).

Der Verfasser bietet in 18,1c-2b eine originelle Verdichtung und Auslegung von Ex 8,19; 11,7-8; 12,32f.36 und Ps 105,38. Dreierlei taten danach die Ägypter: (1) Sie priesen (die Israeliten) glücklich, »weil sie nicht auch gelitten hatten« (die EÜ folgt in 1c einer zwar gut bezeugten, aber wohl doch nicht ursprünglichen Lesart *oun* statt *ou*); (2) sie waren dankbar, daß sie, obwohl sie Unrecht erlitten hatten, ihnen jetzt »nicht schadeten« (die EÜ trägt »Rache« in 2a ein); (3) sie baten um die »Gunst der (endgültigen) Trennung«. Die von der EÜ im Anschluß an P. Heinisch gebotene Übersetzung von 2b ist kaum zu rechtfertigen: *cháris* bedeutet »Freundlichkeit, Gunst, Geschenk«, aber nirgends »Verzeihung«. Da der Sprecher das Problem der »Beraubung der Ägypter« schon in 10,17.20 (s. dort) geklärt hatte, kann er die Worte von Ex 12,33.36 hier neu kombinieren: Jetzt sind es die Ägypter, die um die »Gunst der Trennung« bitten. Als die Ägypter dann nochmals ihre Meinung ändern (19,2), hatte dies für sie nicht nur Finsternis, sondern einen »fremdartigen Tod« zur Folge, den Untergang im Roten Meer (s.u. zu 19,1-5). Das erbetene »Getrenntsein« führt also schließlich zu einer Trennung vom *Leben.*

18,3-4 »Statt*dessen*« deutet die EÜ als »statt jener Finsternis«. Gewiß bildet die »feuerflammende Säule« den Kontrast zu der in Kap. 17 beschriebenen Nacht und ihren Auswirkungen; aber an allen Stellen, wo »statt« die andere Seite einer Gegenüberstellung einleitet, bezieht es sich auf das unmittelbar Davorstehende (11,6; 16,2.20; die EÜ umschreibt jeweils anders); zuletzt vor 18,3 wurde aber das Seligpreisen, der Dank und die Bitte der *Ägypter* um die »Gunst des Sichtrennens« genannt.

Die Unterdrückung und Gefangensetzung der »Söhne (und Töchter) Gottes«, die zu *Licht*-Vermittlern bestimmt waren, hatte die Ägypter selbst »verdientermaßen« zu Gefangenen der *Finsternis* gemacht. Ihre Bitte drückte die Meinung aus, daß ihr »eisenloser Kerker« (17,16b, EÜ 17,15b) der Finsternis nicht mehr bestünde, wenn die Unterdrückten nicht mehr da wären. *Dem*gegenüber (»stattdessen«) handelt *Gott* (»du gewährtest«, wie 16,20): Die immer wieder verweigerte, jetzt aber sogar erbetene »Trennung« geschieht tatsächlich – aber nicht nur als schmähliches Davonlaufen, sondern unter Führung der Feuersäule als »Reise auf unbekannter Route« (vgl. 13,18 und 19,5); dabei erleuchtet die Feuersäule als wohltuende Sonne den »ehrenvollen Auslandsaufenthalt«. Das in der EÜ mit »Wanderung« übersetzte Wort kommt nirgends sonst in der Septuaginta vor und bedeutet eigentlich: »sich (als Söldner, Gastarbeiter, Händler) im Ausland aufhalten; Emigration; Exil«. Der Verfasser hat den »ehrenvollen Auslandsaufenthalt« als eine neue Bezeichnung für die letzten Tage des Ägyptenaufenthalts, den Exodus und den Zug durch die Wüste geprägt.

Mit *Führerin* wird der Feuersäule ein Titel gegeben, der nur noch einmal sonst genannt wird: Nach 7,15 gebührt er Gott selbst (»Führer der Weisheit und Richtunggeber der Weisen«). Das zugehörige Verb »führen« (Einzelne und das ganze Volk) beschreibt in 9,11; 10,10.17 die Tätigkeit der *Weisheit.* Der Titel »nichtschadende« (EÜ: freundliche) *Sonne* kennzeichnet die Feuersäule als Symbol der Nähe Gottes (s.o. zu 5,6). Zur Deutung der Schrifttexte über die Feuer- und Wolkensäule durch den Verfasser und über deren Führungs- und Schutzfunktion s.o. zu 10,17. Zur Bezeichnung des heiligen Volkes als »deine Söhne (und Töchter)« s.o. zu 2,12-16; 5,5; 9,4.7; 12,19-21; 16,10.21.26 und die *Einleitung.*

In 18,1-4 benutzt der Sprecher erneut in den Mysterienreligionen häufige Ausdrücke, hier aber in der nach seiner Überzeugung »richtigen« Anwendung: z.B. selige (Schau), Sonne, Äon, Licht, unvergänglich, Reise (der Seele; des Sonnengottes während der Nacht), Führerin (z.B. Isis: Hymnus I des Isidor am Ende, s.o. bei 7,22-23; Hymnus von Kyme, Z. 13, s.o. nach 8,1).

Eingeleitet mit der Wendung »durch die...« im letzten Kolon *18,4c* wird denen, die Gott in so besonderer Weise zugehören, ihre *Aufgabe in der Weltgeschichte* zuerkannt, Vermittler des von Gott geschenkten unvergänglichen Lichtes des Gesetzes zu sein. Während *kósmos* (s.o. zu 17,20a, EÜ 17,19a) die gegenwärtig betrachtete »Welt« bezeichnet, meint *aión* die »Welt« als die *eine*, Zeit, Raum und Bewegung umfassende Gesamtwelt (s.o. zu 14,6). Bei den 22 Vorkommen des Wortes »geben« in Weish ist 21mal (einzige Ausnahme: 4,3 in der Wendung ›Wurzel *geben* = treiben‹) *Gott* (logisches, tatsächlich handelndes) Subjekt, so auch in 18,4c in Bezug auf das »Licht des Gesetzes«. Die Charakterisierung als »Licht« zeigt, daß der Verfasser »Gesetz« hier weniger als ein Gefüge von Einzelnormen betrachtet als vielmehr als Offenbarung (Gotteserkenntnis *und* Mitteilung des Willens Gottes, Ethos); es bezeichnet Aspekte des im ersten und zweiten Buchteil mit »Gerechtigkeit« und »Weisheit« Ausgedrückten.

Vom »Licht des Gesetzes« wird im AT mehrfach gesprochen (z.B. Spr 6,23; Ps 119,105; 19,9; Bar 4,2). Der Sprecher schließt sich jedoch an Texte an, die die Weisung Gottes als Licht auch für die Völker sehen (z.B. Jes 51,4) und betont so die universelle Geltung. Insbesondere schreibt er den »Söhnen (und Töchtern) Gottes« die Berufung des »Knechtes« nach Jes 42,1-7 zu, den Völkern das *Recht* und Gesetz zu bringen, Vermittler der Gemeinschaft mit Gott an die Menschheit (»Bund des Volkes«) und Licht für die Völker zu *sein* (vgl. Jes 49,6.9). In der gleichen universalistischen Perspektive werden diese Texte im Neuen Testament dann zur Bezeichnung der Berufung Jesu von Nazareth (Mittler Hebr 8,6; 9,15; 12,24; 1 Tim 2,5; Licht zur Offenbarung an die Völker Lk 2,32; Leben und Licht der Menschen Joh 1,4.9; Licht der Welt Joh 8,12; 9,5; 12,46) und seiner Jüngerinnen und Jünger verwendet (Mt 5,14).

Das Licht des Gesetzes ist »unverderblich« (vgl. »die Gerechtigkeit ist unsterblich« 1,15). Dieses Attribut (nur noch in 12,1 vom Geist Gottes gesagt) entstammt ursprünglich der philosophischen Diskussion der Epikuräer mit den Stoikern über die Natur der Götter. Dabei behaupten die Epikuräer, die »Unverderblichkeit« sei eine positive Eigenschaft, die die Götter vor dem Zerfall und der Auflösung ihrer materiell gedachten Körper in ewiger Glückseligkeit bewahrte und ihnen vorbehalten sei. Der Sprecher ordnet diese Eigenschaft »von Natur aus« dem wahren Gott zu, ohne die anderen Vorstellungen der Epikuräer über die Götter mitzuübernehmen, geht aber in 2,23 (s.o.) und 6,19 weit darüber hinaus: Die »Unverderblichkeit« als physische und geistige Ganzheit und Teilhabe am Leben mit Gott, in der und auf die hin die Menschen anfangs geschaffen wurden, erhalten auch sie, jedoch nicht von Natur aus, sondern als Geschenk Gottes. Das »unverderbliche Licht des Gesetzes«, das die Söhne und Töchter Gottes der Menschheit durch die Geschichte hindurch vermitteln dürfen und sollen, weist und erhellt den Weg dorthin.

5. *Tod* als Strafe und die *Errettung* der »Gerechten« 18,5 – 19,22

Die überzeugendste Gliederung und Deutung dieses Schlußabschnitts hat Johann MARBÖCK (1991) vorgelegt und dabei die verschiedenen Beobachtungen anderer Forscher integriert. *18,5* bildet eine *Überschrift* zur sechsten (*18,6-25*) und siebten (*19,1-5*) Gegenüberstellung. Im Anschluß daran blickt *19,6-21* als eine Art *Summarium* auf die Gegenüberstellungen im ganzen dritten Buchteil zurück und zeigt durch die Einbeziehung eines brennenden aktuellen Problems (19,13-17), wozu die »Erinnerung« daran, daß die ganze Schöpfung beim Exodus und auf dem Zug durch die Wüste dem Heilswillen des Schöpfers gehorchte und neue Eigenschaften und Wirkungen zeigte, dienen soll: zur Vertiefung und zur Stärkung des Vertrauens auf den einen wahren Gott, der, wie das Schlußbekenntnis (*19,22*) sagt, in allem sein Volk groß gemacht, an ihm seine Herrlichkeit gezeigt und es nie und nirgends im Stich gelassen hat.

18,5 Der Überschriftcharakter wird in der EÜ nicht deutlich. Zur Formulierung von 18,5a s.o. zu 17,2. Eine wörtliche Übersetzung lautet: »Sie, die beschlossen hatten, die Kleinkinder der Heiligen zu töten« (vgl. das ›Kleinkindertötungsedikt‹ 11,7), / »und für das eine ausgesetzte und gerettete Kind / zur Strafe hast du die Menge ihrer Kinder weggenommen« (Tötung der Erstgeburt, 18,6-19) / »und (sie alle) gemeinsam vernichtet in ungestümem Wasser« (Tod der Ägypter im Roten Meer, 19,1-5).

Nach Ex 1,22 war es der Pharao, der seinem Volk den Kindermordbefehl erteilte. Längst vor dem Verf. hatte die Auslegungstradition aber auch bei den Ägyptern eine Mitschuld gesehen und ihren Tod *im Wasser* des Roten Meeres als Spiegelstrafe dafür betrachtet, daß sie die Kinder der Israeliten ins Wasser des Nils geworfen hatten, wobei nur der kleine Mose gerettet wurde (so schon im *Jubiläenbuch* 48,14). Für die Verknüpfung der *vier* Motive (Kindermordabsicht, Aussetzung und Rettung des Mose, Tötung der Erstgeborenen und Untergang der Ägypter im Roten Meer) wie in 18,5 gibt es allerdings nur viel spätere Belege in rabbinischen Predigtsammlungen.

a. Das tötende oder rettende Wort *Gottes: Tod der ägyptischen Erstgeborenen und Israels Erfahrung des »Zorns« in der Wüste – die Unterwerfung des »Verderbers« 18,6-25*

Die sechste Gegenüberstellung hat vier Unterabschnitte: Den ersten (18,6-9) über die Feier der Pascha-Nacht bei den Israeliten markiert die *Inklusion* »Väter« in 18,6a.9e; der zweite (18,10-13) beginnt mit »Demgegenüber schallte« (s.o. zu 16,20) und schildert das Leiden und die Klage um die vielen Toten auf Seiten der Ägypter. Der dritte Unterabschnitt (18,14-19) ist formal (»denn«) eine Erläuterung des in 18,13b genannten Umkommens der Erstgeborenen. Er beginnt mit einer auffälligen Umschreibung der Mitte der in 18,6a genannten Nacht und führt feierlich das Wirken des *Wortes* ein, das hier die Gerichtsfunktion des »Verderbers« (Ex 12,23) hat. Der vierte Unterabschnitt schließlich (18,20-25) ist wieder durch eine *Inklusion* markiert: »Probe von Tod ... der Zorn« 18,20 – »Probe des Zornes« 18,25. Durch die Liturgie und das *Wort* seiner Fürbitte besiegt der Hohepriester in seinem Ornat die tödliche Plage.

Die Nacht der Rettung der Gerechten: Das erste Pascha 18,6-9

18,6 »Jene Nacht« nimmt die Formulierung aus Ex^{LXX} 12,42 auf: »Eine Nachtwache ist sie (die Osternacht) für den HERRN, damit er sie hinausführe aus dem Land Ägypten; *jene Nacht,* sie ist eine Wache für den HERRN, damit alle Israeliten sie halten in ihren Generationen.«

Mit den »Vätern«, denen jene Nacht im voraus zu *erkennen* gegeben wurde, meint der Verf. hier nicht die Exodusgeneration, denen ihr Auszug vorhergesagt (Ex 3,12.17; 6,6f.) und denen Abend und Nacht für die Begehung des Pascha genannt wurde (Ex 11,1-8; 12,1-13). Die »*Eide*, denen sie *glaubten*« verweisen vielmehr auf die Erzväter Abraham, Isaak und Jakob. Ausdrücklich heißt es ja in Gen^{LXX} 15,6: »Und Abram *glaubte* Gott, und (das) wurde ihm als Gerechtigkeit angerechnet«. Zu den *Eiden* (und Bundesschlüssen) der Väter vgl. 12,21 und s. unten zu 18,22. Aufgrund eines Gotteswortes an Abraham »wußten sie untrüglich« (EÜ: sicher): *Erkennen*, ja *erkennen* sollst du... (nach langem, hartem Sklavenaufenthalt der Nachkommen im Ausland werde Gott Gericht halten, und sie würden reich von dort ausziehen, Gen 15,13f.), »damit sie (= die Väter) sich freuten«. Bei diesem in der Septuaginta einmaligen Wort hebt die EÜ mit der Übersetzung »zuversichtlich sein« zu wenig die *freudige Stimmung* hervor. Die *Freude* der Erzeltern über den Bund Gottes und seine Verheißungen ist ein in der Auslegungstradition verbreitetes Motiv (vgl. im Jubiläenbuch 14,21; 15,17; 16,19f.), das auch im Johannesevangelium 8,56 verwendet wird.

18,7 Was Abraham in Gen 15,13f. verheißen wurde, hat das Gottesvolk seitdem erwartet: Gottes Gericht als Rettung der Gerechten und Umkommen der Feinde. In späteren jüdischen Traditionen wird auch das Kommen des Messias (als Inbegriff von Rettung und Heil) in der Pascha-Nacht erwartet.

18,8 erläutert, daß die Verheißung sich in der Pascha-Nacht zu erfüllen begann. Die beiden Elemente der Erwartung in 18,7b werden nun chiastisch aufgenommen. »Du straftest« verwendet ein von dem »Bestrafen« in 11,5 verschiedenes Wort, aber das dort genannte Darstellungsprinzip kommt auch hier zur Geltung. Beim Vorübergang in jener Nacht schlug der HERR alle Erstgeburt von Mensch und Vieh in Ägypten; jedoch die Häuser derer, die ihre Türpfosten mit dem Blut des *P-s-ch*-Opfers bestrichen hatten, »übersprang« er (hebr. *p-s-ch*). Die Septuaginta übersetzte dieses hebräische Wort in Ex 12,13.27 mit »schützen« und in Ex 12,23 mit »vorbeigehen«.

Die »Rettung der Gerechten« war aber nicht nur Schutz *vor* dem Schlag, sondern noch viel mehr: »Du hast uns (zu dir) gerufen und verherrlicht«. Zu Ex^{MT} 3,18 »JHWH, der Gott der Hebräer ist uns *begegnet*« (*nqrh*) bezeugt schon die Septuaginta mit ihrer Übersetzung »Der Gott der Hebräer hat uns (zu sich) *gerufen*« eine Auslegungstradition, die auch Weish 18,8b, PHILON, *Leben Moses* I, 73 und die Targumim kennen.

In Ex 5,3 übersetzte die Septuaginta die hebr. Verbform *nqr'*, die als »er begegnete (uns)« *oder* als »er wurde (über uns) ausgerufen« verstanden werden konnte, mit: »er hat (uns) zu sich gerufen«. Ermöglicht wurde diese Deutung dadurch, daß hebr. *qrh* »begegnen« und *qr'* »rufen« gleich klingen und gelegentlich gleich geschrieben werden. Nach rabbinischer Tradition müssen aufgrund dieser Auslegung die Teilnehmer an der Pascha-Feier *vorher* registriert (= gerufen) sein.

Die Rettung umfaßt also nicht nur den Schutz vor dem Tod, sondern auch, daß Gott die Gerechten zu sich ruft und an ihnen als seinem heiligen Volk seine Herrlichkeit zeigt (vgl. 19,22). Dabei bezieht der Sprecher durch das »*uns*« wieder sich selbst und indirekt auch die Leser des Buches in das so in die Nähe Gottes gerufene Volk mit ein (s.o. zu 12,6.18.22; 15,1-3.4; 16,8; 18,6a). »Erlösen« und »verherrlichen« (im Sinne von: Gott erweist seine Herrlichkeit) sind auch in Jes^{LXX} 44,23c im Parallelismus miteinander verbunden; vgl. Jes^{LXX} 52,13 »Siehe, mein Knecht wird verstehen, und er wird erhöht und verherrlicht werden, sehr«.

18,9 Das erste Pascha wird als *die* Feier der *Gemeinschaft* des Gottesvolkes vorgestellt: »Im Verborgenen nämlich opferten die heiligen (*hósioi*) Kinder (der) Guten, / und sie verpflichteten sich einmütig auf das Gesetz der Gottheit / daß die Heiligen (*hágioi* s.o. zu 18,1) in gleicher Weise an denselben Gütern / und Gefahren Anteil nehmen sollen, / wobei sie schon im voraus (die) Loblieder (der) Väter anstimmten.« Nicht zufällig finden sich im nächsten Umkreis die verschiedenen Titel und Ehrenbezeichnungen: deine Söhne (und Töchter) 18,4b; die Heiligen *hósioi* 18,1a.5a.9a, *hágioi* 18,9d; dein Volk 18,7a.13b; die Gerechten 18,7b; Sohn Gottes 18,13b. *Liturgie* und *Solidarität* begründeten diese Gemeinschaft und sicherten ihre Identität bis in die Gegenwart.

Die Hausliturgie umfaßte als Elemente das Pascha-Opfer, bei dem *alle* als Priester amtierten, die Übernahme der Bundesverpflichtungen in Einmütigkeit und die Lobgesänge. Der Ausdruck »im Verborgenen« könnte aus Ex 11,2 entnommen sein. Dort hatte ihn die Septuaginta zu »Sprich in die Ohren des Volkes!« hinzugefügt im Zusammenhang mit der Aufforderung zum Ausleihen der silbernen und goldenen Geräte (s.o. zu 10,17). Eine Textänderung von *kryphê* »im Verborgenen« zu *tryphê* »in überschwenglicher Freude« würde zwar späteren rabbinischen Deutungen zu Ex 12,7 (von Ex 8,22 her) mehr entsprechen, wonach die Paschalämmer vor den Augen der Ägypter in aller Öffentlichkeit geschlachtet wurden, sie wird aber durch keine Handschrift oder alte Übersetzung gerechtfertigt. Eher werden durch »im Verborgenen« mehrere Schriftstellen miteinander ausgeglichen: Obwohl das Opfer eigentlich *in der Wüste* stattfinden sollte (Ex 3,18; 5,1-3; 10,25-26) und nach Moses Hinweis auf die Anstößigkeit der Schlachtung eines den Ägyptern heiligen Tieres auch schließlich vom Pharao dort erlaubt wurde (Ex 8,21-25), fand es dennoch im Land Ägypten und bei und in den Häusern statt (Ex 12,6-7.21 zusammen mit dem Verbot Ex 12,22, keiner dürfe sein Haus verlassen). Wenig wahrscheinlich ist, daß durch »im Verborgenen« die Paschafeier als eine Art jüdischer Mysterieninitiation charakterisiert werden sollte. Wie an mehreren Stellen bei PHILON bezeichnen die »Guten« hier die in 18,6a genannten Väter (Patriarchen); als »Kinder (der) Guten« sind die Pascha Feiernden auch Erben der den Vätern für ihre Nachkommen gegebenen Verheißungen.

Das »Gesetz der Gottheit« bedeutet von Ex^{LXX} 12,43-49 her zunächst einmal die *Beschneidung*, ohne die kein Mann, ob Israelit, Proselyt oder Fremder (die Targumim und spätere Auslegungen fügen hinzu: und kein Apostat) an der Paschafeier teilnehmen darf. Dabei betont »Gottheit«, wie im Aristeasbrief* 95 oder mehrmals bei PHILON, besonders die Majestät und Herrlichkeit Gottes. Das hier mit »sich verpflichten« übersetzte Verb begegnet sonst häufig in der Wendung »(einen *Bund*) *schließen*«. In anderen Texten, z.B. einigen Targumim, werden ausdrücklich Pascha, Beschneidung, Bund und Tora (nicht nur in der Bedeutung der Pascha-Tora Ex 12,49, sondern des Gesetzes vom Sinai) miteinander verbunden.

Die Solidarität »in Gütern und Gefahren« wurde von den Kommentatoren meist verstanden als die gemeinsame Teilhabe sowohl an Schutz, Rettung und Gaben Gottes wie z.B. in der Wüste (s.o. zu 11,4-14; 16,1-4.15-29), als auch an Nöten wie z.B. in 16,5-14 und 18,20-25. Da diese »gemeinsame Teilhabe« aber als Inhalt des »Gesetzes der Gottheit« bezeichnet wird, auf das die Opfernden sich in der Pascha-Nacht einmütig verpflichteten, handelt es sich hier wohl eher um eine Umschreibung der Verpflichtung zur Auslösung der männlichen Erstgeburt bei Mensch und Vieh nach Ex 13,1.11-16 (so Adrian SCHENKER, RScR 1996, 183-187). In der Pascha-Nacht bestand ja nicht für alle Israeliten Todes*gefahr*, sondern nach Ex 12,12.29f. nur für die Erstgeburt bei Mensch und Vieh. Durch das Bestreichen der Türumrandungen mit dem Blut des Pascha-Opfers wurde nach Ex 12,21-24 diese Gefahr von den Häusern der Israeliten abgewendet. Die Paschafeier hält, wie es der Erzählzusammenhang in Ex 11 – 13 vorgibt, durch alle Generationen hindurch das Gedenken an die Verschonung der Erstgeborenen

Israels einst in Ägypten (»Gefahren«), die Befreiung des ganzen Gottesvolkes aus dem Sklavenhaus (»Güter«) und die bleibende Verpflichtung, die männliche Erstgeburt auszulösen, lebendig.

»Lobgesänge« bei der Paschafeier werden in den Büchern Ex und Dtn noch nicht erwähnt, wohl aber in 2 Chr 30,21-22 zu der Feier von Pascha und Mazzot (Ungesäuerte Brote), das unter dem König Hiskija nach langer Zeit zum erstenmal wieder einmütig und »richtig« begangen wurde. »Lobgesänge der Väter« meinen wohl nicht Lieder *über* die Patriarchen oder von diesen selbst gesungene, sondern »althergebrachte Gesänge«, wie sie »schon immer« zum Fest dazugehören: »Und ganz Israel saß, um das Fleisch des Pascha zu essen und Wein zu trinken, und lobte und segnete und feierte den Herrn, den Gott seiner Väter, und war bereit, herauszugehen aus dem Joch Ägyptens und aus der bösen Sklaverei« (Jubiläenbuch 49,6). Auch PHILON erwähnt bei der Paschafeier Opfertier, Wein, Gebete und Gesänge nach Brauch der Väter (Einzelgesetze II, 148).

Die Wirkung des Todes zahlloser Erstgeborener auf die Ägypter 18,10-13

Mit einem Kamera- und Mikrophon-Schwenk (»*entgegen* schallte...«) wird der Einmütigkeit der Paschafeier mit ihren Gesängen in diesem Unterabschnitt das »unsymphonische Geschrei der Feinde« gegenübergestellt. Der in Ex 11,5-6 angekündigte und nach Ex 12,29-30 erfolgte Tod jeder Erstgeburt bei Mensch und Vieh der Ägypter wird in in poetischer Sprache verdichtet und in seinen Wirkungen noch gesteigert (vgl. Num 33,4) dargestellt. Dabei ist die Aufmerksamkeit nicht auf die Erstgeburt gerichtet (im Unterschied zu Ex 11,5; 12,12 bleiben die Tiere unerwähnt), sondern auf die Reaktion der Eltern. Das in Ex 12,12 genannte »Gericht über die Götter Ägyptens« wird in *18,13* konkretisiert und ›entmythologisiert‹: Es waren die *magischen Praktiken* (s.o. zu 12,4; 17,7; EÜ: durch die Künste ihrer Zauberer), weswegen die Ägypter auch angesichts aller Zeichen und Wunder im Unglauben blieben (vgl. demgegenüber den *Glauben* der Väter 18,6b). Erst als die Drohung (Ex 4,23), die schon früh an den Pharao als ihren Repräsentanten ergangen war, sich bei ihnen allen bewahrheitet hatte, also »aufgrund des Umkommens der Erstgeborenen«, *bekannten* sie, was dem Pharao schon damals mitgeteilt worden war: »Das Volk ist

Gottes Sohn« (Ex 4,22; vgl. Ex^{LXX} 12,31: »Geht und verehrt den HERRN, *euren Gott*«). Nach dem Gerichtshandeln Gottes sagen die »Frevler« reuig, außer sich vor Staunen über das Wunder (*parádoxon*) der Rettung: Der Gerechte zählt zu den Söhnen Gottes (s.o. zu 5,3-5). Aus der Ähnlichkeit der Formulierungen wird erkennbar, wie der Sprecher seine Mahnungen und Begründungen im ersten Buchteil aus seinen (früheren) betenden Meditationen der Geschichte im dritten Buchteil gewonnen hat.

Das todankündigende Auftreten des Wortes Gottes 18,14-19

Das »denn« am Anfang (in der EÜ ausgelassen) kennzeichnet diesen Unterabschnitt als Erläuterung der Wendung »aufgrund des Umkommens der Erstgeborenen« in 18,13b. Zwei Probleme ergaben sich nämlich bei der aufmerksamen Betrachtung der Schrifttexte dazu: (1) Nach Ex 11,4; 12,12f.23a.27.29 ›schlägt‹ der HERR *selbst* die Erstgeburt, oder aber er »überspringt« einen Hauseingang; nach Ex 12,23b läßt er jedoch *den Verderber* in ein Haus eintreten bzw. nicht hineinkommen. (2) Nach Ex 11,4-6; 12,12f.23.29-31 geschah die Erstgeburt-Tötung *um Mitternacht*; in Num 3,13 und 8,17 heißt es aber: »An dem *Tage,* an dem ich schlug jeden Erstgeborenen in Ägypten...«. Die Lösung dieser Probleme geschieht in eindrucksvoller dichterischer Gestaltung.

Zu (1): In einem ersten Absatz *18,14-16* werden die kosmischen Dimensionen des *Wortes* Gottes, seiner überallhinreichenden Strafmacht, beschrieben und so indirekt auch »der Verderber« in Ex 12,23 erklärt als literarische Personifikation einer Wirkung Gottes, wenn seinen Anordnungen Ungehorsam entgegengestellt wird oder man sie unbeachtet läßt.

Zu (2): Der zweite Absatz *18,17-19* beginnt mit »dann sogleich« (EÜ: plötzlich) und schildert die psychologischen Wirkungen in den Betroffenen, als das *Wort* mitten in das Land *sprang,* das durch seinen Unglauben den Tod (das Umkommen) gewählt hatte. Sie waren zunächst nur »halbtot« (18,18a) und konnten infolge von Halluzinationen, schrecklichen Träumen und Angstanfällen noch die Ursache des nahen Todes benennen. Durch diese Voranzeigen sollten sie erkennen, weshalb sie so schlimm litten und am folgenden Tag, wie es in Num 3,13 gesagt ist, starben.

18,14 Nach dem Vorhergehenden wird der Leser das »tiefe Schweigen« als Ruhe vor dem Sturm verstehen; vgl. Ps 76,9-10: »Vom Himmel her ließest du (das) Rechtsurteil hören, / die Erde *fürchtete sich und war still*, / als Gott sich erhob zum Gericht, / um zu retten die Gedemütigten der Erde.« Zugleich aber wird dadurch, daß das Universum als Wirkraum des Logos genannt wird (*Inklusio* »das All« in 18,14a.16b), an die erste Nacht und Finsternis überhaupt erinnert, vor der es weder Laut noch Licht, d.h. keine Schöpfung gab. »Und (als die) Nacht mit der ihr eigenen Schnelligkeit zur Mitte gelangt war« ist nicht nur eine Angabe der Uhrzeit nach Ex 11,4; 12,29. Ausgehend von der ersten Pascha-Nacht war in der Auslegungstradition längst die Nacht vom 14. auf den 15. Nisan *die* Zeit des Handelns Gottes.

Die vier Nächte im Buch der Denkwürdigkeiten
(Targum Neofiti I zu Ex 12,42)

»Nacht des Wachens« (Ex 12,42): Sie ist eine aufbewahrte und festgesetzte Nacht zur Befreiung im Namen des HERRN im Augenblick des Auszugs der Israeliten, die befreit wurden aus dem Land Ägypten. Ja, vier Nächte sind aufgeschrieben im Buch der Denkwürdigkeiten.
Die *erste Nacht* (war), als der HERR sich über der Welt offenbarte, um sie zu erschaffen: Die Welt war wüst und leer und Finsternis war ausgebreitet über der Urflut (Gen 1,2). Und das *Wort* des HERRN war das Licht und strahlte. Und Er nannte (sie) erste Nacht.
Die *zweite Nacht* (war), als der HERR sich offenbarte über Abram, der hundert Jahre (alt war), und Sara, seiner Frau, die neunzig Jahre (alt war; Gen 17,17). Wird der hundertjährige Abram noch zeugen, und seine neunzigjährige Frau Sara noch gebären? Und Isaak war siebenunddreißig Jahre alt, als er auf dem Altar geopfert wurde. Und die Himmel stiegen herab und ließen sich hernieder, und Isaak sah ihre Vollkommenheiten; und seine Augen verdunkelten sich infolge ihrer Vollkommenheiten. Und Er nannte (sie) zweite Nacht.
Die *dritte Nacht* (war), als der HERR sich offenbarte über die Ägypter in der Mitte der Nacht (Ex 12,29). Seine Hand tötete die Erstgeborenen der Ägypter, und seine Rechte war schützend gehalten über die Erstgeborenen Israels, um zu bestätigen, was die Schrift sagt: Mein erstgeborener Sohn ist Israel (Ex 4,22). Und Er nannte (sie) dritte Nacht.
Die *vierte Nacht* (wird sein), wenn die Welt ihr Ende erreicht, um aufgelöst zu werden. Die Joche von Eisen werden zerbrochen, und die Geschlechter der Frevler werden beendet. Und Mose wird aus der Wüste herauskommen (... Lücke ...) Einer wird gehen an der Spitze der Herde, und ein (anderer) wird gehen oben auf einer Wolke (*oder:* an der Spitze einer Herde). Und

sein *Wort* geht zwischen ihnen beiden, und sie beide gehen zusammen. Das ist die Pascha-Nacht für den Namen des HERRN, eine aufbewahrte und festgesetzte Nacht ist es zur Befreiung ganz Israels in allen ihren Generationen.

Aus: Roger Le Déaut, La nuit pascale. Essai sur la signification de la Pâque juive à partir du Targum d'Exode XII 42 (AnBib 22) 1963, 64-65. R. Le Déaut stellt eine Fülle ähnlicher Überlieferungen zusammen und ihre unterschiedliche Aufnahme im Neuen Testament und im rabbinischen Judentum.

18,15-16 Das *Wort* Gottes hatte Salomo in seinem großen Gebet als Instrument der Schöpfertätigkeit (parallel zur Weisheit) eingeführt: »... der du gemacht hast das All durch dein Wort« (s.o. zu 9,1b). In 12,9 nennt er »ein scharfes Wort« als eine der Strafmöglichkeiten Gottes. Wie ein zum Retten und Heilen bevollmächtigter Bote wird das Wort Gottes in *16,12* dargestellt; s. dort auch Schriftstellen, die Vorbild der literarischen Personifikation gewesen sein mögen, und eine Erörterung des Verhältnisses von *Weisheit* und *Wort* im Buch der Weisheit. M. PRIOTTO macht auf die theologische Bedeutung dieser Betrachtungsweise aufmerksam: *Schöpfung* und *Geschichte* (Strafe und Heilung) sind ein *Wort,* in dem Gott sich den Menschen, und Israel im besonderen, offenbart.

»Allmächtig« wird auch der Geist in der Weisheit (7,23) und die Hand Gottes genannt (s.o. zu 11,17). »Vom Himmel, vom königlichen Thron her« bezeichnen die Herkunft und Zugehörigkeit des *Wortes* wie der Weisheit (s.o. zu 9,4.10). Der Ausdruck »harter Krieger« nimmt Ex^{MT} 15,3 auf: »Der HERR ist ein Kriegsmann, der HERR ist sein Name.« Während die Septuaginta durch ihre Übersetzung »Der HERR zerschlägt die Kriege, der HERR ist sein Name« Ex 15,3 (und Jes 42,13) geradezu antimilitärisch ausgelegt hatte, überträgt der Sprecher diese Bezeichnung auf das *Wort.* Daß der Logos »sprang«, könnte eine Deutungstradition spiegeln für das schwierige Wort *p-s-ch,* s.o. zu 18,8. Was nach Ex 12,13.23.27 der HERR *selbst* in der Paschanacht tat, ist hier Wirkung seines *Wortes.* Die Übersetzung in der EÜ »dem Verderben geweiht« läßt die dem Sprecher wichtige Schuldbeteiligung und Erkenntnis der Betroffenen zu wenig deutlich werden.

Vorbild für die Darstellung des *Wortes* in 18,15-16 war sicher auch der »Verderber-Bote«, den David nach seiner Volkszählung mit dem *gezückten Schwert* des HERRN in der Hand, der Pest, *stehend* sah *zwischen Erde und Himmel* (1 Chr 21,7-17). Das Bild vom »Schwert« für das Gotteswort war schon länger in der Überlieferung lebendig, vgl. Jes 49,2 »er machte meinen Mund zu einem scharfen Schwert«; in drastisch-konkreter Weise Ri 3,19-21. In großer Nähe zu 18,15 steht Hebr 4,12: »Lebendig ist das Wort Gottes und wirksam und schärfer als jedes zweischneidige Schwert«; vgl. auch Eph 6,17; Offb 1,16; 2,16; 19,11-15.

»Dastehend erfüllte er das All mit Tod« wendet das Bild vom Pest-Engel aus 1 Chr 21 auf die Tötung der Erstgeburt in der Paschanacht an. Für die Orts- und Größenbestimmung des *Wortes* »Es berührte den Himmel und stand auf der Erde« spielt der Sprecher nicht nur auf 1 Chr 21,16 »stehend zwischen Erde und Himmel« an, sondern auch auf ein berühmtes homerisches Bild aus der Ilias über die *Eris* (Streit, Kampf): »An den Himmel hat sie ihr Haupt gestützt, auf dem Erdboden geht sie«; VERGIL hat es in der *Aeneis* auf die *Fama* (das Gerücht) angewandt: »Es geht auf dem Boden und birgt sein Haupt in den Wolken«, und PHILON beschreibt so die Wolkensäule (Über den Dekalog 44).

18,17-19 »Dann sogleich« tritt aber nicht der Tod ein, sondern es befallen sie »halbtot« machende Träume und Ängste, die den schon einsetzenden Tod vorankündigen (vgl. auch Kap. 17). Obwohl die Ägypter alle Gelegenheiten zur Umkehr ausgeschlagen hatten (s.o. zu 12,20), ereilt die Gerichtsstrafe sie nicht hinterrücks: »Sie sollten nicht umkommen, ohne zu wissen, weshalb sie schlimm litten«.

Die Unterwerfung der Plage in der Wüste durch Liturgie und Wort 18,20-25

Im Vorangehenden wurden einerseits die Vorfreude der Patriarchen auf die Pascha-Nacht und die vorbildliche erste Feier des Pascha (18,6-9), andererseits zunächst Klage und Schmerz der Ägypter über das Umkommen ihrer Erstgeborenen (18,10-13) und dann das Gerichts-*Wort* betrachtet, das das Todesurteil anzeigt und vollstreckt (18,14-19). Innerhalb der sechsten Gegenüberstellung wird nunmehr eine vergleichbare Erfahrung Israels beim Zug durch die

Wüste meditiert, eine Plage mit einer Menge von Toten unter den Israeliten (Num 17,6-15). Aber anders als bei den »Frevlern«, die das Umdenken immer wieder verweigerten und denen das *Wort* deshalb Tod ankündigte, wurde bei den »Gerechten« durch ein *Wort* der Verderber besiegt. Die von der Plage Erschlagenen waren nicht Vorzeichen des Untergangs aller, sondern warnende »Kostprobe des Zorns«.

18,20 Weshalb überhaupt auch die »Gerechten« eine Kostprobe des Todes »berührte« (EÜ: sie lernten kennen) und ein »Zerschmettern einer Menge« in der Wüste stattfand (EÜ: sie wurden in großer Anzahl dahingerafft), brauchte im Text nicht ausgeführt zu werden: Das nur in 18,20b verwendete Wort *thrausis* »Zerschmettern, Erschlagen« verweist die Septuaginta-kundigen Leser unmißverständlich auf die Erzählung in Num^{LXX} *17,6-15*, in der dieses Substantiv viermal und das zugehörige Verb einmal vorkommen. Der Sprecher hatte bereits im Buchproömium vor der Sünde, die mit diesem »Zerschmettern« bestraft wurde, eindringlich gewarnt: Murren und Verleumdung führen zum Tod (s.o. zu 1,10.11). Das Murren und Verleumden gegenüber Mose und Aaron bezog sich ja in Wirklichkeit auf den HERRN (Num 16,11; 17,6). Die Bezeichnung der Ursache dieses »Zerschmetterns« als »Zorn« in 18,20c.23b.25b stammt aus Num 17,11.

18,20 bildet zu 18,21-25 eine zusammenfassende Einleitung. Der Ausgang dieser »Probe« wird in 18,20c gleich mitgenannt: »Aber nicht auf lange blieb der Zorn«. Fast mit den gleichen Wörtern wurde die Schlangenplage in 16,5c eingeleitet: »*Nicht* bis zum Ende *blieb* dein *Zorn*«). Den Grund für die Begrenzung des Zorns erläutert 18,21-25 und beginnt darum mit »denn« (in der EÜ ausgelassen).

18,21-25 Durch »Liturgie« (EÜ: heiliger Dienst) als Gebet und Entsühnung mittels Räucherwerk am Anfang und die Beschreibung des Ornats am Ende ist eindeutig der Priester *Aaron* charakterisiert. In Num^{MT} 17 liegt die Initiative bei *Mose.* Er gibt den Befehl Gottes an Aaron weiter, und *zu ihm* kehrt Aaron nach der Entsühnung des Volkes und der Beendigung der Plage zurück. In Ps 106 sind es *Mose* und *Pinhas,* die die von Gott gesandten Plagen nach der Verehrung des Goldenen Kalbes (Ex 32) und nach der Verehrung des Báal-Pegór (Num 25) beendigen, Aaron jedoch wird nur nebenbei als Anlaß der Eifersucht Datans und Abirams genannt (Ps 106,16). Demgegenüber liegt in Weish 18,21 die Initiative bei Aaron: »Er sprang als Vorkämpfer ein«. Mose wird im ganzen Abschnitt nicht einmal erwähnt. In 18,21e erhält Aaron sogar den Titel »Diener (des HERRN)«, mit dem in 10,16a *Mose* bezeichnet worden war. Er hat erwiesen, »daß er dein Diener ist«. Diesen Titel trägt Aaron sonst nirgends in der Bibel.

Nur vier andere Personen werden im Alten Testament noch »untadelig, ganz« (s.o. zu 1,1c) genannt: Noach, Abraham, Ijob und Ester (in der griechischen Fassung 8,12n). Ihnen allen gemeinsam ist ihre »Gerechtigkeit« und ihr Eintreten als *Fürbitter:* Abraham für Sodom und für Abimelech (Gen 18,16-33; 20,7.17), Ijob für seine Freunde (Ijob 42,8), Ester für ihr Volk (Est 4,17k-z); Ez 14,14-20 nennt Noach, Daniel und Ijob als Beispiele von Fürbittern. Nach der Tradition setzt die Wirksamkeit der Fürbitte die Untadeligkeit des Fürbitters voraus.

Auf das *Fürbittgebet* Aarons kommt es dem Sprecher besonders an. In Num 17 wird ein *Gebet* nicht ausdrücklich erwähnt. Die Auslegungstradition hatte aber bereits die Angaben in Num 17,8.15 (Mose und Aaron gingen vor das Offenbarungszelt und kehrten nach der Entsühnung dorthin zurück), in Num 17,10 (sie warfen sich auf ihr Angesicht) und in Num 17,13 (Aaron *stand* zwischen den Toten und den Lebenden) als Gebet gedeutet; vgl. die spätere Bezeichnung *'amîdá* »(Gebet im) Stehen«. Auch das Weihrauchopfer war in der Tradition schon in engste Beziehung zum Bittgebet gebracht worden: Ps 141,2 »Wie ein Rauchopfer steige mein Gebet vor dir auf, / als Abendopfer gelte vor dir, wenn ich meine Hände erhebe«; gerade zur Stunde des abendlichen Rauchopfers im Tempel beginnt Judit mit lauter Stimme ihr Bittgebet zum HERRN zu ›schreien‹ (Jdt 9,1); im Tobitbuch stehen anschaulich die Vertreibung des Dämons durch das Räucherwerk und das Flehgebet zum barmherzigen Gott beieinander (Tob 6,17-18). Auch das »Entsühnen« (hebr. *kpr* »bedecken«, griech. *exhiláskomai* »sich jmdm. angenehm machen, jmdn. besänftigen«) wurde oft als *fürbittendes Eintreten, Beten für* gedeutet (Belege bei M. PRIOTTO). Das Gebet war also die »Waffe« des »Vorkämpfers« Aaron! In dieser umdeutenden Verwendung militärischer Begriffe ist eine Kritik an der Betätigung von Priestern als Feldherren (Rückschau auf die Hasmonäerzeit), vielleicht aber auch an zelotischen Unternehmungen in der Diaspora unüberhörbar. Anders als Ps 106 hat der Sprecher nicht den Priester Pinchas mit seinem Speer (Num 25), sondern den fürbittenden Priester Aaron als Vorbild daür ausgewählt, wie Plagen, die das Volk Gottes treffen, abgewendet werden können und sollen.

Worin genau die todbringende Plage bestand, ist aus Num 17 nicht zu erkennen. Der Sprecher umschreibt sie nach ihren verschiedenen Aspekten jeweils mit anderen Wörtern und Wendungen: Als ihre Ursache betrachtet er den »Zorn« 18,20c.25b. Dieses Wort ist auch in 18,23b zu lesen; mit der Übersetzung »Ansturm« folgt die EÜ einer Vermutung J. Zieglers im Anschluß an die altlateinische Übersetzung; da aber keine griechische Handschrift diese Konjektur stützt, sollte darauf verzichtet werden.
Wie in 16,5c ist in 18,20-25 die biblische Redeweise vom »Zorn Gottes« aufgenommen, der als »die andere Seite« seiner Liebe wahrgenommen wird (s. dazu die Artikel in den Theologischen Wörterbüchern zum AT und zum NT). Die Plage selbst nennt der Sprecher »Zerschmettern« 18,20b und »Unglück, Unheil« 18,21d. Ihr Endergebnis beschreibt er einerseits damit, daß »die Toten haufenweise übereinander gefallen waren« 18,23a, und andererseits aus der Erfahrung der Überlebenden als »Wüten« (EÜ: Zorn) 18,21c und »katastrophales Durcheinander« 18,22a. Die EÜ übersetzt den letztgenannten Ausdruck mit »Not« und folgt damit zu Recht nicht einer seit J. Bauermeister 1828 oft vertretenen Konjektur, die J. Ziegler sogar in den Text aufgenommen hat, statt *ochlon* »Haufen, Gemenge, Durcheinander« sei *cholon* »Galle, Grimm, Zorn« zu lesen. Als handelndes Wesen personifiziert der Sprecher die Plage als »den Strafenden« 18,22c und »den Verderber« 18,25a.
Die Auslegungsüberlieferung hatte schon lange die Tötung der ägyptischen Erstgeburt mit der Plage Israels in der Wüste verknüpft. Bindeglied waren die hebräischen Wörter *nægæph, maggēphá* »Schlag, Plage, Erschlagen« in Ex 12 und Num 17. Zum anderen waren diese Wörter wie in Ex 12 auch in 2 Sam 24; 1 Chr 21 (bei der Volkszählung) und in 2 Kön 19,35 (die Plage im Lager der Assyrer vor Jerusalem im Jahre 701 v.Chr.) mit dem »Verderber« als Ausführendem verbunden. Er wird in den angeführten Texten (außer Ex 12) und in den Targumim als »Engel des HERRN« und »Verderber-Engel« bezeichnet. Daß alle diese Schriftstellen zusammengesehen wurden, zeigt sich z.B. in der Septuaginta daran, daß in 2 Sam^{MT} 24,15 ein ganzer Satz aus Num 17,11 eingefügt wurde: »Und es begann das Zerschmettern im Volk.« Auch 4 Makk 7,11 bezeugt noch die angelologische Auslegungstradition zu Num 17: »Denn wie unser Vater Aaron, mit dem Rauchfaß bewaffnet, durch die Volksmenge eilte und den feurigen Engel besiegte...« Das Attribut »feurig« bezieht in die Plage nach Num 17,11-12 auch noch die wegen Korach durch

Feuer Umgekommenen (Num 16,35) mit ein, auf die Num 17,14 noch verweist.

Gott selber war es, der durch seinen Diener ohne Körperkraft und Einsatz von Waffen das Durcheinander besiegte (EÜ: die Not überwand) und den Bestrafenden unterwarf, und zwar durch ein »Wort«. Wie kann aber das liturgische Fürbittgebet so machtvoll wirken, daß es sogar den von Gott kommenden »Zorn« 18,23b anzuhalten vermag? Darauf antwortet der Verweis auf den Inhalt dieses Gebetes (18,22d) und auf den liturgischen Ornat des Betenden (18,24).

18,22d lautet, wörtlich übersetzt: »indem er die Eide an die Väter und die Bundesschlüsse in Erinnerung rief«. Das also war der Inhalt von Aarons Fürbittgebet. Es nimmt Gottes eigenes *Wort* an die Väter auf und macht es durch erinnerndes Nennen wirksam gegenwärtig.

In *12,21* hatte der Sprecher angesichts des richtenden Handelns Gottes an seinen Kindern, ebenso wie in 18,22, die »Eide und Vertragszusicherungen guter Verheißungen, die du ihren Vätern gegeben hast« genannt. In 12,21 verwendete er *synthêkai,* die Mehrzahl des üblichen Wortes für »Vertrag, vertraglich vereinbarte Leistung« neben den Eiden. In *18,6b* erwähnte er nur »Eide«, d.h. durch einen Schwur bekräftigte Zusagen, denen die Väter geglaubt haben. In *18,22d* nun gebraucht er zum einzigen Male das Wort *diathéke* »Anordnung, Vermächtnis, Testament; Vertrag«, mit dem die Septuaginta durchweg das hebr. Wort *b^{e}rît* »Bund, Vertrag« wiedergibt. Er setzt es jedoch in den *Plural* (vgl. Röm 9,4), der in der Septuaginta sonst nur noch in Sir^{LXX} 44,18 für den Noach-Bund vorkommt. Durch diese in der Bibel einmalige Plural-Wendung »Eide an die Väter und Bundesschlüsse« wird auf ein Gefüge von Schriftstellen Bezug genommen, das nur beispielhaft angedeutet sei: In Gen 15,18 schloß Gott, nachdem er Abram eine zahlreiche Nachkommenschaft verheißen hatte, einen Bund mit ihm, seinen Nachkommen werde Gott das Land geben. Die Land- und Segensverheißung an Isaak und seine Nachkommen in Gen 26,3f. nannte den Bund mit Abram in Gen 15,18-21 den »*Eid*, den ich Abraham schwur«. Nach Ex 2,24 gedachte Gott seines Bundes mit Abraham, Isaak und Jakob. In Ex 6,5 sagte Gott dem Mose zu Beginn der Exodusereignisse: »Ich habe mich meines Bundes erinnert«, den er nach Ex 6,4 mit ihnen, d.h. den zuvor erwähnten Abraham, Isaak und Jakob, errichtet hatte. In Lev 26,42 wurde »mein Bund«, dessen Gott gedenken will, sogar dreimal wiederholt, jeweils mit Jakob, mit Isaak und mit Abraham. Dtn 4,31 formuliert: »Denn ein barmherziger Gott ist der HERR, dein Gott, er läßt dich nicht fallen und gibt dich nicht dem Verderben preis und vergißt nicht den Bund mit deinen Vätern, den er ihnen beschworen hat.«

In seiner Meditation des in der Heiligen Schrift Erzählten ist Salomo zu einem umfassenden, tiefen Verständnis des *Wortes* Gottes gelangt: Die Israeliten, die durch die Schlangenbisse an die Aussprüche und Gebote Gottes erinnert worden waren und nun dem Befehl Gottes gehorchten, erfuhren sein *Wort* als alles heilend (16,12). Den bis zuletzt nicht-glaubend gebliebenen Ägyptern zeigte sich das *Wort* dagegen als alles mit Tod erfüllend (18,14-16). Wenn aber Gottes eigenes *Wort*, das die Verheißungen an die Väter vergegenwärtigt, in der liturgischen Fürbitte aufgegriffen wird, gebietet es dem Zorn Gottes Einhalt und erhält das Volk am Leben.

18,24 Die hohepriesterliche Kleidung wird im Anschluß an *Ex 28* (Ex 29,5f.; 39,1-31) oft bewundernd und eingehend von jüdischen Schriftstellern beschrieben, vgl. Sir 45,7-13; 50,5-11; Aristeasbrief 96-99; TestLevi 8,2-10; PHILON, *Leben Moses* II, 109-135; *Einzelgesetze* I, 84-97; Flavius JOSEPHUS, *Krieg* V, 213; *Antiq* III, 179-187. Die Deutung des Materials, der Farben und der kunstvollen Gestaltung des Ganzen und der Einzelteile des hohepriesterlichen Gewandes als Spiegel des Weltalls, seiner Teile und Elemente war offenbar schon traditionell. Am breitesten ausgeführt findet sie sich bei PHILON in der ihm eigenen allegorischen Art. Unabhängig von ihm ist sie auch dem etwas später schreibenden Flavius JOSEPHUS, der aus einer Jerusalemer Priesterfamilie stammte, bekannt. PHILON erwähnt nach seiner allegorisierenden Ausdeutung des hohepriesterlichen Ornats auch die Aufgabe des Hohepriesters, Opfer, Bitt- und Dankgebete nicht nur für seine Angehörigen und das eigene Volk, sondern für *alle* Menschen und die ganze Schöpfung mit ihren Naturelementen (Erde, Wasser, Luft und Feuer) darzubringen (*Einzelgesetze* I, 97); vgl. die Rahmung der Plagebeendigung in Weish 18,21.24 durch die Fürbitte und den Ornat.

Salomo setzt die vorstehenden Schrifttexte und Auslegungstraditionen als bekannt voraus und begnügt sich mit knappen Andeutungen. Von der hohepriesterlichen Kleidung bleiben die allen Priestern gemeinsamen Teile unerwähnt (Leinenhemd, Beinkleider, Gürtel, Kopfbedeckung). Nur auf die den Hohepriester auszeichnenden Bestandteile wird knapp verwiesen: auf das lange Obergewand (hebr. *m*^{e}*'îl*, griech. »das bis zu den Füßen Reichende«), auf die Lostasche (vielleicht zusammen mit dem Ephod) und auf das Diadem mit dem Gottesnamen.

Um zu verstehen, inwiefern »auf dem bis zu den Füßen reichenden Gewand der ganze Kosmos war« (18,24a), muß der Leser schon über die purpurviolette Farbe des Obergewandes (LXX: Hyazinth), die Borten, die Farben und das Material der Glöckchen und Granatäpfel daran und deren Deutungen informiert sein. Ebenso muß der Leser zu der Wendung »auf Steinen mit vierreihiger Eingravierung« (18,24b) wissen, daß auf der Lostasche des Hohenpriesters (hebr. *chóschæn*, griech. *logeîon*) in vier Reihen angeordnete goldgefaßte Edelsteine befestigt waren, auf denen je ein Name der zwölf Stämme eingraviert war, und dazu auch, daß auf zwei Karneolsteinen (LXX: Smaragden) an den Schulterstücken des Ephod die Namen der zwölf Söhne Israels eingraviert waren »zum Gedenken«. Daß mit dem Ausdruck »deine Größe« (18,24c) der unaussprechliche Gottesname umschrieben ist, kann ebenfalls nur erkennen, wer von Ex 28,36-38 und der Überlieferung her weiß, daß vorn an der Kopfbedeckung des Hohepriesters (»Turban«, hebr. *miznǽfæt,* griech. *mítra*) eine Rosette aus Gold befestigt war, die wie einen Siegelabdruck das Tetragramm JHWH trug; diese Goldplatte ist in Weish 18,24c gemeint: »auf dem *diádema* seines Hauptes« (EÜ: auf seinem Stirnband). Die EÜ bietet zu 18,24c anstelle der Übersetzung »deine Größe, Erhabenheit« bereits die Deutung »dein hoheitsvoller Name«.

18,24 betrachtet die hohepriesterliche Gewandung von unten nach oben: Aarons langes Gewand spiegelt die Vielfalt und Schönheit der ganzen Welt und symbolisiert den Mitkampf der Schöpfung nach dem Willen Gottes gegen die »Toren« und für die »Gerechten« (s.o. zu 16,17.24 und 5,20). Der Ausdruck, den die EÜ mit »die ruhmreichen Namen der Väter« wiedergibt, lautet, wörtlich übersetzt: »die Herrlichkeitserweise an den Vätern« (vgl. Röm 9,4 und Judasbrief 8). Die auf den zwölf Edelsteinen der Lostasche und auf den beiden Smaragden am Ephod eingravierten Namen der Stammväter Israels »zum Gedenken« halten Gottes Verheißungen von Nachkommenschaft, von Befreiung aus der Unterdrückung und von Landbesitz anschaulich gegenwärtig. Die »Eide an die Väter und Bundesschlüsse« sind Teilgabe an Gottes eigener *Herrlichkeit* (vgl. zu 7,25; 10,14).

Schon im Moselied Dtn 32,3 stehen »*Name* des HERRN« und »*Größe* unseres Gottes« im Parallelismus: »Den Namen JHWH will ich ausrufen! Gebt Größe unserem Gott!«. Ein Weish 18,24c.25a verwandter Gedanke findet sich in TestLevi 3,9: »Wenn nun der HERR auf uns blickt« (ein Engel gibt Levi eine Deutung seiner Vision), »erbeben wir alle. Und der Himmel und die Erde und die Abgründe werden vor dem Angesicht seiner *Größe* erschüttert.« Aus Hebr 1,3; 8,1 »er hat sich gesetzt zur Rechten (des Thrones) der *Größe* in der Höhe« wird ebenfalls deutlich, daß im griechischsprechenden Judentum »Größe« den Gottesnamen und damit Gott selbst umschreibt. Durch die *Größe,* d.h. den NAMEN, ist Aaron als ganz Gott zugehörig gekennzeichnet.

18,25 Vor dieser Repräsentation des Gott dienstbaren Kosmos, des mit den unverbrüchlichen Segenszusagen an die Väter beschenkten Gottesvolkes und des in seinem NAMEN selber gegenwärtigen Gottes wich der »Verderber« ehrfurchtsvoll zurück. Vgl. die ähnliche Formulierung im *Aristeasbrief* 99: »Der Anblick dieser Dinge«, gemeint ist die zuvor beschriebene Kleidung des Hohepriesters, »flößt Ehrfurcht und Entsetzen ein«. Während bei den nicht-glaubenden »Feinden« die Lebenden »nicht genug« waren, um die Toten zu begraben (18,12), und der Tod der Erstgeborenen nur Vorspiel war zu einem »unbarmherzigen Wüten bis zum Ende« auf Seiten der »Frevler« (19,1), war bei den »Gerechten« die Kostprobe des Zornes »genug«. Gott unterwirft seinen todbringenden Zorn, der einsetzt, wenn sein *Wort* mißachtet und abgelehnt wird, immer wieder dem verzeihenden *Wort* seines den Vätern zugesagten Segens, wenn es entsprechend seinen Anweisungen im liturgischen Fürbittgebet ihm vorgetragen wird. Die Pascha-Rettung kann durch Sünde verlorengehen, wie die Erzählung in Num 17 zeigte. Die Liturgie aber, die den Heilswillen Gottes für seine ganze Schöpfung (s.o. zu 1,13-14), die nie zurückgenommenen Eide an die Väter und Bundesschlüsse mit ihnen und die Selbstoffenbarung Gottes durch Mitteilung seines NAMENS und Wesens (s.o. zu 15,1-3) im *Gedenken* gegenwärtig hält, erlangt durch das Gebet, daß Gottes immer wirksames *Wort* den ihm Glaubenden nicht Tod, sondern Heilung bringt (vgl. Jes 55,6-13).

*b. Sich*nicht*erinnern und Tod – unerwarteter rettender Weg 19,1-5*

Die siebte und letzte Gegenüberstellung setzt mit einem Wechsel der betrachteten Gruppe und »aber« neu ein: »Über *die Frevler aber* kam ...« (wie in 1,16 u.ö.). Von der Überschrift zum ganzen Abschnitt (18,5) war das vierte Kolon noch uneingelöst: »(Sie alle) zusammen vernichtetest du in ungestümem Wasser«. Im Unterschied zu den Plagen, die Israel in der Wüste trafen und die nach 16,5c »nicht bis zum Ende« und nach 18,20c »nicht auf lange« blieben, kam über die »Frevler« erbarmungsloses »Wüten« (EÜ: Zorn; s.o. zu 18,21d) *bis zum Ende* (EÜ: bis sie vernichtet waren), da sie sich *bis zum Äußersten* (von Unvernunft) ziehen ließen (19,4a). Dementsprechend gipfelt der kurze Absatz in dem Wort *Tod.*

Formal besteht der Absatz aus drei mit »denn« beginnenden Sätzen, die sich an das überschriftartige Kolon 19,1a anschließen (in der EÜ nicht erkennbar). Im ersten Satz (19,1b-2) fügt die EÜ mit allen Kommentaren als Subjekt »Gott« ein, der allein ein Vorauswissen auch des Künftigen hat (von ihm her auch die Weisheit in 8,8). Der zweite beschreibt den von Gott vorhergewußten Sinneswandel der Ägypter (19,3) und der dritte begründet die eintretende Strafe (19,4-5).

Die zu Beginn des dritten Buchteils genannten Leitsätze für die Gegenüberstellungen werden in der letzten am offensichtlichsten verwirklicht. Vergehen und Strafe geschehen mittels desselben Elements *Wasser (11,16):* Dem Edikt, die hebräischen Knaben in den Nil zu werfen (Ex 1,22), entspricht »Roß und Reiter warf er ins Meer« (Ex 15,1.4.21). Das Volk Gottes durchzog das Rote Meer als einen paradoxen (unwahrscheinlichen, unerwartbaren) Reiseweg, die »Feinde« aber fanden darin einen außergewöhnlichen Tod *(11,5).*

Mit J. Ziegler folgt die EÜ in *19,2a* »(sie hatten den Abzug) *gestattet*« gewichtigen Handschriften. Andere gleich bedeutende Handschriften und die alten Übersetzungen haben jedoch »(er wußte voraus, nachdem sie das Nichtmehrdasein) *veranlaßt* (hätten, ... würden sie...)«. Diese Lesart bleibt näher am Bezugstext Ex^{LXX} 12,33: »Und die Ägypter nötigten mit Gewalt das Volk, um sie in Eile hinauszutreiben aus dem Land, denn sie sagten: Wir alle sterben.« *19,2b* lautet wörtlich: »und nachdem sie ihnen mit Eile das Geleit gegeben hätten« (EÜ: und hatten sie sogar dazu gedrängt). Daß auch *19,2c* noch Inhalt des von Gott vorausgewußten Künftigen ist, wird in der EÜ nicht deutlich. Eine wörtliche Übersetzung lautet: (Er wußte voraus, daß ...) »sie, sich umbesonnen habend, (sie) verfolgen würden.«

»Sich umbesinnen, bereuen« kommt im ganzen Pentateuch nur in Ex^{LXX} 13,17 vor. Dort sagt Gott zur Begründung, weshalb er die Israeliten nicht auf dem Weg durchs Philisterland, d.h. auf der viel kürzeren Militärstraße am Mittelmeer entlang, führte: Das Volk (Israel) könnte, wenn es Krieg erlebe, *sich umbesinnen* und wieder nach Ägypten zurückkehren. Dieses Wort wird nun für die Ägypter verwendet.

Gott wußte den Sinneswandel der Ägypter voraus. Dieser würde aber nicht vom eiligen Hinauswerfen zu einer gehorsamen Anerkennung des Befehls Gottes, seinen Sohn Israel ziehen zu lassen (Ex 4,22-23), führen. Im Gegenteil, der Sinneswandel würde eine erneute Herzensverhärtung und Ablehnung des Befehls wie nach den neun ersten Plagen bewirken: »Und es wurde dem König von Ägypten gemeldet, daß das Volk geflohen war. Und *es wurde umgewendet* das Herz des Pharao und seiner

Diener in Bezug auf das Volk. Und sie sagten: Was haben wir da gemacht, daß wir Israel weggeschickt haben, so daß sie uns nicht mehr als Sklaven dienen?!« (Ex 14,5). Die ebenfalls vorausgewußte *Verfolgung* beschrieb Ex 14,6-9.

19,3 In seine Meditation, wie sich das von Gott Vorhergewußte (19,2) dann tatsächlich ereignete, bezieht Salomo außer Ex 12,33; 14,6-9 auch Num^{LXX} 33,3-4 ein: »Am Tag nach dem Pascha zogen die Israeliten mit erhobener Hand aus, vor den Augen aller Ägypter, während die Ägypter alle die Toten begruben, die der HERR bei ihnen erschlagen hatte, jeden Erstgeborenen im Lande Ägypten...« Gerade in dieser Situation der Trauer an den Gräbern, die doch zu einem reuigen Umdenken hätte Anlaß geben müssen, »zogen sie sich einen anderen Gedanken von Torheit herbei, / und diejenigen, die sie mit flehentlichem Zureden hinausgetrieben hatten, verfolgten sie wie Flüchtlinge.« Die EÜ läßt durch die Übersetzung »sie faßten einen anderen *Entschluß*« den ausdrücklichen Rückbezug auf 1,3 »verkrümmte *Gedanken* trennen von Gott« (vgl. 1,5 »unverständige Gedanken«) und auf 1,12 *»zieht euch nicht herbei* den Untergang durch das Werk eurer Hände« unbeachtet. Wovor der alte Salomo im Buchproömium warnt, hatte der junge Salomo aus der Betrachtung dieser Schriftstellen gelernt (vgl. noch 11,15). Das »Verfolgen« wird zweimal genannt und als Gedanke von Unvernunft, die sich dem Befehl Gottes verschließt, bezeichnet. Salomos Betrachtungsweise der Exoduserzählungen und die Urteile, zu denen er in seinem Gebet kommt, konnten die Leser anregen, Sinneswandlungen der »Feinde« bezüglich der ihnen zuerkannten gesellschaftlichen Position und sogar Verfolgungen »richtig« einzuordnen.

19,4-5 Der mit »denn« angeschlossene Satz ergründet, warum dieser »Gedanke von Unvernunft« schließlich unweigerlich zum endgültigen Untergang führte. Da die EÜ den dichten Text frei überträgt und in den Nebensatz sogar eine Abschnittsgrenze verlegt, folgt hier eine möglichst wörtliche Übersetzung: »[4a]Denn es zog sie die verdiente Notwendigkeit zu diesem Äußersten (an Unvernunft) / [b]und flößte (ihnen) Nicht-Erinnerung an die Geschehnisse ein, / [c]so daß sie zu den (bereits erlittenen) Qualen hinzu die noch ausstehende Strafe voll erlitten / [5a]und, während dein Volk einen unerwartbaren Weg zog, / [b]jene hingegen einen außergewöhnlichen Tod fanden.«

Da Salomo in der grundsätzlichen theologischen Überlegung I das Problem, wie die Milde und Menschenfreundlichkeit Gottes mit der endgültigen Strafe für die Ägypter, dem Tod, zusammenzudenken sei, bereits ausführlich erwogen hatte, verweist er in 19,3c nur kurz durch das wiederverwendete Wort »Gedanke, Denkweise« auf diese Ausführungen, s.o. zu 11,15 – 12,27, besonders 12,2.10.17. Das Wort »Unvernunft« benutzt der Sprecher sonst nur noch einmal, und zwar in Bezug auf die von den Ägyptern verehrten Tiere 15,18.

»Verdient, selbstverschuldet« und »Notwendigkeit, Verhängnis« erscheinen zunächst als Gegensätze. Der Sprecher verwendet den typisch griechischen Begriff *anánke* jedoch innerhalb seiner biblisch-theologischen Perspektive (s.o. zu 17,17, EÜ 17,16). Als der Schöpfer, der allein über unvergängliches *Leben* verfügen kann, gebietet Gott auch über alle innerweltlichen Notwendigkeiten, damit auch über die äußerste, den Tod 16,13. Was die Philosophen als schicksalhaftes Verhängnis bezeichnen, ist nach der Überzeugung des Sprechers nicht blind und wahllos. Wenn Schicksal nicht nur den »Anschein« in den Augen der »Frevler« umschreiben soll, nämlich Wohlergehen und langes Leben, Ansehen und Macht, sondern auch die Wirklichkeit über die Todesgrenze hinaus, sind die Menschen dafür selbst verantwortlich. Von ihrem eigenen Denken und Handeln hängt es ab, ob ihr Schicksal Teilhabe an der gottgeschenkten Unvergänglichkeit sein wird oder aber Selbstausschluß davon, »Verhängnis« und letztlich *Tod,* nicht nur im Sinne des natürlichen Endes des menschlichen Lebens, sondern der Nichtteilhabe an der Unvergänglichkeit in der Gemeinschaft mit Gott. In dem Begriff *anánke* beschreibt der Sprecher also das Nicht-Umdenken*wollen* der Menschen als eine sich immer mehr verselbständigende Größe. Sie gewinnt über die Betreffenden wachsende Macht. Nachdem die »Frevler« sie »herbeigezogen« haben, »zieht« *sie* sie zu immer weiteren Gedanken von Unvernunft und flößt ihnen Sichnichterinnern ein.

Daß Gott die Entschiedenheit von Menschen, die ihm angesichts von Prüfungen, Warnungen, Zeichen und Plagen treu bleiben und umkehren oder aber sich in Ablehnung verhärten, ernstnimmt und sich auswirken läßt, bezeichnet der Sprecher mit dem hier zu *anánke* hinzugefügten Wort *áxios* »entsprechend, verdient, selbstverschuldet«. Die Häufigkeit des Wortes im ganzen Buch (1,16; 3,5; 6,16; 9,12; 12,7.26; 13,15; 15,6; 16,9; 18,4; 19,4) zeigt, wie wichtig dem Verfasser dieser Gedanke war.

Amnestía »Sichnichterinnern« (EÜ: Vergessen, Vergeßlichkeit) verwendet der Sprecher sonst nur noch einmal, nämlich im Katalog der Laster und Vergehen, die aus der Torheit des Götzendienstes erwachsen: »Sichnichterinnern an liebenswürdig Geschenktes (*cháris*)« (14,26). Zur Bedeutung des »Gedenkens« und des »Vergessens« s.o. zu 16,6.11.28f.; 18,22 und unten 19,10. Das »Sichnichterinnern an die Ereignisse« ist der Gipfel der Unbelehrbarkeit, das endgültige Scheitern aller pädagogischen Versuche, zur Einsicht und freien Zustimmung zu führen.

Wegen der Liebe und Menschenfreundlichkeit Gottes, der immer wieder Gelegenheit zur Umkehr geboten hat (s.o. zu 11,23; 12,2.10.19f.), war nach den bisherigen Qualen und Plagen bei den »Frevlern« die endgültige *Strafe* (12,27d) bisher noch nicht eingetreten. Diese Strafe wird ihr selbstgewählter »Anteil« an dem Bündnispartner sein, den sie als einzig gewiß und verläßlich betrachteten, der Tod (s.o. zu 1,16; 2,24). Zu »Strafe« s.o. die Einführung bei 11,15.

Der »paradoxe Reiseweg« des Gottesvolkes, der im folgenden Summarium des dritten Buchteils noch eingehend meditiert wird, hatte als Anschauung gedient, von der her der alte Salomo in seiner Mahnrede (erster Buchteil) über die *paradoxe Rettung* des »Gerechten« sprechen konnte (5,2), die seine Bedränger »dann«, bei der Zusammenrechnung am Ende, voll Verwirrung, Furcht und Staunen wahrnehmen werden.

»[143]Durch solche Plagen und Strafen also wurde Ägypten verwarnt; keine von ihnen traf die Hebräer, obwohl sie in denselben Städten, Dörfern und Wohnungen mit ihnen weilten, und obwohl Erde, Wasser, Luft und Feuer, die Elemente der Natur, der zu entrinnen unmöglich ist, die Plagen brachten; und das war eben das am meisten Paradoxe, daß von denselben Elementen an demselben Orte und in derselben Zeit die einen vernichtet wurden, während die anderen gerettet wurden ... [146]... Denn nie trat so das Gericht über die Guten und die Bösen offenbar in Erscheinung, das den einen Verderben und den anderen Rettung bringt.«

PHILON, Leben Moses I, 143.146.

c. Summarium: Der Kosmos im Dienst Gottes für sein Volk. Anschauen, Sicherinnern und Gott loben oder Sichnichterinnern, Nichtwahrnehmen und Fall in Finsternis und Tod 19,6-21

Der letzte größere Abschnitt 19,6-21 ist durch die *Inklusionen* »Wesen« und »wieder« 19,6.21 markiert (in der EÜ nicht erkennbar). Der erste Unterabschnitt darin (19,6-12) schließt sich durch »denn« (in der EÜ ausgelassen) eng an die letzte Gegenüberstellung an und entfaltet besonders die Durchquerung des Roten Meeres (Inklusion »Meer« 19,7.12). Die beiden anderen Unterabschnitte 19,13-17 und 19,18-21 nehmen noch weitere Themen des dritten Buchteils in den Blick. Der Abschnitt 19,6-21 wird deshalb hier als »Summarium« bezeichnet.

Die Kinder Gottes nehmen wahr, daß die Schöpfung zu ihrem Wohle wirkt, und loben den HERRN, ihren Retter 19,6-12

19,6 Die Erkenntnis, die der junge Salomo bei seiner betenden Meditation in den vorangegangenen Gegenüberstellungen gewonnen hat, wird als eine Art Überschrift der folgenden Zusammenschau vorangestellt. Gott engagiert seine ganze Schöpfung, um seine Kinder unbeschadet zu bewahren. Sie »wurde wieder von Anfang an in ihrem eigenen Wesen gestaltet« bezeichnet eine jeweils tiefgreifende Umgestaltung der Elemente der Schöpfung (EÜ: neugestaltet). Im gehorsamen Dienst gegenüber den Befehlen Gottes gewinnen sie zusätzliche, neue Eigenschaften und Wirkungen. In 19,18 wird durch einen Vergleich aus der Musik und in 19,19-21 durch Beispiele erläutert, wie dies innerhalb der hellenistischen Natur- und Elementenlehre vorgestellt und ausgedrückt werden kann.

»Unbeschadet« (EÜ: unversehrt) ist wieder eine *Litótes**. Die Plagen bei der Herausführung aus Ägypten ließen die Israeliten unbehelligt. Durch das Rote Meer eröffnete sich ihnen ein wunderbarer Weg. Die Wolke führte und schützte sie in der Wüste, wo sie auch mit Wasser und Nahrung versorgt wurden (vgl. 16,26). Daß die Schöpfung den Befehlen, d.h. dem Heilswillen Gottes *dient,* ist ein Gedanke, der nicht nur den dritten Buchteil (vgl. 16,17.24), sondern das ganze Buch der Weisheit prägt (vgl. 5,17-23).

Wie das folgende PHILON-Zitat zeigt, schließt sich 19,6 an eine schon länger unter den griechischsprechenden Juden gebräuchliche Betrachtungs- und Erklärungsweise der in der Heiligen Schrift erzählten Zeichen und Wunder an.

»Die Elemente des Alls, Erde, Wasser, Luft und Feuer, durch die der Kosmos vollendet geschaffen wurde, wurden, um das Land der Frevler zu verderben, auf den Rechtsspruch Gottes hin eingesetzt, um die Macht der Herrschaft zu zeigen, über die er verfügt. Diese selben (Elemente) formt und gestaltet er zum Heil hin beim Entstehen des Alls und wendet sie, wann immer er will, zum Untergang gegen die Frevler.«

PHILON, Leben Moses I, 96.

19,7-12 entfalten und illustrieren die in 19,6 aufgestellte These, und zugleich heben sie die vorbildliche Reaktion der durch die Hand Gottes beschützten Gotteskinder hervor: Sie *schauten* (19,7b.8b; EÜ: sahen) die staunenswerten Wunder, nämlich die schattenspendende Wolke, das Auftauchen von trockenem Land, wo vorher Wasser gewesen war, das Hervorkommen eines hindernisfreien Weges aus dem Roten Meer und einer grünen Ebene mitten aus der Flut. Sie *lobten* voll Freude den HERRN, ihren Retter (Ex 14,30). Sie *erinnerten sich* an die Ereignisse bei den Plagen während ihres Aufenthaltes in Ägypten. In der Not *baten* sie und *sahen* die Erfüllung ihrer Bitte. Dieses sachgemäße Wahrnehmen, Sicherinnern und Loben unterscheidet die Söhne und Töchter Gottes von den »Frevlern« und bildet den positiven Kontrast zu deren Nichtsehen (s.u. zu 19,17), Sichnichterinnern (19,4b) und Denken von Unvernunft (19,3c).

19,7 Daß die Wolke dem *Lager Schatten spendete*, könnte auf Num^{LXX} 10,36 zurückgehen: »Und die *Wolke* stellte sich *schattenspendend* über sie tagsüber, wenn sie aufbrachen aus dem *Lager*«, vgl. Ps 105,39. Nach den übrigen Texten im Pentateuch *führt* die Wolke die Israeliten (Ex 13,21f.) und *schützt* sie gegen die nachjagenden Ägypter (Ex 14,19f.), sie *bedeckt* aber nur das Begegnungszelt (Ex 40,34-38; Num 9,15-23). Das »Auftauchen des trockenen Landes« erinnert an die Schöpfungserzählung (Gen 1,9-10). Daß sich beim Durchzug der Israeliten durch das Rote Meer der *Schöpfer* als der *Retter* erwies, war ein aus dem Jesajabuch vertrauter Gedanke (Jes 43,14-17; 51,9-16).

Um den Durchzug durch das Meer hymnisch auszugestalten, nachdem der Sprecher ihn in 10,18 schon als Rettungstat der Weisheit, durch die Gott wirkt, knapp beschrieben hatte (vgl. auch 14,3b-c), fügt er in *19,7-9* Motive aus mehreren Schrifttexten zusammen. In Jes 63,11-14 waren bereits die Führung durch das Rote Meer und die Beherrschung der Urflut als Ausdruck der Schöpfermacht miteinander verbunden, dort fand sich auch die Beschreibung des Weges durch das Meer als *Ebene* und der Vergleich des hindurchziehenden Volkes mit *Pferden.* Der Vergleich gerade mit *weidenden* Pferden könnte als pointierter Gegensatz zu den Schlachtrossen und Streitwagen des Pharaos, die im Meer versanken, gewählt sein. Daß die Israelitinnen nach Ex 15,20 die Prophetin Mirjam, die das Jubellied auf den HERRN als siegreichen König singt, mit Pauken und *Tanz* begleiten, nimmt der Sprecher auf und überträgt diese Äußerung der Freude auf das ganze durch das Meer ziehende Volk. Der Vergleich mit Lämmern, die vor Lebenslust hüpfen, aus Ps 114,4.6 (vgl. Mal 3,20) intensiviert noch das Bild der dankbar jubelnden Freude. Das Wort »grünestragend« zur Beschreibung der Ebene in 19,7d findet sich nirgends in der Septuaginta. Nach dem Auftauchen des »trockenen« Landes in 19,7b verweist es auf Gen 1,11f.: Die Erde brachte »Graspflanzen« (Septuaginta) bzw. »grünes Kraut« (hebräischer Text) hervor, nachdem das Trockene »*gesehen worden*« war; vgl. die auffällige Passivform in 19,7b »*es wurde geschaut*«. Die EÜ macht aus diesem *einzigen* Verb in 19,7 vier, in jedem Kolon ein eigenes: »man sah; es tauchte auf; es zeigte sich; sie stieg«. Erst aus viel späterer Zeit sind uns haggadische* Überlieferungen erhalten, die den Weg durch das Meer in ähnlicher Weise wie 19,7-9 ausschmücken (D. Winston 325). Wie bereits in 10,20 mündet auch die ausgestaltete Schilderung des Durchzuges durch das Rote Meer in das *Lob* des rettenden HERRN (Ex 14,30f.; 15,1-18).

19,10 Das vorbildliche Lob der Israeliten schließt nicht nur die gerade erlebte Rettung, sondern auch die *Erinnerung* an ihre Erfahrungen während des Aufenthaltes in Ägypten ein. Beispielhaft nennt der Sprecher zwei Begebenheiten, die er *so* in den Gegenüberstellungen noch nicht betrachtet hatte. Auch aus ihnen hat er seine Einsicht (19,6) gewonnen. Nach Ex 8,12-14 schlug Aaron auf Weisung des HERRN, die Mose ihm weitergegeben hatte, mit seinem Stab auf die Erde in den Staub. Da wurde in ganz Ägypten »der Staub der Erde zu Stechmücken«. Nach dieser Erzählung brachten also nicht »Tiere«, d.h. Stechmücken in der normalen Weise, sondern die *Erde* Stechmücken (kollektiver Singular) hervor.

Den hebräischen Text von Ex 7,28 »und es wird wimmeln der Nil von Fröschen« hatte die Septuaginta übersetzt: »Und es wird ausspeien der Fluß Frösche«. Demnach, so betrachtet es der Sprecher, waren es nicht »Wassertiere«, d.h. Frösche, die durch im Wasser abgelegten Laich die Vermehrung der Frösche bewirkten, sondern der *Fluß*. 19,10c ist zu übersetzen: »(und wie) andererseits anstelle (einer Hervorbringung) durch Wassertiere der Fluß eine Menge Frösche ausspie.«

19,11-12 nennen eine weitere »neuartige Hervorbringung«, nämlich von Vögeln. Hier meditiert der Sprecher die Bereitstellung von Wachteln durch Gott in der Wüste, die er ebenfalls schon in 16,1-4 bei der Gegenüberstellung »Strafe und Wohltat durch Kleintiere« herangezogen hatte. 19,11b »Als sie von Gier getrieben Luxusspeisen verlangten« verweist auf Num 11,4f.: »Wenn uns doch jemand Fleisch zu essen gäbe! Wir denken an die Fische, die wir in Ägypten umsonst zu essen bekamen, an die Gurken und Melonen, an den Lauch, an die Zwiebeln und an den Knoblauch.« Die Benennung dieses Sortiments von Fleisch, Fisch und Gemüse *in der Wüste* als üppig, paradiesisch, luxuriös ist einmalig in der Septuaginta, ebenso die Feststellung, die Wachteln seien den Israeliten »zum Trost« gegeben worden. Der Text von Num 11,31: »Und ein Wind brach los vom HERRN her und trieb Wachteln herüber *vom Meer her* und warf sie auf das Lager« bietet dem Sprecher ein weiteres Anschauungsbild für seine in 19,6 formulierte Überzeugung. Auch das Meer dient dem Heilswillen Gottes für sein Volk, auf seinen Befehl bringt es Wachteln hervor. Auch diese späteren Wundererfahrungen in der Wüste werden *gesehen* 19,11a und in das Lob 19,9c einbezogen.

An den drei Beispielen in 19,10-12 hat der junge Salomo die Überzeugung gewonnen, die der alte Salomo im Buchproömium 1,14b formuliert: »und rettunggewährend sind die Hervorbringungen des Kosmos«. Gerade diese drei (auf dem Land, im Wasser und in der Luft lebende Tiere) dürften ausgewählt sein, um den Bezug der Exodusereignisse zur *Schöpfung* unübersehbar zu machen (vgl. Gen 1,20-25; dort ist die Reihenfolge allerdings Wasser, Luft, Land).

Die Sünder erleiden gerechterweise ihre Strafen und werden mit Wahrnehmungsverlust geschlagen 19,13-17

19,7-12 stellte als Vorbild vor Augen, wie die Kinder Gottes alles anschauen, was ihnen gegenwärtig widerfährt, und sich darüber freuen, darüber hinaus sich an das erinnern, was ihnen an Staunenswertem schon früher gewährt worden ist, und das alles in ihr Lob des HERRN, der sie rettet, einbeziehen. Demgegenüber zeichnet der folgende Absatz *19,13-17* ein Kontrastbild von den »Sündern«.

19,13 Um auf den Untergang der Ägypter im Meer zurückzuverweisen, verwendet der Sprecher für »die Strafen« ein besonderes Wort *timoríai;* vom gleichen Wortstamm kommt im übrigen Buch nur noch das Verb »bestrafen« in 12,20 und 18,8 vor. Auch die Umschreibung der Ägypter als »Sünder« ist auffällig: So hatte Salomo die schlimmen Zeitgenossen des früh verstorbenen »Gerechten« genannt, aus deren Mitte dieser entrückt wurde (4,10). Das Nichtwahrnehmen und Sichnichterinnern dauert bei den Sündern bis zum Untergang an. »Nicht ohne daß vorher Zeichen von Blitzen mit Wucht ergangen waren«: Bereits Ps 77,18-19 zeigt eine ähnliche Ausgestaltung der Begleitphänomene beim Durchzug durch das Meer, so auch der palästinische Targum zu Ex 14,24. Die Tradition der *Blitze* unmittelbar vor der Katastrophe im Meer ist auch PHILON (*Leben Moses* II, 254) und Flavius JOSEPHUS (*Antiq* II, 343f.) bekannt. Das Ernstnehmen dieser Vorzeichen hätte noch ihre Umkehr einleiten und Rettung ermöglichen können (s.o. zu 19,3-4). Da die Sünder auch die letzten Vorzeichen nicht beachteten, litten sie »zu Recht« (s.o. zu 12,15).

In 19,13d nennt der Sprecher als Wurzel der »bösen Taten« (19,13c), wegen derer die Sünder zu Recht derart bestraft wurden, daß sie einen »schlimmeren *Fremdenhaß*« hegten als die zum Vergleich herangezogenen Sodomiter.

Das Substantiv *misoxenía* kommt in der ganzen griechischen Literatur nur in Weish 19,13d vor. Das Adjektiv *misóxenos* »fremdehassend« dagegen begegnet mehrfach. Schon der erste griechische Historiker, der auch über die Juden schrieb, HEKATAIOS von Abdera (um 300 v.Chr.), hatte diesen eine »menschenfeindliche und fremdehassende Lebensweise« zugeschrieben. Dieser Vorwurf spielte später in der antijüdischen Polemik vom 2. Jh. v.Chr. an bis in die römische Zeit eine wichtige Rolle. Demgegenüber war die jüdische Apologetik darum bemüht, die für hellenistisches Empfinden anstößige jüdische Absonderung und Weigerung, den von ihnen verehrten Gott in das griechische Pantheon eingliedern zu lassen, zu rechtfertigen.

Der Sprecher kehrt also einen den Juden gemachten Vorwurf um. Der Fremdenhaß der Ägypter zur Zeit des Exodus, die transparent ist auf die Gegenwart der Leser hin, war die Quelle ihrer bösen Taten und damit auch der Grund ihrer gerechten Bestrafung.

19,14a Durch die kennzeichnende Wendung »schlagen mit Nichtsehenkönnen« in 19,17a (Gen 19,11) sind in 19,14a »die einen« (EÜ: andere) eindeutig identifiziert als die Männer der Stadt Sodom.

In 10,6f. hatte der Sprecher hervorgehoben, daß die Weisheit den »Gerechten« rettete und dem auf die Pentapolis herabfallenden Feuer entkommen ließ, während die »Frevler« vernichtet wurden. Deren Vergehen hatte er in 10,7a nur allgemein mit »Schlechtigkeit« angegeben. In 19,14a umschreibt er das Vergehen der Sodomiter in eigenartiger Weise: »Sie nahmen die nichtkennenden Angekommenen nicht auf«, d.h. sie verweigerten das Gastrecht. Die zwei Männer, die Lot als Gäste in sein Haus aufgenommen hatte, werden »nichtkennende« genannt, weil sie in Sodom erst gerade angekommen waren und noch niemanden kennengelernt hatten, dem sie Gutes oder Böses hätten antun können. Dadurch macht der Sprecher auf den Unterschied zu den in 19,14b genannten Gästen aufmerksam.

Der Verfasser folgt darin, daß er als das eigentliche Vergehen der Sodomiter die Verletzung des Gastrechts herausstellt, der jüdischen Auslegungstradition.

In *Ez 16,46-52* wird zusammenfassend die Schuld der Sodomiter als *hyperephanía* »Anmaßung« (s.o. zu 5,8) bezeichnet und so erläutert: Sie hatten in Überfluß zu essen und lebten in sorgloser Ruhe dahin, ohne die Hand des Elenden und Armen zu ergreifen; sie wurden überheblich und begingen Greueltaten vor dem HERRN.
Diese Weise der Auslegung von Gen 19,1-11 spiegelt sich auch bei Flavius JOSEPHUS: Die Sodomiter verhielten sich willkürlich und tyrannisch (zu *hybris* s.o. 2,11.19-20) gegen die Menschen und frevlerisch gegenüber

dem Göttlichen. So *erinnerten sie sich nicht mehr* des ihnen von Gott Gewährten, waren *fremdehassend (misóxenoi)* und pervertierten den Umgang mit anderen. Darüber also wurde Gott zornig und erkannte für Recht, sie zu bestrafen (*timorésasthai*) für die *Anmaßung* und diese Stadt zu zerstören und das Land so zu verwüsten, daß weder Pflanzen noch Früchte mehr von ihm hervorgebracht würden (*Ant* I, 194-195).

Der Grund für die Heranziehung der Sodomiter in Weish 19 war also, daß sie als die *»Musterverletzer« des Gastrechts* galten. Die konkrete Weise allerdings, *wie* die Sodomiter das Gastrecht verletzten, ihr Versuch der homosexuellen Vergewaltigung der Gäste Lots, wird in 19,14a nicht eigens genannt.

Daß auch eine andere Verwendung von Gen 19,1-11 möglich war, zeigt z.B. der Judasbrief, der die Gastrechtsverletzung ganz unerwähnt läßt und in Jud 7 das sexuelle Vergehen der Sodomiter anführt als Beispiel für »Frevler, die die Gnade Gottes in Zügellosigkeit verkehren« Jud 4.
Die radikale *Bestrafung* der Sodomiter nach Gen 19,24-25, Vernichtung durch Feuer und Schwefel, wird in der ganzen Heiligen Schrift sprichwörtlich verwendet in der Formel »wie die Zerstörung Gottes von Sodom und Gomorra« (z.B. Dtn 29,22; Am 4,11; Jes 13,19; Jer 49,18; 50,40) und in Anspielungen, vgl. Röm 9,29 (zitiert Jes 1,9) »wie Sodom wären wir geworden und glichen Gomorra«. 2 Petr 2,6 verwendet das Motiv als Vorstellungsmodell für das, was Frevlern bevorsteht.
Wie schon in Ez 16,51f. können in prophetischer Redeweise Schuld und Strafe Sodoms *in pointierendem Vergleich* als geringer bezeichnet werden gegenüber dem, was den jeweils Angeredeten für ihr Verhalten droht, z.B. »Wahrlich, ich sage euch, dem Land von Sodom und Gomorra wird es am Tag des Gerichts erträglicher ergehen als jener Stadt« Mt 10,15 (vgl. Lk 10,12; Mt 11,24); vgl. Klgl 4,6 bezüglich der Schuld Jerusalems im Rückblick auf seine Zerstörung.
Im Sinne solchen pointierten Vergleichs verweist der Sprecher in 19,14a auf die Sodomiter: Die Ägypter haben einen *schlimmeren* Fremdenhaß als jene betrieben 19,13d.

19,14b führt knapp aus, weshalb die Schuld der Ägypter größer war als die der Sodomiter. Es waren nicht unbekannte, gerade angekommene Fremde, sondern bekannte, von ihnen selbst einst geehrte »Wohltäter«, deren Gastrecht sie verletzten, indem sie sie zu Sklaven machten (Gen 15,13). Den Titel »Wohltäter« trugen viele Ptolemäerkönige sogar in ihrem Namen. Der Brief des Kaisers Claudius (s.u.) wird im Begleitedikt des Präfekten »allerwohltätigst« genannt. Der Sprecher spielt mit »Wohltäter« zunächst auf die Erzählungen in Gen 41; 45; 47 von den Leistungen Josefs für das Land Ägypten und von seiner hohen Stellung an. Zugleich klingt aber auch das Selbstbewußtsein der Juden in Ägypten mit, zur Kultur, Wirtschaft und Politik des griechischsprechenden Ägypten einen beachtenswerten Beitrag geleistet zu haben.

19,15a enthält ein textkritisches Problem, und im Zusammenhang damit bietet der ganze Vers Verständnisschwierigkeiten. Ist nach »und nicht nur« (EÜ: »Noch mehr:«) zu übersetzen »sondern« (*all' e tis*) (1) *oder* »eine andere« (*alle tis*) (2)? Wer ist Subjekt des Kausalsatzes 19,15b »weil sie feindselig die Fremdstämmigen aufnahmen«, die Sodomiter (3) *oder* die Ägypter (4)?
Die EÜ bevorzugt (1), verändert den Text durch Hinzufügung von »auch (jene)« und nimmt als Subjekt des »weil«-Satzes die Sodomiter (3) an. Dadurch werden aber die Anfangswörter in 19,15a »und nicht nur« funktions- und bedeutungslos.
Deshalb erscheint die Lesart (2), die von einer Reihe von Minuskeln, einer syrischen und der altlateinischen Übersetzung bezeugt werden, eher als ursprünglich, wie M. PRIOTTO (1984, 377-380) ausführlich begründet hat.
PRIOTTO hält dann aber die *Ägypter* (4) für das ungenannte Subjekt des »weil«-Satzes und nennt als Begründung, daß der Wortstamm *apechth-* »feindselig« an allen übrigen Stellen, an denen er in der Septuaginta vorkommt, geradezu als Fachausdruck für »Judenhaß, Antijudaismus von seiten der politisch Maßgeblichen« gebraucht werde (2 Makk 5,23; 3 Makk 2,30; 3,4; 4,1; 5,3). Im Blick auf 19,16b sei diese Bedeutung auch in 19,15b anzunehmen. Dann kommen als Subjekt des »weil«-Satzes aber die Sodomiter nicht in Frage.
Demgegenüber ist zu sagen, daß »feindselig« nicht von sich aus die Bedeutung »antijüdisch« hat, sondern von den Personen und Gruppen im Kontext der genannten Stellen her. Um einen *von Anfang an feindseligen*, das Gastrecht verletzenden *Empfang* der Fremden ging es bei den Sodomitern, um die *schlimmere* Verletzung des Gastrechts *nach einer festlichen Aufnahme* und der Erlangung von Rechten durch die Gäste bei den Ägyptern.
Die Probleme zu Text und Verständnis von 19,15 werden deshalb am überzeugendsten durch die Vorschläge (2) in Verbindung mit (3) gelöst. Als Übersetzung ergibt sich: »Und nicht nur (das)! Eine andere Heimsuchung wird ihre sein, / weil (jene) feindselig die Fremdstämmigen aufnahmen, / diese aber ... «

19,15-16 Unter zwei Gesichtspunkten wird der Fremdenhaß der Ägypter als schlimmer betrachtet im Vergleich zu dem der Sodomiter: Die Sodomiter haben *Unbekannten* das Gastrecht verweigert, die Ägypter *Wohltäter* sogar versklavt (19,14). »Und nicht nur das!« Die »Heimsuchung«, die den Ägyptern bevorsteht, wird »anders« sein als die der Sodomiter (zu *episkopé* s.o. zu 2,20). Das Futur »wird sein« ist zunächst auf die Josefsgeschichte bezogen; ihr gegenüber sind die Finsternis und der fremdartige Tod im Roten Meer zukünftig. Zugleich ist dieses Strafgericht auch transparent auf die Gegenwart der Leser und eine Zukunft hin, vor der gewarnt wird. Der zweite Gesichtspunkt soll ebenfalls zeigen, daß die Ägypter sich schlimmer vergangen haben als die Sodomiter und so die »andere« Heimsuchung begründen. Während *die Sodomiter die Fremden von Anfang an feindselig aufnahmen*, haben die Ägypter solchen, die sie mit Festlichkeiten aufgenommen hatten und die schon an denselben Rechten Anteil gewonnen hatten, Übles angetan, indem sie ihnen furchtbare Arbeiten auferlegten.

In »sie hatten mit Festlichkeiten aufgenommen« formuliert der Sprecher mit eigenen Worten das Mahl Josefs für seine Brüder Gen 43,31-34 und vor allem die *Einladung* des Pharao an Josef, seinen Vater Jakob und die Familien der Brüder nach Ägypten kommen zu lassen, und die Zusicherung, er werde ihnen das Beste (an Erzeugnissen) des Landes geben (Gen 45,17-20).

»Sie hatten an denselben Rechten Anteil gewonnen« ist eine eigenständige Neuformulierung von Gen 47,6. Danach erhielten Josefs Vater und seine Brüder mit ihren Familien vom Pharao Siedlungsrecht, Arbeitserlaubnis und je nach Eignung sogar staatliche Anstellungen, also gleiche Rechte wie die Einheimischen. Zugleich spiegelt sich aber in diesem Ausdruck das Ringen der Juden in Ägypten von der ptolemäischen bis in die römische Zeit um ihren wirtschaftlichen, politischen und religiösen Rechtsstatus neben den griechischen und später auch den römischen Bürgern und der einheimischen ägyptischen Untertanenbevölkerung. S. in der Einleitung »4. Der Verfasser und seine Adressaten«; eine ausführliche Darstellung findet sich in Aryeh KASHER, The Jews in Hellenistic and Roman Egypt 1985. Eine völlige Gleichstellung mit den griechischen Vollbürgern war in der Ptolemäerzeit nicht gelungen. Die in der römischen Zeit sich zuspitzenden Konflikte, die unter dem Kaiser Caligula bürgerkriegsartige Ausmaße annahmen, wurden dann durch den Brief des Kaisers Claudius an die Alexandriner für eine gewisse Zeit erstickt, indem den Juden endgültig die Aussicht auf »dieselben Rechte«, wie die Bürger sie hatten, verweigert wurden (s.u. den TEXT).

19,16c nimmt das Septuaginta-Wort *kakóo* »Übles antun« aus Ex 1,11 (für hebr. »unterdrücken, vergewaltigen«) und Ex 5,23 (für hebr. »Übles antun«) auf und nennt den Frondienst »furchtbare Arbeiten«. Der letztgenannte Ausdruck ist auch offen für eine Deutung auf die Kopfsteuer (*laographía*), die die Juden seit 24/23 v.Chr. ebenso wie die ägyptische Bevölkerung zahlen mußte, die griechischen und römischen Bürger jedoch nicht.

19,17 Die Strafe »sie wurden auch mit Nichtmehrsehenkönnen geschlagen« nimmt ein fest mit den Sodomitern verbundenes Wort auf und verbindet es mit der Finsternisplage Ex 10,21-23.

Auch PHILON nennt in ganz anderem Zusammenhang *ahorasía* »Nichtsehen« als Wirkung der Finsternisplage in Ex 10,21-23 (*Über die Träume* I, 114).

Nur zweimal wird das hebr. Wort *sanwerîm* »völlige Blindheit« im AT benutzt: In *Gen 19,11* werden die Sodomiter damit »geschlagen«, so daß sie den Eingang zu Lots Haus nicht mehr finden konnten. In der Erzählung 2 Kön 6,8-23 über den König von Aram, der den Propheten Elischa gefangennehmen will, werden mehrere Elemente aus Gen 19,1-11 zur Charakterisierung eines solchen Vorhabens verwendet; so werden in *2 Kön 6,18* die Aramäer, die die Stadt Dotan, in der der Prophet sich gerade aufhält, umzingelt haben, »mit völliger Blindheit geschlagen«. An beiden Stellen verwendet die Septuaginta die Wörter *ahorasía* und *plésso* »schlagen«. Auch in 2 Makk 10,30 wird das Motiv *ahorasía* »(gottgewirktes) Nichtmehrsehenkönnen« verwendet, aber zusammen mit dem Verb »verwirren«, um zu erklären, wie Judas Makkabäus die überlegene Söldnertruppe des Generals Timotheus in die Flucht schlagen konnte. In Dtn 28,28 dagegen übersetzt *ahorasía* ein anderes hebr. Wort (angeborene oder durch Krankheit/Unfall entstandene) »Blindheit«.

Die *»andere* Heimsuchung« besteht darin, daß die Ägypter zwar auch mit *ahorasía* geschlagen wurden wie die Sodomiter »an den Türen des Gerechten«, d.h. an der Türe von Lots Haus (Gen 19,11), daß sie dabei aber eine »unermeßliche Finsternis« umgab, wie sie in Kap. 17 ausführlich betrachtet wurde; s. zu 17,20f. über die Dimensionen dieser Finsternis, die den Tod vorausanzeigt. Der Sprecher hat dabei auch Ex 14,20 im Blick, s.o. zu 10,17. Vgl. auch 2,21: »Ihre Schlechtigkeit hat sie (= die Frevler) blind gemacht.«

Aus dem Brief des Kaisers Claudius an die Alexandriner (41 n. Chr.)

»II 14Tiberius Claudius Caesar Augustus Germanicus Imperator, Pontifex 15Maximus, Inhaber der tribunizischen Gewalt, Consul designatus, an die Stadt der Alexandriner: 16Seid gegrüßt!«
(16 – III 51eine namentlich aufgeführte Gesandtschaft von 12 Alexandrinern hat den Kaiser in Rom um die Genehmigung von Ehrungen für ihn gebeten: sie werden zum großen Teil gestattet; 52-59 Bestätigung der bisherigen Rechte und Privilegien; IV 60-62die Aufsicht über den Augustus-Tempel in Alexandrien soll ausgelost werden; 62-66der Vorschlag, die Amtszeit der städtischen Beamten auf drei Jahre zu begrenzen, wird gutgeheißen; 66-73zu der Bitte um Einrichtung eines Senats hat der Kaiser die Stellungnahme des Präfekten angefordert, ob dies zweckdienlich und im Interesse des Kaisers wäre.)
»73Was aber die Unruhen und den Aufruhr, vielmehr, um die Wahrheit 74-77zu sagen, den Krieg betrifft, der gegen die Juden [entfesselt wurde], so hatte ich nicht die Absicht, – obwohl eure Boten und besonders Dionysios, der Sohn des Theon, sich bei der Verhandlung ausführlich und eifrig darum bemühten – eine genaue Untersuchung anzustellen, [jedoch] hat sich bei mir eine unüberwindliche Wut angestaut über diejenigen, die wieder [nach der Ermordung des Caligula mit den Unruhen] angefangen haben. 79Ich sage nur: Wenn dieses ruinöse 80rücksichtslose Wüten gegeneinander nicht aufhört, werde ich genötigt sein 81zu zeigen, wie ein menschenfreundlicher Herrscher sich verhält, wenn er in eine gerechte Wut versetzt worden ist. 82Deshalb beschwöre ich auch jetzt noch die Alexandriner, 83sich gütig und menschenfreundlich den Juden gegenüber zu verhalten, 84die dieselbe Stadt seit langen Zeiten bewohnen, V 85und nichts von den ihnen rechtmäßig zustehenden [Bräuchen und Einrichtungen] für die Gottesverehrung 86zu entehren [oder zu zerstören]; vielmehr sollen sie sie nach ihren Gebräuchen 87verfahren lassen wie schon unter dem göttlichen Augustus: Dasselbe habe auch ich 88nach Anhörung beider Seiten bestätigt. Den Juden aber 89-90gebiete ich ausdrücklich, nicht ständig zu versuchen, mehr zu erreichen, als sie früher hatten, und in Zukunft nicht mehr, als ob sie in zwei Städten wohnten, 91zwei Gesandtschaften zu schicken, 92was früher nie getan wurde [[hier ist unklar, ob die Juden aus Alexandrien außer der von PHILON angeführten noch eine konkurrierende Gesandtschaft nach Rom geschickt hatten, oder ob den Juden hier überhaupt das Recht einer eigenen Gesandtschaft abgesprochen wird]], und sich nicht einzudrängen 93in die von den Gymnasiumsvorsitzenden und -aufsichtspersonen geleiteten Wettkämpfe, 94da sie einerseits sich ihres Eigentums erfreuen können, 95andererseits in einer Stadt, die anderen gehört, die Fülle reichlicher Güter nutzen dürfen. 96Auch sollen sie nicht Juden herbeiholen oder einladen, die von Syrien oder Ägypten 97-98heruntergefahren kommen, wodurch ich gezwungen würde, größeren Verdacht zu schöpfen. Andernfalls werde ich in jeder 99Weise gegen sie vorgehen wie gegen solche, die eine 100weltweite

Seuche erregen. Wenn [101]ihr auf beiden Seiten von diesen [Verhaltensweisen] Abstand nehmt und mit gegenseitiger Güte [102]und Menschenfreundlichkeit leben wollt, [103]werde auch ich der Stadt die größtmögliche Fürsorge zuwenden, [104]da sie von den Vorfahren her uns nahe steht.« ([105-108]Zweien aus der anfangs genannten Gesandtschaft wird besonderer Einsatz bescheinigt.) »[109]Lebt wohl!«

Text: Corpus Papyrorum Judaicarum II, ed. V.A. Tcherikover & A. Fuks, Cambridge, MA. 1960, 36-55 (No. 153); deutsche Übers. nach: Umwelt des Urchristentums II, hg. J. Leipoldt & W. Grundmann, Berlin 1967, 250-253.
Dieses Antwortschreiben des Kaisers Claudius auf eine alexandrinische Delegation, die zur Gratulation anläßlich seines Regierungsantritts nach Rom gekommen war und ihm dabei auch Bitten vorgetragen hatte, ließ der Präfekt von Ägypten Lucius Aemilius Rectus nach der öffentlichen Verlesung in Alexandria durch Erlaß vom 10. November 41 n.Chr. durch Kopien in ganz Ägypten bekanntmachen. Eine davon wurde im Fajum gefunden und 1924 veröffentlicht.

Die Elemente der Welt sind in der Hand des Schöpfers wie eine Harfe 19,18-21

19,18 kleidet die Erkenntnis, die der Sprecher in 19,6 formuliert und in 19,7-12.13-17 illustriert hatte, in das Bild eines Saiteninstruments. Der Befehl des Schöpfers bewirkt bei den Elementen des Kosmos eine »Umharmonierung untereinander«. Nach 7,17 hatte Gott Salomo »untrügliche Erkenntnis der Seienden gegeben, so daß er die Struktur des Kosmos und die Wirkweise der Elemente kannte«. Der Sprecher benutzt mit den Wörtern »Elemente« und »sich umharmonieren« (EÜ: sich verändern) wieder Fachausdrücke, die über die Neupythagoräer und die Stoa in die naturphilosophische Bildungssprache der hellenistischen Zeit übergegangen waren: Der Kosmos funktioniere durch das richtige Zusammenspiel (»Harmonie«) der Elemente; s.o. den PHILON-Text bei 19,6 (Leben *Moses* I, 96).

Auch bei dem Vergleich aus dem Bereich der Musik verwendet der Sprecher Fachausdrücke, wenn auch nicht in ihrem strengen musiktheoretischen Sinn: *phthóngoi* »Töne« (z.B. *a* »mittlerer« oder *e* »unterer«), *rhythmós* »Metrum«, das Sprechtext, Tonfolge und tänzerische Körperbewegung bestimmt, und *êchos* »Tonart« (z.B. *phrygisch* oder *lydisch* oder *dorisch*). Je nachdem, in welchem zeitlichen Abstand die Saiten auf der Harfe angeschlagen werden, ergeben die erklingenden Töne ein anderes Metrum und bleiben doch innerhalb derselben Tonart.

Die Wiedergabe des griechischen Wortes *rhythmós* durch »Rhythmus« und von *êchos* (auch *tónos, trópos, harmonía* genannt) durch »Klang« in der EÜ verweist nicht deutlich genug auf das von der abendländischen Musik völlig verschiedene hellenistische und jüdische System von Sprechgesang mit Instrumentalbegleitung und seinen ganz anderen Tonskalen.
In dem Vergleich scheint an ein Instrument wie Harfe, Lyra oder Zither gedacht zu sein, dessen 7 oder 10 Saiten in den Intervallen einer bestimmten Tonart gestimmt sind, z.B. dorisch: *e* bis *d'* auf einer 7saitigen oder *e* bis *g'* auf einer 10saitigen Zither. Wollte man die Tonart ändern, mußte man einige Saiten umstimmen, z.B. für die phrygische Tonart auf diesem Instrument *f* zu *fis* und *c* zu *cis*.

Auf die Elemente übertragen meint der Vergleich: Wasser bleibt Wasser, und Feuer bleibt Feuer (»Tonart«), aber auf die Weisung des Schöpfers hin spannen sie sich an oder lockern sich (vgl. 16,24), gewinnen dadurch neue Eigenschaften und Wirkungen hinzu und »wechseln das Metrum«.

»Was aus dem Sehen der geschehenen Ereignisse genau zu entnehmen ist«: Mit dem *Sehen* greift der Sprecher auf das *Anschauen* (19,7b.8b), *Sicherinnern* (19,10a) und *Sehen* (19,11a) und als Kontrast dazu auf das *Sichnichterinnern* (19,4b) und *Nichtsehen* (19,17a) zurück. Wer sich nicht erinnert und durch eigene Schuld wahrnehmungsunfähig geworden ist, *sieht* auch nicht, wie Gott seine Schöpfung »umharmoniert« auf Rettung und Heil hin.

In *19,19-21* nennt der Sprecher nochmals in knappster Form die Beispiele, aus denen jeder Betrachter diese Einsicht »genau entnehmen« kann. Zunächst verweist er auf das veränderte Zusammenspiel der Elemente *Land* und *Wasser* (19,19), danach auf die veränderten Eigenschaften und die »äußerst ungewöhnliche« Harmonie der Elemente *Feuer* und *Wasser* (19,20, vgl. 16,17). Die *Flammen* schließlich (Andeutung des Elementes *Luft* zusammen mit *Feuer?*) gewannen »ganz von neuem« eine Wirkweise, in der sie empfindliche Lebewesen nicht beschädigten und die eisartige himmlische Speise nicht schmolzen (19,21).

19,19 »Landwesen veränderten sich zu Wasserwesen«: *metabállein* »verändern« bedeutet als Fachwort in der Musik »transponieren«. »Land*wesen*« umschreiben hier wohl die Israeliten und ihr Vieh, die unbehindert durch das *Meer* zogen. Die EÜ übersetzt »Land*tiere*« und schränkt dadurch die Bedeutung des Gemeinten zu sehr ein.

»Und Schwimmtiere wechselten über und gingen auf dem Land«: Zum dritten Mal wird auf die in Ex 7,27 – 8,10 erzählte Plage Bezug genommen. In 16,1-4 diente sie zur Veranschaulichung einer *Strafe durch Tiere*, in 19,10 als Beispiel für eine Erinnerung an staunenerregende Wundertaten: Auf Befehl Gottes spie der Fluß eine Menge *Frösche* aus. Schließlich wird diese Plage in 19,20b zur Illustration von 19,6.18 verwendet: Im Dienste Gottes wechseln im Wasser lebende Tiere auf das Land über. In ähnlicher Weise spricht PHILON über die Froschplage: »Die Frösche füllten nicht nur die Plätze und das Land, sondern dazu Ställe, Häuser, Tempel, jeden privaten und öffentlichen Raum, wie wenn die Natur beabsichtigte, *einer* Art von Wassertieren den entgegengesetzten Lebensraum zuzuweisen, das Land; denn das Festland ist dem Wasser entgegengesetzt« (Leben *Moses* I, 103).

19,20-21 wiederholen mit anderen Worten die Lehren aus der Betrachtung des Manna-Wunders in der zentralen Gegenüberstellung 16,15-29. Das neuartige harmonische Zusammenwirken der Elemente Feuer, Wasser und Luft (Flammen) ist dem Heilswillen Gottes dienstbar, der seine Kinder unbeschadet bewahrt (19,6). Zur »ganz außergewöhnlichen« gegenseitigen Verträglichkeit von Feuer und Wasser s.o. zu 16,17. Daß die Flammen »das Fleisch von leicht zerstörbaren, (in den Flammen) *umhergehenden* Lebewesen« nicht versehrten, bezieht sich auf den in 16,18 betrachteten Sachverhalt. Aber ein Bibelkenner konnte auch Dan^{Theod} 3,24 assoziieren: »Und sie (Schadrach, Meschach und Abednego) *gingen umher* inmitten der *Flamme*, indem sie Gott lobten und den HERRN priesen«.

Das Unbeschadet-Bewahren seiner geliebten Söhne und Töchter, die gelernt haben, daß nicht das, was die Erde an Früchten hervorbringt, den Menschen wirklich *nährt* (s.o. zu 16,26), gipfelt darin, daß Gott ihnen eine *ambrosische* Nahrung darbietet.

Das Wort *ambrósios* »nicht-sterblich« ist einmalig in der ganzen Heiligen Schrift. *Ambrosía* ist seit Homer in der griechischen Literatur Bezeichnung für die Speise der unsterblichen Götter und konnte die Menschen, die sie genossen, vor dem Tod bewahren. In 16,20f. hatte der Sprecher das Manna »Speise von Engeln« und »fertigbereitetes Brot vom Himmel« genannt, das die zärtliche Liebe (»Süßigkeit«) Gottes aufscheinen ließ.

Die beiden Worte »ambrosische Nahrung« beschließen nicht zufällig das Buch vor dem Schlußausruf. Daß der Tod nicht von Gott gewollt und nicht die letzte Wirklichkeit ist (1,13-14), daß Gott den Menschen auf Unvergänglichkeit hin geschaffen hat (2,23) und ihm immer wieder Gelegenheit zu Umkehr bietet, um ihn zu retten und an seinem eigenen unvergänglichen *Leben* teilhaben zu lassen, ist eine das ganze Buch prägende Grundüberzeugung. Aber bis zum Schluß geht der Sprecher nicht zu einer apokalyptischen Ausmalung dieses Lebens der Gerechten in der Gemeinschaft mit Gott über. Weder spricht er über eine leibliche Auferstehung der Toten (s.o. zu 3,1-9; 5,1f.15f.), noch schließt er sie aus. Der Sprecher meditiert die in der Geschichte sichtbar gewordene Entgrenzung der Möglichkeiten der Elemente des Kosmos, sich entsprechend den Heilsabsichten des Schöpfers zu wandeln. Die Erinnerung an die Vergangenheit ist ein Unterpfand und begründet die Hoffnung in der Gegenwart, daß Gottes *Wort* auch in Zukunft die dem Schöpfer und Retter Glaubenden bewahren wird (s. zu 16,26).

d. Dankbar Gott preisender Ausruf 19,22

Wie der in der Du-Form Gott preisende Ausruf in 17,1a die zentrale Gegenüberstellung 16,15-29 abschloß, beendet 19,22 als dankbar lobender Schlußruf mit der erneuten direkten Anrede Herr! das Summarium 19,6-21 und zugleich das ganze Buch. Das in der EÜ ausgelassene »denn« hat wieder zusammenfassende Bedeutung: »Ja, in allem hast, du, Herr, dein Volk groß gemacht und verherrlicht«. Zu »verherrlichen« im Sinne von »seine Herrlichkeit an jemandem erweisen« s.o. zu 18,8b.

»Und du hast (es) nicht übersehen« (EÜ: nicht im Stich gelassen) ist wieder eine *Litótes**. Wie an anderen Stellen der Bibel, z.B. in Dtn 22,4; Jos 1,5; Jes 58,7; Jdt 8,20, wird mit »nicht übersehen« die tatkräftige Hilfe und die Rettung aus einer Notsituation bezeichnet.

»Zu jeder Zeit und (an jedem) Ort (ihm) beistehend«: Diese Wendung findet sich *so* nirgends in der Heiligen Schrift. Nächst verwandt erscheint der Schlußsatz im manifest-artigen Epilog des Matthäusevangeliums: »Und siehe, ich bin mit euch alle Tage bis zur Vollendung der Welt«.

Schlußdoxologien am Ende von Büchern lauten anders: Ps 150 beschließt das Psalmenbuch: »[1]Halleluja! Lobet Gott in seinem Heiligtum ... [6]Jeder Lebensatem lobe den HERRN! Halleluja!« Das Buch Jesus Sirach in seiner hebräischen Form schloß: »Gepriesen (sei) der HERR in Ewigkeit, und besungen (sei) sein Name von Geschlecht zu Geschlecht. Bis hierher (reichen) die Worte Simeons, des Sohnes Jeschúas, der genannt wird Ben Sira. Die Weisheit Simeons, des Sohnes Jeschúas, des Sohnes Eleasars, des Sohnes Siras. Es sei der Name des HERRN gepriesen, von jetzt an bis in Ewigkeit« Sir^{hebr} 51,30. Das 3. Makkabäerbuch zeigt in 7,23 das Buchende an, indem es den Erzählungen unverbunden als letzten Satz folgen läßt: »Gepriesen sei der Retter Israels (auf) immer für alle Zeiten. Amen«. Das 4. Makkabäerbuch fügt seinen Erörterungen, die geendet hatten »... von Gott« in einem Relativsatz eine Doxologie an: »dem die Herrlichkeit (gehört) für die Ewigkeiten der Ewigkeiten. Amen.« Eine ausführliche Doxologie am Schluß enthält der Judasbrief (Jud 24-25); vgl. auch die große Doxologie, die dem Römerbrief hinzugefügt wurde (Röm 16,25-27), vielleicht anläßlich der Edition der Paulusbriefe.

Anstelle einer Doxologie zur Markierung des Buchschlusses klingt das Buch mit einem bewundernd-anerkennenden Gebet aus. Salomo kehrt aus der rückschauenden Erzählung darüber, wie er in seiner Jugend betend die Geschichte meditiert hat, nicht mehr in die Redesituation des ersten Buchteils, zu seiner Mahnung an die Könige der Welt, zurück. Die ihm von Gott auf seine Bitte hin geschenkte Weisheit hat ihn die in der Schrift erinnerten Ereignisse richtig zu sehen gelehrt und ihm, wie den Israeliten und ihren Kindern nach dem Zug durch das Rote Meer (10,20f.), den Mund geöffnet zum dankbaren Lob Gottes.

Wie beim *offenen Schluß* anderer Erzählwerke, z.B. im Buch Jona, müssen *die Lesenden* selbst durch ihre eigene Reaktion das Buch »fertigstellen«. Vielleicht stimmen sie in den dankbaren Schlußlobpreis mit ein, vielleicht kehren sie auch mit neuen Augen zu den Mahnungen im ersten Buchteil zurück, in denen der alte, weise Salomo verdichtet vorträgt, was ihm durch die erbetete und von Gott gewährte Weisheit an Einsicht, Wegweisung und Hoffnung geschenkt worden ist. In jedem Falle haben sie eine Bestärkung und Ermutigung erhalten, ihr Leben so zu gestalten, wie es ihrer Zugehörigkeit zum Volk Gottes, zu den »Gerechten«, zu Gottes geliebten Söhnen und Töchtern entspricht.

DRITTER TEIL

Anhang

1. Das Weiterwirken von Gedanken und Texten aus dem Buch der Weisheit in Liturgie, Predigt und Frömmigkeit

Nur beispielhaft sollen hier einige wenige Texte genannt werden, die in Gebeten und Liedern der Kirche immer wieder verwendet wurden, oft, ohne daß ihre Herkunft aus dem Buch der Weisheit und der dortige Kontext noch bewußt waren.

1,7 dient nicht nur als Eröffnungsvers in der Liturgie des Pfingstsonntags, auch Pfingstlieder verwenden diesen programmatischen Gedanken: »Der Geist des Herrn erfüllt das All...« (vgl. 12,1). Die die ganze Menschheit einbeziehende Tendenz des Weisheitsbuches wird durch die Aufnahme unter die Pfingsttexte sachlich richtig erfaßt.

2,10-20 boten sich schon in der Alten Kirche an, in Jesus von Nazareth, seiner Passion und seiner Auferweckung den »leidenden Gerechten« wiederzuerkennen, an dem die »Geheimnisse Gottes« offenbar geworden sind.

3,1-9 hat nicht nur die Ikonographie inspiriert (vgl. das Fresko aus dem 15. Jh. im serbischen Kloster Manasija, abgebildet auf dem Umschlag des Kommentars von Armin Schmitt, Würzburg: Echter 1986); der Text ist seit je eine der trostvollsten Lesungen bei einem christlichen Begräbnis.

11,17 – 12,2 werden, wie im Kommentar gezeigt, im Tagesgebet des 26. Sonntags im Jahreskreis knapp und präzise aufgenommen. Nur anbetend und Gott preisend kann theologisch richtig über die innere Zusammengehörigkeit von Allmacht, liebender Schonung und Gerechtigkeit gesprochen werden.

14,7 »Segen ruht auf dem Holz...« In allegorisierenden Auslegungen der Erzählung von der Arche Noahs auf das Kreuz Jesu hin wurde häufig auch dieser Text aus dem Weisheitsbuch herangezogen.

16,20 hat eine geradezu grundlegende Bedeutung für die seit dem 12. Jh. wachsende Verehrung der Eucharistie und die Texte des dann eingeführten Fronleichnamsfestes. Durch die Jahrhunderte hin wurde in der lateinischen Kirche bei der Verehrung des Altarsakraments nach dem Hymnus *Pange lingua* (bzw. dessen beiden letzten Strophen *Tantum ergo*) Weish 16,20 in der lateinischen Fassung als Ruf und Antwort gesungen: *Panem de caelo praestitisti eis / omne delectamentum in se habentem* »Brot vom Himmel botest du ihnen, / das alles Erfreuende in sich hat«. Die 1. Antiphon der Laudes am Fronleichnamsfest greift ebenfalls 16,20 auf: »Herr, du hast dein Volk genährt mit der Speise der Engel, Brot vom Himmel hast du ihm geschenkt. Halleluja«. In den Lesungen des Fronleichnamsfestes spielt die Brotrede Jesu in Joh 6 eine wichtige Rolle: Dieser Text bezeugt eine Auslegung der Mannatradition, die der in Weish 16 (und 19) sehr verwandt ist.

18,6-9 »Jene Nacht« und die damit verbundenen jüdischen Traditionen (z.B. das im Targum zu Ex 12,42 erhaltene, vorchristliche »Gedicht über die vier Nächte«) prägen in besonderer Weise das Osterlob des »Exsultet« und die Auswahl der Lesungen des Wortgottesdienstes der Osternacht: Schöpfung, Abrahams Opferung Isaaks, Exodus und Befreiung am Meer, Prophetentexte über die Erwartung engültigen Heils. Die Feier der Osternacht wurde in der Kirche zur vergegenwärtigenden Erinnerung an die Grunderfahrung von Befreiung und Erlösung des Volkes Gottes weitergeführt. Tod und Auferweckung Jesu fanden von diesem Fest her ihre Deutung (»Unser Paschalamm ist geschlachtet, Christus. Darum laßt uns feiern...« 1 Kor 3,7f.), und die damit erschlossenen, noch umfassenderen Dimensionen des Osterfestes wurden in die Liturgie miteinbezogen. Die Osternacht war seit je der bevorzugte Ort der Aufnahme in die Kirche und der Erneuerung der Taufversprechen, vgl. Weish 18,8b-9.

18,14-15a Eine im Blick auf ihren Kontext ganz überraschende Verwendung haben diese drei Kola schon sehr früh gefunden als Eröffnungsgesang am 6. Tag der Weihnachtsoktav (früher: am

Sonntag in der Weihnachtsoktav) und am 2. Sonntag nach Weihnachten, außerdem als Antiphon zu *Magnificat* und *Benedictus* mehrfach während der Weihnachtszeit im *Breviarium Monasticum:* »Als tiefes Schweigen das All umfing und die Nacht auf ihrer Bahn die Mitte der Strecke erreicht hatte, da kam dein allmächtiges Wort, o Herr, aus dem Himmel herab vom königlichen Thron.«

Wenn die Vermutung von Allen CABANISS (Wisdom 18:14f.: An Early Christmas Text, Vigiliae Christianae 10, 1956, 97-102) richtig ist, daß sich bereits IGNATIOS von Antiochien im 19. Kap. seines Briefes an die Epheser auf Weish 18 als einen in der Weihnachtsliturgie verwendeten Text bezog, hätte schon am Ende des 1. Jh. n.Chr. ein Christ Weish 18,14-15a aus seinem Kontext genommen und den in der Pascha-Nacht richtend kommenden Logos auf die Inkarnation gedeutet. Dazu könnten ihn jüdische Traditionen, daß das Kommen des Messias in einer Pascha-Nacht geschehen werde, angeregt haben.

2. Lesungen und Gesänge aus dem Buch der Weisheit im Gottesdienst

a. In die gegenwärtig geltende Leseordnung für deutschsprachige *Eucharistiefeiern* in der römisch-katholischen Kirche sind vor allem die im folgenden aufgeführten Texte aus dem Buch der Weisheit aufgenommen. Eine vollständige Auflistung findet sich in: Die Schriftlesungen der Messe. Stellenverzeichnis in der Reihenfolge der biblischen Bücher, hg. Deutsches Liturgisches Institut, Trier 1993, 17-18. Um der besseren Verständlichkeit der vorzulesenden Perikopen willen werden zu einigen Stellen (in Klammern) Korrekturvorschläge für die Textabgrenzung gemacht:

1,1-7	Montag der 32. Woche in der Jahresreihe I
1,13-15; 2,23-24	13. Sonntag im Jahreskreis B (sachgemäßer wäre: 1,11-16; 2,21-24)
2,1a.12-22	Freitag der 4. Woche der Österlichen Bußzeit und in der Votivmesse vom Geheimnis des heiligen Kreuzes (sachgemäßer wäre: 1,16 – 2,1a.10-24)
2,12.17-20	25. Sonntag im Jahreskreis B (sachgemäßer wäre: 2,10-20)
2,23 – 3,9	Dienstag der 32. Woche i.d.Jahresreihe I
3,1-9	Auswahltext für Märtyrerfeste und für Verstorbene
4,7-15	Auswahltext für Verstorbene
5,1-5	Fest des hl. Johannes Nepomuk am 16. Mai
6,1-11	Mittwoch der 32. Woche i.d.Jahresreihe I
6,12-16	32. Sonntag im Jahreskreis A

6,12-19	Fest des Sel. Heinrich Seuse am 23. Januar
7,7-11	28. Sonntag im Jahreskreis B (sachgemäßer wäre: 7,7-12)
7.7-10.15-16	Auswahltext für Kirchenlehrerfeste (sachgemäßer wäre: 7,7-16)
7,7-10.13-14.26-27b.29 – 8,1	Fest der hl. Lioba am 28. Sept. (sachgemäßer wäre: 7,7-14; 7,25 – 8,1)
7,22-8,1	Donnerstag der 32. Woche i.d.Jahresreihe I
8,1-6	Fest der hl. Hildegard von Bingen am 17. Sept.
9,1-6.9-10.12a	Fest des hl. Rabanus Maurus am 4. Februar (sachgemäßer wäre: 9,1-17)
9,13-19	23. Sonntag im Jahreskreis C (sachgemäßer wäre: 9,1-19)
10,10-14	Fest des hl. Vitus am 15. Juni
11,23 – 12,2	31. Sonntag im Jahreskreis C
12,13.16-19	16. Sonntag im Jahreskreis A (sachgemäßer wäre: 12,12-22)
13,1-9	Freitag der 32. Woche i.d.Jahresreihe I
18,6-9	19. Sonntag im Jahreskreis C
18,14-16; 19,6-9	Samstag der 32. Woche i.d.Jahresreihe I.

b. Im *Stundengebet* der 30. und 31. Woche im Jahreskreis II wird das ganze Buch der Weisheit (mit wenigen Auslassungen) fortlaufend als erste Lesung der *Lesehore* angeboten; für Feste mehrerer Märtyrer wurde 3,1-15, für Feste heiliger Männer 5,1-15 und für Feste von Kirchenlehrern 7,7-16.22-29 als erste Lesung der Lesehore gewählt.

Als *Kurzlesungen* im Stundengebet finden sich:

1,1-2	Sext am Donnerstag der 4. Woche des 4-Wochen-Psalters,
1,13-15	Sext beim Gedächtnis Verstorbener und Non am Freitag der 2. Woche des 4-Wochen-Psalters
3,1-3	Non am 26. Dezember (Erzmärtyrer Stephanus) und an Festen von einem oder mehreren Märtyrern
7,13-14	Laudes an Festen von Kirchenlehrern
7,26-27	Laudes am 5. und am 12. Januar
7,27b-28	Non am Fest Mariä Heimsuchung am 2. Juli
7,27a; 8,1	Non am Samstag der 1. Woche des 4-Wochen-Psalters
8,21	Terz an den Festen hl. Jungfrauen,
10,10	Sext am Fest des hl. Josef am 19. März
11,23-24a	Terz an den Montagen der 1.-4. Woche der österlichen Bußzeit
15,1-3	Sext am Montag der 4. Woche des 4-Wochen-Psalters
16,20	Terz am Fronleichnamsfest
19,22	Terz am Donnerstag der 3. Woche des 4-Wochen-Psalters.

Als Canticum in den Laudes werden verwendet:

3,1-6	an Festen von Märtyrern
3,7-9	an Festen von Aposteln und Märtyrern
9,1-6.9-11	am Samstag der 3. Woche des 4-Wochen-Psalters (sachgemäßer wäre: 9,1-17)
10,17-21	an Festen von Aposteln und Märtyrern
16,20-21; 17,1	am Fronleichnamsfest.

Eine vollständige Auflistung der Texte aus dem Buch der Weisheit, die im Stundengebet der Kirche (z.B. auch in den *Responsorien*) verwendet sind, findet sich in: Registerband zum Stundenbuch, hg. Johannes Wagner und Siegfried Schmitt, Freiburg: Herder 1990, 481-486.

3. Erläuterungen zu Namen und Sachen

Aeneis s. Vergil

Akademie: Philosophenschule in der Tradition Platons.

Apollonios Rhodios: ca. 265 v.Chr. in Alexandrien oder Naukratis (griechische Stadt in Unterägypten) geboren, mußte die Leitung der großen Bibliothek von Alexandrien aber an den Gelehrten Erathostenes, einen Freund seines etwas älteren Dichter-Konkurrenten Kallimachos, abgeben und lebte danach als Bürger auf der Insel Rhodos. Die *Argonautika* sind das umfangreichste Epos nach Homers Ilias und Odysee und vor der Aeneis des römischen Dichters Vergil. Das Werk ist vollständig erhalten.

Aristeasbrief: Werk eines unbekannten jüdischen Schriftstellers aus Alexandrien aus der 2. Hälfte des 2. Jh. v.Chr. In einer fiktiven Erzählung berichtet der ausdrücklich nichtjüdische Aristeas, Hofbeamter Ptolemaios II. Philadelphos (285-246 v.Chr.) seinem Bruder Philokrates, wie es zur Übersetzung der Tora ins Griechische (Septuaginta*) kam. Die Erzählung dient als Rahmen für eine Lobrede auf das jüdische Gesetz und auf jüdische Weisheit aus dem Munde eines Nichtjuden.

Bacchanalien: Feiern mit Umzügen der Bacchantinnen und Bacchanten zu Ehren des Gottes Bacchus. Dabei spielte der Weingenuß eine merkliche Rolle. Bacchus ist der lateinische Name des Dionysos; zu Dionysoskult und -mysterien s. H.-J. Klauck, Umwelt I, 96-105.

Chrysippos: ca. 280-207 v.Chr., aus Soloi in Kilikien, ab 231 Nachfolger des Kleanthes und Leiter der Stoischen Schule.

Flavius Josephus (38-ca.100): Er stammte aus einer ranghohen Jerusalemer Priesterfamilie und besaß eine vielseitige Ausbildung. Nach einer kurzen Offizierslaufbahn in Galiläa 66-67 n.Chr. im Krieg gegen die Römer wurde er ein von den Kaisern Vespasianus und Titus geförderter jüdischer Historiker, und als solcher war er ein großer Apologet des Judentums. Seine Hauptwerke sind: »Die Geschichte des Jüdischen *Krieges*«; »Die jüdischen Altertümer« (*Antiq*); »Über das hohe Alter des jüdischen Volkes« (*Contra Apionem*).

Gliederungssignale und Stilmittel: s. den 2. Abschnitt der Einleitung

Haggadá (plur. Haggadót): Neben der Halachá (»Gehen«, Auslegung von Gesetzen für die Lebenspraxis) ist die Haggadá (»Erzählen«, Veranschaulichung, erläuternde Erweiterung) eine wichtige Form jüdischer Schriftauslegung. S.u. zu Midrasch.

Hieronymus (348-420) aus Stridon in Dalmatien: Durch seine Bibelkommentare, die er weithin (ohne Herkunftsangaben) von Origenes* übernahm, und vor allem die *Vulgata**, eine Revision der altlateinischen Bibelübersetzungen mit Hilfe der Hexapla des Origenes, und die Prologe der *Vulgata* zu einzelnen biblischen Büchern oder Buchgruppen erlangte er großen Einfluß in der westlichen Kirche.

Isis: ägyptische Mutter-Göttin (»Thronsitz«). Als Mutter des Horus, der im Pharao als »Horus auf der Erde« verleiblicht war, und Schwestergemahlin des Osiris seit je eng mit dem Königtum verbunden. In der Spätzeit hat sie die Gestalten verschiedener Göttinnen in sich aufgenommen und wurde in hellenistisch-römischer Zeit geradezu als Universalgöttin, die die Funktionen aller Göttinnen und Götter in sich vereinigt, gepriesen (s. die Isis-Aretalogien).

Kleanthes: Schüler Zenons, des Begründers der Stoa. Er leitete die Schule als dessen Nachfolger ca. 262-232 v.Chr.

Litótes (rhetorische Figur): »Untertreibung«; s. Einleitung 2.

Merismus (rhetorische Figur): Nur das erste und das letzte Glied einer Reihe werden genannt und damit »alle ohne Ausnahme« in dieser Reihe mitbezeichnet, z.B. »Jung und Alt«, »Lebende und Verstorbene«, »gut und böse«, »klein und groß«, »Himmel und Erde«.

Midrásch (plur. Midraschím): »Erforschung, Auslegung«. Der Midrásch bezeichnet den typisch jüdischen Umgang mit der Bibel. Seine Methode und Technik ist nicht zu trennen von der Liturgie der Synagoge, vom Bêt midrásch (Schule, in der mit und an der Bibel gelernt wird) und von der späteren rabbinischen Praxis. Wesentlich sind: Schriftkontext und Adaptation (Suche der aktuellen Bedeutung des Wortes Gottes).

Arten von Midrasch: Haggadá, Halachá (s.o.). Es werden auch historische, didaktische, ethische, allegorische, mystische, apokalyptische Midraschím unterschieden (innerhalb des haggadischen Midrásch).

Literarische Formen des Midrásch:

* *P^eschát:* Wort-für-Wort-Auslegung, Sach- und philologische Klärung.
* *Pæschær:* versweise Erklärung auf Gegenwartserfahrungen und -probleme hin (bes. von Psalmen und Prophetentexten).
* *D^eraschá:* Predigt, Homilie (im Gottesdienst; schriftliche Vorlage dafür).
* *Pijjút:* religiöse Dichtungen, Gesänge für die Liturgie.
* (Erzählung, Parabel, Gleichnis, Fabel ...)

Origenes: geb. um 185 n.Chr. in Alexandria, gestorben 253/4 in Tyros. Er war der bedeutendste christliche Denker, Exeget und Theologe seiner Zeit.

Philon von Alexandrien: ca. 20 v.Chr. bis ca. 45 n.Chr.; jüdischer Schriftausleger, Apologet und Philosoph. Philon war Leiter der Gesandtschaft der alexandrinischen Juden an den römischen Kaiser Gaius Caligula im Jahre 40 n.Chr.; seine Schriften sind, bei aller Eigenständigkeit, herausragende Zeugnisse diasporajüdischer Traditionen.

Rabbinisches Judentum: Der nichtchristliche Zweig des Judentums, der sich nach der Zerstörung Jerusalems und des Tempels unter Aufnahme priesterlicher, pharisäischer und anderer Traditionen neu konstituierte. Schon früh, deutlich bereits im Johannesevangelium, behält dann aber nur dieser nichtchristliche Zweig bei den theologischen und den untrennbar damit verbundenen gesellschaftlichen Auseinandersetzungen zwischen den *zwei jüdischen* Bewegungen die Bezeichnung »die Juden«. Beide Zweige des Judentums, die sich nach dem Jahre 70 n.Chr. dauerhaft konsolidierten, die christliche Kirche und die rabbinische Synagoge, beanspruchten jedoch, in ungebrochener Kontinuität zum Gottesvolk Israel zu stehen.

Sentenz (lat. sententia): ein kurzer, allgemeine Erfahrungen bündelnder Satz, oft mit zwei parallelen Gliedern.

Septuaginta (»Siebzig«; abgekürzt LXX): Der Name stammt von der legendenhaften Überlieferung (Aristeasbrief*), daß 70 (oder 72: je 6 Übersetzer aus jedem der 12 Stämme Israels) den *Pentateuch* ins Griechische übersetzt hätten. Später wurde der Name Sammelbezeichnung für die *griechischen* Textformen der Bibel, die sowohl die Übersetzungen der hebräischen und aramäischen Schriften des Alten Testaments als auch originalgriechische Bücher wie Weisheit und 2. Makkabäerbuch und dazu noch weitere, nicht kanonisch gewordene Bücher wie das 3. und das 4. Makkabäerbuch umfaßt. Vor allem das Diasporajudentum benutzte die Bibel in den verschiedenen Formen der Septuaginta.

Speusippos: um 340 v.Chr., Philosoph. Nachfolger Platons, Leiter der Akademie*.

Targúm (plur. Targumím): »Übersetzung« der Heiligen Schrift ins Aramäische.

Vergil: um 70 v.Chr. bei Mantua geboren, erlebte das Aufblühen der Augustus-Ära in Rom und starb 19 v.Chr. in Brindisi auf der Rückreise von Griechenland nach Neapel. In stofflicher und stilistischer Anlehnung und Nachahmung der griechischen Vorbilder, besonders des Homer und des Apollonios Rhodios, und der lateinischen *Annales* des Quintus Ennius (gest. 169 v.Chr.) schuf er in der *Aeneis* dem Augustus-Imperium das große Nationalepos.

Vulgata: die »verbreitete« Bibelübersetzung des Hieronymus aus dem Hebräischen (beim AT) und aus dem Griechischen (beim NT) ins Lateinische, die in der römisch-katholischen Kirche *offiziell*, d.h. in Liturgie und Katechese, bis in die Neuzeit verwendet wurde. Sie löste ältere lateinische Übersetzungen, die *vetus latina*, ab, die sich für das AT an der Septuaginta orientiert hatten.

Zenon: Philosoph aus Kition / Zypern; ca. 333-262 v.Chr.; Gründer der Stoa.

4. Ausgewählte Literatur

Textausgaben

Joseph Ziegler (Hg.), Sapientia Salomonis (Göttinger Septuaginta XII/1), Göttingen (1962) ^{2}1980 (*kritische Edition des griechischen Textes*).

Walter Thiele (Hg.), Sapientia Salomonis (Vetus Latina 11/1), Freiburg 1977-85 (*kritische Edition der lateinischen handschriftlichen Überlieferung*).

Jüdische Schriften aus hellenistisch-römischer Zeit, Gütersloh (*deutsche Übersetzungen mit Einleitungen und Kurzkommentaren zu den deuterokanonischen Büchern des AT und zu nichtkanonischen [= apokryphen] jüdischen Schriften; darin besonders:*) Norbert Meisner, Aristeasbrief (II/1 1973); Jürgen Becker, Die Testamente der zwölf Patriarchen (III/1, 1974); Klaus Berger, Das Buch der Jubiläen (II/3, 1981); Christoph Burchard, Joseph und Aseneth (II/4, 1983); Siegbert Uhlig, Das Äthiopische Henochbuch (V/6, 1984); Hans-Josef Klauck, 4. Makkabäerbuch (III/6, 1989).

Philo von Alexandria. Die Werke in deutscher Übersetzung, hg.v. L. Cohn, I. Heinemann, M. Adler, W. Theiler, I-VI.VII, Berlin 1909-1938.1964

SVF = Stoicorum Veterum Fragmenta I-III, hg. Johannes von Arnim, Leipzig 1903-05 (*Zusammenstellung der erhaltenen Texte Zenos und des Chrysippos und ihrer Schüler und Nachfolger aus antiken Hinweisen und Zitaten*).

Maria Totti, Ausgewählte Texte der Isis- und Sarapis-Religion (Subsidia Epigraphica 12), Hildesheim 1985 (*griechische Texte mit Datierungen, Herkunfts- und Literaturangaben*).

Monographien zum Weisheitsbuch im ganzen und zu seiner Umwelt

Paolo Bizzeti, Il libro della Sapienza. Struttura e genere letterario (Suppl. Riv.Bibl. 11), Brescia: Paideia 1984 (*gute Beobachtungen zur literarischen Form des Buches*).

Aryeh Kasher, The Jews in Hellenistic and Roman Egypt (Texte und Studien zum Antiken Judentum 7), Tübingen 1985 (*zur differenzierten rechtlichen, politischen, wirtschaftlichen und gesellschaftlichen Situation von Juden in Ägypten unter Ptolemäern und Römern*).

Hans-Josef Klauck, Die religiöse Umwelt des Urchristentums I-II (Kohlhammer Studienbücher Theologie 9,1-2), Stuttgart 1995 / 96 (*zu religiösen Institutionen der römischen Kaiserzeit, Mysterienkulten, Herrscherkult, Hauptrichtungen der Philosophie; mit reichen Literaturhinweisen*).

C. Larcher, Études sur le Livre de la Sagesse, Paris 1969 (*grundlegende Arbeit zu Einleitungsfragen: Verwendung von Weish in der Kirche seit den Anfängen und Stellung des Buches im Kanon; Verhältnis zu den Büchern des übrigen Alten und des Neuen Testaments, zu anderen jüdischen Schriften und hellenistischer Literatur bezüglich Form und Inhalt; über die anthropologischen und theologischen Vorstellungen im Buch der Weisheit*).

James M. Reese, Hellenistic Influence on the Book of Wisdom and Its Consequences (Analecta Biblica 41), Rom 1970 (*zum Einfluß der hellenistischen Umwelt auf Wortwahl, Stil, Redeformen und Argumentationsmuster im Buch der Weisheit; zur Einheit des Buches, seiner Gattung und den Adressaten*).

Kommentare

Johannes Fichtner, Weisheit Salomos (HAT II/6), Tübingen 1938 (*knapper, reichhaltiger Kommentar*).

Carl Ludwig Willibald Grimm, Das Buch der Weisheit (Kurzgef. exeg. Handb. Apokr. AT 6), Leipzig 1860 (*grundlegend für die wissenschaftliche Beschäftigung mit dem Buch Weisheit seitdem*).

Paul Heinisch, Das Buch der Weisheit (ExHbAT 24), Münster 1912 (*immer noch lesenswert*).

C. Larcher, Le Livre de la Sagesse ou La Sagesse de Salomon (3 Bde.), Paris 1983-85 *(minutiöser Kommentar mit umfassender Betrachtung der Beziehungen zum AT und zur frühjüdischen wie auch zur hellenistischen Literatur und zur Auslegung des Weisheitsbuches von der Patristik bis in die Neuzeit).*

Giuseppe Scarpat, Libro della Sapienza I (capp. 1-6), II (capp. 7-12) Brescia: Paideia 1989 / 96 *(sehr ausführlicher, besonders philologisch herausragender Kommentar, der Gedanken und Sprache der Septuaginta, hellenistischer Schriftsteller, insbesondere des als Zeitgenosse angenommenen Philon von Alexandria, und des Neuen Testaments miteinbezieht).*

Armin Schmitt, Weisheit (Neue Echter Bibel), Würzburg 1989 *(entsprechend den Vorgaben der Reihe sehr kurzgefaßter Kommentar).*

José Vílchez Líndez, Sabiduría (Nueva Biblia Española), Estella 1990 *(anregende Auslegung, die die literarische Form des Weisheitsbuches aufmerksam beachtet und den für das Verständnis wichtigen politischen und kulturellen alexandrinischen Hintergrund in ausführlichen Anhängen darlegt).*

David Winston, The Wisdom of Solomon (Anchor Bible 43), Garden City, N.Y. 1979 *(Kommentar mit vielen Verweisen auf hellenistische philosophische und jüdische Literatur, bes. auf Philon und auf rabbinische Schriften, wo sie dem Buch der Weisheit verwandte Gedanken äußern).*

Neuere Forschungsbeiträge

Pierre Dumoulin, Entre la Manne et l'Eucharistie. Étude de Sg 16,15 – 17,1a (Analecta Biblica 132), Roma 1994.

Helmut Engel, »Was Weisheit ist und wie sie entstand, will ich verkünden«, *in:* Lehrerin der Gerechtigkeit, hg.v. G. Hentschel und E. Zenger (ErfThSchr 19), Leipzig 1991, 67-102.

—, Wem nimmt unrechtes Denken und Reden das Leben? Zur Deutung von Weish 1,11d, a.a.O. 62-66.

Johannes Fichtner, Die Stellung der Sapientia Salomonis in der Literatur- und Geistesgeschichte ihrer Zeit, ZNW 36 (1937) 113-132 *(forschungsgeschichtlich einflußreicher Aufsatz).*

Maurice Gilbert, La critique des dieux dans le Livre de la Sagesse (Sg 13-15), (Analecta Biblica 53), Rom 1973 *(methodisch Maßstäbe setzende, gründliche Erschließung von Weish 13-15).*

—, *Art.* Sagesse de Salomon (ou Livre de la Sagesse), *in:* DB.S 9, Paris 1986, 58-119 *(umfassende Übersicht über die neuere Literatur und den Stand der Forschung zum Buch der Weisheit).*

John S. Kloppenborg, Isis and Sophia in the Book of Wisdom, HarvThR 75 (1982) 57-84 *(untersucht den Einfluß der Isis-Religion und ihrer Texte auf die Neugestaltung der Weisheitsvorstellung im Buch der Weisheit).*

Michael Kolarcik SJ, The Ambiguity of Death in the Book of Wisdom 1 – 6. A Study of Literary Structure and Interpretation (Analecta Biblica 127), Roma 1991.

Hans Maneschg, Gott, Erzieher, Retter und Heiland seines Volkes. Zur Reinterpretation von Num 21,4-9 in Weish 16,5-14, Bibl.Zeitschr. NF 28 (1984) 214-229.

Johann Marböck, »Denn in allem, Herr, hast du dein Volk großgemacht«. Weish 18,5 – 19,22 und die Botschaft der Sapientia Salomonis, *in:* Lehrerin der Gerechtigkeit (s.o. bei H. Engel), 156-177 *(zur Struktur des letzten Abschnitts und seiner inhaltlichen Bedeutung für das Verständnis von Weish).*

Luca Mazzinghi, Notte di paura e di luce. Esegesi di Sap 17,1 – 18,4 (Analecta Biblica 134), Roma 1995 *(vielseitige Analyse und vorzügliche Auslegung; verzeichnet die seit der umfassenden Bibliographie von M. Gilbert 1983 in Larcher I erschienenen wichtigen Veröffentlichungen).*

Michelangelo Priotto, Il significato del confronto Egitto-Sodoma in Sap. 19,13-17, RivBiblIt 32 (1984) 369-394.

—, La prima Pasqua in Sap 18,5-25. Rilettura e attualizzazione (RivBibIt.S 15), Bologna 1987.

Giuseppe Scarpat, Ancora sulla data di composizione della *Sapientia Salomonis.* Il termine *diágnosis (Sap* 3,18; *At* 25,21), RivBiblIt 36 (1988) 363-375 *(insbesondere die Fachausdrücke »(kaiserlicher) Entscheid« 3,18 und »Herrschaftsübernahme« 6,3 sprechen neben vielen anderen sprachlichen Anhaltspunkten für eine Entstehung von Weish nach 30 v.Chr.).*

Armin Schmitt, Struktur, Herkunft und Bedeutung der Beispielreihe *in* Weish 10, BZ 21 (1977) 1-22;

—, Der frühe Tod des Gerechten nach Weish 4,7-19. Ein Psalmthema in weisheitlicher Fassung, *in:* Freude an der Weisung des Herrn. Fschr. H. Groß (SBB 13), Stuttgart (1986) [2]1987, 325-347;

—, Alttestamentliche Traditionen in der Sicht einer neuen Zeit. Dargestellt am Buch der Weisheit, *in:* Communio Sanctorum. Fschr. P.-W. Scheele, Würzburg 1988, 34-52;

—, Komposition, Tradition und zeitgeschichtlicher Hintergrund in Weish 1,16 – 2,24 und 4,20 – 5,23, *in:* Text, Methode und Grammatik. Fschr. W. Richter, St. Ottilien 1991, 403-421;

—, Weisheit 1,1-6,21, *in:* ders., Wende des Lebens. Untersuchungen zu einem Situations-Motiv der Bibel (BZAW 237), Berlin-New York 1996, 12-48 (*knappe Neufassung früherer Beiträge*).